犯罪社会学论坛（第五辑）

犯罪防控与刑释人员研究

吴鹏森　主编

上海三联书店

目　录

犯罪防控政策科学化研究 ……………………………… 1

重考量刑公正与量刑差异

　　——德阳市五个基层法院的定量研究证据 ……… 38

新疆民族分裂活动的两次转型与区分"三股势力"的意义 …… 93

略论新疆恐怖分子的心理与行为特征 ……………… 113

制度失敏：廖丹案的生成机理分析 ………………… 127

情境效应、防卫空间与城市外来人群的易受害性

　　——东莞基层社区的犯罪学分析 ……………… 146

社会转型期越轨者合法权利保护问题浅析 ………… 164

产业链犯罪：分析工具与治理模式 ………………… 176

生育需求、制度供给不足与拐卖人口犯罪 ………… 190

当前刑释人员的就业安置与社会保障状况

　　——基于沪皖苏的调查 ………………………… 216

天津刑满释放人员社会保障调查研究 ……………… 230

社会资本和社会排斥：刑释人员回归社会的因素分析 …… 262

边缘、回归与融合：社区矫正假释人员的社会排斥问题 …… 278

当代中国刑释人员的社会回归效应分析:基于公平

　理论的视角 ·· 303

假释人员的自我认同重构过程质性研究 ·················· 333

未成年人犯罪后再犯罪问题研究

　——以检察机关应对为视角 ······················· 360

监禁刑对刑释人员社会关系网络的影响 ················· 376

监狱安全隐患扫描:基于死角理论的应用 ················· 387

监狱之外:关于英格兰和威尔士刑释人员重新安置的

　几点思考 ·· 398

研究生之页

恐怖主义犯罪的刑法规制研究综述 ···················· 426

刑满释放人员重新犯罪问题研究综述 ·················· 440

近年来我国黑社会性质组织犯罪研究综述 ·············· 452

浅议如何进一步完善我国预防职务犯罪机制 ············ 471

社会工作视野下服刑人员未成年子女救助研究 ·········· 487

犯罪防控政策科学化研究

刘建宏　刘晓梅　张金武*

引　言

对 18 世纪晚期以来的犯罪学研究如何划分阶段或时期,犯罪学家们有不同的看法。对西方犯罪学史历史发展阶段的划分,最有代表性的观点是德国出生的英国犯罪学家赫尔曼·曼海姆(Hermann Mannheim,1889—1974)提出来的。曼海姆认为,过去 200 多年间犯罪学研究的历史发展,可以大致划分为三个阶段:[①]前科学阶段(the pre-scientific stage),既没有系统阐述假设,也没有检验假设。人们并没有试图公正地解决他们所遇到的问题,没有研究他们所发现的事实,这并不意味着那时的一些探讨是无价

* 刘建宏,西南政法大学讲座教授,博士生导师,亚洲犯罪学学会会长。刘晓梅,天津社会科学院法学研究所所长,法学博士,研究员,主要从事法律社会学和犯罪学研究。张金武,澳门大学博士研究生。

① Hermann Mannheim, *Comparative Criminology*: *A Text Book*, Volume one, London: Routledge & Kegan Paul, 1965, pp. 84—86.

值的。相反,尽管 18 世纪和 19 世纪上半期的大部分刑罚学文献属于前科学阶段的范围,但是,我们现在的刑罚制度中的人道主义进步,在很大程度上应归功于前科学阶段的努力。准科学阶段(the semi-scientific stage)从 19 世纪中期开始。在这个阶段,提出了大量明确的或含糊的假设,但是,许多假设过于宽泛和模棱两可,以至于经不起精确的检验。而且,在这一阶段,也没有可以使用的公认的科学检验手段。科学阶段(the scientific stage),来源于某个一般性理论的假设,必须通过正确使用一种或几种普遍承认的方法的检验,其结果应当得到无偏见的解释和验证。如果有必要的话,应当根据研究结果修改最初的假设,形成新的命题。在科学阶段,并不排斥使用直觉方法,但是,"我们的直觉必须接受检验"。如果说迄今为止概括出来的所有要求在科学阶段都已经实现了,那是不可能的,只能是一种理想。前科学、准科学与科学阶段研究的主要区别:其一,是否以证据/经验证据为基础。科学化阶段研究以证据/经验证据为基础;其二,使用的经验证据质量不同。在科学阶段,研究使用的经验证据质量和严格程度程度远远高于前科学或准科学阶段;其三,证据系统性有别。科学阶段研究证据的系统性强于前科学、准科学阶段。按照前述的科学概念,一个学科从理论层面上升到有关政策层面通常要经历科学发展的三个阶段。[①] 曼海姆根据犯罪学研究所达到的科学水平的高低概括的三个发展阶段的观点,得到了一些研究者的赞同。[②]

　　近二十年来,西方犯罪学研究的新动向是以经验研究和评估研究实现犯罪防控政策的科学化。一方面,以定量和定性的研究

[①]　刘建宏:《国际犯罪学大师论犯罪控制科学》,人民出版社 2012 年版,第 7 页。
[②]　《不列颠百科全书》中的"犯罪学"条采纳了曼海姆将犯罪学研究划分为前科学、准科学和科学三个阶段。

方法对数据进行收集和分析,证实或证伪研究假设,并在科学证据的基础上建立和完善犯罪防控政策,设计和实施犯罪预防项目;另一方面,对某个犯罪防控政策或实施某个犯罪防控政策的干预项目进行评估,以科学证据来证明该政策或项目是否有效。以美国反有组织犯罪立法的出台为例:为有效打击有组织犯罪,1983 年里根政府拨款 500 万美元设立了总统有组织犯罪委员会,该委员会的具体职责是:(1)充分、全面地掌握、分析全国和各地的有组织犯罪状况;(2)说明传统的以及新出现的有组织犯罪集团的性质和特征;(3)调查犯罪组织收入的来源、数额及使用情况;(4)获取能全面和深入了解有组织犯罪集团成员的资料;(5)评估现行打击有组织犯罪的联邦法律;(6)提出改善打击有组织犯罪工作以及完善执法和立法的具体建议。[①] 经过近三年的调查发现,黑手党尽管一度在美国的有组织犯罪中占据主导地位,但其主导地位已面临正在崛起的以亚洲裔、拉美裔以及其他民族后裔美国人所组成的犯罪集团的挑战,来自不同种族的暴徒已参与到了有组织犯罪中。这一调查结论不仅促成了美国有组织犯罪政策观念的重大突破,而且直接左右着其后立法和司法改革的基本方向。[②]

近年来,犯罪热点是犯罪地理学的研究热点问题之一。谢尔曼和他的研究团队调查发现,人们在明尼苏达州明尼阿波利斯 3.5% 的街道地址上拨出了全市 50% 的报警电话。他们的研究还发现,地点上犯罪的聚集性要比个体的犯罪聚集性高得多;通过犯罪发生地的地址来预测犯罪可靠性要比通过罪犯的身份来预测犯罪高出 6 倍。由此开拓了一个崭新的研究领域,即"地点犯罪学"。

---

① Michael Woodiwiss. Organized Crime-The Dumbing of Discourse, British Society of Criminology, 2000. 5.

② Howard Abadinsky. Organized Crime, Seventh Edition. ThomsonWadsworth, 2003. 73.

威斯勃德和他的团队在 2004 年所做的一项实证研究不仅有力地支持了地点上犯罪的聚集性,同时也证实了该地点犯罪的聚集会在一段较长的时间内保持稳定。该调查显示,1989—2002 年期间西雅图市 50%的犯罪案件只发生在 4.5%的街道上,将近 2/3 的街区没有或很少有犯罪活动。该研究认为,应当将研究重点拓展到警察在城市的犯罪热点地区如何开展犯罪预防工作。通过明尼阿波利斯热点巡逻实验干预和泽西市暴力地点上问题导向警务实验等研究表明,对小而犯罪高发的地理区域重点布置警力,对犯罪和治安混乱状况的改善会产生积极和显著的影响。与地点警务紧密相关的有关犯罪空间位移的证据,还有力地支持了热点警务有助于犯罪预防效益扩散到犯罪热点邻近区域。地点警务强调减少地点的犯罪机会,而不是在等罪行发生,然后逮捕犯罪嫌疑人。地点警务为犯罪预防提供了一种策略,既可以提高公众的安全感,又可以降低监禁人数和经济成本。[①] 由此可见,西方犯罪学研究者在犯罪防控政策的制定与完善方面普遍享有主导性话语权,犯罪学的经验研究与犯罪防控政策的出台之间形成良性互动关系。

又如,为规范和限制法官的自由裁量权,美国联邦量刑改革委员会先后投资 1000 亿元,针对每个罪名搜集了约 5 万份案例资料,经过十几年的总结和比较,最终确定量刑标准,出台《美国联邦量刑指南》,其列出的监禁刑量刑表,纵轴有 43 个犯罪等级,横轴有 6 个犯罪史档次,此外还列有罚金刑量刑表。《美国联邦量刑指南》作为量刑规范化典型代表,从颁布到后来的修改和完善均是建立在大量的经验研究上。西方犯罪学研究倡导科学精神,研究者

----

① 石梅子,犯罪学实证研究的若干前沿问题——《国际犯罪学大师论犯罪控制科学》评介[J],青少年犯罪问题,2013.1,石梅子是刘晓梅笔名。

和政策决策者注重将科学的研究方法运用到项目或政策的试点中,科学地、定量地评估项目或政策的影响,认真分析影响产生的路径,进行"以事实为基础"的决策,为实现犯罪防控政策的科学化发挥了智库作用,值得借鉴。

我国台湾学者吴巡龙在其文章《美国的量刑公式化》中,通过对美国量刑公式表的介绍指出《美国联邦量刑指南》下的量刑活动是一种公式化活动。定量研究应用于自然科学,受到的质疑较少,而在社会生活领域,情况则变得复杂起来。定罪量刑和犯罪防控作为刑事司法活动,实现公平正义是其根本价值所在。正义是难以通过数学来检验的,在寻求公平正义的过程中,有无数潜在的、不可预期的变量。"一些经验主义者曾经狂热地相信,任何东西都能够被检验。但在社会科学领域中,类似这样的问题通常都会被证明由于存在无数的潜在变量而变得难以控制,因此也很难去查明造成某种结果的准确原因,甚至都无法区分出何为原因,何为结果。"[1]近年来,我国犯罪学研究日趋国际化,西方犯罪学研究方法运用于本土化犯罪防控研究时应警惕两种情况:一是在解释中国犯罪问题时,生搬硬套西方的理论,乱贴标签,食洋不化;二是盲目追踪和照搬西方学术前沿,以中国经验验证西方某个理论,却没有能力从国内现实中提炼出更具有现实感和时代感的研究问题,长此以往,中国犯罪学研究只能成为西方犯罪学理论的校验室,而不能成为原创理论的诞生地。

我国的犯罪学研究如何科学应对当下社会犯罪问题的挑战,为实现犯罪治理发挥智库作用?有学者指出,"学界对于实证研究方法的把握和运用仍处于初级阶段,很多学者事实上已把实证研

---

[1]　[美]阿德里安沃缪勒,不确定状态下的裁判[M],北京:北京大学出版社,2011:171、172。

究等同于有关犯罪问题的一般性工作调查或大致情况的了解。犯罪学在中国学界留下了'不够科学'的负面学科形象"。[1] 周路认为,"在我国的犯罪学研究中,如果长期对实证研究不予重视,那是不利于犯罪学发展的。"[2]郭建安教授曾指出,"推广科学的研究方法在犯罪学中的应用,以摆脱'虚假繁荣'和'停滞状态'真正提高我国犯罪学研究水平,已经成为犯罪学发展过程中的当务之急"。[3] 严励认为,"造成当前我国犯罪学研究陷入停滞、落后的根本原因就在于研究方法上缺乏科学性"。[4] 也有学者指出,我国当代犯罪学研究应遵循实证科学研究的范式。[5] 近年来,我国犯罪学研究比较有代表性的调研成果:

张远煌主持教育部哲学社会科学研究重大课题攻关项目"未成年人犯罪问题研究"(06JZD0010)。我国一直对未成年人犯罪秉承"教育为主、惩罚为辅"的刑事司法政策,在贯彻宽严相济刑事政策处理未成年人刑事案件的理论研究和司法实务中,几乎是一边倒地主张运用宽缓刑事政策对未成年人犯罪案件从宽处理。2008 年 10 月到 2009 年 3 月,课题组选取北京、湖北、贵州三地的未成年犯管教所进行了抽样问卷调查。该调查采用等距抽样法,在三地未成年犯管教所随机抽取 30% 的男性在押人员作为问卷发放对象(实际发放问卷 1000 份,回收问卷 983 份,其中有效问卷966 份,有效回收率为 96.6%);再依未成年犯样本在年龄、户籍性

① 张远煌,林德核,中国犯罪学实证研究匮乏之表现及成因分析[J],河南公安高等专科学校学报,2010.4。

② 周路,犯罪学实证研究之我见[J],河南公安高等专科学校学报,1999(4)。

③ 郭建安,论犯罪学研究方法的重要性[J],江苏警官学院学报,2009(5)。

④ 严励,金碧华,犯罪学研究方法的路径选择——对当前我国犯罪学研究现状的审视[J],上海大学学报:社会科学版,2006(3)。

⑤ 王志强,论中国当代犯罪学的实证研究及其科学实证逻辑[J],中国人民公安大学学报,2012(4)。

质和地域上的比例,在三地的 10 所中学中随机抽取了 1076 名普通中学生形成对照样本。① 调研发现,现阶段我国未成年人犯罪呈现出社会危害性趋重与人身危险性增大的趋势。鉴于当前我国未成年人犯罪的严峻形势,未成年人犯罪防控应当全面贯彻宽严相济的刑事政策。具体来说,对未成年人犯罪适用严厉刑事政策主要体现在以下三个方面:1. 对实施严重犯罪的未成年人,在处罚的从宽幅度上应从严把握,一般宜掌握在从轻处罚的幅度内,在无其他从宽情节的情况下,慎用减轻处罚。在未成年人具有法定从重处罚情节的情况下,也可以对严重犯罪的未成年人不从轻处罚。2. 对属于应当适用严厉刑事政策的未成年人犯罪,在具有一个以上的法定从重情节(如奸淫幼女且系累犯)时,不仅可以对未成年犯罪人不从轻处罚,也可以考虑在法定刑幅度内从重处罚。3. 如果行为人除具有一个以上的法定从重情节外,还有若干酌定从重情节(如奸淫幼女并系累犯,同时犯罪手段极端野蛮且犯罪后拒不悔改),可以在法定刑幅度内顶格判处刑罚。②

赵国玲基于对法院判决的 605 个毒品犯罪案件(云南 241 个案件、广西 74 个案件、广东 109 个案件、福建 181 个案件)的实证分析③,对我国毒品犯罪的刑事司法政策进行分析。研究发现,在司法实践中,无论是对运输毒品罪构成要件的解释还是刑罚特别

---

① 该调研参与人形成了一系列犯罪学研究成果。参见赵军.家庭因素与未成年人犯罪关系研究——对若干流行观念的定量检验[J],法学评论 2012.2;赵军,祝平燕学校联系紧密度与未成年人犯罪因果性经验研究——以旷课、逃学、辍学为指标[J],教育研究与实验 2012.1 等。

② 张远煌,姚兵,从未成年人犯罪的新特点看宽严相济刑事政策的全面贯彻[J],法学杂志,2009 年第 11 期。

③ 云南、广西、广东及福建是我国毒品犯罪高发省份。605 个实证分析样本共涉及被告人 1406 人,其中除 34 个判决书是中级法院的一审生效判决外,其他判决书均是高级法院的二审生效判决。

是重刑的适用上，法院均采取了"严打"的刑事政策。一方面，适用重刑的被告人的年龄比较低，平均只有约 34 岁，其中也有未成年人，大多是教育水平较低、市场竞争力弱的农民或无业人员，且60％以上是初犯；另一方面，运输毒品罪适用重刑的比例过高。84.8％的运输毒品罪的被告人被判处了重刑。而在运输毒品罪案件中，绝大多数（77.9％）的案件只有一名被告人。在这些案件中，大部分被告人是受别人雇佣、为赚取运费而实施运输毒品行为。他们的主观恶性相对来说比较低，对他们适用重刑显得过于严厉。由此可见，法院在刑罚裁量时过多地强调了刑罚的威慑与一般预防功能，而忽视了刑罚的改造及教育功能。赵国玲认为，在毒品犯罪案件中，虽然刑法有必要以重刑保护法益，但是在刑罚的适用上，有必要提倡"以宽济严"政策，即对于人身危险性较小、处于社会弱势地位的被告人，体现出宽容的一面，尽量少适用重刑，以有利于实现对他们的再社会化的教育与改造。[①]

为提高监狱教育改造质量的提高与重新犯罪风险管理的科学化，曾赟对浙江省不同类型监狱 1238 个随机押犯样本进行调查（问卷调查和个案访谈），通过多因素方差分析与二元 Logistic 回归分析等方法提取了年龄、刑期、本次服刑中同社会成员交往、父母对孩子的看护、学校拒斥、成年家庭不幸事件、低劣的文化程度、同辈伙伴隐秘发展道路模式、早年隐秘发展道路模式、早年威权冲突道路模式、成年早期违法行为模式、成年早期犯罪行为模式、否定责任、情感冷漠、社会迷乱 11 项因素作为测量罪犯出监前重新犯罪风险的预测因子，制成了罪犯出监前重新犯罪风险预测量表（RRPI）[②]。该研究为监狱改造工作与监狱管理重新犯罪风险工作提供了一个可供科学测

---

① 赵国玲，刘灿华，毒品犯罪刑事政策实证分析[J]，法学杂志，2011.5。
② 曾赟，服刑人员刑满释放前重新犯罪风险预测研究[J]，法学评论，2011.6。

量的质量评估标准。监狱管理机关可参照预测结果评估监狱教育改造质量;亦可参照预测结果科学管理社会中的重新犯罪风险。

单勇博士以浙江省杭州市上城区 2009—2012 年侦破的 730 起盗窃犯罪和丽水市莲都区 2007—2012 年 7 月侦破的 1123 起盗窃犯罪为样本,借助点图、核密度图、路段色温图、网格色温图测算犯罪聚集程度,以及犯罪的聚集分布。研究表明,城市中心区是犯罪治理、社会预警的重点区域与核心地带,构成了防卫空间设计的首选区位。在政府决策领域,防卫空间设计提倡以犯罪预警的形式为政府安全决策提供科学支持。在防控布局优化领域,防卫空间方案主张依托犯罪热点的空间分布,有针对性地调整犯罪防控布局,优化社区警务室、治安岗亭、智能卡口、视频监控、社区联防及警务巡逻的空间布局。[①] 他基于 GIS 制图对犯罪热点的验证指出,从罪犯到地点、从犯罪原因到犯罪条件、从宏观到微观、从平面到立体的空间治理具体化转向势在必行。空间治理在地点转向、实用导向、社区参与创新等层面实现了对社会治安综合治理政策的补充与修正。空间治理成为社会治安综合治理不可或缺的具体防控策略。[②]

当前,我国犯罪学研究正逐步摆脱过于注重理性思辨的研究樊篱,而步入以科学证据为基础构建犯罪防控体系的良性发展轨道。十八届三中全会通过的《中共中央关于全面深化改革若干重大问题的决定》提出,全面深化改革的总目标之一是要推进国家治理体系和治理能力现代化。十八届四中全会通过的《中共中央关于全面推进依法治国若干重大问题的决定》提出,全面推进依法治

---

① 单勇,城市中心区的犯罪热点制图与防卫空间设计,张凌,袁林. 国家治理现代化与犯罪防控——中国犯罪学学会年会论文集(2014),中国检察出版社,2014,pp. 785—786。
② 单勇,空间治理:基于犯罪聚集分布的综合治理政策修正[J],社会科学战线,2014.1。

国,总目标是建设中国特色社会主义法治体系,建设社会主义法治国家……实现科学立法、严格执法、公正司法、全民守法,促进国家治理体系和治理能力现代化。犯罪治理是国家治理体系的重要内容之一,着力于犯罪防控政策的科学化,是当前提高我国犯罪治理能力现代化的题中应有之义。

一 形成科学的犯罪防控政策的基石:经验研究

实现犯罪防控政策科学化的一个主要途径就是建立并不断完善以经验科学研究为基础的一套犯罪防控体系,它包括在科学研究基础上形成的观点、理论和政策以及实施这些政策的具体项目。具体而言,科学的犯罪防控政策体系包含四个层次:第一个层次是观点层次。主导的观点或者大部分人认同的观点可能成为对犯罪问题的基本理解,影响其他层次的犯罪防控政策的建设和执行。第二个层次是与犯罪防控有关的法律法规。包括刑事法律法规和在特定历史时期为处理某一特定犯罪问题通过的特殊法案或者单行法规。第三个层次是犯罪防控机构的行政设置及其建立的各种政策。这些行政设置可以是在中央设立的,也可以是在地方设置的。一些发达国家往往会就某一特定问题通过单行法案,并拨付相应的预算,设立相应的行政机构来执行这些法案。第四个层次是政策项目层次。政策通常是通过具体项目来体现的,可以是很大的项目,也可以是很具体的小项目。这个体系中第一层次的观点大多来自犯罪学理论研究的结果,其他层次大多以科学评估研究为基础。科学研究成为犯罪防控理论政策和实践的根基所在。

科学的犯罪防控政策建立在科学证据的基础之上。换言之,经验研究是形成科学的犯罪防控政策的基石。经验研究是指,在理论指导下以准确观察的客观现象为基础,使用定量或定性的研究方法,通过实验或观察来产生科学知识的过程,强调研究的资料必须来源于客观准确的观察。需要注意的是,经验研究(empirical research/study)与实证研究(positive research/study)有所不同。近年来,在国内社会科学研究探讨方法论的文献中,"实证"方法这一概念出现的频率相当高。然而,如果在英文文献中查找"positive research/study",就会发现,只有哲学研究著述涉及方法论问题时有所涉及①,在近三、四十年的国外社会科学研究文献中几乎找不到"××实证研究"的相关文献。实证研究与规范研究相对应,是分析社会事实"是怎样",即对社会现象进行描述与解释的方法;规范研究(Normative Research)是指分析社会现象"应该怎样",即关于价值判断的分析。经验研究是与理论/思辨研究(Theoretical Research)相对而言的,一般不涉及与价值判断有关的问题,其主要功能在于解决效用问题或效果问题,即为如何解决问题提供一个科学的研究框架和判断体系。为避免引起不必要的混淆和误解,犯罪学中应用定性和定量的研究方法,对理论或理论假设进行证实或证伪,应被称为"经验研究",而非"实证研究"。鉴于此,我国犯罪学研究者以"××实证研究"为题的相关著述似乎命名为"经验研究"更准确。

---

① 实证主义(Positivism)创始人孔德认为,实证一词有"实在"、"有用"、"确实"、"精确"等意思。所以,他认为哲学应以实证自然科学为根据,以可以观察和实验的经验事实和知识为内容,排斥了他所认为的虚妄、无用、不精的神学和形而上学,进而建立以近代实验科学为依据的一种"科学的哲学",即实证哲学。所谓实在、有用等的实证知识,指的是关于现象范围之内的知识。他认为,一切科学知识必须建立在来自观察和实验的经验事实的基础上。经验事实是知识的唯一来源与基础,因而一切科学知识就必须局限在经验的范围之内,不能超出经验之外。否则,知识既失去了根据,又没有可能。参见朱成全,对实证分析和规范分析争论的科学哲学的思考[J],江西财经大学学报,2005(3)。

犯罪学作为一门事实科学,经验研究是其基本的手段。具体而言,犯罪学的经验性研究方法分为两个层次:1. 犯罪调查的基本方法。其又可以从两个角度分类:①按照调查的范围,包括普遍调查、抽样调查、典型调查、个案调查;②按照调查的方法,包括观察法、文件法、问卷法、访谈法、实验法。2. 犯罪研究的基本技术。其又包括:①调查技术,例如抽样技术、问卷设计技术;②资料处理技术。运用以上方法,经过一定的研究程序,构建犯罪学理论。① 经验研究强调研究方法的科学性和严谨性。在经验研究中,主要的方法通常被分为两大类:定性的研究和定量的研究。定性研究重在对社会现象性质的分析;定量研究运用数学方法从量的方面考察事物之间的联系与作用。任何事物都是质与量的统一体,定量研究有助于将定性研究引向深入;而定性研究则是定量研究的基础。

怎样进行经验研究? 回答这个问题不是一件简单的事情,因为这个问题涉及很多专门的知识,需要进行系统的训练。国内的一些文献试图回答这个问题,也出现了一些解释,专业领域也有一些经验研究的文章发表。然而,很多读者看过这些研究之后常常会有某种失望的感觉,产生这样一种疑问:这就是"经验"研究吗? 不过如此。因为这种研究的大部分或者只对某种现象进行基本描述,或者只对事物作出某种分类,甚至仅是计算出一些简单的变量之间的关系,而其研究的深度不够。有的犯罪学"经验"分析文章只简单介绍定量研究基本的操作,对变量做出简单的相关分析或交叉分析,这似乎较之传统的中国犯罪学思辨研究要肤浅得多。笔者认为,中西方犯罪学研究传统及其思维方式存在较大差异,应

---

① 张小虎,论犯罪学的经验性研究方法[J],《犯罪研究》,2002 年第 1 期。

当在把握其方法论科学实质的基础上取其精华、去其糟粕。

　　一方面,经验研究是在严格逻辑思维指导下进行的。在这一点上,其与思辨研究思维方式存在共同之处。经验研究与思辨研究的不同之处在于,它集中了关于变量与定量的计算,从而可以更精确地回答一个具体的问题。我们在理论研究中常常讲事物之间的相互影响,理论研究帮助我们指出这个影响关系的存在,但要问各种事物间的相互影响的真正效果如何,则需用数量来精确计算出来。纯粹停留在思辨阶段是不能得出精确的答案的。明确这一点非常重要,因为国家和社会组织的经济资源是有限的,在国家和组织投入犯罪防控资源时,应该进行较精确的效果计算。法律和公共政策的实施可能涉及成千上万的投资,对其实施效果进行预测和评估十分重要。在美国,刑事法律法规的制定和完善,以及矫正罪犯、戒毒等政府投资的公共政策都必须进行定期的效果评估,评估方式往往采取严格的随机对照实验,只有确实能够改变相对人的心理或行为,或者给社会带来效益的项目才能够继续获得政府资助。定量研究的优势就是集中表现在它能更精确地计算出某个项目或措施所导致的人或事物的变化效果。

　　另一方面,要从抽象地讨论事物之间的联系,提升到以数量形式计算这种联系的程度。定量研究必须先完成一个研究范式(paradigm)的转变,即从理论研究或形式逻辑思维转变到数量形式的思维。这种转变的关键就在于引进"变量"这一最基本的概念。"变量"是经验研究话语体系中的一个简单而又重要的概念。经验研究的思维方式最突出的特点在于,它是用变量和变量的关系作为其基本语汇来进行思维的。在使用"变量"这个概念的时候,要理解它的"变"指的是它的值,是随研究单位的不同而不同的。例如,使用毒品的行为就是一个变量(有的人用,有的人不用;

有的人用得多,有的人用得少),所以它是随不同的人(研究单位)而有所变化的。而不同变量之间又会产生相互作用,在效果评估时需要对不同的变量加以控制。

经验研究就是通过对客观事物进行观察以及严格的分析,以达到可信的结论。经验研究可以分为两大领域,第一大领域是理论领域,第二大领域是政策领域。在理论领域里通行的做法是依靠严格的经验验证来建立理论,这其中包括以严格的科学方法系统地收集证据、资料,通过使用各种经验方法进行验证,包括使用统计模型和计算来检验理论在观察层面上的假设是否成立。政策领域中,核心的科学活动就是对现实存在的政策和政策项目进行评估,并以评估提供的证据为基础调整、改善或放弃已有的政策,从而实现科学的管理。

在这些科学活动过程中,管理者和科学家所追求的目标就是依靠日益提高的证据分析技术,不断提高研究结论的可靠程度。分析技术的发展主要依赖于统计学的迅速发展,各种统计技术、统计模型以及电子设备的快速发展,使过去无法实现抑或需要相当时间完成的运算任务能够转瞬完成,从而为数据分析实践中的疑难问题提供了多种解决渠道。社会科学发展的过程就是一个社会科学家收集经验证据的技术和分析经验数据的技术越来越严谨的发展过程,其有赖于以下两方面技术进步:一方面,高新数据收集技术的发展。证据效力的核心是数据收集,收集数据是根据研究目的所需回答的科学问题来进行研究设计的。数据搜集技术的核心内容是严格遵循逻辑思维及不断发展的方法论研究成果,来实现数据质量的不断提高。常见的数据搜集技术方法,已为很多人了解和掌握,比如实验研究方法、问卷调查方法、田野调查方法等等;另一方面,高新数据分析技术的发展。数据分析技术的进步发展,不断地纠正旧有的分析方法和可能存在的偏差,从而使分析结论更可靠、更精确。通过科学的统计方法得出的分析才具有更强的证明力。那么,如此复杂的统计技术真的有用吗? 回答当然是肯定的,因为所有技术上的发展都是为了一个目标,即使我们获得的数据和分析结论更加精确可靠。例如,数据的具体分布情况,计量模型的信度和效度,都需要通过科学的统计方法做出分析,才具有更强的说服力。

20 世纪 80 年代埃克斯(Akers)在行为主义学习理论和萨瑟兰差别交往理论的基础上,提出社会学习理论,并开展了犯罪学经验研究。[①] 他在研究中以模仿、差别接触、差别增强、守法与违法的态度等变量预测犯罪原因,并开展问卷调查。研究发现,一个人所处的社会结构会通过社会学习过程影响个人行为;学习过程中,个人可以通过直接增强或者间接(替代)增强作用学会特定行为,包括犯罪行为。一方面,某人观察到他人的犯罪行为,可以增强其犯罪动机和犯罪行为;另一方面,受到他人的犯罪暗示和支持鼓励,也可以学习到犯罪行为或增强犯罪动机和犯罪行为。台湾学者杨士隆与任全钧以自我控制理论与社会学习理论对台湾吸毒青少年开展经验研究。他们的研究结果发现,自我控制理论的变量解释力为 12%,社会学习理论的变量解释力为 21%,其中解释力最强的社会学习变量是"同伴的差别接触"。[②] 赵军通过对包括我国大陆未成年犯和普通中学生在内的并合样本进行对数回归统计,得到一个以暴力资讯接触状况预测未成年人犯罪的模型。该

---

① Akers,Ronald L. Social Learning and Social Structure:A General Theory of Criminal and Deviance. Boston:Northeastern University Press,1998.

② 杨士隆,任全钧,一般性犯罪理论与社会学习理论之实证检验:以犯罪矫正机构吸毒少年为例[J],犯罪学期刊,1997(3)。

模型以未成年人是否犯罪为因变量,以反映家庭背景、遭受暴力经验、不良嗜好及施暴经历、价值观、性(别)交往、上网情况及其他资讯、暴力资讯 7 个方面情况的 28 个变量为自变量。调研结果表明,接触暴力资讯能增大未成年人犯罪的概率,却不能增大未成年犯罪人选择实施暴力犯罪的概率。鉴于此,社会学习理论中通过暴力符号示范习得攻击性行为方式的观点应当做如下修正:反规范的态度或行为倾向是通过学习获得的;在现实社会生活中,通过媒体获得暴力资讯(符号示范)以及反复的直接体验学习,是未成年人习得反规范的态度或行为倾向的有效途径;从前被认为对未成年人具有重大影响的父母、老师或亚文化群,其地位正逐渐让位于充满暴力资讯的媒体。[①]

二　犯罪防控政策科学化的关键:评估研究

评估研究以犯罪防控政策的有效性为研究对象,以实验方法为主要研究方法,为犯罪防控政策的制定和实施提供了有力的科学证据,使得犯罪防控政策向科学化的方向发展,即在科学证据的基础上,对犯罪防控政策进行科学决策,并确保其得到有效实施。任何的政策、项目必须经过评估。通过评估,评价政策项目的效度,才知晓理论是否正确、政策是否有效,以及经济上是否合算。评估研究的评估内容包括证据是否真实,证据质量如何,证据证明力大小,样本是否具有代表性,内部效力如何等。方案实施以后,任何人都可以使用设计方案中搜集的资料、数据验证方案,来对项

---

① 赵军,暴力资讯与未成年人犯罪实证研究[J],江西财经大学学报,2010(3)。

目效果进行核实与重复检验,从而衡量项目是否有实效。

如何确保犯罪防控项目的评估取得真实的结果? 这些结果可信吗? 这是在对犯罪防控政策或项目进行评估时的重要问题。可以肯定的是,并非所有的犯罪防控项目的评估效度都是相同的,评估质量的方法存在巨大差别,主要是从统计结论效度(Statistical conclusion Validity)、内部效度(Internal Validity)、结构效度(Construct Validity)、外部效度(External validity)四个维度来对某个评估的质量进行衡量。[①] 统计结论效度关注的是假定因素(干预因素)和假定效果(统计结果)之间是否具有关联。对该类效度的主要威胁,来自于统计功效(正确地否定错误的虚假假设的可能性)的低下以至于无法发现效果(例如较低的样本规模),以及统计方法的不当使用。内部效度是指,在多大程度上,研究明确地指明了原因(例如父母教育)对结果的影响(例如越轨行为)。在这里,某种控制条件是十分必要的。该条件用以判断如果原因没有被施加于实验单位(如人口或地区),该单位将会发生怎样的变化。这又被称为"反事实推理"。影响内部效度的因素有:1.人为选择:实验条件与控制条件之间的先在差异的影响;2.历史:与干预同时发生的某些事件造成的影响;3.自然成熟:对先在趋势的延续性的反映,例如正常的人生成长;4.测量工具:结果测量方法的改变所产生的影响;5.测量:前测对后测的改变;6.统计回归效应:在那些将干预应用于超常的高分值单位(如高犯罪率地区)的地方,自然波动也会在后测中引起分值的回落,而这种自然波动造成的效应会被错误地解释为干预的影响。另外,将干预应用于低犯罪率或低分值人群中,则会引起相反的效果(分值提升);7.差异耗损:实

---

① 刘建宏,国际犯罪学大师论犯罪控制科学[M],人民出版社,2012:10。

验条件与控制条件之间的单位(如人群)差异损失所造成的影响；8.按时间发生的顺序：介入因素是否在结果发生之前出现这是不清楚的。结构效度指对干预与结果的理论建构进行操作化定义和测量的程度。例如，如果有一个项目旨在调查有关犯罪的人与人之间训练技巧的结果，训练项目确实针对和改变人际技巧，并作为罪犯被逮捕吗？这种效度形式的主要威胁在于干预在多大程度上成功改变了本应发生的变化，以及度量结果的效度和信度。外部效度指，在多大程度上，对结果的干预所造成的效应能够在不同条件下推广或者重复实现：不同的介入因素操作定义和各种不同结果，不同民族，不同环境等等。在一项研究评估中很难调查这些全部内容。外部效度可以更有说服力地建立在对某项研究的元分析和系统评估中(见下述)。例如，一个介入因素的设计目是减少犯罪，可能对于某些人或者在某些地区起作用，对其他人或者在其他地区可能情况就会不同。问题的关键在于，是否由于研究者对于研究结果有某种利害关系造成了影响大小的不同。如果一个犯罪预防项目的评估过程是遵循高度内部效度、结构效度和统计结论效度，则通常被认为是高质量的。也就是说，如果项目评估设计中对这三种效度的主要威胁进行控制，一个人可以对介入因素可被观察的效果有充足的信心。实验(随机实验和非随机实验)和准实验研究设计是可以使设计评估类型最大限度地达到这样的目的。[①]

近二十年来，在犯罪防控政策研究方面的新动向是把数据收集、分析与犯罪防控项目的政策制定完全地统一起来，尤其在犯罪防控项目设计与实施方面表现得尤为突出。如前所述，评估阶段

---

① 刘建宏,国际犯罪学大师论犯罪控制科学,人民出版社,2012 年版,第 11—12 页。

是犯罪防控政策科学化的核心所在,研究人员全程参加到刑事司法项目实施评估中,这对保证整个项目的科学化程度产生作用。项目在实施过程中及实施过程以后,科学评估结果又会被及时反馈到下一轮项目的评估设计修订及实施中去,这种科学与实践一体化的过程,在西方被称之为行动研究。犯罪学专家与刑事司法等犯罪防控部门密切结合,项目从开始设计之初直至项目实施整个过程均贯穿科学研究。总体设计包括在实施过程中每阶段数据收集、数据分析、项目实施与项目评估等。如下图所示:

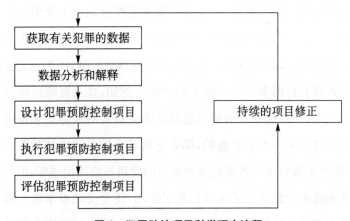

图1　犯罪防控项目科学研究流程

科学定量地评估发展类项目的影响,在社会科学研究中已经得到广泛重视。在开展影响评估时不但要找出哪些发展项目或政策是有效的,还要解释这些发展项目或政策为什么有效或为什么无效。"研究要清楚地说明干预措施(投入)将如何影响最终结果,而且要对从投入到最终结果之间的因果链(假设)进行检验。评估设计应当包含从投入到影响之间整个因果关系链的分析。"[1]犯罪

① White H. 2009. Theory-based impact evaluation: Principles and practice. Journal of Development Effectiveness,1(3):271—284.

防控政策的科学化强调通过科学的研究方法对政策实践进行评估，并使用科学方法所产生的科学证据来指导实践[1]。不同方法所产生的证据，其效力也是不同的。在各类影响评估方法中，随机干预试验(Randomized Controlled Trials，简称 RCT)方法被认为是影响评估的"金标准"。

在评估研究所采用的各种方法中，RCT 所产生的数据之所以被视为最高等级的科学证据，是因为 RCT 相对其他实验方法而言，具有最稳定的内部效度，能够最为客观、清晰地展现犯罪防控措施或干预项目的影响。[2] 在评估犯罪防控措施或干预项目的效果时，如果一个评估研究难以解释这些措施或项目到底能否引起受试者的变化，那么这个研究的内部效度就比较低，因为它无法排除是否有其他因素影响了结果的产生。例如：在戒毒矫治项目效果评估中，如果这个评估研究能够证明受试者的戒毒效果是由干预项目这一单一因素引起的，那么它就具有较高的内部效度。反之，即使大部分受试者都能减少毒品的使用量或使用频率，但研究者并不能确定到底是干预项目起了作用，还是受试者本来上瘾程度就不深或在接受矫治前就已经准备戒毒，那么该研究内部效度较低。一般而言，RCT 之所以具有最稳定的内部效度，是因为其在控制了年龄、性别等变量的情况下，将参加实验的被试者随机分配到实验组和对照组，确保实验组和对照组的人员构成和各种特征都比较一致，再对实验组实施干预项目，由于实验组和对照组的

---

[1]　Sherman, Lawrence W, "Evidence-based Policing" in Ideas in American Policing, Washington, DC: Police Foundation, 1999.

[2]　Farrington, D. P. , D. C. Gottfredson, L. W. Sherman, and B. C. Welsh. 2002. The Maryland scientific methods scale. In Evidence-based crime prevention, edited by L. W. Sherman, D. P. Farrington, B. C. Welsh, and D. L. MacKenzie, 13—21. London: Routledge.

人员都是随机分配的,具有同质性,因此当实验组在接受干预项目之后出现任何变化,研究者都可以确认,这些变化一定是由干预项目所造成,而不会是其他因素。[①]

采用 RCT 方法进行影响评估,首先要考虑的问题是如何设计试验。试验设计过程中涉及的具体问题包括:1. 建立干预与结果变量之间的因果链,探索合适的干预措施。研究者需要确认干预措施与结果变量之间存在明确的因果关系。2. 明确干预的单位。干预的单位可以是个人、农户、社区等,根据项目的总体目标和干预措施的性质决定。3. 随机选择的方法。可选择的方法包括摇奖法、轮流干预法和逐步推进法等。在 RCT 执行过程中,如采用摇奖法,只对部分参与者进行干预,考虑到对照组的参与者可能会因不能受益而不愿意参与该项目,在实施项目时可采用逐步推进法,开始只对干预组进行干预,过一段时间后再对对照组进行干预。4. 识别可能影响到项目设计的因素,包括项目是否存在溢出效应和交叉效应。5. 样本选择和样本规模。确定 RCT 样本的规模十分重要,规模的大小要具有足够的“势”(power),确保能够识别出干预的影响(或者在备选假设为真的条件下,具有 80% 以上的概率,拒绝虚拟假设)。因此,样本量的多少通常取决于干预类型的数量、置信水平、检验的“势”、干预单位组内相关性、预期影响的大小等。[②] 采用 RCT 方法进行影响评估时,最不希望看到的结果是:由于样本量过少,使得从理论上来说应该有效的干预手段,

---

① David Weisburd, Lorraine Mazerolle & Anthony Petrosino, The Academy of Experimental Criminology: Advancing Randomized Trials in Crime and Justice David Weisburd, Cynthia M. Lum, Does research design affect study outcomes in criminal justice? in ROBERT PEARSON(Ed), The Annals by The American Academy of Political and Social Science. Sage Publications, 2455 Teller Road, Thousand Oaks, CA. 2001.

② 张林秀,随机干预试验——影响评估的前沿方法[J],地理科学进展,2013(6)。

却未能在评估结果中表现出效果。

要对某项犯罪防控政策的有效性进行评价,如果仅仅依靠一两个评估研究的科学证据,可能并不足够,因为其他评估研究可能会有不同的结论,甚至不同研究者分别针对同一个主题所进行的不同评估研究也可能产生不同的结论。因此,为了进一步提高科学证据的效力,同时也为进一步提高犯罪防控政策的科学化水平,需要对关于同一个主题的评估研究报告进行系统的元分析(Meta-analysis)。元分析有别于传统的文献综述,后者不使用定量技术,而是以思辨研究对所搜集的文献资料进行分析总结,因此可能会受到个人偏见的影响[①]。为了改善这一问题,可以使用定量分析技术进行元分析。即主要依赖统计显著性来对评估研究报告的结果进行筛选和评价,然而其也存在一定的局限性:刑事司法领域的评估研究往往在 RCT 中使用比较小的标本数量,因此很多具有实际效力的小样本评估研究结果可能被排除或被忽略,从而影响最终结果的可靠性和科学性。笔者认为,中国犯罪防控研究和刑事政策决策应当更多地将 RCT 的影响评估方法运用到项目或政策的试点中,科学地、定量地评估项目或政策的影响,认真分析影响产生的路径,进行"以事实为基础"的决策。

为了改善元分析存在的问题,可以采用系统评估(Systematic Review)的方法。系统评估是一种全新的文献综述方式,使用严格的方法对某一主题的所有评估研究报告进行定位、分析、综合合成,将数据综合成一个整体,以得出可靠的结论。系统评估具

---

① Cooper, Harris and Larry V. Hedges, eds. 1994. The Handbook of Research Synthesis. New York: Russell Sage.

有如下特征:明确的目的,明确的筛选标准,筛选文献时应当避免潜在的偏见,必须列明被排除的文献清单,尽量获取与主题有关的所有文献,使用定量分析方法对文献的数据进行合成,最终的系统评估报告必须具备固定的结构和撰写方式[①]。必须明确的是,系统评估并不等同于元分析,前者可以包含后者,但后者并不代表前者;严格按照规定程序和方法完成的系统综述,能够为评价犯罪防控政策的有效性提供当前最可靠、最完整的科学证据[②]。

在评估研究发展过程中,系统评估作为一种新的评估工具,得到了越来越广泛的应用,同时也发挥了越来越重要的作用。康拜尔国际合作组织(Campbell Collaboration)的成立推动了全球犯罪防控政策科学化发展进程,进一步提高了评估研究的科学性[③]。康拜尔国际合作组织是一个由跨国学者组成的研究组织,下设教育、刑事司法和社会福利三个委员会,其目的是筹备和推动社会科学方面,包括教育学、刑事司法学、社会福利学三个领域的系统评估研究[④],为各国学者或机构的研究和决策提供参考。康拜尔国际合作组织的刑

① Farrington, David P. and Anthony Petrosino. 2001. The Campbell Collaboration Crime and Justice Group. Annals of the American Academy of Political and Social Science 578: 35—49.

② Petrosino A, Boruch RF, Soydan H, Duggan L, Sanchezp-meca J. (2001). Meeting the Challenges of Evidence-based Policy: The Compbell Collaboration, in ROBERT PEARSON(Ed), The Annals by The American Academy of Political and Social Science. Sage Publications, 2455 Teller Road, Thousand Oaks, CA.

③ Farrington, David P. and Anthony Petrosino. 2001. The Campbell Collaboration Crime and Justice Group. Annals of the American Academy of Political and Social Science 578: 35—49.

④ Petrosino A, Boruch RF, Soydan H, Duggan L, Sanchezp-meca J. (2001). Meeting the Challenges of Evidence-based Policy: The Compbell Collaboration, in ROBERT PEARSON(Ed.), The Annals by The American Academy of Political and Social Science. Sage Publications, 2455 Teller Road, Thousand Oaks, CA.

事司法委员会专司负责对刑事司法政策和与犯罪防控有关的干预项目的有效性进行科学的系统评估。具体包括:恢复性司法,父母教育项目,儿童技能培训,少年犯宵禁令,少年行军营(对未成年犯或未成年行为偏差人员集中进行军事化训练),电子监禁,针对犯罪人员的认知行为项目,针对监狱服刑人员的宗教信仰项目,刑期长短对重新犯罪率的影响,社区服务令,针对精神病患者的矫治,闭路监控系统,街道照明项目,邻里守望项目,高危地带警务项目,戒毒矫治等等①。

一般认为,科学评估方法分为五个等级,第一等级是从共时性的角度;第二等级是从历时性的角度;第三等级是建立实验组和对照组,并着重观察实验组在应用犯罪控制方案之后的犯罪变化的状况;第四等级是在第三等级的基础上,进行排除有可能影响实验结果的变量;第五等级对犯罪方案进行随机性的应用,并与对照组相比较。② 篇幅所限,本文仅以国内外视频监控系统(又被称为"闭路电视监控系统",英文简称CCTV)在犯罪防控中的应用评估为例。1998年斯金在唐卡斯特所做的研究得出的结论是,每对闭路电视监控系统投入1英镑就能得到3.5英镑的回报。英国剑桥大学法林顿等对闭路电视监控系统功效的44个评估结果表明,闭路电视监控系统能有效减少停车场的犯罪(51%),但是对减少城市中心与市民区的犯罪则没什么效果(7%)。③ 金诚等以浙江省某市为研究对象,对该市视频监控系统的建设现状进行评估。调

---

① Farrington, David P. and Anthony Petrosino. 2001. The Campbell Collaboration Crime and Justice Group. Annals of the American Academy of Political and Social Science 578: 35—49.

② 周东平,犯罪学新论[M],厦门大学出版社,2004:262。

③ 刘建宏:国际犯罪学大师论犯罪控制科学,人民出版社,第85页。

研发现，从技术层面来看，利用视频监控系统的技术防范模式较传统的人力防范模式具有明显的优势。但从应用现状来看，当前视频监控系统的整体应用效果与其初衷目标尚有差距，投入与产出不相匹配，存在着布设不合理、应用低效能等问题。建议在充分认识犯罪规律和监控的区域性功能定位基础上，科学合理地布设视频监控系统，采用多种方法提高对视频监控数据的运用能力，最大限度地发挥视频监控系统在街面侵财型犯罪防控中的效能。[①] 法林顿和金诚等采用严格的科学评估方法分别对英中闭路电视监控系统功效进行了评估研究。

三　中国犯罪防控研究
科学化的路径选择

　　思辨研究注重运用逻辑演绎推断来构建命题。经验研究强调在使用感官观察外部世界搜集材料的基础上构建命题。一个完整的犯罪学研究，不仅需要经验材料，而且必须思辨分析，二者对于保证犯罪学研究的科学性具有同等重要的意义。在中国社会治理现代化发展的进程中，犯罪学的学科建设和刑事政策的制定与实施应当遵循科学的轨道。鉴于此，笔者提出中国犯罪防控研究科学化路线图。

　　在中国犯罪防控研究科学化路线图中，资源、市场和科研产品是三个关键要素。犯罪学的资源。资源就是力量，资源左右影响

---

① 金诚,伍星,视频监控系统在街面侵财型犯罪防控中的应用评估[J],中国人民公安大学学报,2008(6)。

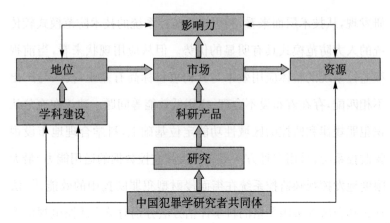

图 2 中国犯罪防控研究科学化路线图

力的分配,反过来影响资源分配。科研经费等资源是犯罪学研究顺利进行的重要保障。2010—2014 年度国家社科基金立项的犯罪学课题 85 项(年均 17 项),资助经费总计 1426 万元。其中,重点课题 5 项,西部课题 8 项,一般课题 50 项,青年课题 22 项。笔者认为,国家社科基金资助的犯罪学课题数量有待提高,特别是重点课题立项偏少,其与当前中国社会转型期犯罪问题居高不下的现状不符。参见表 1 - 6:

表 1 2010—2014 年度国家社科基金资助的犯罪学课题

年度	国家社科基金立项数	犯罪学课题立项数	犯罪学课题资助经费
2010 年	2685 项	10 项	104 万元
2011 年	3368 项	25 项	375 万元
2012 年	3833 项	17 项	255 万元
2013 年	4333 项	11 项	222 万元
2014 年	4323 项	22 项	470 万元

表2　2010年度国家社科基金项目中犯罪学相关选题一览表

	项 目 名 称	负责人	项目类别	学科分类
1	黑恶势力生成防控与治理	张步文	西部项目	
2	西部地区黑社会性质组织的生成机制及治理对策研究	郭　丽	一般	社会学
3	甘青藏等民族地区犯罪治理模式研究	刘慧明	一般	法学
4	社会与心理整合视角下的恐怖主义犯罪原因及应对研究	赵桂芬	一般	法学
5	近年金融领域刑事司法状态的实证研究	毛玲玲	一般	法学
6	黑社会性质组织犯罪定罪量刑实证研究	石经海	一般	法学
7	污染型环境犯罪因果关系证明研究	蒋兰香	一般	法学
8	经济全球化背景下环境犯罪刑事对策研究	董邦俊	青年	法学
9	中国周边涉华恐怖组织状况调查及对策研究	张家栋	青年	国际问题
10	我国竞技体育刑事犯罪解决机制研究	雷选沛	一般	体育学

注:2010年度国家社科基金立项资助课题共有2285项年度课题和400项西部课题。年度课题中,重点项目140项,一般项目1290项,青年项目855项。重点项目资助经费20万元,一般项目资助经费12万元,青年项目10万。

表3　2011年度国家社科基金项目中犯罪学相关选题一览表

	项 目 名 称	负责人	项目类别	学科分类	批准号
1	反腐倡廉建设中防治窝案、串案问题研究	陈东辉	青年	党史·党建	11CDJ018
2	社会参与腐败治理的体制、机制研究	柏维春	一般	党史·党建	11BDJ038

（续表）

	项 目 名 称	负责人	项目类别	学科分类	批准号
3	隐性收入与腐败的规模、关系及影响研究	孙群力	一般	应用经济	11BJY036
4	防范和化解群体性事件中暴力因素对策研究	王国勤	青年	政治学	11CZZ025
5	西藏群体性事件的预防与预警机制研究	房玉国	一般	政治学	11BZZ032
6	在华跨国公司商业贿赂问题研究	周凌宵	青年	政治学	11CZZ017
7	社会转型期群体性事件的心理疏导与犯罪防范对策研究	梅传强	一般	法学	11BFX104
8	犯罪治理控制与刑事司法犯罪化的反思	孙万怀	一般	法学	11BFX102
9	社会转型期恐怖主义犯罪治理控制研究	张 昆	一般	法学	11BFX103
10	安全生产犯罪及其刑法治理对策研究	刘超捷	一般	法学	11BFX105
11	涉信用卡犯罪研究	刘宪权	一般	法学	11BFX107
12	刑事纠纷的多元化解决机制实证研究	郭云忠	一般	法学	11BFX117
13	社区矫正执行体系研究	郑霞泽	一般	法学	11BFX108
14	东部地区涉及少数民族的群体性事件研究	白友涛	重点	社会学	11ASH003
15	跨境民族乡村社会安全问题和转变维稳方式研究	张金鹏	一般	社会学	11BSH020
16	海洛因戒除者的行为控制功能及其对海洛因使用行为的自动化加工机制研究	张 锋	一般	社会学	11BSH047
17	城市移民犯罪及其治理模式研究	杨方泉	一般	社会学	11BSH048

（续表）

	项目名称	负责人	项目类别	学科分类	批准号
18	西北农村回族妇女家庭暴力问题研究	王雪梅	青年	社会学	11CSH024
19	吸毒人群艾滋病污名问题研究	耿柳娜	青年	社会学	11CSH045
20	虐待老年人问题调查及社会工作干预研究	刘春燕	青年	社会学	11CSH076
21	我国青少年体育暴力研究及遏制理论建构与实证	石岩	一般	体育学	11BTY022
22	土地市场中开发商行贿的表征、演变及损害研究	张红霞	一般	管理学	11CGL084
23	文化与黑社会性质组织犯罪研究	汪力	西部		11XFX012
24	社区戒毒推进的难点调查与保障体系构建研究	张晴	西部		11XFX014
25	西南边疆地区跨国犯罪及其控制研究	蒋人文	西部		11XFX016

注：2011年度国家社科基金立项资助课题共2883项，其中重点项目153项、一般项目1608项、青年项目1122项。西部项目485项。重点项目每项资助25万元，一般项目和青年项目的资助强度均为15万元。

表4　2012年度国家社基金项目中犯罪学相关选题一览表

	项目名称	负责人	项目类别	学科分类	批准号
1	社会整合视角下的未成年犯社区矫正研究	张学军	一般	社会学	12BSH009
2	社会学视野下重新犯罪防控机制研究	江华锋	一般	社会学	12BSH008
3	社会支持视域下的刑释人员回归社会研究	莫瑞丽	青年	社会学	12CSH010
4	戒毒人员回归社会的长效机制构建研究	韩丹	青年	社会学	12CSH096

（续表）

	项 目 名 称	负责人	项目类别	学科分类	批准号
5	弱势群体权利保障中的打击拐卖妇女儿童行动研究	周俊山	青年	社会学	12CSH098
6	隐性腐败的防治制度研究	余 凯	青年	政治学	12CZZ026
7	中国社区矫正规范化研究	吴宗宪	一般	法学	12BFX048
8	社区矫正中的社区参与模式研究	田兴洪	一般	法学	12BFX046
9	引入市场机制与犯罪治理创新	汪明亮	一般	法学	12BFX047
10	民间借贷中的经济犯罪防控对策研究	马 方	一般	法学	12BFX049
11	环境污染犯罪治理研究	冯 军	一般	法学	12BFX051
12	新生代农民工犯罪问题研究	金 诚	一般	法学	12BFX054
13	刑事司法改革中的实验研究	何 挺	青年	法学	12CFX036
14	民族边境地区"三非"问题及其犯罪防控体系研究	张 洁	青年	法学	12CFX103
15	预防与遏制贪官外逃制度研究	李晓欧	青年	法学	12CFX039
16	西部涉农职务犯罪的预防与惩治研究	张建军	西部		
17	网络毒品犯罪问题研究	昂 钰	西部		

注:2012 年国家社科基金项目批准立项课题共 3291 项,其中重点项目 160 项、一般项目 1806 项、青年项目 1325 项。西部项目共立项 542 项。重点项目每项资助 25 万元,一般项目和青年项目的资助强度均为 15 万元。

表5 2013 年度国家社科基金项目中犯罪学相关选题一览表

	项 目 名 称	负责人	项目类别	学科分类	批准号
1	高级领导干部腐败现状及防范对策研究	陈小林	重点	党史·党建	13ADJ005
2	全球化信息化社会环境中的新型恐怖活动及其整体法律对策研究	皮 勇	重点	法学	13AFX010

（续表）

	项 目 名 称	负责人	项目类别	学科分类	批准号
3	新疆兵地多元文化与犯罪预防关系研究	李瑞生	一般	法学	13BFX053
4	沉迷网络游戏引发青少年犯罪的实证研究及防治对策	刘亚娜	一般	法学	13BFX058
5	毒品犯罪预警模型与机制构建研究	郑永红	一般	法学	13BFX059
6	非传统安全犯罪治理创新模式研究	王君祥	一般	法学	13BFX060
7	生态安全犯罪对策研究	张　霞	一般	法学	13BFX064
8	现代大众传媒对犯罪新闻信息传播的实证研究	刘晓梅	一般	社会学	13BSH039
9	全面建成小康社会视角下的刑释人员社会保障制度研究	吴鹏森	一般	社会学	13BSH081
10	实践与规制：我国"网络反腐"研究	郑智斌	一般	新闻学与传播学	13BXW034
11	司法工作人员职务犯罪预防研究	肖　洪	西部		

注：2013 年国家社科基金项目批准立项课题项目总数为 3826 项,其中重点项目 272 项,每项资助 30 万元;一般项目 2023 项,青年项目 1531 项,资助强度均为 18 万元。西部项目共立项 507 项,项目资助额度为 18 万元,与年度项目中的一般项目和青年项目相同。

表6　2014 年度国家社科基金项目中犯罪学相关选题一览表

	项 目 名 称	负责人	项目类别	学科分类	批准号
1	新疆反暴力恐怖犯罪标本兼治实证调查与法律对策研究	周　伟	重点	政治学	14AZZ006
2	对社区矫正顶层设计的评价与修正研究	刘　强	重点	法学	14AFX012
3	收入不平等对刑事犯罪的影响研究	张向达	一般	理论经济	14BJL039

（续表）

	项 目 名 称	负责人	项目类别	学科分类	批准号
4	基于统计分析的新疆恐怖主义问题研究	阿地力江·阿布来提	一般	政治学	14BZZ030
5	仇恨犯罪治理研究	张　旭	一般	法学	14BFX044
6	我国有组织犯罪的企业化趋势与刑事治理对策研究	蔡　军	一般	法学	14BFX045
7	反腐风暴下的贪污贿赂犯罪刑事对策研究	郑延谱	一般	法学	14BFX050
8	以再犯罪风险控制为导向的监狱行刑改革实证研究	刘崇亮	一般	法学	14BFX063
9	环境犯罪刑事政策研究	汪维才	一般	法学	14BFX183
10	农村留守女童性侵害防范机制研究	杨素萍	一般	社会学	14BSH086
11	吸毒人群社会融合的困境及促进对策研究	朱长才	一般	社会学	14BSH089
12	劳教制度废止背景下社会工作融入社区矫正研究	熊贵彬	一般	社会学	14BSH117
13	房地产领域腐败治理问题的实证研究	张红霞	一般	管理学	14BGL106
14	医务人员工作场所暴力行为的评估与治理研究	苏天照	一般	管理学	14BGL146
15	基于犯罪热点制图的城市防卫空间研究	单　勇	青年	法学	14CFX016
16	转型时期新生代流动人口犯罪问题实证研究	刘　婷	青年	法学	14CFX017
17	轻罪刑事政策研究	凌萍萍	青年	法学	14CFX018
18	腐败犯罪及其防治对策研究	彭新林	青年	法学	14CFX019
19	影响性刑事个案的类型特征、民意表达、刑事司法的关联考察	郭晓红	青年	法学	14CFX066

（续表）

	项 目 名 称	负责人	项目类别	学科分类	批准号
20	转型时期量刑公正与社会认同的契合路径研究	刘春花	青年	法学	14CFX069
21	社会治理创新背景下社区矫正对象的社会支持评量、影响因素检验与政策倡导研究	张大维	青年	社会学	14CSH004
22	新疆反恐现实问题及对策研究	管黎峰	西部		

注：2014 年国家社科基金项目批准立项课题项目总数为 3818 项，其中重点项目 309 项，每项资助 35 万元；一般项目 2465 项，青年项目 1044 项，资助强度均为 20 万元。西部项目共立项 505 项，项目资助额度与年度项目中的一般项目和青年项目相同。

1. 犯罪学的市场。犯罪学发展另一个关键要素是市场。资源和影响力在市场中进行分配。市场占有率决定一个组织的影响力，犯罪学也不例外。市场能够左右专业群体的社会阶层划分并且决定其影响力。政府是最关键市场。政府制定政策，包括法律法规，警察、法庭和矫治机构的政策项目，干预项目等。非官方组织是另一个主要市场。私营企业有犯罪预防和安全需要，社区、学校、家庭以及个人也有犯罪预防和安全需要。犯罪学研究者应当尊重市场的需求。犯罪学共同体的主要使命是提供专业水平的知识产品，而这种产品的使用价值取决于其能否满足公共或非公共领域的犯罪防控与社会安全需求。这种需求与犯罪共同体的供给共同组成了我国犯罪学的市场。以市场作为犯罪学发展的支点，意味着用竞争引擎启动犯罪学的学术航路。市场占有率决定组织影响力，左右专业阶层的划分，但是，市场的本意是要尊重和满足各种特定的需求，而这种需求的存在，是我国犯罪学进一步拓展和深化发展的场域。

中国是否存在发展犯罪学的需求？答案是肯定的。城市化不仅仅带来了高度发达的物质文明，也带来比较严重的犯罪问题。在中国现代化进程中，揭示犯罪现象和把握犯罪规律是犯罪防控的重中之重，这恰恰是专业化犯罪学知识的需求所在。环境预防理论是近年来西方犯罪学研究的热点之一。该理论强调，基于对犯罪原因和条件的研究，着重在环境设计上堵塞犯罪的可能，或者创造一种不能实施犯罪的环境，从而消除或限制企图犯罪者作案的原因和条件，以达到预防犯罪的目的。简言之，通过控制或影响犯罪行为产生的环境，以避免或减少某些犯罪行为。我国在治安防控体系的运行实践中，街面巡防网络构建以及物防和技防等措施的有效实施，体现了环境预防理论的精髓。公安机关屯警街面，实行网格化巡逻，成效显著。电子对讲门、小区周边报警系统、家庭智能报警器、防爬刺等物防和技防设施的推行，使可能诱发犯罪的环境得以改变，犯罪分子作案的阻力加大，使其试图犯罪的风险提高，不少违法犯罪人员因此"望而却步"。此外，技防网络中闭路电视监控、GPS 卫星跟踪定位系统的建立，以及旅馆业实时监控信息系统的安装展示了现代监视系统对犯罪防控的科技功能。2002 年 1 月，流窜 6 省 32 市杀死杀伤 39 人的公安部通缉的逃犯宋世慧，就是江苏常州公安机关新丰街派出所严把旅馆业登记验证关，通过调取旅馆实时监控录像得以识破并成功抓获。[1]

2. 犯罪学的科研产品。犯罪学领域还有一个关键要素是科研产品。为了应对犯罪防控实践，犯罪学研究者必须拿出高质量的研究成果来满足市场的需求。政府方面需要的犯罪学研究成果

---

[1] 李雪冰，犯罪学防范理论的实证范本——以江苏省治安防控体系建设实践为例[J]，犯罪研究，2008(1)。

包括法律法规、政策、项目策划、咨询服务等;非官方组织需要的犯罪学研究成果有犯罪防治、安全措施、社会项目等。

篇幅所限,仅以犯罪热点研究成果及其在我国犯罪治理中发挥的功能为例。犯罪热点是指犯罪活动在空间上呈现出的一种聚集现象,表现为某些区域内的犯罪密度显著偏高。[1] 陈鹏提出空间统计方法的犯罪热点分析流程:首先,采用面形态分析来获取犯罪活动异常的区域以确定犯罪风险的范围;其次,针对识别出的犯罪热点区域,采用点形态分析法进行进一步的热点分析。可通过最近邻指标确定该区域内的犯罪活动分布是否为聚类,若为聚类,则表明该区域内的犯罪活动分布具有明显的热点特征。随后采用核算密度估计进行热点位置的识别,最终确定出该区域内犯罪热点的具体位置。[2] 王占宏选取上海市 2006 年到 2010 年具有面状特征的入室盗窃和具有线状特征的街面两抢两类犯罪进行了扫描统计分析,较全面地揭示了上海两类犯罪的时间、空间以及时空特征,为警方警力的精确投放以及制定相应的防控措施提供了决策依据,并为犯罪热点预警提供了参考。[3] 刘大千等利用空间分析的方法研究长春市 2008 年财产犯罪的空间分布特征。研究发现,长春市财产犯罪率呈现出城市中心高而外围低的圈层式空间模式;长春市主要商业区和主要客运交通枢纽所在警区均具有较高的财产犯罪率,是财产犯罪的热点地区。[4] 金诚承担浙江省哲学社会科学规划课题"犯罪地图:街面犯罪与防控对策"(编号:

---

[1] 汪兰香,陈友飞,李民强,犯罪热点研究的空间分析方法[J],福建警察学院学报,2012(1)。

[2] 陈鹏,李锦涛,马伟,犯罪热点的分析方法研究[J],中国人民公安大学学报(自然科学版),2012 年 03 期。

[3] 王占宏,基于扫描统计方法的上海犯罪时空热点分析[D],华东师范大学,2013.04.01。

[4] 刘大千,修春亮,于嘉,长春市财产犯罪的空间分析[J],地理科学,2012.04。

07CGSH013YB)项目研究。他通过对抽取的浙江省某市区 2006 年发生的 2050 起侵财型案件的犯罪地图描绘,发现了"侵财型"犯罪的热点和活动规律,提出了"侵财型"犯罪模型,并对当前警务运行机制和战略改革提出建议。[①] 他还通过对"浙江省公安厅打防控应用系统"中该市区某年每个季度第 1 个月受理的侵财型案件为样本,共抽取 1、4、7、10 四个月侵财型案件 2050 起,并结合 110 刑事报警数量,着重就案件的发生数量、发生地点、侦破方式等三个方面进行数据对比分析,以评估现有视频监控的应用效果。从该研究绘制的浙江省某市市区犯罪热点及视频监控系统分布图来看,侵财型犯罪热点(白点)与视频监控(黑点)无论从数量上还是从位置上尚未实现重合。从质的角度来看,市区视频监控系统建设从无到有已是一种质的进步。但从量的角度来看,虽然视频监控系统能够在大案、特定类型案件中发挥作用,但此类案件占全部案件的比例不高(20%以下)。而针对面广量大的轻微侵财型案件还普遍存在应用难的问题,街面监控还未成为关键性、主流性、基础性的应用手段,难以带动打击防范犯罪整体水平的提升。[②] 通过对该市视频监控系统的建设状况进行分析和评估,提出如何改进和调整现行的布建方案,最大限度地发挥该系统在防控街面犯罪中的效能等对策,为视频监控技术犯罪防控战略的后续推广和实施提供理论支持和实践指导。由此可见,犯罪学经验研究和评估研究为犯罪防控政策的制定和完善提供了依据,能够更为有效地指导犯罪防控实践,另一方面犯罪防控实践验证了犯罪学理论的科学性。当前,我国大样本的犯罪经验研究并不多见。犯罪信

---

① 金诚,伍星,"侵财型"犯罪地图描绘及其研究[J],犯罪研究,2007 年 05 期。

② 金诚,伍星,视频监控系统在街面侵财型犯罪防控中的应用评估[J],中国人民公安大学学报(社会科学版)。

息的不公开(涉密)是制约我国犯罪学经验研究科学化的症结所在。我国的犯罪学研究和犯罪防控政策的制定与实施应当在科学证据的基础上,并不断吸收实务部门的实践经验,通过对政策和项目的科学评估,将其结果及时反馈到下一轮项目的评估设计修订和实施中去,这种科学与实践一体化的过程,将是推进犯罪治理体系和治理能力现代化的路径选择。

十八届三中全会明确提出了加强中国特色新型智库建设,建立健全决策咨询制度。2014年末,中央印发了《关于加强中国特色新型智库建设的意见》,这对科研服务决策和服务社会,推进国家治理体系和治理能力现代化具有重要意义。中国犯罪学研究者应当扎根于本土的经验研究,积累植根于本土实践的经验性知识,努力去发现中国犯罪现象的特点和规律,立足于探求中国犯罪防控公共政策过程的"真实世界",加强对本土政策实践问题的学术关怀。发展我国犯罪学研究,使之达到世界先进水平,提升犯罪学在我国及国际学术界的影响力,我国犯罪学者担负着不容推卸的历史重任。

重考量刑公正与量刑差异

——德阳市五个基层法院的定量研究证据

熊谋林 赵 勇 程乙峰*

摘 要：主流观点认为，中国刑事司法普遍存在量刑差异，并因此推动量刑规范化改革。然而，20年文献综述并没发现支持量刑差异的实证研究。本文借助于德阳市5个基层法院2009、2012年的1039个样本，对盗窃罪、抢劫罪、故意伤害罪的量刑均衡情况进行检测。研究对5个法院按四组配对比较后发现，三组法院的量刑呈现均衡状态。多元回归分析显示，盗抢罪量刑差异可由犯罪数额、前科、审理程序、犯罪自白、从严处罚等做解释，故意伤害罪也可因伤害程度、受害人个数、赔偿等有别。2010年量刑意见有助于规范法官量刑，但辩护律师发挥的作用有限，法官更倾向于

---

* 作者简介：熊谋林，法学博士，西南财经大学法学院讲师，四川省高校法治量化与信息工程重点实验室研究员。研究方向为：规范刑法学，定量犯罪学，幸福经济学。赵勇，法学硕士，德阳市中级人民法院前任院长，西南财经大学法学院兼职教授。程乙峰，西南财经大学法学院2011级法学专业本科生。

特别感谢最高人民法院冉丹法官与北京法意公司陈浩先生提供的判决书样本数据挖掘结果，为本文自行收集的数据提供印证参考。感谢德阳中级人民法院欧阳丹东副院长、邓自力、金朝霞、周静的鼎力支持。感谢林丽、陈欣欣、雷清月等12名同学收集德阳法院数据。文责由熊谋林承担！

从严处罚。中国未来的量刑改革,可能还需对从宽从严情节的如何使用作出具体规定,加大律师辩护意见的影响。

关键词: 量刑差异;不显著;影响因子;律师作用

引言:未被验证的量刑差异与规范改革

量刑公正,是中国刑事法学界普遍关心的问题,为此掀起了长达 20 年的量刑规范化讨论。这场探讨的主题是:中国刑事司法实践中存在严重差异,应采取多种措施控制量刑差异。[①] 受学术研究的影响,中国各地刑事司法机关陆续出台一些量刑规范化政策,以及开展电脑量刑等智能化操作模式研究。这些举措的背景反映出法官量刑具有较大随意性,量刑结果存在失调。[②]

[①] 苏惠渔、张国全、史建三:《电脑与量刑——量刑公正合理应用论》,百家出版社 1989 年版;沈德咏:《中英量刑问题比较研究》,中国政法大学出版社 2001 年版;赵廷光:《论量刑原则与量刑公正——关于修改完善我国量刑原则的立法建议》,《法学家》2007 年第 4 期;季卫东:《电脑量刑辩证观》,《政法论坛》2007 年第 1 期;白建军:《量刑基准实证研究》,《法学研究》2008 年第 1 期;熊选国:《量刑规范化改革》(序言),法律出版社 2010 年版;刘树德:《刑事司法语境下的"同案同判"》,《中国法学》2011 年第 1 期;陈杭平:《论"同案不同判"的产生与识别》,《当代法学》2012 年第 5 期;梅传强、刘柏纯:《量刑基准要义》,《中国人民公安大学学报》(社会科学版)2012 年第 4 期;周光权:《法定刑研究》,中国人民大学博士论文,1999 年;储槐植、梁根林:《论法定刑结构的优化——兼评 97 刑法典的法定刑结构》,《中外法学》1999 年第 6 期;韦良平、杨军:《对量刑规范化的几点思考》,《政法论丛》2003 年 12 月第 6 期;陈瑞华:《脱缰的野马——从许霆案看法院的自由裁量权》,《中外法学》2009 年第 1 期。

[②] 2003 年 3 月 2 日,江苏省姜堰市人民法院出台《规范量刑指导意见》,制定了多种规范法官量刑的措施。2003 年,山东淄川区法院针对法官量刑的随意性,对百余种罪名开始采用电脑量刑量刑方式,直接输入情节决定量刑结果。这两个法院的量刑规范化活动,直接成为最高人民法院量刑规范化改革的试验点,并由此开始全国性的量刑规范化活动。参见:吴晓蓉:《七年探索、两年试点:姜堰法院量刑规范化改革五大突破》,《姜堰法院简报》2010 年第 1 期。李丽、刘刚、都玉秦:《山东淄川"电脑量刑"探出经验入列全国法院量刑规范化试点》,人民网,2009 年 5 月 20 日。

在此趋势下,中国最高司法机关采纳了"量刑规范化"这个理论和实务界总结出来的经验,采用细化不同犯罪等级的量刑幅度,以求最大化地做到量刑均衡。尤其是,最高人民法院2010年出台《人民法院量刑指导意见(试行)》,以求"实现量刑均衡,维护司法公正"。[①] 以此为基础,上海、北京、四川等各省级司法机关制定了具体的量刑指导细则,以求在本地司法管辖范围内规范量刑。[②]

学术、司法、立法、实务互动,这一系列现象似乎肯定了中国刑事司法中广泛存在着量刑差异。在这个氛围的引导下,学者对"是否存在量刑差异"的个案考察结果,进一步支持了"量刑存在失衡"这个命题。[③] 然而,与成果丰厚的量刑公正和量刑均衡的理论研究相比,中国目前尚没有刑事司法量刑活动的经验研究揭示出这个问题的真实性。[④] 这就意味着,中国刑事审判量刑存在严重差异的命题尚没有得到数据验证。

电脑量刑改革的否定,已成为中国刑事量刑规范化进程中尴尬的一幕。然而,如果不能冷静客观地对待量刑改革和量刑公正这个话题,中国刑事量刑改革的初衷可能也将难以实现。鉴于学术界对量刑公正众说纷纭,且缺少必要的数据支持,我们开展了本次实证研究。这个针对量刑失衡问题的实证研究,有两个基本的

---

① 最高人民法院:《人民法院量刑指导意见(试行)》,2010年。

② 截止本文定稿,目前有上海、北京、湖北、四川、江苏、河南、广东、广西、青海、甘肃、福建、新疆、湖南、宁夏、河北、吉林、辽宁、黑龙江、云南、浙江、重庆等30个省市高级人民法院均公布了量刑指导意见(网络查询无西藏资料)。

③ 邓修明对221名律师和126名检察官开展的《关于刑事司法确定性的问卷调查》显示,86%以上的受访者认为"当前量刑存在不平衡的现象",其中16%的人认为"存在严重失衡现象"。邓修明:《我国刑罚裁量模式与刑事判例机制》,《现代法学》2006年第1期。

④ 袁建刚:《量刑的逻辑:量刑差异、刑量分布和量刑基准分布》,《中国刑事法杂志》2011年第8期。

假设:一,中国刑事审判实践中,不存在普遍意义的量刑差异;二,中国的刑事审判实践中,存在着严重的量刑差异。我们认为,司法改革需要一个客观的检验过程,才能反映中国刑事司法的真实状况;否则,歇斯底里地呼吁中国刑事量刑改革毫无意义。因此,如果出现第一种结果,那么未来的司法改革应当找准造成量刑差异的因素,制定科学的刑事政策。如果是第二种结果,中国刑事审判中的有益经验就应当继续发扬。

一　量刑公正与量刑均衡: 被渲染的真命题?

中国学者对量刑公正和量刑均衡的研究,成果颇丰。沈德咏从刑罚文明史角度,认为人类刑法文明史,就是一部为实现刑罚目的而不断追求量刑公正的历史。基于这个崇高的价值追求,学术界展开了深入的探讨。周光权等人从量刑裁判必须考虑的社会危害性因素方面,结合量刑情节论证了确立量刑基准的理由。[1] 赵廷光与季卫东等围绕电脑量刑的准确和科学性,以及中国当下是否应当开展电脑量刑展开了深入的辩论。[2] 谢鹏程等基于规范量刑自由裁量权,从量刑程序的分离等多角度论证了促进量刑均衡

---

[1]　周光权:《量刑基准研究》,《中国法学》1999 年第 5 期;周光权:《量刑程序改革的实体法支撑》,《法学家》2010 年第 2 期;周长军、徐嘎:《量刑基准论》,《中国刑事法杂志》2007 年第 2 期;朱平:《量刑基准分析》,《中国刑事法杂志》2005 年第 1 期;王利荣:《对常见犯罪量刑基准的经验分析》,《法学研究》2009 年第 2 期。

[2]　季卫东文;侯兆晓:《"电脑量刑"之梦——赵廷光教授和他的量刑辅助系统》,《民主与法制》2007 年 23 期;魏胜强:《法律解释视角下的"电脑量刑"》,《政法论丛》2009 年第 3 期。

的刑事诉讼程序改革措施。[①] 陈瑞华等与左卫民等围绕是否从检察机关开展量刑建议活动,作为规范法官自由裁量权、强化量刑程序的对抗性作了辩论。[②] 林伟、熊谋林从量刑情节裁判原则过于抽象、量刑幅度角度过大,论证了规范量刑的适用法则。[③]

(一) 量刑差异及其表现

纵观近30年的研究成果,几乎所有学者一致认为中国的量刑存在普遍差异。文献综述发现,研究指出的中国量刑差异表现为如下两个方面:(1)同案不同判,[④]同罪不同罚;[⑤](2)轻罪重判,[⑥]重罪轻判。[⑦]

---

① 谢鹏程:《论量刑程序的张力》,《中国法学》2011年第1期;李玉萍:《中国法院的量刑程序改革》,《法学家》2010年第2期;姜涛:《量刑程序研究》,《中国刑事法杂志》2009年第7期;陈瑞华:《论量刑程序的独立性——一种以量刑控制为中心的程序理论》,《中国法学》2009年第17卷(第1期)。

② 陈瑞华:《论量刑建议》,《政法论坛》2011年第2期;左卫民:《中国量刑程序改革:误区与正道》,《法学研究》2010年第4期;吴飞飞:《量刑建议功能的反思及其实现》,《中国刑事法学杂志》2011年第12期;李强、魏民:《检察机关量刑建议规范化研究:以安徽C市两级检察院实证资料为视角》,《中国刑事法杂志》2012年第8期;林喜芬:《论量刑建议的运行原理与实践疑难破解:基于公诉精密化的本土考察》,《法律科学》2011年第1期;翼祥德:《构建中国的量刑建议权制度》,《法商研究》2005年第4期。

③ 陈学勇:《谈量刑情节的适用》,《法律适用》2009年第8期;林维:《论量刑情节的适用和基准刑的确定》,《法学家》2010年第2期;熊谋林:《论集合情节分级规则的建立》,《社科纵横》2008年第4期。

④ 前引〔1〕,刘树德文;前引〔1〕,陈杭平文;陈虹伟:《同是受虐杀夫上海包头判不同——专家:统一标准》,《法制日报》2006年3月29日;段文波:《民事程序视角下的同案不同判》,《当代法学》2012年第5期。

⑤ 前引〔1〕,梅传强、刘柏纯文;孙小迎、李洪欣:《"王子犯法与庶民同罪"辩兼说"同罪"与"同罚"》,《现代法学》1997年第6期;左颖:《北京将规范行政处罚裁量权避免同罪不同罚》,《中国改革报》2007年7月20日;林琳:《"同案不同罚"不是自由裁量的本意》,《工人日报》2001年12月31日。

⑥ 陈光中、赵琳琳:《国家刑事赔偿制度改革若干问题探讨》,《中国社会科学》2008年第2期;周颖、余双彪:《由许霆案看"重抗轻、轻抗重"情形》,《中国检察官》2008年第7期。

⑦ 庹继光:《警察犯罪中的"重罪轻判"现象浅析》,《四川省政法管理干部学院学报》2006年01期;李良渠:《陆丰市人大常委会对十六宗重罪轻判假币案件进行监督》,《人民之声》2000.11;杨维汉:《危害食品安全罪要避免重罪轻判——专访最高法副院长熊选国》,新华每日电讯2011年5月26日。

在列举这些量刑差异的理由时,一些研究成果中举出不少案例来具体阐释说明。这些案例所反映出的量刑差异大致可分成如下几类:

第一类,同一地区法院对不同犯罪人的量刑出现较大差异。赵廷光的代表性案例显示,某区法院对四起盗窃犯罪的判决如下:判决一:盗窃财物共计 160 元,有期徒刑 6 年(判决作出日期为 6 月 12 日);判决二:盗窃财物共计 1600 元,有期徒刑 6 个月(判决做出日期为同年 6 月 16 日);判决三:盗窃财物共计 9800 元(多次),有期徒刑 2 年,罚金 300 元;判决四:盗窃财物共计 980 元(一次),有期徒刑 2 年,罚金 2300 元。①

第二类,不同地区对同一类型的犯罪量刑出现较大差异。陈海平的案例显示,2000 年,江西原副省长胡长清因受贿 500 多万元被判死刑。但此后受贿 900 多万元的深圳海关原关长赵玉存被判无期徒刑。② 山东省某中院判了一个案子,4 名被告人在半年的时间里通过一些技术手段,总共窃电价值 31.6 万余元,主犯判了无期徒刑。同期,在网上炒得很热的深圳中院判决的一个盗窃奔驰轿车的案子,一个犯罪团伙在半年时间内盗窃 7 辆奔驰轿车,价值 700 余万元,销赃得款 20 余万元。两案发案时间大体一致,但后案的主犯仅判 15 年。③ 陈宏伟的案例也显示,2006 年上海妻子杀夫案,行为人被判 14 年有期徒刑;2005 年包头妻子杀夫案,行为人被判处有期徒刑 3 年,缓刑 5 年。

---

① 侯兆晓文;谢鹏程:《论量刑公正的程序保障》,法制日报 2001 年 8 月 5 日。

② 高一飞:《黑幕下的正义——审视潜规则下异化的司法》,参见 http://www.comment-cn.net/politics/democracy/2006/0221/article_184.html,访问时间:2013 年 5 月 20 日。

③ 陈海平:《困境与进路:司法改革语境中的量刑程序改革》,《安徽大学法律评论》2005 年 12 月。

第三类，犯罪人籍贯和户口性质的不同被判处不同量刑。非京籍人被判处缓刑的比例低于京籍人被判处缓刑的比例，采取取保候审强制措施的被告人被判处缓刑的比例远远高于被逮捕而被判处缓刑的比例，因过失犯罪被判处缓刑的被告人的比例远远高于故意犯罪被判处缓刑的被告人的比例。[①]

第四类，同一犯罪人在不同审判程序被判处不同的刑期。赵廷光的案例显示，福建周宁县陈长春强奸和妨碍作证案合并判处有期徒刑 3 年，二审改判有期徒刑 12 年；山西泽州周蜡成一审 7 项罪名合并执行 20 年，二审山西高级人民法院改判为有期徒刑 3 年。

上述案例，的确说明了中国刑事审判在个案中存在量刑差异。然而，我们的文献考察发现，大量讨论有关建构中国量刑公正和量刑均衡制度、避免量刑差异的研究，除了以量刑结果展示量刑差异外，并没有对案例的具体情况做出仔细考察。即使少有的案例研究中，学者们也习惯将由个别案例引发出的量刑差异结论，推广至中国刑事司法审判实践。

（二）量刑差异及其原因

学者们常用的研究方法是用"典型案例"和"代表性案例"代表一般现象，以个别案例作论据进行量刑差异的论证和分析。因此，梳理这些案件，会发现中国存在令人担忧的量刑差异，并由此深入分析量刑差异产生的原因，但也有助于发现一些中国学者关心的问题。这些原因大致可以分成如下几类：

①　王新环：《量刑程序改革思考——一个检察官的视角》，《刑事司法论坛》2010 年 5 月。

（1）量刑幅度过大，法官自由裁量权难以限制。陈瑞华等认为，法官的自由裁量权过大是导致量刑差异的原因之一，[①]法官过度以自己的刑罚价值观影响量刑，导致量刑结论因缺乏规则上的自治而影响其稳定性。[②]周光权等认为，法定刑幅度过大是造成量刑失衡的先天原因，比如 10 年以上的法定刑中，往往又包括无期徒刑和死刑。这种法定刑量刑幅度跨度大、空间大、刑种多，实践中一旦出现犯罪人具有减轻处罚的情节时，判决结果就有可能超出人们对减轻处罚的心理承受力。郭志远在分析中国法官的量刑时指出，中国现行刑法中法定刑相差达到或者超过 5 年的条款达 200 多个，占整个刑罚的 40％；加上有些规定比较模糊，不同的法官理解也不一致，造成实践中量刑不公的现象。[③]

（2）法官忽略量刑程序的科学性，随意裁判导致量刑差异出现。例如，陈瑞华等的研究指出，法官过分重视定罪程序，轻视量刑程序。[④]量刑活动自身特点的制约，即法律是抽象的，而刑事案件千差万别，立法语言的开放性与刑事审判法官需要自由裁量权的特点决定了量刑活动不可能成为一种按图索骥的机械活动，在诸多可变因素的相互作用下就使得量刑失衡成为可

---

① 前引〔1〕，陈瑞华文；秦旺：《法理学视野中的法官自由裁量权》，《现代法学》2002 年 2 月第 24 卷第 1 期；简基松：《防范量刑偏差之理路》，《中国法学》2009 年第 6 期；王新庄：《司法自由裁量权滥用问题的案例分析》，兰州大学硕士论文，2011 年；洪振华：《论法官自由裁量权滥用的阻却》，《湘潭师范学院学报（社会科学版）》2008 年 3 月第 30 卷第 2 期。

② 王亚男：《从量刑正当到量刑公正——兼谈我国构建量刑程序的必要性》，《山东审判》第 25 卷总第 190 期（2009 年）。

③ 郭志远、赵琳琳：《美国联邦量刑指南实施效果——兼论对我国量刑规范化改革的启示》，《政法论坛》2013 年第 1 期。

④ 李玉萍文；陈瑞华：《量刑程序改革的困境与出路》，《当代法学》2010 年第 1 期（总第 139 期）；张月满：《量刑程序论》，《法学家》2011 年第 4 期。

能。①

（3）量刑差异与量刑均衡的研究较少，司法认识不足。新中国刑法学自发展以来，在最近十年才开始普遍关注量刑公正问题，对于刑罚设置、配置和效果等方面的研究成果尚显缺乏，使得司法实践中不规范行为的出现难以得到有效的遏制。②

（4）法外因素对量刑公正活动的影响。研究指出，传媒的误导性报道和追求新闻效果的夸张性介绍不仅加剧了被害方的复仇情绪，也给办案机关造成较大舆论压力，法官往往屈服于舆论激起的民愤，导致量刑差异。③ 由于司法机关在财政、人事上受制于地方政府，地方行政的干预也容易导致量刑差异。④ 法官行使审判权是在具体的社会环境下进行的，许多社会因素因与案件有关而连接成各种关系网，说情、请托就在所难免，从而影响司法公正。⑤

通过对中文文献的考察，我们发现中国学者论证中国刑事审判的量刑差异时，所使用的案例较少，常以极端的个案为代表论

---

① 周晓唯、冯薇：《公正量刑的法经济学分析》，《制度经济学研究》2009 年 12 月；韩静：《论法律语言的开放结构》，中国政法法学硕士论文，2009 年；刘爱龙：《立法语言的表述伦理》，《现代法学》2006 年 03 月第 28 卷第 2 期；莫洪宪、王明星：《刑事立法语言之技术特点》，《现代法学》2001 年 10 月第 23 卷第 5 期；张建军：《刑法立法语言的明确化》，《时代法学》2010 年 6 月第 8 卷第 3 期。

② 前引〔28〕，周晓唯、冯薇文。

③ 王培韧：《论量刑均衡及其实现路径》，《山东警察学院学报》2008 年 9 月第 5 期总第 101 期。

④ 龙宗智、李常青：《论司法独立与司法受制》，《法学》1998 年第 12 期；胡玉鸿：《马克思恩格斯论司法独立》，《法学研究》2002 年第 1 期；万春：《论构建有中国特色的司法独立制度》，《法学家》2002 年第 3 期；刘作翔：《中国司法地方保护主义之批判——兼论"司法权国家化"的司法改革思路》，《法学研究》2003 年第 1 期；周汉华：《论建设独立、开放与能动的司法制度》，《法学研究》1999 年第 5 期。

⑤ 周丽珠：《司法腐败产生的原因及其治理》，《求是》2006 年第 3 期；李茂管、杨绍华：《反对司法腐败 维护司法公正——访最高人民法院院长肖扬》，《求是》1998 年第 17 期；周永坤：《坚持独立审判与克制权力腐败》，《法学》2010 年第 11 期；何远琼：《站在天平的两端——司法腐败的博弈分析》，《中外法学》2007 年第 5 期。

证中国量刑差异的客观真实性。这种以局部代表整体的分析,通常忽略极端个案本身的特征。例如,学者用以分析量刑差异存在的"许霆案",即使在学术界对定罪与否尚存在较大争论,更别说实务界的量刑。类似案例,并不能说明大量的普通案件存在"无期"和"五年"的极端性偏差。我们也注意到,学术界常以山东淄川区法院推行量刑化改革后,所实现的"零上诉、零抗诉"论证量刑指导意见对于缩小量刑差异的关键作用。然而,目前并没有研究成果用客观事实揭示出,山东淄川法院改革前后的量刑差异有所减少。

二　命题检测:量刑差异能否
检验和解释吗?

与裁判量刑活动的过程一样,量刑差异的检测也错综复杂。正如季卫东指出,法官裁判刑罚需考虑法官裁判的法律内事实,而且需要对个案考虑一些特殊性,如政策、利益平衡、受害人需求、预防等各种因素。事实上,仅从直觉上判断,法官裁量刑罚的过程变得错综复杂。这也就决定了,司法裁判活动的科学性,以及量刑的精准化很难被检测。可能正因为如此,这也是中国刑事法学界并不开展量刑差异和量刑公正程度检验的原因。然而,我们通过对英文文献的考察发现,量刑差异的检测和定量研究并非不可能,并且已形成了一整套解释量刑差异的理论。因此,我们认为,对英美国家已经成型的研究量刑差异和量刑公正的方法进行梳理,有助于对中国的量刑差异问题进行研究。

（一）关于量刑差异能否被检测的问题

在量刑差异的存在性检测上，霍格斯早期从心理学角度指出，量刑程序非常复杂，法官在决定监禁和量刑长度时所考虑的因素较多，量刑差异的客观真实性变得难以信服。[①] 因此，奥斯汀和威廉姆斯后来的研究指出，受量刑情节、量刑客观情况的影响下，量刑差异是否存在的检测，以及量刑差异的合法性程度的精确检测变得不可能。[②] 上述二位的研究，的确反映了量刑程序的复杂性，然而这仅是早期量化研究普遍开展以前的结论。一些新近的定量研究提出了新的证据，并由此提出了多种解决和解释量刑差异检测的经典理论。

焦点理论提出（Focal Concern Theory）影响量刑的因素真的不可探测吗？是否每个量刑因素都要关心呢？回答是否定的。量刑过程中通常有三个关注的内容：（1）罪犯的谴责性或罪责评估；（2）通过剥夺犯罪人的犯罪能力或者威吓潜在犯罪人保护社会；（3）量刑决定产生的实际结果、社会成本。[③] 阿尔伯尼特基于降低不确定

① Hogarth, J., (1971), *Sentencing as A Human Process*, *Toronto*: University of Toronto Press, 7—12.

② Austin, W., & Williams III, T. A. (1977), *Survey of Judges' Responses to Simulated Legal Cases*: Research Note on Sentencing Disparity, A. J. Crim. L. & Criminology, 68: 306.

③ Steffensmeier D. J., (1980), *Assessing the Impact of the Women's Movement on Sex-Based Differences in the Handling of Adult Criminal Defendants*, Crime & Delinquency, 26: 349—352; Steffensmeier, D. J., Ulmer J. T. & Kramer, J. H. (1998), *The Interaction of Race, Gender, and Age in Criminal Sentencing: The Punishment Cost of Being Young, Black, and Male*, Criminology, 36: 763—798; Steffensmeier, D. J., Kramer J. H., & Streifel C., (1993)*Gender and Imprisonment Decisions*, Criminology, 31:411—446; Hartley R. D. & Maddan S. & Spohn C. C., (2007), *Concerning Conceptualization and Operationalization: Sentencing Data and the Focal Concerns Perspective—A Research Note*, The Southwest Journal of Criminal Justice, 4(1):59.

性(Uncertainty Avoidance)的理论,认为真实的量刑决定程序很少达到完全充分掌握案件信息的客观精确程度,因此在信息不完全的情况之下,减少这种不确定性的方法是借助于习惯和社会结构的理性。法官通常通过开发模式化的反应机制去尝试管理不确定性。这是法官基于自己处理程序中受影响的判断机制,法官们通常基于日积月累的模式,如种族、性别、早期犯罪的量刑结果等去预测未来犯罪活动,刑事司法系统中判处刑罚,与其他自由裁量权的处理结果一样,是自我满意和简化偶然假设努力实现理性的结果。[1]

与此相关的是霍金斯的经验观察理论(Perceptual Shorthand Theory)。该理论认为,法官的确不可能充分掌握刑事案件及被告的所有信息,从而精确地决定量刑期限。然而,在量刑信息不可能全面掌握的情况下,法官倾向于用多年的经验(stereotype)观察,结合犯罪的危害性和犯罪人的再犯倾向作为量刑的基准(benchmark)决定量刑的长度。[2]

以上理论围绕着量刑是否需要全面考察被告人的信息,法官是否需要严格按照量刑指南对被告人的量刑作出精确决定,是否允许法官以个人经验结合被告人的人身特性在自由裁量权范围内自由裁量展开讨论。基于这个立场的分析,法官量刑的个体差异化,有其合理原因,毕竟法官的经验判断对不同被告人决定不一致。由于法官量刑是基于长期经验和以往的习惯作判断,这个立场也成为法官量刑稳定合理性的解释原因。[3] 这从另一个角度解释了,表象所代表

[1]　Albonetti C. A. ,(1991), *An Integration of Theories to Explain Judicial Discretion*, Social Problems, 38(2): 249.

[2]　Hartley R. D. & Maddan S. & Spohn C. C. ,(2007), 4(1): 60—66; Hawkins, D. (1981), *Causal Attribution and Punishment for Crime*. Deviant Behavior, 1: 191—215; Steffensmeier D. J. & Ulmer J. T. , & Kramer J. H. ,(1998), 36: 767—768.

[3]　Hawkins K,(1992), The Use of Legal Discretion: *Perspectives from Law and Social Science*. In Hawkins, K. (ed.), The Uses of Discretion, New York: Oxford University Press, 11—46.

的量刑差异,可能在整个案情的判断上来看,并不存在量刑差异。不过,这个主观评价过程,可能会出现不同法官对被告的不同评判出现量刑差异。[1] 由此,也就出现量刑是否真的存在差异的争论。

(二) 量刑差异的存在性及其解释

关于美国联邦和地区之间及其内部是否存在量刑差异,结论并不一致。考特的研究指出,毒品运输犯罪在美国联邦不同司法区以及同一司法区法庭间量刑存在差异。[2] 奥斯汀的研究指出,法庭所在的城乡位置也影响量刑结果从而出现差异,以城市人口居多的法庭处罚时更考虑法律内因素,而法庭主要以乡村位置聚居为主则受法律外因素差异较大。[3] 吴对美国联邦不同司法区的量刑差异进行研究后,指出不同法庭之间的量刑存在差异。[4] 不过,这些研究所提出的量刑差异,在进一步研究中被解释。安德森和斯伯恩的研究指出,联邦法官虽然表面上量刑有差异,但是这些差异是因为案件类别和犯罪的严重性所导致,由此得出联邦量刑并没有失衡,并与联邦量刑指南趋于一致。[5]

---

[1]　Johnson B. & Ulmer J. T. & Kramer J. H. , (2008), *The Social Context of Guidelines Circumvention: The Case of the Federal District Courts*, Criminology, 46(3):737—783.

[2]　Kautt P. , (2002), *Location, Location, Location: Inter-District and Inter-Circuit Variation in Sentencing Outcomes for Drug Trafficking Offenses under the Federal Sentencing Guidelines*, Justice Quarterly, 19(4): 633—672.

[3]　Austin T. L. , (1981), *The Influence of Court Location on Type of Criminal Sentence: The Rural-urban Factor*, Journal of Criminal Justice, 9(4): 305—316.

[4]　Wu J. , (2010), *Interdistrict Disparity in Sentencing in Three U. S. District Courts*, Crime & Delinquency, 56(2):290—322.

[5]　Anderson A. L. & Spohn C. , (2010), *Lawlessness in the Federal Sentencing Process: A Test for Uniformity and Consistency in Sentence Outcomes*, Justice Quarterly, 27(3): 372、389—390.

值得探讨的是,美国联邦量刑指南在实践中的作用。文献显示,美国至少有 15 个州和联邦司法系统已经制定了量刑指南。然而,学术界对美国的量刑指南评价并不高。研究指出,与先前的强制量刑不同的是,这些量刑指南允许法官基于个案的考虑而裁判合理的量刑刑期,并由此造成的新的量刑差异。[①] 克莱默和乌尔莫指出,1982 年宾夕法尼亚州量刑委员会制定的量刑指南,通过对重罪和轻罪的违法轻重程度,结合刑事犯罪记录情况,建立了多个量刑梯度,并且赋予法官针对个案的自由裁量权,并且允许法官在指南幅度下量刑。[②] 斯蒂次和卡博瑞恩在评价量刑指南的作用时指出,联邦量刑指南虽然控制了量刑差异,但并没有消除基于自由裁量权而出现的量刑差异。[③] 即使有量刑幅度限制,如法官在根据案件的特殊情况,判断得出联邦量刑指南可能会判得过重或过轻时,可能采取变通措施。[④]

以上信息,反映出学术界对量刑差异本身的存在性探讨的客观认识,不同地区法院之间的量刑存在一定的差异,这与地区文化和法官判断有关。在进一步探讨法院量刑之间的差异时,犯罪学者在法院间和法官个人内部做了不同的研究。法院间的量刑差异研究指出,不同州以及本州内部的法院之间有量刑差异。[⑤] 对于

① Cirillo V. ,(1986), *Windows of Discretion in the Pennsylvania Sentencing Guidelines*, Villanova Law Review, 31:1309—1349.

② Kramer J. H. & Ulmer J. T. ,(1996), *Sentencing Disparity and Departures from Guideline*, Justice Quarterly, 13(2):84—85.

③ Stith, K. , & Cabranes, J. A. ,(1998), *Fear of Judging: Sentencing Guidelines in the Federal Courts. Chicago*: University of Chicago Press.

④ Hofer P. J. , & Blackwell K. R. ,& Ruback, R. B. ,(1999), *The Effect of The Federal Sentencing Guidelines on Inter-judge Sentencing Disparity*, Journal of Criminal Law & Criminology, 90(1): 258.

⑤ Bontrager S. & Bates W. & Chiricos T. ,(2005), *Race, Ethnicity, Threat and the Labeling of Convicted Felons*, Criminology, 43(3), 589—622; Britt, C. ,(2000), （转下页注）

法院之间的差异，安德森等认为，不同的社区背景和公诉人的量刑动议实施情况解释了这些差异。[1] 约翰逊的研究指出，法官和不同法庭的社会环境共同决定了量刑差异。[2] 乌摩尔的定性研究进一步指出，不同巡回法院之间在辩诉交易政策和实践、审判后处罚的刑种和刑度以及量刑严重性的差异决定了不同地区以及当地法庭社区对量刑指南的理解和解释差异，导致了量刑的多种结果。[3] 狄克逊等的研究在解释量刑差异时指出，不同法院受政治、社会和法庭组织特征的影响，[4]不同法院的价值观和司法信念的不同而出现合理的量刑结果。[5]

　　对于法官之间的量刑差异，研究也作出多种合理的解释。安德森等对量刑差异进行梳理后指出，量刑结果受法官的个人背景

（接上页注）*Social Context and Racial Disparities in Punishment Decisions*, Justice Quarterly, 17(4): 707—732; Fearn, N., (2005), *A Multilevel Analysis of Community Effects on Criminal Sentencing*, Justice Quarterly, 22(4): 452—487; Helms R. & Jacobs D., (2002), *The Political Context of Sentencing: An Analysis of Community and Individual Determinants*, Social Forces, 81(2): 577—604; Johnson B, (2005), *Contextual Disparities in Guidelines Departures: Courtroom Social Contexts, Guidelines Compliance, and Extralegal Disparities in Criminal Sentencing*, Criminology, 43(3): 761—796; Weidner R. R. & Frase R. S. & Schultz J. S., (2005), *The Impact of Contextual Factors on the Decision to Imprison in Large Urban Jurisdictions: A Multilevel Analysis*. Crime & Delinquency, 51(3): 400—424.

①　Anderson A. L. & Spohn C. , (2010), 27(3): 368.

②　Johnson B, (2006), *The Multilevel Context of Criminal Sentencing: Integrating Judge and County-Level Influences*, Criminology, 44(2): 268.

③　Ulmer J. T. , (2005), *The Localized Uses of Federal Sentencing Guidelines in Four U. S. District Courts: Evidence of Processual Order*, Symbolic Interaction, 28(2): 272.

④　Dixon, J, (1995), *The Organizational Context of Criminal Sentencing*, American Journal of Sociology, 100(5), 1157—1198; Nardulli P. F. & Eisenstein J. & Flemming R. B. , (1988), *The Tenor of Justice: Criminal Courts and The Guilty Plea Process*, Urbana, IL: University of Illinois Press; Savelsberg J. J. , (1992), *Law that Does Not Fit Society: Sentencing Guidelines as Neoclassical Reaction to The Dilemmas of Substantivized law*, American Journal of Sociology, 97(5): 1346—1381.

⑤　Eisenstein, J. , Flemming, R. B. , Et Nardulli, P. F. (1988), *The Contours of Justice: Communities and Their Courts*, Boston, MA: Little, Brown, 28.

因素影响。这与法官的不同惩罚哲学有关,持报应主义的法官比功利主义的法官量刑更重。[1] 约翰逊等的研究指出,法官在信息资料不全的情况下,经验习惯容易因资料不足而对被告人特征(违法严重性、前科)等判断差异。[2] 除此之外,量刑差异与法官的性别和种族有关,女性法官量刑更重,黑人和白人法官的量刑存在差异。[3] 其他一些研究对法官先前的背景,如公诉人或者律师职业经历,法官职业年限是否影响量刑差异有研究,[4]但结论不明显。[5]

上述文献考察,的确反映出量刑差异受多种因素影响,法律内和法律外的因素均有。但值得疑问的是,量刑到底受何种因素的影响,这会让量刑变得毫无规律吗? 因此,继续对影响量刑的因子进行梳理可以寻找到一些研究的脉络。

(三) 量刑影响因子梳理

自由裁量权和量刑幅度,作为法律内因素在学术界最令人担忧。与此相对,法律外的因素,如司法干涉、法官腐败所出现的量刑差异,也是否定量刑公正的重要因子。上述两个方面的因素相结合,也就

---

[1] Anderson A. L. & Spohn C. (2010), 27(3): 364.

[2] Johnson B. & Ulmer J. T. & Kramer J. H. , (2008), 46(3): 737—783.

[3] Spohn C. (1990), *Decision Making in Sexual Assault Cases: Do Black and Female Judges Make a Difference?* Women & Criminal Justice, 2: 83—105; Spohn C. (1990), *The Sentencing Decisions of Black and White Judges: Expected and Unexpected Similarities*, Low & Society Review, 24, 1197—1216; Uhlman T. M. , (1978), *Black Elite Decision Making: The Case of Trial Judges*, American Journal of Political Science, 22, 884—895.

[4] Steffensmeier D. & Hebert C. , (1999), *Women and Men Policymakers: Does The Judge's Gender Affect The Sentencing of Criminal Defendants?* Social Forces, 77(3): 1163—1196; Welch S. & Combs M. & Gruhl J. , (1988), *Do Black Judges Make a Difference? American Journal of Political Science*, 32(1), 126—136.

[5] Anderson A. L. & Spohn C. , (2010), 27(3):366.

出现了极端个案的量刑差异。但司法研究并不能受个案影响,司法活动的开展也不能因极端个案的影响而否定一般性。因此,要对影响量刑因子做出分析,必须借助于大样本的统计观察结果。对若干个定量研究文献分析后发现,量刑主要受如下因素影响:

(1) 犯罪危害性和严重性。格雷斯伍德利用佛罗里达的量刑指南和量刑资料,指出犯罪严重程度和刑事记录是影响量刑轻重的主要因素,并且审判模式和性别对量刑也有显著影响。[①] 克莱默等的研究也指出,犯罪类型、犯罪的严重性以及犯罪记录是量刑轻重的影响因子。[②] 里奥纳多的研究显示,犯罪数额并不影响是否监禁的决定,但是犯罪数额的确影响量刑的长度。[③]

(2) 前科越多,量刑越重。斯迪芬斯迈尔等利用宾夕法尼亚州的资料研究显示,是否监禁和量刑长度,主要由犯罪行为的严重性和被告人的犯罪前科决定。[④] 里奥纳多和桑珀的研究也显示,量刑差异最主要受刑事犯罪前科、犯罪严重性、有罪答辩等法律内因素影响。[⑤] 伍德布莱德的研究也显示,法官在量刑时,会考虑累犯的风险,并对有这种倾向的人判处更重的刑罚。[⑥]

(3) 犯罪自白者量刑更轻。研究指出,犯罪自白(自首)、有罪答

① Griswold B. G. , (1987), *Deviation from Sentencing Guidelines: The Issue of Unwarranted Disparity*, Journal of Criminal Justice, 15(4):317—329.

② Kramer J. H. & Ulmer J. T. , (1996), 13(2): 81—82; Kramer J. H. & Steffensmeier D. , (1993), *Race and Imprisonment Decisions*. The Sociological Quarterly, 34: 357—376.

③ Leonard K. K. & Sample L. L. , (2001), *Have Federal Sentencing Guidelines Reduced Severity? An Examination of One Circuit*, Journal of Quantitative Criminology, 17(2): 134.

④ Steffensmeier D. & Kramer J. & Streifel C. (1993), 31:411—446.

⑤ Leonard K. K. & Sample L. L. , (2001), 17(2): 128—137.

⑥ Wooldredge J. & Thistlethwaite A. , (2004), *Bilevel Disparities in Court Dispositions for Intimate Assault*, Criminology, (2):417.

辩、辩诉交易的开展,有利于法官基于被告人的悔罪态度或降低司法成本,判断犯罪人的危险性更低,从而给被告人判处更轻的刑罚。[1]

（4）社会经济地位越高,刑罚越轻。社会经济地位的影响程度并不相同,肯定者们认为,大量研究已经指出社会经济地位对量刑轻重有影响,呈正相关。[2] 然而,其他研究却指出,社会经济地位对量刑的轻重程度并没有影响。[3] 伍德雷格最新利用辛辛那提2948 个逮捕男性的量刑资料研究显示,犯罪人的社会经济地位对量刑差异的确有显著影响。[4]

（5）女性比男性量刑的刑期更轻。研究显示,性别对量刑结果有差异,女性比男性的量刑更轻。这可归纳为 5 个重要的原因:(a)家庭原因等实际状态(practically),(b)保护妇女的侠义精神(chivalry),(c)妇女比男性实施犯罪的能力更弱的质朴观点(naiveté),(d)女性更容易被改造的经验观察(perceived permanence of behavior),(e)对于男性犯罪的恐惧和危险性观察(perception of dangerousness)。女性对于犯罪的恐惧和危险程度倾向于实施更轻的犯罪,并因此解释了女性的量刑比男性更轻的原因。[5]

---

[1] Balbus RA,(1973), *The Dialetics of Legal Repression : Black Rebels before the American Criminal Courts* , New York: Russell Sage Publications; Miethe T. D. , Moore C. A. , (1986), *Racial Differences in Criminal Processing : The Consequence of Model Selection on Conclusions about Differential Treatment* , The Sociological Quarterly, 27:217—237; Albonetti C. A. ,(1991), 38(2): 249.

[2] Spohn C. & Gruhl J. & Welch S. ,(1981—1982), *The Effect of Race on Sentencing : A Re-examination of An Unsettled Question* , Law and Society Review, 16: 72—88. Kautt, P. ,(2002), 19(4):633—672.

[3] Randall J. T. & Zingraff M. T. ,(1981), *Detecting Sentencing Disparity : Some Problems and Evidence* , American Journal of Sociology, 86: 869—880.

[4] Wooldredge J. & Thistlethwaite A. ,(2004), 2:419.

[5] Steffensmeier D. (1980), 26: 349—352; Steffensmeier D. & Ulmer J. T. & Kramer J. H. (1998), 36: 763—798; Steffensmeier D. & Kramer J. & Streifel C. (1993), 31:411—446; Hartley R. D. & Maddan S. & Spohn C. C. ,(2007), 4(1):59.

（6）其他影响因子。受害人和被告人之间的关系上，阿伯勒特的研究指出受害人的撤诉有利于减轻犯罪人量刑的倾向，但这并没有发到显著水平。[1] 在年龄、种族问题上，法官通常会考虑这些反应并影响犯罪人危险程度的相关因素决定量刑轻重，并因此在不同年龄群体、民族间出现量刑差异。[2]

本部分的外文文献梳理显示，量刑差异及其影响因子的研究非常活跃，这在美国已有将近半世纪的历史。这对中国开展量刑差异的研究有非常重要的借鉴意义，在方法和变量选择上为本文研究的开展提供了支撑。不仅如此，对各种量刑差异的解释，也为量刑差异与否存在的合理性进行了论证。因此，无论中国存在或不存在量刑差异，在一个合理限度以内，各种研究结果都是可以接受的。

三　资料、问题与研究设计

如前述，中国刑事法学界并没有可循文献进行量刑差异的定量研究，这或许受限于资料和数据的获取途径。这也就出现，中国司法界至今并没有对量刑差异的存在性产生怀疑。作为一个研究尝试，我们希望能在本研究中，客观谨慎地对量刑差异的存在性问题进行检验，并对影响量刑的因素进行检测。

---

[1] Albonetti C. A,(1991),38(2):261.

[2] Steffensmeier D. & Demuth S. ,(2000), *Ethnicity and Sentencing Outcomes in U. S. Federal Courts：Who is Punished More Harshly?* American Sociological Review, 65(5):705; Hartley R. D. & Maddan S. & Spohn C. C. ,(2007), 4(1):59.

（一）研究资料

由于目前并无可行的司法数据供研究，因此我们自行采集了四川省德阳市 6 个基层法院的判决书作为量刑公正的研究样本。四川省德阳市中级人民法院下属 6 个基层法院，分别是中江法院、绵竹法院、旌阳法院、广汉法院、什邡法院、罗江法院。但罗江县法院的样本太小且各年度参差不齐，不具有分析意义，我们直接剔除。基于犯罪样本的可比性，我们只对基层法院的数据进行研究，而没有采集德阳中级人民法院的量刑数据。在判决书样本的选择上，我们希望检测 2010 年最高法院量刑指导意见以及四川省高级人民法院自 2010 年 10 月下发《量刑指导意见实施细则（试行）》以后，司法机关的反馈情况。因此，我们以 2009 年和 2012 年为分析数据年份。由于样本量受限，2010 年全年的量刑资料并不适合做两个时间段的研究，2011 年的数据资料也不能充分反映量刑意见对法官的指导，故没有选择这两个年度。

表 1　研究数据及样本分布

年份	德阳市五个基层法院					
	中江	绵竹	旌阳	广汉	什邡	总计
2009	129	75	34	53	82	373
2012	184	75	196	61	143	659
总计	313	150	230	114	225	1032

在罪名样本选择上，我们先前的研究显示，中国刑事司法实践中常发罪名是盗窃罪、抢劫罪以及故意伤害罪。[①] 因此，基于样本

---

① 熊谋林：《罚金刑应用实证研究》，西南财经大学博士学位论文，2012 年。

分析量上的考虑，我们仅对上述两个年份的盗窃、抢劫和故意伤害罪判决书进行收集。在样本数据录入方面，我们参考文献梳理所发现的影响量刑和检测量刑差异的多个变量，编码录入数据，形成分析数据库。① 表 1 是各基层法院样本、年度的分布情况。

（二）研究问题与设计

在本研究中，我们的研究问题为：(1)法院间的量刑是否普遍存在差异，这个问题可以作为检测中国法院间的量刑存在差异的方法尝试；(2)如果有，这些量刑差异因何种因素影响，这可为未来中国刑事司法实践中减少量刑差异提供证据支持；(3)法官量刑期限受何种因素影响，这可结合外国研究的状况研究中国法官的量刑考虑因素。

1. 数据整理

在检测量刑差异的样本时，我们以个罪的宣告刑作为分析样本。样本量有限，且涉及个罪和数罪问题，我们没有对涉及共同犯罪的合并执行刑期进行研究。在分析各法院之间的量刑是否存在差异时，我们首先借助于一元方差分析（Oneway），直接对不同法院的量刑平均值作比较。考虑到方差分析所需要的两个重要条件是，满足方差齐性和正态分布假设。② 因此，在分析法院之间是否存在量刑差异时，我们对数据做了幂阶梯转换（Ladder）。数据转

---

① 数据库建设过程中，最高人民法院冉丹法官和北京法意公司的数据挖掘技术为我们自行采集的数据的真实性提供了有益参考，在此特别感谢。考虑到研究的主题和时间限制，我们选择使用自行采集的数据库。

② Walker J. T. & Madden S., (2009), *Statistics in Criminology and Criminal Justice: Analysis and Interpretation*, Sudbury: Jones and Bartlett Publisher, 411—422.

换虽然有犯第一类型或第二类型错误的风险,但是这种处理是统计分析中的常用手段。仅以本文量刑差异的研究主题为例,多个分析文献显示了对数据以对数转换处理。[①] 我们注意到,由于样本数量可能不足,数据转换可能改变原有数据反映出的信息。因此,在进行方差分析时,也对原始数据做了比较。

在分析对象上,我们分别对 2009 年、2012 年的量刑数据作分析,并将两年的数据合并到一起检测不同法院的量刑差异。研究已经指出,量刑并不呈标准正态分布,而是近似于泊松分布。我们在对宣告刑的数据探索性分析过程中也发现,数额较大(定罪标准)的盗窃罪宣告刑聚集较多,而数额巨大(加重条款)以上较少,因此我们对宣告刑按不同数额分段处理。2010 年四川省量刑指导意见规定,德阳市盗窃罪数额较大标准为 700,数额巨大标准为 7000 元,数额特别巨大的标准为 5 万元。[②] 如表 2 所示,我们将盗窃罪数额作为变量控制标准,按不同组分别进行比较,并对数据进行相应转换。由于在盗窃 700—7000 元段,宣告刑数据转换后满足正态分布假设的转换模式不一致(对数 vs 平方根倒数 vs 平方根),因此我们在探索性分析后,仅将 700—2000 段的宣告刑按平方根倒数(1/Sqrt)转换后作为分析对象。抢劫罪的数据转换比较理想,因此分析过程中直接以对数转换即满足正态性假设条件。类似的道理,故意伤害罪的量刑转换后接近于正态分布,这基本上可以做量刑比较。尽管故意伤害罪的转换标准并不统一,可能存在方法瑕疵。然而,如表 3 所示,故意伤害罪的量刑因方差齐性假设的违反,而并不适合做组间比较。

[①]　Kautt P. ,(2002), 19(4): 633—672.

[②]　四川省高级人民法院、四川省人民检察院、四川省公安厅《关于我省盗窃罪数额执行标准的通知》川高法发[1998]5 号,1998 年 5 月 6 日。

表2　量刑期限幂阶梯转换 & 正太分布假设检验

控制组		2009				2012				总体(09&12)			
		ladder	Obs	Chi2	P	ladder	Obs	Chi2	P	ladder	Obs	Chi2	P
盗窃	700—7000	log (D)	118	0.31	0.857	1/sqrt (D)	254	2.51	0.285	sqrt (D)	376	1.8	0.412
	700—2000	1/sqr (D)	34	1.79	0.409	1/squrt (D)	83	2.71	0.258	1/sqrt (D)	117	2.8	0.243
	7000—5万	sqrt (D)	49	4.24	0.198	sqrt (D)	124	0.91	0.635	sqrt (D)	174	0.9	0.635
	5万以上	iden (D)	18	1.46	0.486	iden (D)	30	3.57	0.168	iden (D)	48	7.1	0.028
	5万以上	sqrt (D)	18	3	0.224	sqrt (D)	30	0.62	0.735	iden (D)	48	0	0.987
抢劫		log (D)	95	3.85	0.146	lgo (D)	112	1.19	0.553	log (D)	207	1	0.621
故意伤害		sqrt (D)	76	5.92	0.052	log (D)	104	1.14	0.565	log (D)	180	6	0.049

注:D为法院量刑期限,＊(D)表示量刑期限幂阶梯数据转换方式。

2. 分析方法

在完成数据转换后,我们结合转换后的数据首先进行了方差齐性假设检验(Bartlett's test for equal variances)。如表二所示,不能拒绝不同法院在各组间的量刑满足方差齐性假设的只有2009年的(700—2000元)组(带"√")。方差齐性假设作为方差分析的条件之一,这使得本文的研究结论较苛刻。然而,如果不满足方差齐性假设条件,不同组间的变异程度不同,这容易使平均值比较犯错的可能性更高。

由于一元方差分析的结果是任意两个组别的差异,这就意味着只要有一组法院比较出量刑差异,那么整体量刑比较均会出现差异的显著结果。如果仅以此得出结论,那么就可能忽略其他组比较,也不能看出现量刑差异是普遍情况,还是个别情况。因此,在进行方差分析时,我们使用多组配对比较(Scheffè multiple-comparison test)。[①] 据此,不仅可以分析是否存在量刑差异,而且可以发现量刑差异存在于哪些法院间。

为了检测和分析影响量刑的因子,我们在后文中使用了多元方差分析(Anova)和多元线性回归(Ordinary Linear Square Regression)。在进一步探索造成量刑差异的原因时,我们还借鉴逐步回归(stepwise)的逻辑对总模型进行了分解。方差分析,可以看出各变量对量刑差异影响的大小。回归分析,有助于理解量刑的影响因子以及差异在不同法院之间的水平大小。文献梳理过程中,发现各种分析量刑差异的方法,主要是线性回归或逻辑回归(Logistic Regression),[②]在大样本分析模型中还有少量研究使用 HLM 和 Multilevel Modeling 分析法院之间的量刑差异。按照我们的设计,量刑期限以月为单位,作为连续变量处理自然没问题。最令人迷惑的是,五个法院基层法院盗窃罪(sktest, $Pr(Kurtosis) == 0.000, P == 0.000$)、抢劫罪(($sktest, Pr(Kurtosis) == 0.001, P == 0.000$))、故意伤害罪(sktest, $Pr(Kurtosis) == 0.000, P == 0.000$)量刑结果并不符合正态分布的假设,这在统计模型的前提上自然存在一定的争议。然而,量刑差异在方差分析中已经基本解决,多元回归模型的目的是为寻找到影响量刑以及对量刑差异起作用的因子,因

① Bohrer R, (1967), On Sharpening Scheffé Bounds, *Journal of the Royal Statistical Society*, Series B, 29(1), 110—114; Scheffè H, (1953), *A Method for Judging All Contrasts in The Analysis of Variance*, Biometrika, 40(1—2): 87—110. Scheffè H, (1999), *The Analysis of Variance*, Willey Classics Library Edition.

② Leonard K. K. & Sample L. L. , (2001),17(2):134.

此,这基本可以作为发现一些显著影响因子的方法。①

表3   量刑及其影响因子描述性统计(变量 & 模型)

	变量		样本	平均值	标准值	最小值	最大值	变量表述
	量刑期限(因变量)		1015	33.80	35.48	3	192	量刑期限(月),连续变量
法院	中江	(参照)						
	绵竹		1039	0.14	0.35	0	1	绵竹 = 1,虚拟变量组
	旌阳		1039	0.22	0.42	0	1	旌阳 = 1,虚拟变量组
	广汉		1039	0.11	0.31	0	1	广汉 = 1,虚拟变量组
	什邡		1039	0.22	0.41	0	1	什邡 = 1,虚拟变量组
年份	2009	(参照)						
	2012		1033	0.64	0.48	0	1	2012=1,虚拟变量
犯罪人	女性	(参照)						
	男性		1021	0.96	0.20	0	1	男性=1,虚拟变量
	农村户口	(参照)						
	城市户口		1021	0.17	0.38	0	1	城市户口=1,虚拟变量
	年龄		1015	29.03	10.87	14	75	连续变量(年)
	教育[a]		1009	1.64	0.72	0	5	教育程度,连续变量

---

① 有两个方面的证据证明我们的研究设计没问题。第一,量刑差异研究的文献中,并不乏直接使用量刑原始期限,而不进行任何分布,甚至不对量刑期限的正态性进行检验(如Kempf-Leonard & Sample 文);第二,我们在数据分析过程中,按照前述方差分析的逻辑对数据进行了正态性转换,如对盗窃罪量刑立法(数额>7000)、抢劫和故意杀人罪取对数。数据转换后,除发现2012年的抢劫罪量刑更轻以外,其他变量对量刑差异的影响没有任何变化(分析略)。

（续表）

	变量		样本	平均值	标准值	最小值	最大值	变量表述
前科	次数		1022	1.74	1.74	1	24	前科次数,连续变量
犯罪严重性	数额		805	15004	45645	0	730382	犯罪数额(元),连续变量
	人数		233	1.20	0.47	1	4	受害人数量,连续变量
	女性	(参照)						
	男性		151	0.85	0.35	0	1	男性=1,虚拟变量
	伤害程度[b]		206	2.48	1.16	0	7	伤情,连续变量
完成犯罪	未遂							
	即遂		1004	0.96	0.20	0	1	即遂=1,虚拟变量
犯罪自白	无	(参照)						
	自首		1039	0.18	0.38	0	1	自首=1,虚拟变量组
	坦白		1039	0.26	0.44	0	1	坦白=1,虚拟变量组
辩护人	无	(参照)						
	聘请律师		1039	0.29	0.45	0	1	聘请律师=1,虚拟变量组
	指定律师		1039	0.09	0.28	0	1	指定律师=1,虚拟变量组
赔偿受害人	无	(参照)						
	赔偿		1039	0.29	0.46	0	1	赔偿=1,虚拟变量
犯罪原因	一般犯罪	(参照)						
	生活压力		1039	0.06	0.24	0	1	生活压力=1,虚拟变量组
	仇恨报复		1039	0.03	0.16	0	1	仇恨报复=1,虚拟变量组

	变量		样本	平均值	标准值	最小值	最大值	变量表述
犯罪原因	临时起意		1039	0.27	0.44	0	1	临时起意＝1,虚拟变量组
	预谋犯罪		1039	0.51	0.50	0	1	预谋犯罪＝1,虚拟变量组
宽严情节	无	(参照)						
	从宽处罚c		1038	0.90	0.52	0	2	连续变量
	从严处罚		802	0.27	0.45	0	1	从严处罚＝1,虚拟变量组
裁判周期d			862	148.24	85.87	0	768	被告等待判决(天),连续变量
审理程序	简易程序	(参照)						
	普通普通		1014	0.70	0.46	0	1	普通程序＝1,虚拟变量

注:a 教育程度:文盲＝1,小学＝1,中学＝2,高中＝3,人专＝4,本科＝5;
　　b 伤害程度:按照受害人受伤程度累加,计算标准:一个重伤＝2,一个轻伤＝1,一个轻微伤＝0.5;
　　c 从宽处罚:按照从宽效果排列,0＝没有从宽处罚,1＝从轻处罚,2＝减轻处罚。

表 3 是多元回归模型中使用的变量,选择这些变量的原因是基于文献发现。量刑期限作为因变量,中江法院作为检测是否存在量刑差异的参照,分别和绵竹法院、旌阳法院、广汉法院、什邡法院相比较。同时,为了考察 2010 年最高人民法院和四川省高院量刑指导意见对五个基层法院量刑的影响,我们将 2009 年设置成比较的参照年份,从而看 2012 年与其出现差异的情况,从而检验 2012 年的量刑指导意见。在进一步分析量刑的影响因子时,我们将犯罪人的性别、户口、年龄等身份特征加入到控制变量中,同时

对表征犯罪严重性的犯罪数额、伤害程度,[①]以及受害人性别(不考虑男女共存)、受害人个数、犯罪是否完成等作为检测这些变量对量刑差异的显著影响。尤其是,我们将代表犯罪人人身危险性的前科次数作为影响量刑因子的重要控制变量。在检测受害人的悔罪态度时,我们将自首和坦白与没有这些情节的犯罪作比较,从而检测这些情节对犯罪的影响。同时,将赔偿受害人与否,也作为检测受害人积极赔偿对于量刑的作用,没有任何赔偿的作为参照。在犯罪原因上,我们将一般犯罪作为参照,分别将迫于生活压力、临时起意、预谋犯罪、仇恨报复等代表犯罪人主观恶性的变量作为考察犯罪人刑罚轻重的虚拟变量组——比较。基于已有研究提出,中国的羁押期限较长,我们欲对犯罪轻重和审判周期长短的关系进行检测,从而发现是否量刑更轻的犯罪审判周期更短。[②] 与此同时,我们将审判程序设置为虚拟变量,简易程序作为参照,探讨同等条件下简易程序和普通程序的量刑区别。基于已有研究指出,律师在量刑方面所起的作用甚微,因此我们也想检测下律师参与辩护是否可以降低被告人的处罚。

　　毫无疑问,从观念上来看,不确定性理论可能更有说服力,因为影响法官量刑的因素错综复杂,难以做出绝对精确的研究。然而,法官量刑的确基于一种习惯和法庭社区氛围,从而在大量的量刑经验中总结出一套适用的方法。况且,社会科学并非火箭科学,我们基于文献考察后引入若干控制变量也仅是做些初步性探索研究,更进一步的努力我们将考虑更多的因子。

---

① 伤害程度的计算方式,我们参照《四川省高级人民法院量刑指导意见实施细则(试行)》第四节(二)故意伤害罪第 2 点关于轻微伤、轻伤、重伤的梯度方式进行变量设置(见表 3)。

② 左卫民:《侦查羁押制度:问题与出路——从查证保障功能角度分析》,《清华法学》2007年第 2 期。

四 研究发现与讨论

（一）法院间量刑差异

1. 五个法院整体观察

表 4 是五个法院整体量刑比较的差异结果，此表所表示的是
是否这五个法院中有任意两个法院的量刑存在差异。从各组间的
平均值来看，五个法院的量刑似乎都存在一定差异。以盗窃数额
700—2000 元为例，五个法院 2009 年和 2012 年的所有量刑的平
均值是 8.15 个月。中江法院两年的平均值是 7.93 个月，而绵竹、
旌阳、广汉、什邡的平均值是 6.64 个月、8.36 个月、7.08 个月、
9.15 个月。从数据结果来看 5 个法院的确存在一定差异，然而，这
种差异并没有达到显著程度（F＝0.58，P＝0.68）。严格意义上
说，这个比较可能不妥，因为五个法院量刑之间的方差齐性并不成
立[Bar Chi(2)＝54.40，p＝0.000]。因此，很难准确地说明，五个
法院 2009 年和 2012 年之间的量刑存在差异。

如表 4 所示，方差齐性假设检测反映出适合做法院间作比
较是：

(a)	盗窃罪 2009 年的 700—2000 元（平方根倒数转换）
(b)	盗窃罪 2009 年 7000—5 万元（平方根转换）
(c)	盗窃罪 2009 年和 2012 年 5 万元以上的整体观察（原始数据）
(d)	盗窃罪 2009 年和 2012 年 5 万元以上的整体观察（平方根倒数转换）
(e)	盗窃罪 2012 年 5 万元以上的观察（原始数据）

（续表）

(f)	盗窃罪 2012 年 5 万元以上的观察（平方根转换）
(g)	抢劫罪 2009 年和 2012 年的整体观察（原始数据）
(h)	抢劫罪 2009 年观察［原始数据（Bar Chi2＝8.18,P＝0.085）］
(i)	抢劫罪 2009 年观察（对数转换）

结合表 2 正态分布假设检验结果，最准确的量刑差异检测项目应当是(a)、(f)、(i)。

不妨以 2009 年抢劫罪为例，五个法院 2009 年抢劫罪的量刑平均是 46.38 个月。中江法院两年的平均值是 42.33 个月，而绵竹、旌阳、广汉、什邡的平均值是 114 个月（样本＝2）、52.8 个月、38.71 个月、54.3 个月。从 F 值来看，5 个法院的量刑数据的确存在显著差异（F＝2.67,P＝0.037）。然而，由于正态性假设不成立，这个结论存在极高的错误可能性。将量刑取对数转换后数据转换，充分印证了抢劫罪之间五个法院的量刑并没有显著差异［F＝1.55(p＝0.194),Bar Chi2＝6.32(P＝0.177)］。

如果不考虑方差齐性问题，2009 年各法院在故意伤害罪的量刑可能不存在差异，但是 2012 年的量刑原始数据出现差异。但我们并不愿意轻易下此结论，因为不同年份和两年的整体数据都表明 F 检验违背了方差齐性条件。但无论怎样，我们倾向于认为，就故意伤害罪两年的整体情况来看，五个法院之间并不存在太多差异。

表 4 中 2009 年和 2012 年的量刑情况来看，各法院的量刑平均值并没有发现有显著的共同趋势。盗窃罪、抢劫罪、故意伤害罪中各年份的量刑平均值没有发现有减少，与之相反，故意伤害罪 2012 年的量刑比 2009 年更重。对于这个问题，不妨用犯罪稳定理论做些探讨，在各法院每年的犯罪基本上没差别的情况下，故意

伤害罪 2012 年的量刑可能比 2009 年更重。同理，我们发现 2012 年中江法院的抢劫罪量刑比 2009 年更重，平均值相差 11. 11 月。[1] 不过，由于涉及伤害程度和抢劫数额的差异，这个结论的真实性将在多元回归模型回答。

如前述，即使各法院存在量刑差异，但是我们并不清楚差异是由某一法院引起，还是多个法院出现差异的共同趋势。因此，下文将继续借助于 Bartlett 组间比较进行分析。

2. 法院间 Bartlett Scheff 多组比较

如表 5 所示，我们将各法院直接按两两配组后比较后，基本没有发现各法院组间有显著差异。例如，2009 年中江法院和绵竹法院在盗窃犯罪上，量刑的平方根倒数相差 0. 04（注：原始数据量刑期绵竹比中江法院量刑多 1. 05 个月）。与此相反，旌阳法院、广汉法院、什邡法院的量刑稍微比中江法院要轻，但无论如何都没有达到显著水平。就其他盗窃罪来看，情况大致相同。存在差异的是，2009 年盗窃 7000 元至 5 万元的量刑，旌阳法院和绵竹法院存在显著差异（p＝0. 029）。从量刑的平方根来看，显示旌阳法院比绵竹法院重 1. 59，原始刑期显示两者之间相差 20. 2 个月（见表 4）。但这个结论需谨慎对待，因为绵竹和旌阳 2009 年盗窃 7000—5 万的犯罪在样本上相差 20 个（27 Vs 7，见表 4）。总的情况看，我们在 2009 年盗窃罪中，并没有发现其他几个法院组有差异，这个状况在相似样本上非常明显。例如，盗窃 7000—5 万元的犯罪中，

---

[1] 为了印证我们的判断，我们将这两年的量刑数据整合进行正态性检验后（ladder 略），转换为平方根倒数（Chi2＝11. 13，p(chi2＝0. 117)，并做 2009 年和 2012 年量刑转换的方差齐性检验（Bar Chi2＝0. 008，p＝0. 927)）。方差分析条件满足后，我们分别将 2009 年和 2012 年的量刑做差异性检验。在将平方根倒数转换后比较发现，2012 年的量刑比 2012 年的量刑显著性地高[(0. 172 Vs 0. 149)，(F＝8. 77，p＝0038)]。

表 4　法庭量刑差异限设整体方差分析表（Oneway）

盗窃	额	数		中江 均值	绵竹 均值	旌阳 均值	广汉 均值	什邡 均值	整体 均值	F	Bar Chi2	比较
	700—2000	All	原始	7.93	6.64	8.36	7.08	9.15	8.15	0.58	54.40***	
			转换	0.37	0.41	0.38	0.39	0.39	0.38	0.56	11.62**	
			样本	29	14	28	12	34	117			
		2009	原始	7.13	6.20	12.00	9.00	11.07	9.24	0.63	14.33***	
			转换	0.40	0.44	0.29	0.35	0.34	0.37	2.36*	1.38	√
			样本	8	5	2	4	15	34			
		2012	原始	8.24	6.89	8.08	6.13	7.63	7.70	0.33	45.77***	
			转换	0.36	0.39	0.39	0.41	0.42	0.39	1.66	21.27***	
			样本	21	9	26	8	19	83			
	7000—5万	All	原始	38.47	32.34	35.95	48.00	35.93	36.86	2.26**	46.78***	
			转换	6.04	5.63	5.54	6.86	5.82	5.86	2.49	46.78***	
			样本	45	41	41	16	30	173			
		2009	原始	45.82	31.19	51.43	48.00	32.00	38.08	4.55***	11.93**	
			转换	6.62	5.52	7.12	6.91	5.46	6.05	4.59***	6.39	√
			样本	11	27	7	2	2	49			

（续表）

	数额			中江 均值	绵竹 均值	旌阳 均值	广汉 均值	什邡 均值	整体 均值	F	Bar Chi2	比较
盗窃	7000—5万	2012	原始	36.45	34.57	32.76	48.00	36.21	36.48	1.58	23.77***	
			转换	5.88	5.84	5.22	6.86	5.85	5.80	2.49**	30.89***	
			样本	33	14	34	14	28	123			
		All	原始	126.63	148.56	122.11	124.50	94.00	130.88	2.99**	0.43	√
			转换	11.15	12.13	10.98	11.11	9.55	11.34	2.65**	1.57	√
			样本	16	16	9	4	3	48			
	5万以上	2009	原始	132.00	165.40	123.00	90.00	132.00	137.94	26.53***	10.52***	√
			转换	11.49	12.85	11.09	9.49	11.49	11.71	30.73***	9.29***	√
			样本	9	5	2	1	1	18			
抢劫		2012	原始	119.71	140.91	121.86	136.00	75.00	126.63	1.77	2.18	√
			转换	10.71	11.80	10.95	11.64	8.57	11.12	1.79	3.74	√
			样本	7	11	7	3	2	30			
		All	原始	49.12	114.00	41.20	52.94	61.59	50.19	3.04**	6.35	√
			转换	3.72	4.42	3.39	3.70	3.90	3.67	3.79***	12.56**	
			样本	104	2	50	17	34	207			

（续表）

数	额		中江 均值	绵竹 均值	涪阳 均值	广汉 均值	什邡 均值	整体 均值	F	Bar Chi2	比较
抢劫	2009	原始	42.33	114.00	52.80	38.71	54.30	46.38	2.67**	8.18*	√
		转换	3.58	4.42	3.87	3.47	3.75	3.63	1.55	6.32	√
		样本	54	2	5	14	20	95			
	2012	原始	56.44	—	39.91	119.33	72.00	53.43	6.3***	12.12***	
		转换	3.87	—	3.34	4.78	4.11	3.71	9.43***	22.43***	
		样本	50		45	3	14	112			
	All	原始	26.40	33.65	39.70	32.50	35.23	33.82	1.56	51.18***	
		转换	3.19	3.26	3.34	3.14	3.29	3.26	2.09*	14.62***	
		样本	43	23	46	16	52	180			
故意伤害	2009	原始	29.14	41.00	36.50	32.50	46.88	38.29	1.76	21.85***	
		转换	5.35	6.03	5.86	5.28	6.68	5.93	1.46	13.45***	
		本样	14	12	10	16	24	76			
	2012	原始	25.07	25.64	40.58	—	25.25	30.55	2.63**	47.03***	
		转换	3.12	3.04	3.31	—	2.90	3.12	0.33	22.27***	
		样本	29	11	36	16	28	104			

2009 年和 2012 年中江法院和绵竹法院都是 41 个调查样本,二者之间的量刑分别是 32.34 月 Vs 35.95 月(表 4),二者之间的量刑差异不显著。再如,2012 年盗窃 5 万元以上的犯罪,中江法院和旌阳法院的样本都是 7 个,二者之间的量刑分别是 119.21 月 Vs 121.86 月,原始数据量刑不显著仅相差 2.6 月(p=1.000),数据转换后二者之间的平方根相差 0.24(p=0.999)。

2009 年的抢劫罪之间似乎存在量刑差异,然而,抢劫罪各法院间的样本差异较大,并不能得出有效结论。值得说明的是,2009 年样本量大致相当的广汉和什邡法院(20 Vs 14),原始数据显示相差 15.59 个月(p=0.784),然而差距并没有达到显著水平。即使将量刑取对数转换,二者之间的对距变为 0.283,但仍然无法得出显著的量刑差异结果(p=0.782)。进一步值得说明的是,不考虑方差齐性前提条件下,2012 年中江法院和旌阳法院之间的量刑差异的确非常明显,原始数据相差-16.53 月(p=0.21),但对数转换后二者之间的对数差距为-0.53,并且达到显著水平(p=0.003)。这个问题的可能解释是,2012 年的量刑指南按照不同情节使用百分比减刑,可能在某种程度上打破了法官量刑的既定习惯,从而在数学量化的选择比例上出现差异。[1] 当然,这只是我们的一种假设,毕竟这种分析的前提——方差齐性已经违反。然而,这些解释仅是一种可能,还有犯罪数额以及其他案件的特殊情况没有考虑,依然需要多元回归量刑模型解释。

---

[1] 本论文准备过程中召开的调研会议上,从笔者和法官的交谈了解到,法官对于量刑指南意见中的百分比并不完全支持,几个法官表示量刑指导意见适用很少,也有几个法官表示量刑指导意见需要参考。个别法官表示,多个量刑情节上合并适用的百分比可能出现低于法定刑期的情况,因此在量刑的决定上,一些法官陷入了迷茫。这正说明在量刑差异问题上,法官的态度并不一致,从而出现量刑指导意见的适用于否上的差异。

表5　量刑差异法院间配对比较(scheffe test)

数额(元)& 年	比较	法院	中江	绵竹	旌阳	广汉
700—2000 2009	TR M(1/sqrt)	绵竹	0.04			
		旌阳	−0.11	−0.15		
		广汉	−0.05	−0.09	0.06	
		什邡	−0.06	−0.1	0.05	−0.01
7000—5万 2009	TR M(sqrt)	绵竹	−1.09			
		旌阳	0.5	1.59**		
		广汉	0.3	1.39	−0.2	
		什邡	−1.15	−0.06	−1.65	−1.45
5万以上 2009&12	OR Vs TR M(sqrt)	绵竹	21.94 (0.98)			
		旌阳	−4.51 (−0.17)	−26.45 (−1.14)		
		广汉	−2.13 (−0.04)	−24.06 (−1.02)	2.39 (0.12)	
		什邡	−32.63 (−1.60)	−54.56 (−2.58)	−28.11 (−1.44)	−30.5 (−1.56)
5万以上 2012	OR Vs TR M(sqrt)	绵竹	21.19 (1.08)			
		旌阳	2.14 (0.24)	−19.05 (−0.84)		
		广汉	16.29 (0.93)	−4.91 (−0.15)	14.14 (0.69)	
		什邡	−44.71 (−2.14)	−65.91 (−3.22)	−46.86 (−2.38)	−61 (−3.07)
2009	OR Vs TR M(log)	绵竹	71.67* (0.84)			
		旌阳	10.47 (0.29)	−61.2 (−0.55)		
		广汉	−3.62 (−0.11)	−75.29* (−0.96)	−14.09 (−0.41)	
		什邡	11.97 (0.17)	−59.7 (−0.67)	1.5 (−0.12)	15.59 (0.28)

盗窃／抢劫

注:OR 为量刑期限原始数据,TR 为量刑期限转换后数据,M(*)为数据幂阶梯转换方式。$P^* < 0.1, P^{**} < 0.05, P^{***} < 0.01$。

（二）多元回归模型：量刑差异及影响因子检验

表6是多元方差和线性回归分析模型的最终结果，后文中将进一步展示逐步回归各变量对量刑及量刑差异的影响。F值和决定系数 R^2 显示，方差和多元回归分析模型非常有效，分别解释了盗窃罪74％、抢劫罪75％、故意伤害罪54％的量刑差异。不可否认，R^2 还说明另外一个重要信息，尚有若干影响量刑的未知因素没考虑进去，尤其是故意伤害罪的可探索变量更多。

如表6所示，在大样本分析模型下，方差分析和多元回归模型均显示四组法院比较中只有一组法院有差异，剩下的三组法院量刑均无差异。这进一步说明，我们在一元方差分析模型得出的结论基本成立，法院间量刑差异并不普遍。控制所有解释变量后，盗窃犯罪广汉法院的量刑平均水平上比中江法院高7.82个月，抢劫罪中江法院比旌阳法院高31.14个月，故意伤害罪旌阳法院比中江法院高92.18个月。

从解释或控制变量的分析角度来看，模型也探索到影响法官的若干重要影响的因子。就各影响因子来看，回归系数（Coef.）和标准化系数（Beta）说明了各变量对量刑和量刑差异的作用大小。盗窃罪量刑主要受犯罪人年龄、犯罪数额、前科、犯罪动机、犯罪自白、自我聘请律师、审判周期、审理程序所影响。抢劫罪主要受犯罪人年龄（$p=0.087$）、犯罪数额、自我聘请律师、从严处罚情节影响。模型中纳入的故意伤害罪量刑影响因素较少，法官量刑主要受被害人的伤害程度影响，受伤人数也是一个重要参考因素（$p=0.088$）。

（1）犯罪人身份特征。从犯罪人年龄来看，年龄越小的财产犯罪人所得到的处罚更轻，平均每增加1岁，盗窃罪刑罚增加

0.21 月(6 天),抢劫罪刑罚增加 0.66 月(22 天)。这可能与低龄青少年的容易越轨和法律对未成年人的从轻处罚倾向有关。[1] 我们并没有发现,男性犯罪人和女性犯罪人的量刑有差异,农村人口与城市人口之间的刑罚有差异,文化程度的高低对于量刑没有影响。

(2) 犯罪危害性与严重性。模型显示,犯罪数额是法官量刑考虑的重要因素,数额每增加 1000 元,盗窃罪量刑将增加 0.47 月(14 天),抢劫罪量刑将增加 2.45 月(73.45 天)。四川省 2010 年颁布的量刑指导意见,也按照犯罪数额与量刑的积极关系进行指导。[2] 前科对盗窃罪影响较大,平均每增加一次盗窃前科次数,量刑将增加 2.36 月(70.8 天)。前科和犯罪数额,代表了犯罪人犯罪习性和犯罪严重性,这两个因素对财产犯罪的影响说明法官的量刑结果符合常理。即,犯罪越重的人,社会危险性越高的人,刑罚越重。故意伤害罪的危害性反映在致人伤害程度上,这与中国刑法对不同伤害程度的量刑幅度设置有关。[3] 模型显示,伤残等级每上升一个(如:轻伤→重伤),量刑将增加 12.23 月,这和常理比较一致。模型也显示,受害人性别对量刑并没有影响。

(3) 犯罪原因。预谋犯罪对盗窃罪的量刑处罚影响较大,与没有这些情节的犯罪人相比,预谋性盗窃犯将多判处 7.68 个月的刑期。[4]

---

[1] 熊谋林、江立华、陈树娇:《生命周期研究:性别、年龄与犯罪》,《青少年犯罪问题》2013 年第 2 期;熊谋林:《比较视角:未成年违法矫正措施略考》,《青少年犯罪问题》2012 年第 2 期。

[2] 《四川省高级人民法院量刑指导意见实施细则(试行)》规定,犯罪数额每增加 1000 元,盗窃罪量刑增加 1—2 个月,抢劫罪量刑增加 6—8 个月。见《四川省高级人民法院量刑指导意见实施细则(试行)》规定,四(五)、(六)。

[3] 按照现行刑法 234 条只规定,故意伤害罪轻伤以上构成犯罪,判处 3 年以下有期徒刑;判处造成他人重伤的,判处 3 年以上 10 年以下有期徒刑,造成他人死亡的,判处十年以上有期徒刑、无期徒刑、死刑。这个量刑梯度,原则上指导了法官量刑裁判的逻辑。

[4] 设置调查问卷时,将犯罪原因设置成四类。生活压力,指生存性犯罪,犯罪人实施犯罪为了满足生活需求;仇恨,指犯罪人实施某种犯罪基于对被害人或者社会的不满、憎恨他人等厌恶情绪所实施的犯罪;临时起意,指犯罪人实施犯罪为偶发性犯罪;预谋(蓄谋)是指,犯罪人对犯罪有精心准备,如购买工具、调查现场、跟踪、监控等。

模型中没有发现迫于生活压力的生存性犯罪者获得更低刑期的显著性，是否偶然发生的临时起意犯罪也没有发现对量刑有影响。

（4）犯罪自白。犯罪自白对于盗窃罪的量刑有影响，自首者的量刑宽宏程度比坦白的宽宏更大。与没有这些情节的犯罪人相比，自首者的量刑将减少 11.8 月，坦白者的量刑将减少 7.72 个月。[①] 模型也显示，犯罪自首对于抢劫罪降低刑期有一定影响趋势，但没有达到显著水平。然而，对于具有严重社会危害性的犯罪，自首或者坦白对故意伤害罪的量刑并没有太大影响。

（5）主动赔偿。主动赔偿对盗窃犯罪者来说较为有利，主动赔偿者的量刑比没有赔偿的人的量刑将减少 4.43 月。但是赔偿对于抢劫和故意伤害等严重犯罪来说，并没有太大意义。

（6）辩护人效果。聘请律师作辩护，这是大多数犯罪人希望使用法律手段维护权益的做法。遗憾的是，模型显示，犯罪人自己聘请的律师并没有为量刑带来什么功利。与之相反，聘请律师的人比没有律师的犯罪人所判刑期将更重。[②] 盗窃罪中，犯罪人聘请律师做辩护人比没有律师的人将被多判 7.21 月，抢劫罪聘请律师的比没有聘请的重 17.83 月。财产犯罪中，法律援助律师也没有为被告人的刑罚带来显著效果，与那些聘请律师的犯罪人一样，法律援助仍然可能出现判刑更重的趋势（盗窃罪 P＝0.471，抢劫罪 P＝0.104）。这个信息，基本上说明中国律师在刑事审判量刑过程中基本不起作用，法官的量刑决定受律师辩护制约的空间较小。

---

① Hong L. & Miethe T. D.，(2003)，Confessions and Criminal Case Disposition in China，Law & Society Review，37(3)：549—578.

② 指出律师作用不强的类似研究，请参见陈卫东、程雷《隔离式量刑程序实验研究报告——以芜湖模式为样本》，《中国社会科学》2012 年第 9 期。

表 6　量刑差异方差与多元线性回归分析

| | | Multiple-Anova | | | OLS Regression | | | | | |
		盗窃 Partial SS	抢劫 Partial SS	故意伤害 Partial SS	盗窃 Coef.	盗窃 Beta	抢劫 Coef.	抢劫 Beta	故意伤害 Coef.	故意伤害 Beta
法院(R 中江)	(绵竹)	68.50	9.35	30.14	1.36	0.02	−3.33	−0.01	−3.03	−0.04
	(蓬阳)	437.51	3394.17**	9448.80***	−4.60	−0.04	−31.14**	−0.25	92.18***	0.56
	(广汉)	1914.36**	928.72	115.27	7.82**	0.07	13.94	0.11	−6.26	−0.08
	(什邡)	371.88	176.16	148.06	−3.00	−0.03	3.92	0.04	5.41	0.10
年(R2009)	2012	53.22	66.78	194.08	−0.91	−0.01	2.59	0.03	−6.17	−0.12
犯罪人	性别(R 女性)	237.22	236.82	1410.84	−4.01	−0.02	16.38	0.04	−23.77	−0.22
	年龄	1625.24**	1712.43*	166.20	0.21**	0.06	0.66*	0.14	−0.20	−0.09
	教育	235.84	990.91	6.73	−1.05	−0.02	5.99	0.10	−0.71	−0.02
	户口(R 农村)	1047.64	1077.62	4.41	4.38	0.04	−12.33	−0.10	0.90	0.01
	数额(千元)	177881.87***	41735.60***		0.47***	0.62	2.45***	0.61		0.01

（续表）

		Multiple-Anova			OLS Regression					
		盗窃 Partial SS	抢劫 Partial SS	故意伤害 Partial SS	盗窃 Coef.	盗窃 Beta	抢劫 Coef.	抢劫 Beta	故意伤害 Coef.	故意伤害 Beta
受害人	性别(R 女性)			60.53					4.14	0.05
	人数			1530.52*					−17.01*	−0.26
	伤害程度			4836.91***					12.23***	0.49
犯罪背景	前科	9215.32***	1143.26	2.99	2.36***	0.15	5.53	0.11	1.29	0.02
犯罪原因	生活压力	0.07	468.44	0.00	−0.06	0.00	−19.36	−0.07	0.00	
	仇根报复	4785.96***	742.12	619.83	71.64	0.09	−36.54	−0.09	21.05	0.27
	临时起意	704.17	15.19	1122.96	4.72	0.05	−2.62	−0.02	26.46	0.47
	预谋犯罪	2480.06**	149.94	726.34	7.68**	0.10	−6.42	−0.07	24.40	0.35
完成犯罪(R 未遂)	即遂	525.41	818.74	0.00	9.00	0.03	12.99	0.09	0.00	0.00
犯罪自白(R 无自白)	自首	3637.28***	998.24	35.82	−11.22***	−0.09	−13.11	−0.11	2.21	0.04
	坦白	3403.03***	189.77	18.21	−7.72***	0.10	4.20	0.04	−2.31	−0.04
	赔偿	1215.14*	95.94	413.81	−4.43*	−0.05	4.08	0.03	−6.38	−0.12

		Multiple-Anova			OLS Regression					
		盗窃 Partial SS	抢劫 Partial SS	故意伤害 Partial SS	盗窃 Coef.	盗窃 Beta	抢劫 Coef.	抢劫 Beta	故意伤害 Coef.	故意伤害 Beta
辩护人 （R 无辩护人）	聘请律师	3023.25***	4905.87***	18.01	-7.21***	-0.08	-17.83***	-0.21	-1.40	-0.03
	援助律师	203.54	1535.32	20.91	-3.48	-0.02	-18.77	-0.17	10.30	0.04
情节效果 （R 无情节）	从宽	120.76	491.00	1175.73	-1.60	-0.02	-4.88	-0.09	-14.16	-0.26
	从严	990.61	6142.25***	0.73	3.77	0.05	24.16***	0.29	-0.54	-0.01
审判周期		17673.67***	3992.54***	28.49	0.09***	0.20	0.09***	0.20	0.02	0.04
审判程序 （R 简易）	普通	8551.38***	550.34	1221.45	11.88***	0.16	-28.70	-0.07	22.67	0.19
	cons （常量）				-10.36		4.69		17.17	
	Obs. N	427.00	98.00	73.00	427.00		98.00		73.00	
	F-value	46.39***	8.87***	2.25***	46.39***		8.87***		2.25***	
	R-squared	0.74	0.75	0.54	0.74		0.75		0.54	

（7）量刑情节。模型显示,从宽处罚和从严处罚对犯罪人的量刑作用呈鲜明对比。从严(从重处罚)处罚对犯罪人的量刑影响更大,抢劫罪模型显示,具有从严处罚情节的罪犯将多判 24.16 月。遗憾的是,从轻处罚并没有为犯罪人带来显著性的刑罚优遇效果。这可能与量刑活动中并没有充分考虑从宽情节所应该具有的刑罚宽宏,尽管判决书上明确说明从轻处罚。然而,"从轻处罚"并不意味着处罚就较轻,这和我们早期的研究分析一致。①

（8）审判活动。审判周期对量刑的影响反映出一些乐观信息,量刑的长度与审判周期呈正相关,平均每延长 100 天,量刑将增加 9 个月。这与犯罪的严重程度有关,按常理,犯罪越重,审理周期越长。我们在模型探索过程中利用 Pearson 相关系数探索发现,财产犯罪的数额与审理周期在 10 万元以下相关系数达 0.414（P＝0.000）；故意伤害罪的伤害程度与审理周期的模型也显示,相关系数为正（r＝0.06,p＝0.49）。模型也显示,适用普通程序所判处的刑罚更重。审判程序对量刑有重要影响,中国刑事诉讼法已经在适用简易程序和普通程序上的可能刑罚效果上做了明文规定。简易程序适用于可能判处三年以下有期徒刑的犯罪,盗窃犯罪的"数额较大"量刑梯度是三年以下有期徒刑、拘役、管制,"数额巨大"以上的量刑梯度才是 3 年以上 10 年以下。这自然解释了,为什么盗窃犯罪中适用普通程序的人将比适用简易程序者将多判 11.88 月。故意伤害罪也显示了类似趋势,适用简易程序审理的案件有量刑更轻的趋势。

Beta 标准化系数反映了上述各影响因子的作用,影响盗窃罪

---

① 熊谋林:《多功能量刑情节的反思与重构——再论集合情节分级适用规则的建立及其意义》,《法制与社会》2009 年第 6 期。

量刑排名前三的依次是犯罪数额、审理程序、犯罪前科,这说明法官在盗窃罪中非常重视犯罪的社会危害性大小和再犯倾向。审理程序的重要性,这主要表现为犯罪数额决定了量刑轻重的可能性,我们在初始模型的探索过程中发现,盗窃 7000 元以下占了 69.73%,这就说明轻罪盗窃是司法实践中的主要犯罪类型。抢劫罪排名前三的依次是犯罪数额、从严处罚情节、律师辩护,这同样是犯罪严重性的表现。中国刑法规定抢劫罪的起刑是 3 年,而抢劫罪的加重处罚条款中有 8 个加重情节。

(三) 量刑差异原因解释

量刑差异是如何出现的呢? 上文已经指出,盗窃罪量刑在广汉法院和中江法院可能出现差异,抢劫罪和故意伤害罪量刑在中江法院和旌阳法院可能出现差异。但直到目前为止,我们并没有对这些可能存在的差异进行解释。本部分将表 6 的多元回归模型,按照逐步回归(stepwise)的逻辑分解成多个回归模型,看不同变量如何影响法院之间的量刑。

如表 7 所示,逐步回归模型为量刑差异寻找到部分原因。总体来看,犯罪数额、前科、律师辩护、量刑情节、审判模式是引发量刑差异的重要原因。以盗窃罪为例,在控制审判程序后,中江法院和广汉法院的量刑差异开始出现,而之前中江和什邡法院之间的量刑差异得以消除(模型一至模型十)。这可能和中江法院审理的盗窃犯罪以普通程序审理有关(83.54%),什邡法院有 40.74% 的案件、广汉法院有 37.04% 的案件是通过普通程序审理。如前十个模型所示,中江法院的盗窃罪量刑一直比什邡法院高。当控制审判程序后,模型十一和模型一相比,减少 9.8 个月的量刑差异

表 7　量刑差异 & 财产犯罪回归模型分解（续后）

变量		模型一 盗窃	模型一 抢劫	模型二 盗窃	模型二 抢劫	模型三 盗窃	模型三 抢劫	模型四 盗窃	模型四 抢劫	模型五 盗窃	模型五 抢劫	模型六 盗窃	模型六 抢劫
法院 (R中江)	(绵竹)	5.70	64.88	5.20	72.51***	7.07	72.11***	−3.07	−30.03	−0.08	−29.72	−0.43	−28.33
	(旌阳)	−4.82	−7.92	−4.59	−14.57**	−4.84	−15.34***	−6.01*	−11.41*	−3.74	−11.85*	−0.62	−11.84**
	(广汉)	−0.79	3.83	−0.52	8.65	−3.02	7.97	−1.23	8.52	−0.83	8.02	0.20	−2.17
	(什邡)	−12.80***	12.47*	−12.85***	13.57*	−13.32***	12.50*	−10.37***	7.66	−10.85***	7.52	−9.52***	−1.18
年(R2009)	2012			−2.17	15.87***	−3.30	17.49***	−3.24	13.90**	−3.63*	13.61**	−4.15**	2.94
犯罪人	性别 (R女性)					8.59	23.38	3.23	36.46	0.97	36.35	−2.00	30.52
	年龄					0.11		0.13	1.49***	0.20**	1.47***	0.21***	1.26***
	教育					−1.68		−2.18		−1.29	−0.38	−1.72	−4.16
	户口 (R农村)					7.77**		3.97		3.62	2.65	4.02	−4.77
	数额 (千元)							0.48***		0.44***		0.42***	1.65***

（续表）

变量		模型一 盗窃	模型一 抢劫	模型二 盗窃	模型二 抢劫	模型三 盗窃	模型三 抢劫	模型四 盗窃	模型四 抢劫	模型五 盗窃	模型五 抢劫	模型六 盗窃	模型六 抢劫
犯罪背景	前科								3.86***		4.30***		
	生活压力											0.97	
犯罪原因	仇恨报复											87.84***	
	临时起意											4.59	
	预谋犯罪											13.02***	
完成犯罪（R未遂）	既遂												
犯罪自白（R无自白）	自首												
	坦白												
	赔偿												

（续表）

变量		模型一		模型二		模型三		模型四		模型五		模型六	
		盗窃	抢劫	盗窃	抢劫	盗窃	抢劫	盗窃	抢劫	盗窃	抢劫	盗窃	抢劫
辩护人（R无辩护人）	聘请律师												
	援助律师												
情节效果（R无情节）	从宽												
	从严												
审判周期													
审判程序	普通（R简易）												
常量		31.13***	49.12***	32.77***	41.49***	23.71***	18.51	22.19***	-25.67	13.36**	-24.31	6.76	-7.01
N Obs		624	207	619	207	597	200	588	195	588	194	588	177
F		4.89**	3.04***	4.03***	4.05***	3.40***	0.00	63.21***	5.56**	69.44***	4.24***	57.14***	16.40***
R^2		0.03	0.06	0.03	0.09	0.05	0.09	0.52	0.17	0.57	0.17	0.60	0.50

表 8　量刑差异 & 财产犯罪回归模型分解（续前）

变量		模型七		模型八		模型九		模型十		模型十一	
		盗窃	抢劫	盗窃	抢劫	盗窃	抢劫	盗窃	抢劫	盗窃	抢劫
法院（R 中江）	（绵竹）	-3.60	-33.34	-2.74	-17.93	-3.37	-11.28	-2.26	-4.13	1.36	-3.33
	（旌阳）	-0.12	-8.73	-3.91	-10.24	-4.17	-23.21**	-7.41*	-33.19**	-4.60	-31.14**
	（广汉）	-0.83	1.33	-1.79	5.65	-2.04	7.51	3.21	12.43	7.82**	13.94
	（什邡）	-9.06***	5.66	-6.95***	7.78	-8.54***	2.83	-6.28**	3.49	-3.00	3.92
年（R2009）	2012	-3.52**	2.04	0.42	2.59	-0.20	-4.15	-0.16	1.53	-0.91	2.59
犯罪人	性别（R 女性）	-2.19	43.62	-2.97	44.58*	-4.90	22.23	-5.12	18.17	-4.01	16.38
	年龄	0.22**	1.51***	0.21**	1.20**	0.23**	1.05***	0.25**	0.68*	0.21**	0.66*
	教育	-1.55	-4.75	-0.49	-3.61	-0.82	5.80	-0.57	5.10	-1.05	5.99
	户口（R 农村）	4.87**	-8.17	5.10**	-4.75	4.44*	-9.20	3.54	-13.02	4.38	-12.33
	数额（千元）	0.53***	1.60***	0.53***	1.61***	0.51***	2.57***	0.50***	2.43***	0.47***	2.45***

（续表）

变量		模型七		模型八		模型九		模型十		模型十一	
		盗窃	抢劫	盗窃	抢劫	盗窃	抢劫	盗窃	抢劫	盗窃	抢劫
犯罪背景	前科	3.30***	2.09	3.02***	3.70	2.86***	7.01**	2.67***	4.99	2.36***	5.53
犯罪原因	生活压力	-0.98	-38.54**	-0.05	-32.40*	0.84	-10.11	0.10	-20.95	-0.06	-19.36
	仇根报复	80.55***	-34.73	83.00***	-37.86	85.00***	-31.68	81.98***	-40.40	71.64***	-36.54
	临时起意	3.82	-12.99	4.44	-7.97	6.76*	5.29	5.61	-4.50	4.72	-2.62
	预谋犯罪	11.38***	-7.69	12.51***	-1.28	13.05***	2.51	10.07***	-6.95	7.68**	-6.42
完成犯罪	即遂（R 未遂）	14.63**	33.42***	14.78**	27.33***	7.27	17.05*	8.06	13.00	9.00	12.99
犯罪自白（R 无自白）	自首		-14.07**	-5.84**	-13.24**	-6.55**	-8.48	-9.57**	-9.60	-11.22***	-13.11
	坦白		9.71	-4.33*	5.33	-4.61*	8.19	-5.48**	5.26	-7.72**	4.20
	赔偿		-0.94	-6.12***	0.89	-5.56**	-1.47	-5.33**	4.77	-4.43*	4.08

（续表）

变量		模型七		模型八		模型九		模型十		模型十一	
		盗窃	抢劫	盗窃	抢劫	盗窃	抢劫	盗窃	抢劫	盗窃	抢劫
辩护人（R 无辩护人）	聘请律师			−0.52	−19.80***	−1.49	−15.80***	−5.86**	−17.75**	−7.21***	−17.83***
	援助律师			−1.73	−18.42***	1.71	−16.22	−2.47	−14.89	−3.48	−18.77
情节效果（R 无情节）	从宽			−6.49***	−5.10	−4.49	−4.06	−1.36	−5.66	−1.60	−4.88
	从严					6.07**	23.08***	2.83	23.10***	3.77	24.16***
审判周期								0.11***	0.09**	0.09***	0.09**
审判程序	普通（R 简易）					7.16	−35.97	−7.37	−20.89	11.88***	−28.70
常量		−6.46	−50.99	−0.01	−35.27	7.16	−35.97	−7.37	−20.89	−10.36	4.69
N Obs		581	170	581	170	495	107	428	98	427	98
F		62.58***	9.74***	48.56***	10.86***	44.60***	10.00***	45.10***	9.21***	46.39***	8.87***
R^2		0.64	0.55	0.66	0.62	0.69	0.73	0.73	0.75	0.74	0.75

(-12.8+3.0),并且这种差异不再显著。按照中国刑事诉讼法规定,简易程序审理轻微刑事案件,主要是可能判处 3 年以下有期徒刑案件,而普通程序则是审理严重犯罪,并有可能判处 3 年以上刑期。这就是模型十和模型十一比较,显著差异的两个法院变化的原因。

同理,对比模型三与模型四,仅控制犯罪数额后就解释 47% 的量刑差异($r^2=0.52-0.05$)。并且,控制数额后,中江法院和什邡法院的量刑差距逐渐缩小(对比模型一、四、十)。因此,我们在对数额分布列联表检查后发现,7000 元以上的案件中江县法院分别是 37.2%,什邡法院是 24.63%,广汉法院是 26.25%。13% 的犯罪数额分布差距,是造成量刑差异的重要原因。不过,这个解释对于改进中国的量刑处理程序并没有多大意义,因为犯罪数额的分布具有随机性。

在前科的考察过程中,我们发现中江法院的前科平均次数比什邡法院低 0.04 次。如前述逻辑,前科次数越多,刑罚越重。这就是为什么模型五控制前科次数变量后,中江法院和什邡法院的量刑差距扩大 0.48 月的原因(10.85-10.37)。与犯罪数额一样,前科具有随机性,按照犯罪人人身危险性量刑自然没有问题。类似问题,我们也发现从严处罚、自我聘请律师、法律援助律师在中江法院和什邡法院之间相差 5%、12%、9.5%、20%。因此在控制这几个变量后,什邡法院和中江法院之间的量刑差异缩小 2.11 月。我们在其他变量的回归模型探索中仍然有类似发现。

抢劫罪各法院之间的量刑差异解释稍微复杂,因为不仅法院之间的差异存在交替现象,而且最终的模型十一和模型一相比,控制若干变量后,中江法院与旌阳法院的量刑差异反而相差 25.32

月(31.14－4.82)。对比模型一和模型二各法院之间的量刑差异情况,我们发现2012年后法院之间的量刑差异反而扩大,这进一步说明量刑指导意见发挥的作用有限。中江和旌阳法院犯罪数额平均值相差3816.3元(7491.8－3675.5)的事实,解释了为什么控制犯罪数额后解释了33％的量刑差异。类似情况同样出现在前科、量刑情节、律师聘请、犯罪自白变量上。总的来说,多元回归模型的解释功能从6％上升到75％,表明我们的确解释了大量造成法院间量刑差异的多种因素。

　　逐步回归模型也间接支持表4所反映出的信息,2012年的量刑比2009年量刑更重(模型二至六)。至于模型十一显示的中江法院和旌阳法院依然存在的量刑差异,可能还有其他变量影响法院之间的量刑差异,如法官态度、法律理解、公诉人作用等因素,这需要将来的研究继续展开。在对逐步回归探索过程中,我们发现伤害程度和受害人个数解释了23.5％的中江法院和旌阳法院之间的量刑差异,其次是从严处罚(5.7％)和赔偿受害人(4.8％)。

　　总的来看,我们的分析和最高人民法院颁布的《人民法院量刑指导意见(试行)》四川省高级人民法院颁布的《量刑指导意见实施细则(试行)》逻辑一致。诸如前科、犯罪数额等也与常理相符合。就量刑差异存在性问题上,我们的确发现每个罪名有一组法院可能存在量刑差异。然而,对于这个结论的普遍性来看,因数据所限,本文并没有发现非常普遍和相差悬殊的量刑差异。未来一段时间内,我们将拓宽调查样本、增加变量收集等措施做进一步检测。

五　讨论与结论

中国刑事司法中的量刑差异是普遍现象吗？本文通过对最近20 年的量刑差异研究进行梳理后，发现中国学者普遍认为存在严重量刑差异仅是对极端个案分析后得出的结论，这些循环往复的理论研究并没有定量研究和分析技术支撑。基于这个发现，研究借助于对英美国家最近几十年发表的量刑差异文献进行梳理，寻找国外量刑差异是否可检测，以及目前的理论现状和解释量刑差异的影响因子，并在此基础上设置检测中国量刑差异的多种分析变量。

研究利用德阳市 5 个基层法院的盗窃罪、抢劫罪、故意伤害罪的 1039 个量刑判决书样本，借助于方差分析和多元回归分析后，没有发现有力的证据说明 5 个法院存在显著性的量刑差距。回顾本文，我们得出如下结论：

第一，从量刑平均数来看，五个法院的平均量刑存在直觉上的差异。但在进行正态分布和方差齐性验证后发现，仅从平均数得出法院间存在量刑差异并不科学。

第二，一元方差分析和多组配对比较方差分析显示，量刑差异只是个别现象。多组转换数据和原始量刑数据的一元方差分析以及多组配对比较的方差分析模型显示，只有旌阳法院和绵竹法院间存在量刑差异，其余三组法院以及在其他犯罪中旌绵之间不存在差异。

第三，多元方差和回归分析模型显示，控制若干影响量刑差异的变量后，法院之间的差异并不普遍存在。盗窃罪在中江法院和广汉法院之间,抢劫罪和故意伤害罪在中江法院和旌阳法院之间存在显著差异。

第四,回归模型显示,量刑的影响因子并非错综复杂而不可检测。盗窃罪量刑主要受犯罪人年龄、犯罪数额、前科、犯罪动机、犯罪自白、自我聘请律师、审判周期、审理程序所影响。抢劫罪主要受犯罪人年龄、犯罪数额、自我聘请律师、从严处罚情节影响。故意伤害罪受被害人的伤害程度影响。

第五,多元逐步回归分解模型,解释了法院之间的量刑差异的原因。不同法院犯罪数额的分布一致,以及普通程序和简易程序之间的适用差别,解释了为什么什邡法院和中江法院之间有量刑差异。财产犯罪之间的量刑差异还与从严处罚、犯罪前科、犯罪自白、律师聘请有关,伤害程度、赔偿受害人以及从严处罚的应用等说明了这些变量解释了法院之间可能的量刑差异。

第六,研究也揭示,各种量刑影响因子的使用差异。法官在量刑活动中对刑事法规定的量刑影响因素上存在偏好,法官心理上更容易选择从严处罚(从重处罚),而从轻处罚或减轻处罚实质上并没有降低犯罪人的处罚。法庭审理案件的程序需要严格管理,选择适用简易程序和普通程序的条件应该固定下来。律师在中国刑事审判活动中只是一个橡皮图章,律师辩护并没有对法官在犯罪人的量刑活动中发挥作用,法官的自由裁量权受约束的空间较小。

第七,对比 2009 年和 2012 年的量刑数据,我们发现量刑指导意见对法官量刑所起到的作用非常有限。盗窃罪和抢劫罪中,法院之间的量刑差异显著性被扩大,故意伤害罪也呈现出同样趋势。

本文发现四川省德阳市五个法院之间的量刑差异并不普遍,可以借助于社区理论来解释。由于五个法院之间相隔较近,社会文化环境相似,法官所受的地域和政治影响、价值观、选任培训等因素均比较接近。① 德阳市中级人民法院与下级人民法院的刑事审判活动交流比较频繁,并定期开展法官专项培训活动,这一定程度上为统一量刑尺度,避免下级人民法院刑事量刑的随意化而出现大量差异发挥了一定作用。至于 2010 量刑指导意见对法官的量刑指导有限,这有两个解释可能。第一种是,借助于经验观察理论来解释,部分法官量刑受多年习惯和经验影响所形成的量刑直觉判断在短时间内没有被完全消除,从而出现量刑差异扩大的趋势。第二种解释是,借鉴美国联邦量刑指南实施后的教训,2009年德阳地区法官因相似的背景和习惯导致量刑上的一致,而 2012年的量刑指导意见打破了这种因习惯所形成的均衡,从而出现新的量刑差异。不可否认,还有第三种可能是,受 2012 年和 2009 年样本总量上的差异影响,我们揭示出与真实情况不一致的结论。

　　社会科学研究,数据分析并不能精确揭示出所有客观事物之间的关系。与此相似,量刑差异和量刑公正的研究,也不是一篇文章所能解决的。上述多种迷惑,我们将继续开展研究分析本文的结论,也将借助于定性研究检验并推广本文的结论。基于此,我们持开放态度,欢迎广大学术同仁批评指正。

① Bontrager S. & Bates W. & Chiricos T. ,(2005), 43(3): 589—622; Britt C. ,(2000), 17 (4): 707—732; Fearn N. ,(2005), 22(4): 452—487; Helms R. & Jacobs D. ,(2002), 81 (2): 577—604; Johnson B. ,(2005), 43(3): 761—796; Weidner R. R. & Frase R. S. & Schultz J. S. ,(2005), 51(3): 400—424; Anderson A. L. & Spohn C. ,(2010), 27(3): 368; Johnson B. ,(2006), 44(2): 268; Ulmer J. T. ,(2005), 28(2): 272; Dixon J. , (1995), 100(5): 1157—1198; Nardulli P. F. & Eisenstein J. & Flemming R. B. , (1988); Savelsberg J. J. ,(1992), 97(5): 1346—1381; Eisenstein J. & Flemming R. B. & Nardulli P. F. ,(1988), 28.

新疆民族分裂活动的两次转型
与区分"三股势力"的意义

吴鹏森*

摘　要：新疆民族分裂活动由来已久。自20世纪80年代以来，受国内外多重因素的影响，新疆民族分裂主义先后完成了向宗教极端主义和暴力恐怖主义的两次转型，导致所谓"三股势力"的最终形成。承认和区分"三股势力"，制定有针对性的因应对策，对于加强新疆的民族团结和宗教建设，有效遏制分裂和打击恐怖主义犯罪具有重要的理论与实践意义。

关键词：新疆；分裂主义；极端主义；恐怖主义；转型

近年来，新疆一些民族分裂势力不仅在新疆境内制造大量的暴力恐怖主义犯罪活动，而且企图将这种暴力恐怖犯罪活动引向

* 　基金项目：央财项目"城市公共安全与社会稳定科研基地"2012年专项课题（编号：2001YC0001）；上合组织培训基地2013年课题"新疆地区恐怖主义犯罪调查"（编号：YC-2013-03-03）。
　　作者简介：吴鹏森（1957—　），上海政法学院城市与犯罪研究所教授，所长，中国社会学会犯罪社会学专业委员会会长，央财项目"城市公共安全与社会稳定科研基地"主持人。研究方向：犯罪社会学。

新疆以外的广大地区,北京汽车冲撞金水桥护栏事件、昆明火车站广场多人砍杀事件,正是这一恐怖企图的具体表现。暴力恐怖主义犯罪活动的猖獗,不仅引起举国上下的忧虑与愤怒,也在引发理论工作者对新疆问题进行更深入的思考和研究。

　　本文通过文献资料的梳理与分析发现,我们虽然一直都在提新疆"三股势力",但是,在具体政策上却很少将"三股势力"区分开来,一些媒体甚至将"三股势力"混为一谈,仿佛新疆只有暴力恐怖主义"一股势力"。笔者认为,对新疆"三股势力"混淆不分,尤其是将其简单地归结为暴力恐怖主义的做法,不利于对新疆问题的认识以及对新疆社会秩序的治理。为此,我们对新疆"三股势力"的历史形成过程及其相互关系重新进行梳理与分析,并对区分"三股势力"的意义进行初步的探讨。不当之处,留待方家指教。

一　新疆民族分裂活动由来已久

　　新疆问题由来已久,其核心是追求民族的分离分裂[①]。改革开放以前,这种民族分裂活动总体上属于传统的民族分裂活动性质,其基本特征是通过民族分裂势力组织、策划和实施政治动乱和武装叛乱。具体来说,这种传统的民族分裂活动大体上分为三个时期:清代后期(18 世纪末—1911 年)、民国时期(1911—1949 年)

---

① 　在学术界,"分离"与"分裂"是两个有一定区别的概念。分裂是指一个统一的整体被分解为两个或几个实体,如前南斯拉夫的解体,分离是指一些较小民族脱离较大的民族的过程。因此,学术界有人认为,像新疆东突势力追求独立的活动是分离而不是分裂,即是一种追求脱离中国的过程。但是,中国的民族不同于欧洲近代的民族,在中国各民族基础上还有一个更大的共同体概念,即中华民族。从这个意义上说,任何脱离中国的民族独立活动都是一种分裂活动。

和新中国成立后至改革前的时期(1949—1979 年)。

(一) 清代后期(18 世纪末—1911 年)

新疆自古就是一个多民族共同生活的地方,又是不同文明相互交织重叠的边缘之地,和世界上其他类似地区一样,不同宗教、不同民族、不同文明之间既有相互融合,也有相互冲突,这些都是经常发生的,并无特别之处。但是,随着近代西方工业文明的崛起,帝国主义、殖民主义势力向全球扩张,西方列强开始垂涎新疆,觊觎新疆重要的战略位置和丰富的自然资源。鸦片战争前夕,英国殖民主义者的势力深入到新疆周边国家和地区,并多次遣使来华交涉,提出各种无礼要求。为了获得更大的经济利益,占领新疆这块战略要地,英国殖民主义者加紧培养、操纵和利用新疆少数民族挑起策划新疆脱离中国的叛乱活动,从 18 世纪末到 19 世纪 60 年代,流亡海外的白山派和卓后裔不时潜回南疆作乱,意欲恢复对南疆的封建统治。1865 年至 1876 年,中亚浩罕汗国军官阿古柏入侵并统治新疆,通过向英、俄、土耳其等国出卖主权以换取支持。阿古柏为维护其统治,蓄意制造民族纠纷,公开提出杀死异教徒的口号,仅在喀什叶尔羌就杀了汉族和满族 4 万多人,直至 1876 年清军西征将新疆收回。[①]

与此同时,有关新疆分裂的思想理论也开始酝酿成型。19 世纪中期,阿富汗人哲马丁鲁提出联合所有伊斯兰教国家创立统一的伊斯兰政治实体的主张,由此开始了泛伊斯兰主义的传播。19 世

---

① 夏从亚、李娜:"疆独"恐怖主义分子犯罪的原因探析,《中国石油大学学报(社会科学版)》2012 年第 1 期。

纪 80 年代末,泛突厥主义在中亚地区兴起,主张所有操突厥语系语言的民族连成一体,组成一个由奥斯曼、土耳其、苏丹统治的大突厥帝国。"双泛"思潮的兴起对整个中亚地区产生了广泛的影响,成为许多国家动乱的思想根源。20 世纪初,泛伊斯兰主义和泛突厥主义开始传入新疆,影响不断扩大。一些留学生和商人在对外交往中开始受到"双泛"思潮的影响,将其作为民族分裂的理论基础。

(二) 民国时期(1911—1949 年)

1911 年,以孙中山为首的革命党人通过辛亥革命推翻了清王朝的封建统治,建立了中华民国。但是西方列强却将这次革命的性质视为以汉人为核心的"种族革命"。他们认为中国只是一个地理概念,并不是一个真正意义上的国家。美国人拉铁摩尔提出"中国各蛮夷独立论",既主张中国从满族统治下解放出来,同时又认为其他各少数民族也应该建立不归属于满洲和中国的独立国家。他们甚至提出,新疆、西藏等是"中国的殖民地"理论,其目的就是企图将新疆、西藏等地从中国版图中永久分裂出去。

20 世纪 30 年代初,甘肃军阀马仲英入主新疆,频繁战乱导致新疆社会经济剧烈破坏和各类社会矛盾、民族矛盾激化,引发南疆各地民众的起义暴动。但在少数分裂分子的煽动下,起义的性质从最初废除封建旧制度、摆脱剥削与压迫的要求迅速转向"民族独立"和国家分裂,认为只有建立独立的伊斯兰政权,才能摆脱"异教徒"的统治和压迫。[①] 在英帝国主义的暗中支持下,阿图什人萨比

---

① 厉声:新疆历史上的短命分裂政权——"东突厥斯坦伊斯兰共和国"的覆灭,《中国边疆史地研究》2002 年第 2 期。

提大毛拉乘着新疆时局混乱纠集和田人穆罕默德·伊敏和加尼牙
孜于 1933 年 11 月,在喀什建立了"东突厥斯坦伊斯兰共和国",从
而首次在新疆公开打出了"东突厥斯坦独立"的旗号,并建立了第
一个东突厥斯坦伊斯兰政权。他们以伊斯兰教立国,实行狭隘的
民族主义,主张屠杀维吾尔族以外的一切民族。

　　"东突厥斯坦伊斯兰共和国"虽然仅存在了 86 天,但其影响却
非常深远。尤其是伊敏外逃后在境外出版了一本《东突厥斯坦
史》,站在"新疆是中国殖民地"和"泛伊斯兰主义"、"泛突厥主义"
的立场上,将其分裂思想理论化、系统化,被后来的"东突"分裂势
力奉为经典。

(三) 新中国前期(1949—1979 年)

　　20 世纪 50 年代,境内外"东突"分裂分子相互勾结,开展了一
系列的分裂活动和暴力袭击事件。先后爆发了 1954 年和田暴乱、
1955 年墨玉五区暴乱、1956 年洛浦四区和英吉沙暴乱以及 1957
年和田六区暴乱。但这些分裂活动均告失败,旧中国遗留下来的
分裂势力逐渐被清除。

　　20 世纪 60 年代,苏联有关部门介入新疆地区的民族分裂活
动,策划、支持 1962 年的新疆塔城、裕民、霍城三县 6 万多人逃往
苏联。这是新中国建立后,新疆在外部势力引诱下发生的一次最
为严重的民族分裂活动。

　　文革期间,一些民族分裂分子利用国内政局混乱之机,秘密组
织分裂政党,妄图以此领导民族分裂活动。原自治区出版社维文
室主任托乎提库尔班、温泉县原商业局副局长尼东孜·乌买尔等
人密谋后,于 1968 年 2 月正式成立"东突党"。至 1969 年底,该组

织已在自治区 12 个地、州(市)、126 个县(市)和自治区级 22 个单位,建立了 78 个基层组织,发展成员 1552 人,印发鼓吹新疆独立的传单、刊物、报纸等 50 多种,并组织成员多次抢劫国家财物。1969 年 8 月 2 日,"东突党""南疆局"书记阿洪诺夫(原喀什拖拉机总场站长)在喀什、麦盖提县策动了武装暴乱外逃事件,阿洪诺夫在围歼中被击毙。"东突党"于 1970 年全案破获。

回顾新疆民族分裂活动史,从 19 世纪初到 20 世纪 70 年代末,长达一个半世纪,虽然其间时断时续、起起伏伏,但就民族分裂活动的性质而言,无论是挑动政治动乱,组织武装暴乱,甚至公开建立"东突"政权,还是新中国建立后裹胁群众外逃,组织秘密政党制造分裂,总体上都还属于传统型民族分裂活动,其制造民族分裂的活动方式尚属于政治与军事范畴。

二 民族分裂活动的两次转型
与"三股势力"的最终形成

应该说,新疆的民族分裂活动从一开始就同时兼有民族性、宗教性和暴力性,显示出新疆问题的复杂性和综合性特征。但是,在民族分裂活动中形成独立成型的极端主义和恐怖主义,还是在改革开放以后的两次转型升级中完成的。

(一) 从民族分裂主义转向宗教极端主义

新疆民族分裂主义向宗教极端主义的转型升级,是在 20 世纪 80 年代以后完成的。在国内,"文革"结束以后,中国进入改革开放的新时期,中央开始对新疆民族政策进行了部分调整。由于一些地方对中央的政策调整精神未能真正理解和吃透,没有注意区分新疆问题中敌我矛盾和民族矛盾的区别,错误地将一些"东突"骨干分子平反,甚至让其担任政府、政协的领导职务。这些不正确的做法导致新疆的民族分裂活动重新活跃起来。在国外,1979 年伊朗伊斯兰革命成功,中东地区伊斯兰运动的复兴和原教旨主义的复活,中亚地区泛伊斯兰主义和泛突厥主义的兴起等等,标志着新疆的外部宗教环境发生了重大而深刻的变化。正是在这一背景下,使得新疆的民族分裂势力从中受到启发和捕捉到机会,开始把民族分裂活动与宗教问题联系起来,极力倡导宗教极端主义。一些民族分裂分子将中央的政策调整视为软弱退让,乘机在全疆范围内煽动宗教狂热和民族分裂,导致新疆一些地方宗教反弹和非法宗教活动泛滥。在全疆从乡村到城镇的大范围内营造出一个极不正常的宗教氛围,并以此为掩护,利用非法宗教活动制造动乱。他们捏造维吾尔族与突厥民族的"同根性",公开宣称中央的民族政策将会导致 800 万人口的维吾尔民族日益边缘化并最终走向民族灭绝。

　　维吾尔族是一个族教合一的民族,全民族信仰伊斯兰教。但是,伊斯兰教并不局限于维吾尔民族,它是世界三大宗教之一,覆盖了世界上广大的地域,涉及众多民族、地区和国家。在伊斯兰教流传过程中,形成了不同的教派。在中国,伊斯兰教更是与中国的汉文化相互融合,形成了中国特色的伊斯兰文化。最为典型的就是中国的回教,即使是维吾尔等边疆少数民族所信仰的伊斯兰教,也已经发生了诸多本土性变化。在新疆少数民族女性中,看不到其他伊斯兰国家妇女身罩黑袍的身影,色彩艳丽是中国维吾尔姑娘给人留下的美好印象。但是,这些民族分裂势力为了达到其不可告人的政治目的,不顾新疆境内政教分离和伊斯兰教在长期本土化过程中已经形成的中国特色，极力宣扬宗教极端主义。他们自诩为"瓦哈比"教派，组织参加所谓"瓦哈比"教派和"伊吉拉特"、"伊扎布特"等宗教极端组织；热衷于地下教经习武活动，以"净化伊斯兰"、做"虔诚穆斯林"为口号，排斥传承已久的本民族风俗习惯，排斥本民族传统服饰，排斥现代文明。他们利用宗教所特有的影响力和召唤力，蒙骗、诱惑追随者，从精神上控制广大教徒群众，把自己所从事的民族分裂活动，包装成忠于信仰、履行职责的宗教圣行，要求年轻男子留大胡须，女子蒙面、着"吉里巴甫"服饰。他们不顾当今世界各国通行的"政教分离"原则，以宣扬《古兰经》为旗号，抵制政府依法对宗教活动场所的管理和依法行政管理，不准年轻人到政府机关办理结婚证，只通过念"尼卡"结婚、念"塔拉克"离婚；不让孩子进正规的"双语"学校上学或强行辍学；强迫、唆使妇女和未成年人学经，等等。总之，宗教极端主义打着宗教的旗号，对正常合法的宗教活动进行歪曲和极端化解释，采取各种极端手段，煽动宗教狂热和各种极端思想。因此，宗教极端势力是一股在宗教名义掩盖下的传播极端主义思想主张、从事分裂活动的社会政治势力。

（二）从宗教极端主义转向暴力恐怖主义

如果说新疆的民族分裂主义向宗教极端主义转型主要是20世纪80年代完成的话，那么，新疆的民族分裂主义进一步从宗教极端主义向暴力恐怖主义转型则主要是20世纪90年代完成的。

20世纪90年代初，苏联解体导致中亚五国独立后，彻底改变了中亚地区的政治生态和宗教环境，与此同时，以国家分裂为特点的第三次世界民族主义浪潮逼近中国，在阿富汗战争、车臣战争中成长壮大起来的国际恐怖主义势力对新疆民族分裂主义者具有越来越大的吸引力。以美国为首的西方国家将"和平演变"矛头转向中国,认为利用民族矛盾同样有可能搞垮中国或迟滞中国的崛起。新疆的民族分裂活动在这种复杂的国际背景下进入一个空前活跃期,并在宗教极端主义的基础上进一步走向暴力恐怖主义,鼓吹"圣战"和"消灭异教徒",主张使用暴力恐怖手段实现新疆独立。1990年4月5日阿克陶"巴仁乡事件"标志着"东突"恐怖主义正式浮出水面。从此,他们在新疆各地建立秘密训练基地,筹集制造武器,组织、策划了一系列暴力恐怖主义袭击事件,制造恐怖气氛,严重危害新疆的公共安全与社会稳定。他们暴力袭击国家政权机关和执法机关,残忍暗杀所谓"异教徒"(宗教上层人士),直接对各族无辜群众实施恐怖主义犯罪,并多次对境外的中国机构和人员进行恐怖袭击。他们在转向恐怖主义过程中,还积极与国际恐怖主义组织进行联系,接受其专业培训、经费资助和武器援助。

　　美国"911"恐怖事件发生后,国际反恐合作的呼声日趋强烈,带有明显恐怖主义印记的"东突"势力处境十分尴尬。他们和本·拉登恐怖势力和塔利班恐怖主义有密切的联系,不愿意看到恐怖主义训练营地被美国摧毁,但由于长期以来依赖美国的政治与经济援助,又不得不表示对美国反恐战争的支持。在2001年10月召开的"东土耳其斯坦民族代表大会"上,要求其成员不要发表过激言论,避免所在国将其与恐怖组织联系在一起,表示今后要走"藏独"的路子,以达赖为样板,从改善国际形象入手。他们以攻为守,打着维护"人权"、"宗教自由"和"少数民族利益"的旗号,编造"中国政府借机打击少数民族"的谎言欺骗国际舆论,妄图逃脱国际反恐怖主义的打击。①

　　但是,从民族分裂主义转向宗教极端主义和暴力恐怖主义,是

---

① 　刘山勋:"东突"恐怖势力的现状及打击对策,《辽宁警专学报》2003年第3期。

新疆民族分裂势力顽固坚持民族分裂立场的必然选择与内在逻辑要求。这就决定了他们不可能轻易放弃暴力恐怖主义道路。几年后,这些恐怖主义分子果然重新露出本性,更加猖狂地采取爆炸、投毒、纵火等方式在新疆从事恐怖主义犯罪活动,公开把矛头指向平民百姓,制造恐怖气氛。尤其是 2008 年,他们企图利用北京举办奥运会之机,大肆开展恐怖主义犯罪活动,相继制造了"8.4"事件、"8.10"事件、"8.12"事件。2009 年,更是制造了震惊世界的"7.5"暴恐事件,据事后统计,仅此一次暴力犯罪,就造成 197 人死亡,1721 人受伤入院;633 户房屋受损,627 辆汽车被烧毁、损坏。2010 年后,新疆的恐怖主义犯罪活动更加猖獗,不仅在新疆地区制造了多起社会影响较大的恐怖事件。如 2011 年发生的"7.18"和田事件和喀什的"7.30"、"7.31"事件以及 2012 年的"2.28"叶城暴力恐怖袭击事件,更恶劣的是他们开始将恐怖活动引向新疆以外地区。2013 年 10 月 28 日,乌斯曼·艾山与其母库完汗·热依木及其妻古力克孜·艾尼 3 人驾乘吉普车闯入长安街便道,沿途故意冲撞游客群众,造成 2 人死亡、40 人受伤,并驾车冲撞金水桥护栏。2014 年 3 月 1 日,云南火车站发生恐怖主义砍杀事件,8 名恐怖分子手拿砍刀,对无辜群众大肆砍杀,造成 29 人死亡、130 余人受伤。①

---

① 对于"东突"恐怖主义势力 20 多年来的演变,有学者将其概括为四个阶段:一是初露狰狞阶段(1990—1995),其特点是组织成立各种团伙和"政党",将传统武装斗争与恐怖活动相结合,走暴力恐怖主义道路。在此阶段,新疆的恶性恐怖事件零星发生,但手段较为单一。二是集中爆发阶段(1996—2001),其特点是恐怖活动大量爆发,手段多样,危害甚大;"东突"恐怖主义组织大量滋生并走向国际化。三是转型阶段(2001—2008),遭到沉重打击的"东突"恐怖势力,在境外急于漂白其恐怖主义实质,在境内则借助于"伊扎布特"和"伊吉拉特"进行组织与思想的转型。四是疯狂反弹阶段(2008 年至今),"东突"恐怖主义势力成功转型,以所谓极端宗教主义思想"迁徙圣战"为核心实现意识形态化控制,自杀式袭击成为重要恐怖袭击手段,碎片化的独狼式袭击由此不断发生。参见许建英:"东突"恐怖主义的形成与演变,2014 年 3 月 6 日 8:28,财新网,http://opinion.caixin.com/2014-03-06/100647424.html。

由此可见,新疆民族分裂主义势力为了达到分裂国家的目的,经由宗教极端主义最终走上了暴力恐怖主义的不归道路。他们以暴力恐怖手段残害无辜,已经完全成为一个地地道道的恐怖主义犯罪组织。这一方面说明,经由上述两次转型,标志着新疆的"三股势力"最终全部形成;另一方面也说明,新疆的"三股势力"具有内在的联系,在很多情况下已经成为一种集分离主义、极端主义和恐怖主义为一体的政治势力。

三 区分"三股势力"的意义

花费如此多的笔墨重新梳理新疆民族分裂主义演变为宗教极端主义和暴力恐怖主义的过程,目的在于更好地梳理出新疆问题的核心与关键,分析新疆三股势力形成背后的内在逻辑与相互关系。

一般而言,传统的民族分裂活动模式是通过上层领袖人物进行民众动员,掀起政治运动,或者通过组织发动,进行武装暴乱,在新中国成立前的新疆民族分裂活动基本上属于此类。新中国成立后,民族分裂势力与国家统一力量之间已经完全不对称了,在这种情势下,民族分裂活动呈现出新的活动模式:一是组织和裹胁民众外逃,二是成立秘密组织,以图积蓄力量。新中国成立后至改革以前,新疆的民族分裂活动基本上属于此类。在国家不断发展和日益强大的过程中,这种分裂活动显然是没有未来的,那些民族分裂势力自己当然也非常清楚这一点。因此,他们必然要寻找机会,转变方式,以图分裂之目的。正是在这一背景和思维方式支配下,极端主义和恐怖主义成了他们的选择。因此,新疆问题的核心是民族分裂,宗教极端主义和暴力恐怖主义是实现民族分裂的途径与方式。

但是,在当前如何认识新疆"三股势力"及其相互关系上,在如何对"三股势力"进行定性问题上,一些实际部门甚至包括一些理论研究,都存在简单化的倾向。虽然人们常以"三股势力"指称,但却经常将"三股势力"混为一谈,很少进行具体的区别。及至社会大众,更不知新疆"三股势力"之间的区别与联系。更重要的是,人们在将"三股势力"混为"一股势力"时,又容易将其归结为"恐怖主义",以恐怖主义作为其本质特征。这更是值得商榷的。应当承认,新疆境内的"三股势力"在行动上的确常常纠集在一起,甚至合而为"一股势力",在新疆历年发生的重大暴力恐怖主义犯罪中,都有"三股势力"的身影。新疆境内外影响较大的各种"疆独"组织,特别是"东突"组织,具有鲜明的民族分裂主义、宗教极端主义和暴力恐怖主义三重特征。他们为了达到民族分裂的政治目的,以民族分裂主义作为理论根据,以宗教极端主义作为精神支柱,以暴力恐怖主义为主要手段,肆无忌惮地进行各种恐怖主义犯罪活动,妄图将新疆从中国分裂出去,达到建立所谓"东突厥斯坦国"的政治目的。

但是,明确区分"三股势力"的不同性质,抓住其最根本的核心政治目的,对于我们正确处理新疆问题,区分不同民族分裂势力及其相关组织,制定各自不同的有针对性的对策,既能有效地打击新疆各种暴力恐怖主义犯罪活动,形成中国特色的反恐模式,又能有效地根治新疆的民族分裂活动和宗教极端主义,仍然具有重要的理论与实践意义。

第一,对开展国际反恐合作具有重要意义。

恐怖主义是当今世界的一大毒瘤,打击和治理恐怖主义犯罪问题是世界各国面临的共同任务。自美国遭到"9.11"恐怖袭击以来,国际反恐合作有了很大进展。但是,对于什么是恐怖主义,什么是恐怖主义犯罪,国际社会确实存在着很大的分歧。总体来说,各国都希望从本国实际出发,按照本国的愿望来打击恐怖主义。同时,也希望其他国家能够理解和支持本国的反恐活动,中国也不例外。但是,在具体的反恐实践中,我们常常会碰到一个困扰,我们认为是重大的恐怖主义犯罪活动,美国等国际社会却不承认发生在中国境内的这些暴力活动是恐怖主义犯罪活动。因此,我们常常看到专家学者和相关部门总是在抱怨美国,认为我们支持美国的反恐行动,谴责一切针对美国的恐怖主义袭击,而美国对世界其他国家的恐怖主义认定却持双重标准,尤其是不支持中国的反恐行动,甚至不承认在中国境内发生的是暴力恐怖主义犯罪活动。① 然而,这种抱怨又有何用? 与其不断抱怨,不如认真反思一下我们自身存在的问题。

应该说,美国在反恐问题上的双重标准,不仅与意识形态的差异所有关,也与各国面临的恐怖主义类型的差异有关。恐怖主义是一种有政治诉求的暴力犯罪活动,当今世界上的恐怖主义主要有民族极端型、宗教极端型、政治极端型(包括极左和极右型)和国际抗争型等不同类型的恐怖主义。美国的恐怖主义犯罪活动主要是外部原因引起的,全世界针对美国的恐怖主义袭击主要根源于美国的霸权主义,是对美国主导的不平等的国际政治经济秩序的反抗,是对美国以世界警察的身份强行干涉别国内政的一种反应,是美国将自己的意识形态和生活方式强行输出到其他国家,与其

---

① 周遵友:为什么说美国在反恐问题上采取双重标准? 发布时间:2014—03—05 10:46, http://usa.chinadaily.com.cn/epaper/2013-12/20/content_17187026.htm。

他国家的宗教和文化发生冲突的一种反应。因此,中国对待美国的恐怖主义犯罪活动,也应该实行"双重"态度,一方面,谴责一切针对包括美国在内的所有恐怖主义犯罪活动;另一方面,也要指出,美国所主导的不公平的国际政治经济秩序和对其他国家、民族和文化的自私性干涉主义和无情侵蚀是导致国际恐怖主义的重要根源。

与美国的外部性恐怖主义犯罪活动不同,中国的恐怖主义主要源于内部,是由民族极端主义和宗教极端主义引起的恐怖主义犯罪活动。对于这种特殊类型的暴力恐怖主义,既容易导致西方国家将中国的暴力恐怖主义犯罪活动归属于民族问题和宗教问题,也容易导致我们自己将民族分裂主义、宗教极端主义和暴力恐怖主义相混淆。

客观地说,由于政治制度、意识形态和价值观念的不同,各国恐怖主义形成原因和基本类型的不同,对于恐怖主义的理解和态度的差异是必然的,也是可以理解的。因此,要进行有效的国际反恐合作,必须在恐怖主义认知上求同存异,形成共识。世界各国的恐怖主义定义形形色色,但最容易形成国际共识的要素有以下几点:第一,恐怖主义犯罪活动的主体是"非国家行为体";第二,恐怖主义犯罪活动方式是用暴力或威胁使用暴力侵害无辜群众,或者叫"非战斗性目标";第三,恐怖主义犯罪活动的动机是通过这种犯罪活动达成的"恐怖"效果,来迫使相关国家让步以实现其政治目标。

因此,在国际反恐合作问题上,不要期望"完全性合作",只能在最严格的恐怖主义定义基础上进行国际合作,因而必然是一种"有限性合作"。对中国来说,仔细区分民族分裂主义、宗教极端主义和暴力恐怖主义,将恐怖主义犯罪活动定义在最严格意义上,将有利于开展国际合作。

第二,对分化民族分裂势力具有重要意义。

一般说来,民族是人们在历史上形成的一个有共同语言、共同地域、共同经济生活、共同文化与心理的社会共同体。近代以来,建立民族国家成为一种潮流,西方主要发达国家都是以民族为基础建立的现代国家。20世纪以后,许多殖民地人民高举民族解放的旗帜,掀起了轰轰烈烈的民族解放运动,也得到了世界各国的支持和帮助。

但是,民族共同体是一个"文化共同体",而不是一个"政治共同体"。在当今世界上,除了极少数国家外,一个国家包含多个民族,一个民族生活在多个国家,是普遍的现象。然而,一些民族极端主义者不顾世界上大多数国家都是多民族共同生活的历史事实和客观现实,顽固地追求单方面的民族"独立"和国家分裂,一些国家出于不可告人的政治目的,明里暗里支持别国的"民族独立运动",企图将一些国家进行肢解和分裂。正是这内外两种因素、两种力量共同制造了今天世界上诸多国家的"民族分裂主义"。因此,民族分裂主义的本质不是被压迫民族追求所谓的"民族独立解放",而是一些少数民族的极端势力在一个主权独立和领土完整的多民族国家内,要求脱离所在国家,建立新的主权国家,从而造成民族和国家的分裂。

传统的民族分裂主义势力主要通过政治抗争、街头暴乱甚至武装对抗等手段以达到其分裂国家的政治目的。中国历史上不同时期曾出现过多种民族分裂主义势力。当前最突出的民族分裂主义势力主要是来自新疆、西藏等地的"疆独"和"藏独"势力,尤其是"疆独"和宗教极端主义和暴力恐怖主义相结合,危害极其严重。于是,人们很容易将"三股势力"相混淆,或者说在打击新疆的民族分裂活动时容易产生"毕其功于一役"的思想,企图将所有的"疆独"活动都作为"恐怖主义犯罪活动"进行打击。但是,民族分裂主义、宗教极端主义和暴力恐怖主义毕竟是"三股势力",虽然在新疆的民族分裂活动中,都有他们的身影,但他们之间还是有一定区别的。"没有差别,就没有政策",只有认真、仔细地区分民族分裂主义、宗教极端主义和暴力恐怖主义"三股势力",制定针对三股不同势力的不同政策,在政治、刑事和社会政策上,对"三股势力"进行区别对待,可以推动民族分裂势力内部的分化,遏制民族分裂势力向宗教极端主义和暴力恐怖主义的转型蜕变,集中精力打击暴力恐怖主义犯罪活动,更科学地制定反对分裂的根本对策,从根本上对新疆的民族分裂活动进行有效治理。

第三,对打击"三股势力"的犯罪活动具有重要意义。

将新疆"三股势力"做适当的区分,对于新疆的民族团结和宗教建设,维护新疆的公共安全和社会稳定,集中主要精力打击暴力恐怖主义犯罪活动,具有重要的理论与实践意义。

首先,对以暴力手段残忍地袭击各族无辜群众的恐怖主义犯罪活动,必须及时、有效地予以坚决打击。要以制定国家《反恐怖法》为契机,不断完善打击恐怖主义犯罪的法律法规体系,建立健全打击恐怖主义犯罪的法治机制。要广泛深入宣传恐怖主义犯罪对国家、社会和人民的危害,提高全民对恐怖主义犯罪的防范意识。根据新疆恐怖主义犯罪的性质和特点,要同时建立和不断完善中国反恐的司法模式、战争模式和治理模式①,坚持治标与治本

---

① 司法模式、战争模式、治理模式是三种应对恐怖主义犯罪的模式。司法模式把恐怖主义界定为一种犯罪行为。此模式核心是恢复法律的权威,维护社会治安秩序。战争模式把恐怖主义界定为一种战争行为。此模式的核心是打击、歼灭恐怖分子并取得胜利。治理模式把恐怖主义界定为国家安全治理方面的缺失、低效或失败及其导致的(转下页注)

相结合,形成有中国特色的反恐模式。

其次,对宗教极端主义的治理,应采取与打击恐怖主义犯罪活动不同的战略与策略。一般而言,宗教都具有传承文化、化解矛盾、反对暴力、珍爱生命的传统,在政治上通常偏于保守,在行动上崇尚中庸,在现实社会生活中,更反对滥杀无辜。因此,宗教在本质上是反对极端主义和恐怖主义的。换句话说,宗教极端主义在实质上已经背离了宗教的本质。新疆的宗教极端主义并非广大宗教信众的普遍主张与要求,而是民族分裂势力利用维吾尔民族的族教合一特点和宗教在广大信众中的神圣地位与影响,将其作为追求民族分裂的一种政治手段。因此,新疆的宗教极端主义与暴力恐怖主义相互结合、相互影响甚至合而为一,根本原因还在于其背后的民族分裂活动。但是,无论如何,我们还是要将宗教极端主义与暴力恐怖主义犯罪区别开来。只要这些宗教极端主义者没有实际参与到暴力恐怖主义犯罪活动中,都要将其作为"宗教问题"处理。从这一原则出发,我们认为,解决宗教极端主义问题,既要发挥国家在治理宗教极端主义上的政治优势,又要坚持以宗教手段为主。必须依靠宗教建设,广泛发动宗教教众,深入发掘中国伊斯兰教长期以来所形成的本土化成果,发扬中国多宗教共存共荣的文化传统,深入揭露宗教极端主义的危害,坚决抵制各种宗教极端主义。当前急需要解决的问题是要提高宗教神职人员的素质,使其能够对宗教做出符合时代精神的解释,能够对信教群众解疑释惑,满足信教群众的精神需

(接上页注)对民众安全服务的缺失与低效。此模式核心是塑造一种安全环境。治理模式对于恐怖主义及反恐问题界定不同于战争模式、司法模式。对恐怖主义犯罪的不同界定直接决定这三种反恐模式在视野、目标、思路、标准、力量、措施与手段、时间维度、战略角度、精神层面等方面的不同。参见臧建国,"恐怖主义犯罪应对模式研究",《犯罪研究》2014年第2期。王伟光著《恐怖主义、国家安全与反恐战略》,时事出版社,2011年7月,第346—356页。

求,能够从理论上、思想上和心理上帮助信教教众自觉抵制泛伊斯兰主义等国外宗教极端势力的渗透。[①]

最后,对民族分裂主义的治理要以政治与法治机制为主。民族主义是近代西方资产阶级革命的产物,是位伴随着近代民族国家的形成而产生的一种社会思潮。马克思主义认为,对民族主义的认识必须要提到一定的历史范围内进行分析,脱离时代、脱离历史,就无法认识民族主义所发挥的社会历史作用。在现代国家体系建立起来以后,过分强调一切民族都要自决自治,特别是一个国家内部的每一个少数民族都要求单独建立本民族的独立国家时,它就变成了民族分裂主义。尤其是这种民族分裂主义走向极端化,不惜以暴力恐怖主义作为追求民族分裂的手段时,它就完全失去了法理依据和道德根基。但是,我们也要看到,尽管新疆的民族分裂主义常常和宗教极端主义和暴力恐怖主义纠集在一起,甚至"合而为一",但民族分裂主义自身的性质与宗教极端主义和暴力恐怖主义还是有所不同的,对于那些顽固坚持民族分裂主义立场的人,只要不参与暴力恐怖主义,我们对其还是要区别对待。对于那些从事一般民族分裂活动触犯刑法的,要在刑事政策上与暴力恐怖主义犯罪活动区别开来。即使是对那些顽固坚持民族分裂立场的人,也要坚持不懈地进行说服教育和思想改造工作,要像当年改革日本战犯那样,耐心细致地对他们进行改造,千万不能学美国

[①] 在这方面,哈萨克斯坦的做法值得借鉴。哈萨克斯坦总统纳扎尔巴耶夫明确宣示:"我坚决反对哈萨克斯坦妇女穿着阿拉伯黑罩袍。我们民族历史上从未出现过黑罩袍,它不是我们宗教传统的一部分。""哈萨克斯坦妇女穿上黑罩袍是错误的。我们不能因为自身是穆斯林就回到中世纪,我们支持穆斯林的未来,但我们有自己的方式。"哈萨克斯坦最高宗教首领也持有相同的立场,他呼吁哈国妇女不要穿着黑罩袍,哈国有自己的民族服装,没有必要穿着阿拉伯或阿富汗妇女的服装。哈国民众应该按照自己的传统和礼节行事。http://www.boznews.com/2013/1031/15400.shtml。

对待恐怖主义罪犯的那一套。

要从根本上治理民族分裂主义问题,首先要做大量的理论工作,将民族分裂主义活动所涉及的历史问题、民族问题、宗教问题一一搞清楚、讲明白,不仅理论工作者自己清楚明白,更重要的是让少数民族群众都能够清楚明白,首先要让少数民族的精英阶层清楚明白,只有这样,才能彻底消除民族分裂主义的思想理论基础。其次,要不断完善政治法律制度建设,要通过不断完善民族区域自治制度,提高少数民族在祖国大家庭中的主人意识,提高少数民族的民族自尊心、自信心和民族自豪感。第三,要加快民族地区的经济社会建设,不断提高民族地区,特别是边境地区居民的生活水平。正如邓小平同志所说,"实行民族区域自治,不把经济搞好,那个自治就是空的。少数民族是想在区域自治里面得到好处,一系列的经济问题不解决,就会出乱子"①。第四,要加快少数民族地区的教育发展,为少数民族的年轻一代提供公平的教育机会和平等的教育资源,特别要注意提高他们在市场经济大潮中的平等就业机会和就业能力。最后,要加强中华民族建设。中华民族是全体中国人的集合概念,也是从多民族走向文化大一统的重要载体,要把中华民族建设成为各民族共同的精神家园。只有这样,才能从根本上消除民族分裂主义的土壤,实现民族大团结和各民族共同进步。

参考文献:

[1] 厉声:中国新疆历史与现状[M],乌鲁木齐:新疆人民出版社,2006年。

[2] 潘志平:"东突"的历史与现状[M],北京:民族出版社,2008年。

---

① 《邓小平文选》(第1卷),人民出版社1983年版,第167页。

[3] 张铭：现代化视野中的伊斯兰复兴运动，北京：中国社会科学出版社，1999 年。

[4] 魏克强、沙万中：我国新疆地区宗教极端主义、民族分裂主义犯罪成因分析，《甘肃政法学院学报》2003 年 12 月。

[5] 段志丹："东突"运动是极端民族主义和极端宗教主义的产物，《新疆社会科学》2007 年第 6 期。

[6] 罗开卷、李伟华：民族型恐怖主义犯罪防范浅议——中国语境下的探讨，《犯罪研究》2007 年第 1 期。

[7] 古丽燕：新时期"东突"恐怖活动新动向及对策研究，《新疆警官高等专科学校学报》2013 年第 1 期。

[8] 古丽燕：新疆暴力恐怖犯罪的本质特征，《新疆警官高等专科学校学报》2014 年第 2 期。

[9] 林丽：上海合作组织框架下中国新疆与周边国家恐怖主义犯罪及打击对策，《兵团教育学院学报》2009 年第 3 期。

[10] 夏从亚、李娜："疆独"恐怖主义分子犯罪的原因探析，《中国石油大学学报(社会科学版)》2012 年第 1 期。

[11] 臧建国：恐怖主义犯罪应对模式研究，《犯罪研究》2014 年第 2 期。

[12] 刘山勋："东突"恐怖势力的现状及打击对策，《辽宁警专学报》2003 年第 3 期。

[13] 闫文虎：当代伊斯兰复兴运动与中国国家安全研究，博士学位论文，西北大学 2006 年。

[14] 谢卫东："东突"的恐怖主义实质，硕士学位论文，外交学院1998 年。

[15] 欧阳舒睿："东突"恐怖主义犯罪分析，硕士学位论文，西南大学，2010 年。

[16] 朱蕤洁：我国反民族分裂主义政策研究，研究生学位论文，兰州大学，2013 年。

[17] 陈营辉：新疆恐怖主义犯罪研究，研究生学位论文，中国政法大学，2011 年。

[18] 王小骄：中亚恐怖主义犯罪与新疆社会稳定研究，研究生学位论文，新疆大学，2005 年。

略论新疆恐怖分子的心理与行为特征

古丽燕*

摘　要：恐怖主义是一个相当复杂的政治和社会问题。分析恐怖分子的基本特点对于我们有针对性地开展反恐怖斗争，分析把握恐怖活动的发展趋势大有裨益。新疆的恐怖分子以极端的民族主义情感和宗教情结为动机，将自己从事的恐怖活动，视为一种为了本民族利益而奋斗的崇高事业的壮举，或者出于虔诚的宗教信仰而走向极端，进行"圣战"。实现所谓"新疆独立"、建立神权合一的伊斯兰国家是新疆恐怖分子的共同愿望。

关键词：新疆；恐怖分子；特点

作为有意识的生物，不管以什么样的形式进行活动，始终显示出他的行为动机是什么。人的等比例行为都有其动机基础（[苏]斯·塔拉鲁欣，1987年，第37页）[1]。犯罪行为也不例外。任何犯

---

*　本文系 2009 年国家社科基金资助西部项目《新疆暴力恐怖犯罪的惩治与预防》
（09XFX027）阶段性成果。
　　古丽燕：女，1968 年 6 月出生，新疆社会科学院法学研究所副研究员，研究方向：犯罪学、
新疆反恐问题。
① 　[苏]斯·塔拉鲁欣：《犯罪行为的社会心理特征》，公人、志疆译，国际文化出版公司 1987
年版，第 37 页。

罪行为都是在罪犯的心理支配下的内驱力外化而产生的。恐怖分子是恐怖主义犯罪的行为主体，要全面认识恐怖主义这一复杂的社会现象，就必须了解恐怖分子的基本特点，这对于我们有针对性地开展反恐怖斗争非常有益。

新疆的暴力恐怖犯罪是集民族分裂主义与宗教极端主义为一体的恐怖主义犯罪。因此，新疆的恐怖分子在心理与行为方面具有非常明显的狭隘性、复仇性与攻击性；而浓厚的宗教情结和狭隘的民族情绪是其走向极端的主观原因。在剖析新疆恐怖分子的心理与行为特征之前，我们必须了解新疆恐怖分子的自然构成特点。

一　新疆恐怖分子的构成特点

（一）年龄特征。"恐怖分子是年轻人的职业。"(Neil C. Livingstone，1982 年第 43 页)[1]这名话高度概括了世界范围内从事恐怖主义活动的主要以年轻人为主，且日益低龄化，新疆也不例外。从我们掌握的资料分析，20 世纪 90 年代，在新疆实施的暴力恐怖活动大多是年轻人，20—35 岁的人 18 至 30 岁所占比例越来越大，而 31—40 岁所占比例越来越小，40 岁以后年龄越大犯罪率越低。从近几年新疆发生的暴力恐怖，实施暴力恐怖活动的多为不在我视线范围内的 80、90 后等新生代本地人员。恐怖分子的年轻化和低龄化发人深思，值得引起高度关注。2008 年，喀什地区破获的"伊吉来特"团伙成员 40 余人，基本是由 20 世纪 80 年代以后

---

[1]　Neil C. Livingstone, *The War Against Terrorism* (Lexington Massachusetts: D. C. Heath and Company, 1982), pp. 43.

成长起来的维吾尔族在校或辍学学生组成；2008 年"3·7"炸毁班机未遂案犯古扎丽努尔·吐尔地，年仅 19 岁。在 2008 年"8·10"库车爆炸恐怖案件中，有一名 13 岁女孩参与其中；2009 年参与乌鲁木齐"7·5"事件的人员中多数人的年龄在 30 岁以下。

（二）性别特征。20 世纪 90 年代，在新疆实施暴力恐怖活动的基本是男性，基本没有出现女性的身影。但进入新世纪以来，国际恐怖主义中使用女性人体炸弹进行恐怖袭击的事件日趋增多，车臣"黑寡妇"和国际恐怖主义女人弹先后取得的"战绩"和轰动效应使境内外"三股势力"注意到女性在恐怖活动中的优势，并开始不断加大对新疆少数民族女性的渗透和培养力度，如 2008 年乌鲁木齐女性人体炸弹的首次出现，突出反映出境内外"三股势力"实施分裂破坏活动的方式开始与国际恐怖主义犯罪接轨。

（三）恐怖分子分布地以南疆为主，犯罪实施地以大中城市为主。从掌握的资料看，从 20 世纪 90 年代至今，新疆恐怖分子主要分布在南疆的喀什、和田、阿克苏等 3 个地州，且以喀什籍、和田籍为主，如 2009 乌鲁木齐"7·5"事件、2011 年和田"7·18"事件、喀什"7·30"、"7·31"事件中的恐怖分子。犯罪实施地在 20 世纪 90 年代以农村为主，但新世纪以来发生了重要变化，主要在城镇实施犯罪，说明恐怖活动已从农村向城镇转移，且有从重点地区向非重点地区转移的迹象。2005 年以来，新疆发生的重大恐怖事件基本集中发生在大中城市和南疆城镇，如乌鲁木齐市、阿克苏市、喀什市、和田市和叶城等。

（四）文化程度日益提高。新疆的恐怖分子从其职业身份来看，20 世纪 90 年代多以农业人口为主，主要是从事农业生产，且文化程度低，大多是初小毕业甚至是文盲。到了 21 世纪，从事恐怖活动的人员中，小商小贩、私营业主、在校生和高级知识分子的比例有上升的趋势,恐怖组织或团伙的成员日趋知识化、年轻化。尤其是许多恐怖组织的头目、骨干分子,普遍受过高等教育,是分裂思想、极端思想和恐怖思想的传播者,也是恐怖犯罪行动的策划者、指挥者和组织者,他们与其他恐怖分子相比更加顽固,犯罪手段也更加狡诈、隐蔽。

二　新疆恐怖分子的行为特征

犯罪行为,作为罪体构成要素的行为,是指行为主体基于其意志自由而实施的具有法益侵害性的身体举止。从新疆发生的暴力恐怖犯罪来看,恐怖分子行为的残忍性、恐怖性和极端性日益增强,作案手法日益专业化。

(一)残忍性和恐怖性。在"9·11"事件以前,新疆暴力恐怖犯罪分子主要采取直接袭击、爆炸、抢劫、暗杀、投毒、纵火、绑架等行为,一次杀死杀伤多人的案件屡有发生,隐蔽多变,手段残忍,目标不定,滥杀无辜,而且在装备上追求杀伤力,在行动上强调简单实用,成员严酷训练,组织单线联系,追而不逃,打而不散,用"圣战"思想维系团伙,用自残精神对抗政府,表现出疯狂性和残忍性,目的是要在经济上造成巨大破坏,在政治上显示力量。[1] 但 2005年以来,随着国际恐怖主义的不断发展,在新疆实施恐怖活动的恐怖分子为了推进"新疆问题"的国际化、制造"轰动效应",不断效仿国际恐怖主义,越来越走向滥杀无辜与血腥化的道路:自杀式人体

---

[1] 易正:《试论新疆暴力恐怖活动的政治取向》,载于《暴力恐怖犯罪研究》,新疆:新疆人民出版社 1999 年 4 月版,第 62 页。

炸弹、"斩首"、"割喉"等极端残忍、血腥的作案手段开始增多。他们以制造社会恐怖为目标，根本不考虑无辜受害者的数量多少，甚至肆意追求无辜受害者数量的扩大。以 2009 年乌鲁木齐"7·5"事件为例，这次暴力恐怖事件，与"三股势力"之前进行的历次暴力恐怖事件相比，作案手段呈现出多样性、残忍性：暴徒们对行人、公交车、私家车和商店、居民住所、政府机关、公安武警、宣传机构等进行暴力袭击，疯狂实施杀人、放火、抢劫等暴力犯罪活动，甚至连 4 岁的孩子、怀孕的妇女和耄耋老人也不放过，作案手段极其残忍，使一片各族人民安居乐业的热土笼罩着浓重的阴霾，恐怖的气氛笼罩在新疆首府的上空；而 2010 年喀什市"10·14"、"11·11"案件中的恐怖分子则采取更加残忍的"斩首"方式将被害人的头颅割下，并放在被害人的肚子上；2011 年和田"7·18"事件，恐怖分子实施残暴、血腥的方式将受害者捅死。

（二）极端性和亡命性。新疆的恐怖分子极具宗教极端思想。在"为主而战"、"死后可以进天堂"的宗教极端思想的影响下，不惜舍弃性命，以身"殉教"。在 20 世纪 90 年代初，恐怖分子组织程度低时，恐怖分子在实施恐怖活动中一旦遭到我公安武警的打击，大部分会一哄而散，但自 20 世纪 90 年代中期，随着恐怖分子组织化程度的提高，恐怖分子与政府强力部门直接对抗的行动不断增加，且以极端方式"殉教"的恐怖分子不断增多。特别是近年来，在我公安机关侦查、追捕恐怖分子行动中，恐怖分子不仅公然多次与我展开枪战，甚至开始加大对我公安部门基层机构的主动进攻与袭击行动，挑衅人民民主政权。如 1996 年 5 月在我公安机关对库车县"4.29"爆炸杀人案中恐怖分子的强大的围捕攻势下，先后有 8 名恐怖分子采取极端行为自爆身亡，有的还身绑炸弹炸毁我警车；2010 年 11 月 2 日，和田市公安机关在搜捕"11·2"犯罪嫌疑人过程中,多名民警遭犯罪嫌疑人持利斧、刀具攻击;2008年"3·8"南航炸机未遂案中恐怖分子企图引爆随身携带的液体炸弹;2011年"7·18"事件中,恐怖分子以基层派出所为目标,实施恐怖活动,而2013年"4·23"暴力恐怖事件中,恐怖分子对我基层公安干警和干部实施极端残忍的作案手段,将6名干警和社区干部活活烧死。

（三）专业化。从近几年恐怖分子实施的恐怖行为来看,其作案手段更加专业。从近两年新疆发生的恐怖袭击事件看,境内外"三股势力"已经具备了策划实施大型、复杂恐怖袭击事件的能力。他们精心选择商业中心、政法机关、武警驻地及其他重大目标,在人员上下班、节假日等人流高峰时间进行袭击。而且这些暴力恐怖活动都是有计划、有组织、有预谋的,案犯事先都经过较长时间的策划、准备、踩点,在确定袭击目标和时间后,先通过公开渠道和化装侦察等方式,搜集袭击目标具体翔实的信息,然后制定周密的行动计划并展开准备,与"基地"组织的作案手段相仿。2008年"8·4"案件发生在早晨8:00、"8·10"案件发生在凌晨2:00;2009年乌鲁木齐"7·5"事件则发生在星期日下午,而且打砸抢烧杀行动几乎同一时间在全市50多个地点集中爆发,集中爆发时间又恰是人们饭后散步、休闲或下班回家的人流高峰时间,施暴工具预先放置、施暴地点分散,并在沿途设置路障,阻挡救援及公安武警车辆前行;2013年"4·23"暴力恐怖事件中,恐怖分子的可疑行踪暴露后,施计骗过我基层干警和社区干部后打电话通知不在房屋内的其他成员,而这些从外面来的人员在赶到后,并没有像我们随后赶到的公安干警和干部那样直接入户,而是埋伏在房屋外面,袭击我增援人员,这充分表明"三股势力"策划、实施暴力恐怖犯罪活动已相当专业化。

（四）网络化。随着现代科学技术的发展和电子产品的增多,近年来境内外"三股势力"利用互联网、手机、移动存储介质等传播有害信息呈高发态势。由于这些载体的持有者普遍，加之操作简单、存储量大、隐蔽快捷等特性，网络及移动存储介质成为境内外"三股势力"与我争夺舆论阵地，进行反动宣传，传授制爆技术、组织联系、活动方式的重要途径。他们一方面利用网上论坛、博客、聊天系统、微博、手机短信和移动传媒介质等进行民族分裂的煽动，散布反动思想和言论，传递宣扬宗教狂热，呈现"网上指挥、网上培训"的特点。典型案例就是 2009 年乌鲁木齐"7·5"事件。在境外的分裂组织"世界维吾尔代表大会"利用广东韶关—玩具厂的汉族工人和维吾尔族工人的群殴事件，在境外直接遥控指挥境内的民族分裂分子，通过互联网和手机等现代通讯工具，在维吾尔民众中散播谣言，煽动维吾尔族人对汉族人的仇恨，将一个普通的社会治安案件歪曲为民族冲突，导致大批不明真相的群众受蛊惑上街聚集，而暴力分子乘机制造打砸抢烧事件，使事态在短时间内迅速扩大升级，造成巨大人员伤亡。近几年，随着网络技术的日益更新发展，特别是 3G 手机的普及与使用，即时聊天系统现在基本处于失控状态，"三股势力"通过新媒体渗透破坏的力度在不断加大，已经对我网络安全构成严重威胁。如 3 月小花帽事件就是通过手机微信迅速传播开的。

三　新疆恐怖分子的心理特征

（一）宗教意识的极端化。伊斯兰教所创造的既是一种对真主（胡达）的思想信仰，同时又代表着一种社会政治倾向和法律体系，乃至一种生活方式和一种价值观念。伊斯兰教的许多规定都是其信徒严格遵守执行的行为规范,对世俗生活有着极其广泛的约束力,它已渗透到信仰伊斯兰教民族的文化传统、风俗习惯和精神生活乃至意识形态之中,是构成新疆少数民族历史文化传统的重要内容。由于世代相袭,伊斯兰教对新疆广大少数民族群众特别是维吾尔族有着深远的影响,伊斯兰教通过维吾尔族风俗的世俗化的历史历练,已经演变成为世俗化的东西,并成为维吾尔族日常生活的重要组成部分。如,孩子出生的第七天,举行宗教仪式,取名先把《古兰经》打开,圣人名字重复使用,结婚念"尼卡"等等,由于风俗习惯和宗教信仰在少数民族中有着广泛的群众基础,凝结着他们炽热的民族感情,因而极易为"三股势力"利用。

新疆的恐怖分子普遍存在将宗教和民族问题混淆的情况,且宗教极端主义思想成为其进行暴力恐怖犯罪的力量源与精神支柱。他们中的绝大多数人自幼就生活在宗教色彩浓厚的环境中,从他们一出生,宗教就成为他们生活中不可缺少的重要组成部分。从新疆实施暴力恐怖活动案件的涉案者来看,发现这些人从小就受到非法宗教活动的熏陶,在其成长的过程中参加了"三股势力"打着宗教旗号开办的地下讲经点或习武点,参加"圣战"培训。随着时间的推移,在"三股势力"的蛊惑与煽动下,其思想逐渐被侵蚀毒化,先前那种纯朴的宗教情感经过宗教极端思想的"洗脑"后已经被民族仇视和宗教狂热所取代,形成狂热、偏执性的心理,成为盲目、偏激的宗教极端分子,自愿充当"三股势力"的打手和炮灰,在恐怖活动中滥杀无辜、不顾死活,并甘为殉死。如,2008年"8·4"案件团伙成员实施暴力,就是受到宣扬"圣战"思想的《伊斯兰之虎》反动光碟的影响;"8·10"案件的头目艾合买提·托合提和团伙成员都有宗教极端思想作支撑,他们在作案中均身着自杀式黑色马甲,准备随时自爆,与警察同归于尽;2009年以来,试图偷越国境的"伊吉拉特"团伙成员,其涉案人员都是经过宗教极端思想"洗脑"的青年,有的声称在"迁徙"途中"要对抗到底,决不能活着落在警察手里"。

(二)狭隘的民族主义和散漫无序的不良行为习惯。狭隘的民族主义表现为强烈的民族倾向性,具体表现在民族归属感、民族自尊心、民族荣誉感等民族意识以及民族团体成员相互之间的亲和互助与在利益冲突下一致的排外抵御、民族风俗习惯的维护和遵从等行为方式。新疆的恐怖分子由于受社会环境和文化程度等诸多因素的影响,其思想极为狭隘、固执偏激,形成了因循守旧、刻板保守的的生活方式和习惯,小农意识观念强,对新思想、新事物冷漠,生活散漫而无序,自控能力差,社会责任感淡漠,并保持强烈的宗教和民族认同感的心理特征。这种民族心理极易被扭曲为狭隘的民族主义情绪,表现出极强的民族倾向和偏执的民族意识,不能正确客观地评价各民族在社会发展进程中的地位和作用,盲目夸大本民族的优越,以"高贵民族"、"优秀人种"自居,极力排斥甚至敌视其他民族。他们只看重本民族之间的情感,而无视中华各民族之间的情感;只强调本民族的利益,而不顾全社会的共同利益,把本民族的利益看得高于一切,极易受别有用心和仇视社会主义制度的反动分子和披着宗教外衣的分裂分子的煽动和蛊惑,攻击党的政权和社会主义制度。"新疆自古就是维族人的地方,现在变成了汉族人的殖民地了"的错误思想在一些思想极端的维吾尔人脑海里根深蒂固。在这种思想和很强的民族戒备心理驱使下,会随时做出有害于民族感情之事,导致一些本来属于极为平常的民事纠纷,只要发生在穆斯林群众和非穆斯林群众之间,且穆斯林一方处于相对的弱势,就会出现民族失衡心理和敌视心理,进而可能演变成民族偏激心理与偏激情绪的蔓延、失控。伊犁的"二五"事件、"乌鲁木齐"七五"事件就是典型案例。而民族偏激情绪的蔓延甚至成为分裂活动的掩护,局部地区的一些群众存在同情或暗中支持分裂分子的情形。如1999年5月,和田墨玉县民族分裂主义分子制造炸弹,但当地基层组织和群众却无一人举报[①]。

(三)科学文化知识贫乏、法制观念淡薄。调查显示,2009年以前,大部分恐怖罪犯来自农村,文化层次低甚至有许多文盲和半文盲,缺乏最基本的科学文化知识。这些人从小辍学在家,帮助家里操持农活或在村里游荡,加之其生活的环境宗教氛围浓厚,又很少与外界接触,直接影响了他们世界观、人生观的形成。由于受文化水平限制不仅对中国的历史缺乏了解,而且对新疆的历史和发展也知之甚少,对国家法律制度更是缺乏了解。自2006年以来,恐怖分子则以80、90后为主,这些人基本是小学或中学文化程度,知识有限,正确的世界观、价值观、宗教观尚未形成,且大部分闲散于社会,成为"三股势力"拉拢、发展的重要对象,以致近几年来,这部分人成为实施暴力恐怖活动的主要力量。特别是近几年宗教极端思想日趋意识形态化,致使这部分人科学知识贫乏的人对事物认知、分析和判断能力低下,行为盲从,思想简单,很容易受到周围环境的不良因素的影响。在民族分裂思想和宗教极端思想的蛊惑和煽动下,他们思想偏执、极端,无视国家法律的存在,不愿受法律的约束,仅以伊斯兰教法作为衡量对错的依据和判断标准,并以此决定自己的行为举止,甚至以身殉教实施恐怖活动。

---

① 马大正:《国家利益高于一切——新疆稳定问题的观察与思考》,新疆人民出版社2002年,第119页。

（四）对社会的仇视心理。随着我国改革开放的不断深入，中西文化、新旧文化的激烈碰撞与冲突以及社会竞争的继续加剧，使得一些人凡事以个人利益、兴趣为准则，追求"自由"、"独立"，对他人与社会置之不顾，对国家、对人民、对集体、对他人缺少基本的责任感和道义感。而人际与利益冲突纠纷的增多、竞争失败、就业的困难及地区间贫富差距的拉大，更使他们的心理严重失衡，一部分少数民族群众备感挫折，并深切感到生活压力和生存的威胁，加大对自身的处境和社会不满的情绪，随之对社会产生沮丧、抵触、嫉妒、报复等仇视心理，于是想方设法加以宣泄。在外部不良环境的影响下极易迅速外化为反社会的违法和犯罪行为，释放出强大的破坏能量。通过调查，许多恐怖罪犯身上都不同程度地沾染了懒惰、赌博、放荡、粗野、酗酒等恶习，他们或者因为宗教信仰、或者盲目追随、或者为了私欲而步入了犯罪的深渊。

（五）盲目的从众心理和去个性化。新疆恐怖罪犯以青壮年居多，且以文盲、半文盲的青年居多。他们中的大多数人生活在经济落后的偏僻农村或牧区。由于长期受唯心主义世界观的消极影响，在青春期没有树立正确的世界观、人生观和价值观，从而导致其认识世界和事物的能力低下，法制观念淡薄，缺乏辨别是非的能力，容易受外界不良影响。这种出于盲目从众心理和去个性化而进行的犯罪活动，主要集中表现在政治性骚乱、暴乱等集群案件，或包庇、窝藏案件中。这种从众心理一般表现为从心理上的认同，或者是迫于周围环境或家庭的压力而做的权宜顺从。在集群行为中，群体会对个人的行为产生巨大影响，常常使个人在群体中失去个人理智和自我控制，做出其平时不敢做的事，从而做出违法甚至触犯刑律的事。从社会心理学的角度讲，叫做群体"去个性化"或"失去个性化"。群体成员越多，去个性化的程度越高，群体行为的狂热性和盲目性也越高。① 如1997年伊犁"2·5"事件中,在一小撮民族分裂主义分子的"建立伊斯兰王国"、"驱逐汉人"、"用《古兰经》作武器,全力同异教徒作斗争。"等反动口号的煽动下,一些不明真相的群众和孩子出于好奇和朴素的民族感情加入到游行队伍,还有一些人迫于民族同一性的压力,害怕不去可能被人骂为"民族败类"、"叛徒"或被民族分裂分子裹胁到游行队伍中,个别人因为宗教信仰和民族认同感甚至盲目跟随民族分裂分子实施犯罪行为。乌鲁木齐"七五"事件中同样有相当一部分未成年人和年轻人出于心理认同、亲情观念和周围环境影响而盲目追随实施恐怖行为。

(六)宗教观念和宗教情绪在信徒中有着强烈的催化作用。认知心理学的研究表明,社会认同极大地受到记忆中所储存的信息的影响。对灾害的集体记忆促进了认知一致,同时集体记忆加深的仇恨诱发报复动机。实际上恐怖行为发生和实施是一个完整的心理过程:外界诱因——共同认同(集体记忆)——复仇动机(强烈情绪情感色彩)——实施恐怖活动(暴力报复)。因此,有盲目宗教情绪的人对于信仰同一宗教人的言行,不论有理无理都给予支持,总希望同信仰的人取得胜利,②这也是"三股势力"常常利用宗教煽动民族不满、民族仇恨的原因之一。如1981年喀什"10·30"事件中,民族分裂分子故意散布"卡甫尔(异教徒)欺侮我们穆斯林,我们要为真主而斗争……"等煽动性言论,使大量穆斯林群众激动起来。这种盲目的宗教情绪和狭隘的民族情绪汇合成破坏民族团结的暗流,成为一些骚乱恐怖分子的精神支柱③。虽然一些

---

① 李泽、李尚凯主编:《新疆民族心理研究》,1992年12月内部出版,第136页。
② 李泽、李尚凯主编:《新疆民族心理研究》,1992年12月内部出版,第134页。
③ 李泽、李尚凯主编:《新疆民族心理研究》,1992年12月内部出版,第134页。

年轻的恐怖分子并不是虔诚的伊斯兰教徒,但在家庭环境和传统观念的影响下,仍表现出对宗教信仰、民族风俗习惯神圣不可侵犯的心理行为特征。据了解,许多恐怖罪犯或是地下"塔里甫",或是非法经文学校的学员,已经形成了对伊斯兰教的信仰。这些人只诵经,不学习科学知识,潜意识里认为人的生老、贫富都是"胡达"定的,信奉伊斯兰教是他们的最高信条。而宗教信仰一旦形成,即具有一定的稳定性,宗教的思想和道德规范已经通过各种渠道渗透到信仰者的世界观、思想感情和行为举止中。面对民族分裂主义分子和宗教极端分子的煽动宣传,这些人极易产生心理共鸣,形成狂热、过激的宗教意识,并因此而产生强烈的抵触情绪和抗拒行为,实施恐怖活动。

(七)强烈的"殉教"动机和坚忍的意志。1996 年 3 月,伊斯兰世界著名的宗教领袖之一谢赫·卡尔达维在卡塔尔电视台讲经时声称,那些死于自杀式袭击的人是"为了保护自己的土地和荣誉、抗击窃取了巴勒斯坦的以色列人"而献身的。他们不是自杀者,而是在圣战中倒下的殉教者,会被授予"烈士"称号。事实上。伊斯兰教的"两世论"对宗教狂热分子而言,极具蛊惑力。人本主义心理学的需要层次理论认为,需要的强度决定着动机的强度,需要的性质决定着动机的性质。由于自杀式恐怖袭击除具有一般恐怖主义的特征外,它还有故意通过自杀献身来达到其目的的特点,因而事前设定或预谋攻击者的死亡,是确保攻击者成功完成所担负使命的前提。在自杀式恐怖袭击实行阶段,为实现目标,犯罪嫌疑人的意志努力是非常明显的,不仅要努力克服自身的恐惧和紧张等内部困难,还要克服外部的各种障碍。自杀式袭击者一旦开始攻击任务,就具有很强的随机性和不确定性,因而很难被阻止,即使遇到阻力,自己也会不断修正目标,实施攻击,表现出犯罪嫌疑人极端的思想和坚忍的意志,这种坚忍的意志来自于其狂热的宗教情感与"进天堂"的执著。

(八) 强烈的家庭和地域观念。从新疆发生的暴力恐怖犯罪的作案者来看,一个案件或几个案件中的恐怖分子之间常常有亲戚关系或来自同一地区、同一村。这些人的民族情感很重,尤其是地域和亲情观念表现突出,他们既是同乡又是同案,因而相互之间情同手足。在民族政治、社会文化发展中以血缘为纽带建立起来的家庭、家族的重要作用,使得民族宗教文化深深地打上了家庭、家族烙印。如 2009 年乌鲁木齐"7·5"事件中有许多来自南疆喀什、和田等地;2011 年和田"7·18"案件中的几名恐怖分子大多来自喀什地区。

在"东突厥斯坦独立论"、"殖民统治论"、"资源掠夺论"和"人口灭绝论"等反动思潮的毒化下,一些涉世不深、认知狭隘的青少年和青壮年,从片面的、直觉的身心体验出发,与这些反动的思想产生共鸣,强化了他们的狭隘的民族意识,激活了他们偏激的民族情绪,从而产生反社会、反共产党、反政府的动机,发泄于汉族群众和本民族中有觉悟的基层干部和爱国宗教人士,有的铤而走险,甚至坠入危害国家安全、分裂祖国的犯罪深渊。

制度失敏:廖丹案的生成机理分析

叶良芳　张　曦*

摘　要: 廖丹案的基本事实并不符合紧急避险的前提和可行性条件,对其适用缓刑并非"法外开恩"而是"依法从轻"。社会环境对于犯罪行为生成有很大影响,"廖丹式"诈骗正是制度失敏下个体以身试法的鲜活例证。碎片化的医疗保障制度是和谐社会中的隐患,完善这一制度关键在于"先专项后统一";在建设全民医保的语境下,政府应该鼓励民众理性参保进而减少道德风险行为。

关键词: 廖丹案;紧急避险;医保制度;道德风险

一　基本案情及审理结果

2012年十大典型刑事案例之一是廖丹案。该案基本案情是:

* 作者简介:1.叶良芳(1970—　),男,浙江开化人,浙江大学光华法学院副教授、法学博士,研究方向:刑法学、犯罪学;2.张曦(1990—　),女,重庆人,浙江大学光华法学院刑法学硕士研究生,研究方向:刑法学、犯罪学。

5年前,廖丹的妻子杜金领患上尿毒症,这让下岗已10多年的廖丹生活负担陡然加重。在透析治疗近半年后,廖丹找人刻了北京医院的收费章,在收费单据上盖假章后交给医院,为妻子进行免费透析治疗。4年间,廖丹以此方式骗取医院治疗费17万余元。[1]

该案的审理过程是:2012年2月21日,廖丹因涉嫌犯诈骗罪被羁押,3月8日被取保候审。北京市东城区人民法院经审理查明,2007年11月至2011年9月间,被告人廖丹多次使用伪造的医院收费单,骗得卫生部北京医院为其妻杜金领(患尿毒症)进行透析治疗,造成北京医院治疗费损失共计17.2万余元。法院经审理认为,廖丹伪造收费单据,骗取医院治疗费,数额巨大,其行为构成诈骗罪,依法应予以刑罚处罚,公诉机关对廖丹的指控成立。鉴于廖丹到案后能够如实供述其所犯罪行,且全部退赔医院损失,综合考虑其犯罪动机、主观恶性,对其可从轻处罚,并宣告缓刑,遂于2012年12月7日以诈骗罪判处廖丹有期徒刑三年,缓刑四年,并处罚金3000元。宣判后,法院同时送达给廖丹一份社区矫正告知书,让其在缓刑期内接受社区矫正,主动接受司法行政机关的监督管理,并不得离开国内。[2]

二 本案的规范分析

北京市东城区人民法院对"廖丹案"作出判三缓四的判决之后,《人民法院报》登出了标题为"廖丹救妻诈骗案,人性化判决赢

---

① 参见郑海啸《烙印2012:十大典型刑事案例》,载《检察日报》2012年12月27日第5版。

② 参见《廖丹诈骗救妻被"判三缓四"》,载《新京报》2012年12月8日第A01版。

得公信"的文章。"人性化判决"读来意味深长。那么，"廖丹案"的判决究竟是民意裹挟之下的"法外开恩"还是"依法从轻"？回答这个问题，依据在于事实和法条，而非基于泛滥的道德感与正义感的非理性情绪。当然，这并不是说法律与道德、人性是二元对立的。相反，法本容情。从终极价值来说，法律和道德所追求的都是正义。在实现正义的过程中，刑法会对与道德的日常接轨处留出一定的空间，重判或轻判的合法理由就包括道德考量，例如微罪不入刑、微罪免刑罚，以及关于缓刑、减刑、假释的规定就是刑法温情和煦的一面。一言以蔽之，在一个法治社会，法律的惩戒不仅能够释放人性关怀与社会正义，还能重塑公众的法律信仰。但法律有不可逾越的底线，只有严格执法，法律才不会被舆论所裹挟。

（一）驳斥紧急避险免责说

廖丹案引发了群体性伤感，舆论几乎呈一边倒的态势呼吁法院从轻判决甚至"法外开恩"。民众、媒体、学者纷纷从法律、法理上寻找可能的免责依据，如一些电视说法节目和法律专家试图用紧急避险原理来为廖丹脱罪。毫无疑问，廖丹的家庭境遇让人同情，但同情取代不了法律；而创造和开放性的法律思维会解决很多困局，能够弥补立法设立之初不能预见的千姿百态的案件事实这一局限性。但笔者经过分析，发现廖丹案并不具有紧急避险的适用条件。笔者所见对于廖丹构成紧急避险的说理过程，几乎都是直接列出刑法对于紧急避险的规定，然后再用几句法谚、法律概念和术语简略地直接给出答案："这就是紧急避险，紧急避险适用于廖丹案。"这些观点在案件事实与刑法规范往返之间的论证几乎没有提到，如同循环论证一般，没有让人信服的说理依据。笔者将从紧急避险的构成条件出发,从相反方向论证廖丹案并不构成紧急避险。紧急避险是采用损害一种合法权益的方法以保全另一种合法权益,因此,必须符合法定条件,才能排除其社会危害性,使之成为合法行为。紧急避险的成立需要同时具备避险意图、避险起因、避险对象、避险时间、避险可行性、避险限度六个条件,如果其中一个条件不符合,那么行为人的行为就不是合法行为而是侵害法益的违法行为。

紧急避险条件之一的避险起因是指存在着对国家、公共利益、本人或者他人的人身、财产和其他权利的危险,才能实行紧急避险。从媒体报道中可以看到,廖丹的妻子身患尿毒症,而尿毒症是慢性肾功能衰竭进入终末阶段时出现的一系列临床表现所组成的综合征,同时也是多种并发症的诱因,如心血管病变,并且亦导致死亡。据此可以肯定,廖丹的妻子的生命健康权存在危险。但是,廖丹妻子的疾病是否属于刑法关于紧急避险规定中的"危险"的范畴呢?这是一个值得讨论的话题。一个人生了病的确是遭遇了不幸,而疾病的严重程度不同影响到生命和健康的程度也不尽相同,大病甚至绝症更是会严重影响到人的生命健康和生命质量。紧急避险之危难"须属紧急,较现在危难之含义更为迫切……与通常之危险性质不同,又此种危难应属于不能抗拒者"[1]。因而,刑法关于紧急避险规定中的"危险"必须是迫在眉睫的,对这种危险所作出的避难趋利的选择应当是瞬息之间的事。但是,尿毒症这种慢性疾病虽然无时无刻威胁着病人的生命,尿毒症患者不及时做透析甚至会导致体内毒素增高,但这只是疾病终极威胁的一种表现。而尿毒症致患者即刻生命死亡的危险却并不存在,因而这种危险

---

[1] 韩忠谟:《刑法原理》,中国政法大学出版社 2002 年版,第 115 页。

应当是渐进性的,不具有急迫性。所以,鉴于这种疾病慢性侵害的特征,笔者并不认为,尿毒症这种慢性疾病可以适用紧急避险。虽然这一结论有些苛刻,但是如果在适用刑法中的紧急避险制度时不对危险的紧迫性加以严格的限制,那么由于疾病的广泛存在,几乎绝大多数疾病都会被视为一种"危险"。如果这个口子一旦打开,会让疾病患者率性而为,实施与规范相抵触的行为,同时又利用紧急避险原理来为自己的行为开脱罪责。这对于法律的公平适用是非常可怕的。

紧急避险条件之一的避险可行性是指只有在不得已,即没有其他方法可以避免危险时,才允许实行紧急避险。这也是紧急避险和正当防卫的重要区别之一。因为紧急避险是通过损害一个合法权益而保全另一合法权益,所以对于紧急避险的可行性必须加以严格限制,只有当紧急避险成为唯一可以免遭危险的方法时,才允许实行。廖丹刻章救妻的行为真的符合紧急避险可行性的要求吗？虽然现行我国的医保制度存在诸多缺陷,但是事实上,在不断完善发展的社会救助制度下,廖丹完全可以向政府部门或者民间慈善机构申请救助。从现有报道的材料来看,我们只看到了大肆渲染廖丹无路可走的境况,而没有看到任何可以表明廖丹确实无路可走的证据。笔者并非站着说话不腰疼,而是鉴于生活常识。笔者有理由判断,骗保并非廖丹救妻排他的、唯一的、无奈的不二选择。事实上,在此案被媒体报道后,廖丹收到了大量的社会捐款,在退还所骗医院的 17 余万元后,另外还剩余了 50 余万元,足够他的妻子未来十年的透析费用。据此不难推测,骗保不是救妻的唯一选择。也许有人会说,这是因为法院追究廖丹刑责引起轰动后博得公众同情的结果。但是,这个受捐事实的存在恰好从另外一个侧面说明了廖丹不存在紧急避险的可行性。而事实上,廖丹之所以试法救妻，只是因为这种刻章诈骗的方式是所有救妻方式中最方便、最简单的途径。或许有人会反驳，"刻假章救妻"错不仅仅在廖丹，假如医院管理无漏洞，廖丹何至于能一骗 4 年、数额高达 17.2 万余元？假如没有医保城乡二元化机制，没有异地就医结算难题，廖丹根本没有必要铤而走险、以身试法。乍听之下，这一观点颇有道理，但仔细推敲却不值一驳。一方面，制度的漏洞、外在的诱因均不是实施违法行为的理由。试想，如果一个小偷扒窃了公交车上乘客的项链，在法庭庭审时，小偷喊冤说到："是被害人没有扣好项链，引诱我去犯罪。"试想这样的辩解，会让法官对其从轻判决甚至"法外开恩"吗？答案不言自明。同理，医院的管理漏洞再大也不能构成让廖丹私刻公章以逃避医疗费用的理由；另一方面，紧急避险之所以能够免责，正是因为行为人缺乏期待可能性。说到医疗保障制度的不健全、不完善以至廖丹铤而走险去犯罪是否可以让廖丹脱罪的问题，有必要审查本案是否存在守法与拯救生命二者之间必然且只能选择其一的情形。如果廖丹别无他路，只能违法救妻，则基于期待可能性的法理，用生命权高于财产权的法理为廖丹脱罪。但正如前述，从现有材料来看，没有充分的证据可以表明廖丹别无他路可走。易言之，只有在穷尽所有可能的救助方法，仍无法挽救妻子的生命时，廖丹选择了触犯法律的行为，才具有可宽恕性。

笔者对廖丹和他的妻子的境况存有深切的同情，但法律就是法律，其确立的行为规则不应被随意突破。正如那位到廖丹家里去取赃的警察对廖丹所说："哥们儿，你也别拿我当警察，人家报案了我就得出警，我就是干这活的。我身上就二百来块钱，留给孩子上学用。"法律之外尚有人情，但是倘若在法律公平正义的价值目标确信过程中过分追求人性化，某种程度上恰恰是对法律功能的弱化甚至背离。

(二) 缓刑判决并非"法外开恩"而是"依法从轻"

本案宣判后,廖丹表示接受法院的判决。不少网友认为法院对他作出从轻处罚体现了司法人性化的一面,彰显了法治和社会的进步。但也有不少网友认为民意再次绑架了司法。舆论是一把"双刃剑",在当下中国社会对道德的追求如今有了罕见的舆论号召力。但舆论过分感性和道德化时,法律在民意面前就会遭遇裹挟危机。笔者认为,对廖丹的判罚并非"法外开恩",而是有明确的法律依据,正是法律在个案中温情和煦一面的体现。

依据《刑法》第 266 条规定,诈骗公私财物,数额较大的,处 3 年以下有期徒刑、拘役或者管制,并处或者单处罚金;数额巨大或者有其他严重情节的,处 3 年以上 10 年以下有期徒刑,并处罚金;数额特别巨大或者有其他特别严重情节的,处 10 年以上有期徒刑或者无期徒刑,并处罚金或者没收财产。依据最高人民法院《关于审理诈骗案件具体应用法律的若干问题的解释》规定,各省、自治区、直辖市高级人民法院可根据本地区经济发展状况,并考虑社会治安状况,在"2 千元至 4 千元"、"3 万元至 5 万元"的幅度内,分别确定本地区执行的个人诈骗"数额较大"、"数额巨大",以及单位实施诈骗,追究有关人员刑事责任,参照本条第四款规定的数额,确定适用的具体数额标准,并报最高人民法院备案。依据《北京市高级人民法院、北京市人民检察院、北京市公安局关于八种侵犯财产犯罪数额认定标准的通知》,诈骗罪,数额较大为 3 千元以上;数额巨大为 5 万元以上;数额特别巨大为 20 万元以上。因此,廖丹案中,廖丹涉嫌的诈骗金额达 17.2 万元,属于数额巨大,应在 3 年以上 10 年以下的法定刑幅度内量刑。北京东城区法院的法官表示，廖丹并没有法定减轻处罚的情节，因此依法无法对其作出过轻的判决。廖丹退赃属于从轻处罚的情节，按照法律规定，可以在廖丹基准刑的 3 到 10 年的量刑区间内，最多减少 30% 以下的刑期。刑法规定，犯罪分子被判处 3 年有期徒刑以下，包括本数，就满足缓刑的适用条件之一。如果廖丹有足够的酌定从轻处罚的情节，则可以对其适用起点刑，因而仍有被判缓刑的余地。

犯罪动机既可能影响定罪，也可能影响量刑。当然，犯罪动机更多的是量刑的影响因素，因为主观恶性的大小是刑罚量定所需要酌情考虑的因素。"在日常生活中，我们认为动机很重要，它提供了一个区分故意行为是真的很坏还是不那么坏的基础。例如，一个善良的或者卑劣的动机，在评价像杀人这样的犯罪上会起很重要的作用。造成一种轻松死亡，即安乐死的动机，被认为可以使故意杀人比较不具有应受谴责性，然而，一种自私自利的动机，比如受雇杀人或者为了继承被害人的遗产而杀人的，就具有更大的危害性。种族仇恨被认为是说明另一种加重故意杀人或者故意伤害危害程度的因素之一。在盗窃案件中，人们普遍认为，为了物质享受而偷东西与为了避免饥饿而偷东西之间存在着区别。"[①]从媒体报道的现有材料来看，廖丹家境困难，然而屋漏偏逢连夜雨，妻子不幸身患重病，使这个原本生活拮据的家庭更加雪上加霜。由于付不起昂贵的医疗费用，廖丹选择了铤而走险去犯罪。从廖丹的犯罪动机来看，他是为了治病救妻，其情意着实让人感动、同情。且廖丹系初犯、偶犯，到案后能够如实供述其所犯罪行，认罪态度

---

① ［美］乔治·P·弗莱彻著：《刑法的基本概念》，王世洲等译，中国政法大学出版社 2004 年版，第 160—161 页。

好，确有悔改表现。案后，广东某企业家一次性捐 17 万余元帮他全部退赔医院损失，并争取到了医院书面的同情与谅解。这些重要事实都是法院酌情考虑从轻处罚的依据。

　　人身危险性作为犯罪人个人因素的重要方面，法官在量刑的过程中，必须将其作为一个重要因素予以考虑，这是坚持刑罚个别化原则的要求。正如马克思所说："不论历史或是理性，都同样证实这样一件事实：不考虑任何差别的残酷手段，将使惩罚毫无效果，因为它消灭不了作为法的结果的惩罚。"①犯罪分子人身危险性的大小，表明了犯罪分子改造的难易程度，因为刑罚的大小与犯罪分子人身危险性相适应，实际上也就是与犯罪分子的改造难易程度相适应，犯罪分子的人身危险性大，也就意味着改造的难度比较大，需要改造的时间比较长，相应的判处的刑罚就较重一些。反之，犯罪分子的人身危险性小，也意味着改造比较容易，改造所需的时间短，相应的所判处的刑罚就较轻，甚至可以免除刑事处罚。② 廖丹并非从妻子做透析一开始就刻章诈骗医院，而是在医保报销无望，而家庭积蓄花光殆尽、借款无门的情况下，选择了铤而走险实施犯罪。案发后能够如实供述所犯罪行，认罪态度积极，确有悔改表现。面对媒体记者采访，廖丹说，希望其他人不要再像他那样，不要用违法的方式拯救自己的亲人。可见，朴实的廖丹在舆论的"道德楷模"渲染之下仍没有淡化他的犯罪负疚感，更没有产生违法犯罪光荣的错误观念。这充分表明其具有真诚的悔罪态度。

　　法院在综合考虑了廖丹到案后能够如实供述其所犯罪行且全

---

① 《马克思恩格斯全集》第 1 卷，人民出版社 1980 年版，第 139—140 页。

② 参见李世清《人身危险性在量刑中的思考》，《河北法学》2006 年第 9 期。

部退赔医院损失等犯罪动机、主观恶性，宣告缓刑对所居住社区没有重大不良影响等情形后，对其决定适用缓刑。笔者认为，法院的缓刑判决是依据法律事实依法从轻作出的，充分彰显了"公正产生公信"的法治实践规律。

三 本案的发生机理

意大利著名犯罪学家菲利在分析犯罪原因时，突破了刑事人类学派的理论樊篱，提出了自己的犯罪原因观，即著名的三要素相互作用论，分别是：人类学因素、自然因素和社会因素。"无论哪种犯罪，从最轻微的到最残忍的，都不外乎是犯罪者的生理状态，其所处的自然条件和其出生、生活或工作于其中的社会环境三种因素相互作用的结果。"[①]同时他还指出，在不同的案件中，三个要素所起的作用是不同的。在他看来，犯罪人类学主要是从器官和心理结构两个方面来研究犯罪，这种犯罪归因仅适用于具有先天性、不可改造的"天生犯罪人"和具有"习惯性犯罪"的惯犯，而社会上最多的是偶犯，"这种罪犯没有任何先天固有的和后天获得的犯罪倾向，他们由于经受不住其个人状况以及自然和社会环境的诱惑，在青少年时期犯了罪。如果没有这些诱因，他们就不会犯罪或不会继续犯罪"[②]。也就是说，他们的犯罪行为只不过是行为人无力抵御外部原因的结果。

菲利的犯罪三要素对现代犯罪学有很大的借鉴价值，对我们分析犯罪问题很有帮助。廖丹为何铤而走险去犯罪救妻，如果用

---

① ［意］恩里科·菲利：《实证派犯罪学》，郭建安译，中国人民公安大学出版社 2004 年版，第 170 页。

② ［意］恩里科·菲利：《犯罪社会学》，中国人民公安大学出版社 2004 年版，第 134 页。

菲利的理论来分析，就比较容易解释了。"任何足以使人类社会生活不诚实、不完满的社会条件，都是引起犯罪的社会因素"，菲利将社会因素概括为任何足以使人类社会生活不完满的社会条件，其中包括人口密集、公共舆论、公共态度、宗教、家庭情况、教育制度、工业状况、酗酒情况、经济与政治状况、公共管理、司法、警察、一般立法情况、民事与刑事法律制度等。[①] 在菲利看来，犯罪的周期性变化——增多或减少，主要应当归结于社会因素的作用。基于菲利的犯罪多因素理论确立了现代刑法价值有限论、运用刑罚的个别化原则等犯罪对策基本思想。犯罪是人的一种社会行为，如果仅考虑犯罪的个人原因，不考虑犯罪的社会原因，虽然可以保证定罪的准确性，但是难以保证刑法适用的合理性，也会使刑罚的效果打上折扣。廖丹的悲情遭遇，与其说是制度的缺位，不如说是制度的失敏，是现行社会救助制度对于底层民众的困境缺乏敏感响应所致。"现行的医疗救助制度，需要站在公众面前接受审判，因为它涉嫌把一个善良守法的公民逼上犯罪的道路。"[②] 当中国的改革进入深水区，诸多体制性弊端直接导致低收入家庭的个体痛苦。

我国的社会保障制度采取的是城乡二元模式的保障思维，我国先对公务员和城镇企事业单位建立了公费医疗和劳保医疗制度；而在农村建立了以合作医疗为支柱的农村医保制度。"由于这种针对群体身份分别设立医保种类的构建思路在我国具有极强的固化传导机制，随着农民工作为一个壮大的利益群体，各地相继制定了农民工的医疗保险制度。"[③]2003 年和 2007 年，我国又针对农

---

①　[意]恩里科·菲利：《犯罪社会学》，中国人民公安大学出版社 2004 年版，第 144 页。

②　晏扬：《"假公章救妻"背后的悲情》，《济南日报》2012 年 7 月 13 日第 2 版。

③　张引、魏来：《碎片化医保制度设计弊端与农民工医保模式路径选择》，《社会保障研究》2010 年第 5 期。

民和城市居民分别建立了新型农村合作医疗制度和城市居民基本医疗保险制度。但由于各地经济社会发展水平的差异、医疗费用的不断上涨以及居民强烈的医疗保障需求等，中央政府允许各地因地制宜制定筹资目标，统筹层级一般以市（地）以下为主。"各起灶炉"的构建标准大多是"一地一策"甚至"一地多策"，即在同一医疗保障制度大类下，出现筹资标准和补偿模式各异的制度小类，渐渐形成了针对不同地区、不同行业、不同人群的碎片化的医疗保障制度。鉴于这种基于户籍制度建立起来的碎片化的医保制度具有不能转移接续，偏离制度均衡的特点，便使流动性强的农民工处于裂缝中，被两边的制度挡在门外。廖丹是北京户口，其妻子是河北易县人，为当地农村户口，在北京打工十六年，工作单位无一与她签订劳动合同，也未给其参保，按规定不能享受北京市的医疗保障。如果加入易县的新农合，廖丹又面临往返奔波之苦，无奈之下他只得放弃。即使杜金领参保成功，如果她要在北京居住和治疗，必须向河北当地医院开转院证明，需要满足的条件是当地医院治疗不了时才能到北京治疗，而尿毒症的透析，并非很难的手术，更大的可能是开不了转院证明而只有在当地治疗才能报销。退一步讲，即使转院成功，还需要在新农合管理中心办理异地医疗登记备案，而在北京（属省外三级医疗机构）治疗补偿的比例就要低很多。唯一适用于杜金领的北京"城乡特困人员重大疾病医疗救助"也因报销周期过长（三个月）被没钱周转的廖丹放弃。户籍障碍、社会保障制度失敏，让处在裂缝中的廖丹不惜以身试法以挽救妻子。

医疗救助是指政府通过提供财务、政策和技术上的支持以及社会通过各种慈善行为，对贫困人群中因病而无经济能力进行治疗的人群，或者因支付数额庞大的医疗费用而陷入困境的人群，实施专项帮助和经济支持，使他们获得必要的卫生服务，以维持其基本生存能力,改善目标人群健康状况的一种医疗保障制度。[①] 廖丹一家在寻求了"新农合"、北京市医保、北京市"城乡特困人员重大疾病医疗救助"都无功而返后,其实还可寻求慈善捐助。但是廖丹一家缺乏现代意义上的权利观念,没有认识到社会救助是自己的一项权利和国家的义务。在廖丹案报道后,媒体人范炜等在微公益平台发起捐助,短短 5 天就为杜金领筹集透析及换肾费用共计 50 万元。令人欣慰的是,这笔救命款虽然姗姗来迟,但毕竟最终还是来了。不过,廖丹一家通过媒体曝光后筹集捐款毕竟只是个案,而个案式的救助显然不具有普遍性意义。临时捐款,不可能从根本上解决更大范围的群体救济问题。对于城乡众多低收入家庭在遭遇重病之后的困难,需要有长效机制来给予帮助。当前,我国正处于社会经济转型时期,农民工作为推进城市发展的一支重要力量广泛存在于社会生活中。他们遭遇社会风险的几率高,但由于社会保险参保率低,参加的新农合等保险制度设计上又存在明显不足,而我国的政府或是社会层面的慈善组织并没有针对农民工成立大病专项救助基金,所以绝大多数农民工无法通过社会救助分散和抵御这些风险。

四　如何避免制度催生犯罪

　　碎片化医保可能成为不同群体利益冲突的导火索,为社会稳定埋下隐患。2000 年,世界卫生组织在对成员国卫生事业筹资与

[①]　王保真、李琦:《医疗救助在医疗保障体系中的地位和作用》,《中国卫生经济》2006 年第 1 期。

分配公平性的评估排序中,中国位居第188位,在191个成员国中排倒数第4位。公平合理地分配医疗资源,通过医疗保障来增强农民工的抗风险能力是当下建设和谐社会过程中亟待解决的问题。但就我国目前的实际情况来看,建立完善的医疗保障制度不能一蹴而就。目前,先建立过渡性专项大病保险;随着国家生产力水平的发展,增加医保的可对接性,提高统筹层级;引导民众理性参保减少道德风险行为,逐步建立全民医保。

(一) 建立过渡性专项大病保险

20世纪80年代末以来,中国的经济体制向市场化急剧转轨,农村实行责任承包制后,大批农业富余人员涌向城市,成为中国的一个特殊群体。这些群体的医疗问题成为社会的一个焦点问题。虽然国家相关法律法规明确规定,工作单位及雇主必须和农民工签订劳动合同,缴纳"三金",但实际执行情况与之相去甚远。而户籍地的新农合统筹层次低,筹资方式、报销比例和所能解决的问题都很有限。对于在城市工作生活的农民工来说,新农合显然不可能起到实际的救济作用。一旦重病来袭,基本医疗保障远不足以支付大病所需,市场化的医疗保险更是无力购买,农民工便有因病致贫、因病返贫的危险。廖丹一家的境遇正是对此鲜活的诠释。

2012年8月24日,国家发展和改革委员会、卫生部、财政部、人力资源和社会保障部、民政部、保险监督管理委员会正式公布《关于开展城乡居民大病保险工作的指导意见》。这一指导意见的出台,有望解决低收入家庭"谈病色变"的状况。意见指出,近年来,随着全民医保体系的初步建立,人民群众看病就医有了基本保障,但人民群众仍然对大病医疗费用负担重反应较为强烈。开展城乡居民大病保险工作,是在基本医疗保障的基础上,对大病患者发生的高额医疗费用给予进一步保障的一项制度性安排,目的是要切实解决人民群众因病致贫、因病返贫的突出问题。按照通常的说法,大病一般是指治疗费用超过城镇居民医保、新农合支付上限的疾病。此次公布的意见指出,在城乡居民大病保险的筹资机制方面,各地可结合当地经济社会发展水平、医疗保险筹资能力、患大病发生高额医疗费用的情况、基本医疗保险补偿水平以及大病保险保障水平等因素,科学合理确定筹资标准。同时,从城镇居民医保基金、新农合基金中划出一定比例或额度作为大病保险资金。城镇居民医保和新农合基金有结余的地区,利用结余筹集大病保险资金;结余不足或没有结余的地区,在城镇居民医保、新农合年度提高筹资时统筹解决资金来源,逐步完善城镇居民医保、新农合多渠道筹资机制。一言以蔽之,真正解决中低收入阶层的大病风险,就是财政要在大病保障方面投入资金。在中央层面建立大病保障制度是国家责任在医疗保障领域的体现。需要注意的是,基本医疗保险和大病保险都属于社会保障制度中的社会保险制度,对于无力参加者,国家可以以财政补贴或者医疗救助的方式,社会个人和社会公益组织也可以通过慈善捐助的方式,帮助他们参保缴费,获得医疗保障。政府为了鼓励社会成员对大病保险费用的捐赠,可以规定社会个人的捐赠金额可冲抵捐赠人个人所得税。

(二) 强化医保可对接性,提高统筹层级

鉴于碎片化医保制度的种种弊端以及单独构建农民工医保制度存在的诸多矛盾,我国农民工医保制度的路径选择应该是打破制

度固化的"惯性"思维模式,即农民工医保不是制度创建问题,而是现有主要医保模式技术层面调整的问题,即在现行制度框架内如何增加其适应性,进而把农民工医保纳入现有制度保障体系框架内。[1] 我国基本医疗保障制度的统筹层次低,城镇职工和居民基本医疗保险制度未完全实现市级统筹,有的地方仍然是县级统筹。新型农村合作医疗更是如此,落后地区仍以乡(镇)为统筹单位。统筹层次过低不仅使制度之间难以有效衔接,也增加了整合基本医保制度的难度。为此,"一方面要规范医疗保险经办机构的管理制度,落实预算投入和人员编制,加强计算机信息系统等基础设施建设,提升经办人员的业务素质和服务水平;另一方面逐步提高医疗保险制度的统筹层次,合理划分各级医疗保险经办机构的职责"[2]。就目前来看,通过强化医保转账对接机制,对现有筹资标准、保障待遇做技术性调整,进而把城镇职工基本医疗保险、城镇居民基本医疗保险、新型农村合作医疗制度由现今的地市级提升到省级统筹。技术性支撑是指医保对接过程中技术层面调整的问题,比如加强计算机信息系统等基础设施建设,同步安排和实施城镇居民基本医疗保险和新农合的门诊统筹以及医疗费用及时结算等。

(三) 鼓励民众理性参保

美国曾是西方工业国家中唯一一个没有实行全民医保的国家。根据美国人口普查局发布的统计报告,2008 年全美人口总数为

---

[1] 张引、魏来:《碎片化医保制度设计弊端与农民工医保模式路径选择》,《社会保障研究》2010 年第 5 期。

[2] 孙晓锦:《农村医疗救助与新型农村合作医疗制度有效衔接研究》,《西北农林科技大学学报》2011 年第 6 期。

30148 万人,其中没有医疗保险的人数为 4630 万人,约占美国人口总数的 15.4%。2010 年 3 月 21 日,美国众议院以 219 票赞成、212 票反对的投票结果通过了医保改革法案。美国历史上最大一项医疗保健法案在国会众议院通过,其意义在于美国正式步入了全民医保的时代。美国众议院通过的医保改革法案预计耗资 9400 亿美元,这将是美国一个世纪以来耗资最大的国内政策。全民医保牵涉到自由、福利、公正、公民自我选择的消极自由,这些诸多令人困惑甚至相互矛盾的概念,对于美国这样一个崇尚自由的国家无疑是一个巨大的难题。实行全民医保之前,缺少保险的低收入者就医之后,费用实质上是均摊到其他人的保险费用或医疗费用中。面对这样的情况,保险公司自然是对那些买得起保险的人提高保费。因而,形成恶性循环导致财政支出中医疗费用居高不下、保险费用也一再上升。奥巴马的医疗保险改革方案正是针对这个情况。奥巴马医疗保险改革法案的核心内容即"强制医保"。根据强制医保的规定,绝大多数美国公民必须购买医疗保险,否则将被处以罚款。该措施旨在吸纳更多民众,特别是健康人群投保,降低保险公司整体的赔付比例,从而降低保费。反对者认为,强制医保条款超越了宪法赋予国会的经济权力范围,违反宪法,侵犯个人自由。试想,当这部分拒绝参保的人患病后,其医疗费用由谁承担? 不言而喻,最终,勤勉者将为取巧者承担医疗费用。随着覆盖面的扩大,便会产生道德风险的问题。道德风险的概念最早起源于海上保险,特指被保险人为了获取保险金而故意制造保险事故的行为。最早研究道德风险问题的是经济学家阿罗(Arrow),他在 20 世纪 60 年代曾经研究了保险中的道德风险。他认为:"在多数情况下,人们不愿意为自己的健康交保险费,保险费经常是部分或全部由雇主支付,或由政府下设的某个社会保障计划交纳,若保险费由雇主交纳并且承担了健康护理的全部费用,那么健康服务对保险人来说就成了一种免费物品,以致造成对这种物品的过度消费。"①这就是道德风险问题。即如果医疗费用全部地或部分地由健康保险承担,被保险人倾向于比自付医疗费时更多地消费医疗服务。在所有的道德风险中,社会医疗保险中的道德风险发生率最高、分布最广、造成的损失最大、最难以有效规避。

调查显示,80%的外来工对社会保险"不感冒",其原因除了自身的文化素质以外,更主要的原因则在于外来工就业流动性大,担心社会保险缺乏相应的区域流通性。② 中山市经济研究院常务副院长梁仕伦表示,外来工工资较低,更注重短期利益,对购买社保的好处认识不足。③ 2009年3月17日发布的《中共中央国务院关于深化医药卫生体制改革的意见》提出,到2020年,覆盖城乡居民的基本医疗卫生制度基本建立,首次实现医保的全覆盖。当前,政府和媒体应该做的是,理性地告诉国民医疗保险中的真实一面,促进人们参保,从而为医保的全面覆盖作准备。热捧"廖丹式"的失范行为不仅会淡化"廖丹们"的犯罪负疚感,更有可能变相地鼓励道德风险行为。而后者在某种程度上,正是"廖丹式"失范行为的根源。

五 结 语

在一个法律至上的社会,法律的惩戒不仅能够释放人性关怀

---

① [挪威]卡尔·H·博尔奇:《保险经济学》,庹国柱等译,商务印书馆1999年版,第431页。

② 参见雷羽南《外来工为何不愿参保》,《工人日报》2001年1月6日第4版。

③ 参见郑平《跨省难转社保,企业不缴社保,部分外来工不愿买社保》,《南方日报》2011年11月25日第A04版。

与社会正义,还能重塑人们的法律信仰。廖丹案的判罚彰显了"公正产生公信"的法治真理。社会环境对于犯罪行为生成有很大的影响,"廖丹式"的失范行为正是制度失敏下个体不惜以身试法的鲜活例证。廖丹案所警示的,在于提高医保制度的系统性、灵敏性,让裂缝中的"廖丹们"被纳入制度中,并能充分有效地享受制度所给予的保障和利益,从而彻底铲除失范行为的欲念产生的土壤。

参考文献:

[1] 恩里科·菲利,犯罪社会学[M],郭建安译,北京:中国人民公安大学出版社,2004。

[2] 恩里科·菲利,实证派犯罪学[M],郭建安译,北京:中国人民公安大学出版社,2004。

[3] 韩忠谟,刑法原理[M],北京:中国政法大学出版社,2002。

[4] 卡尔·H·博尔奇,保险经济学[M],庹国柱等译,北京:商务印书馆,1999年版。

[5] 雷羽南,外来工为何不愿参保[N],工人日报,2001—1—6(4)。

[6] 李世清,人身危险性在量刑中的思考[J],河北法学,2006(9)。

[7] 孙晓锦,农村医疗救助与新型农村合作医疗制度有效衔接研究[J],西北农林科技大学学报,2011(6)。

[8] 王保真,李琦,医疗救助在医疗保障体系中的地位和作用[J],中国卫生经济,2006(1)。

[9] 晏扬,"假公章救妻"背后的悲情[N],济南日报,2012—7—13(02)。

[10] 张引,魏来,碎片化医保制度设计弊端与农民工医保模式路径选择[J],社会保障研究,2010(5)。

[11] 郑海啸,廖丹诈骗救妻被"判三缓四"[N],新京报,2012—12—8(A01)。

[12] 郑海啸,烙印2012:十大典型刑事案例[N],检察日报,2012—12—27(5)。

情境效应、防卫空间与城市外来人群的易受害性

——东莞基层社区的犯罪学分析

程建新*

摘　要：为探讨城市化地区犯罪特征,本文借鉴犯罪学的防卫空间理论、破窗理论、场景理论,对东莞某基层社区进行案例分析。研究发现,出租屋、工业区、商住混合区域、主要道路附近均是犯罪多发场所,这些场所也往往是流动人群比较密集的地区。进一步分析认为,居住空间自助防御能力、社区邻里防御能力、商业防御和安保能力三个方面的不足是造成流动人群在上述场所易受侵害的重要原因,应从自我规划、业主责任、鼓励商业参与、公共部门多个角度寻求解决之道。

关键词：城市;犯罪;情境;流动人口;外来人群

---

* 程建新,男,1982 年生,东莞理工学院城市学院,讲师,研究方向为城市公共安全和基层治理。

一 问题的提出

虽然犯罪现象难以根除且成因各异,但如果犯罪率过高特别是恶性犯罪率过高,同样是人类社会不愿容忍的。犯罪问题并不因为其纠正难度而降低人类治理的责任。在经济和都市化活跃地区,如珠三角的东莞、深圳、广州,或因农村与郊区的快速城市化,或因各类人群的聚集与城中村的嵌入,各种社会问题更加突出泛起,带来了不同于传统农村社区的犯罪问题,成为政府、社会舆论、市民群体关注的重要议题,也成为学术研究的重要主题。

很多文献关注都市犯罪问题,如有学者援引多年前的数据说:"2000 年第一季度,广州市白云区发生重大入屋抢劫案 178 宗,其中仅发生在城中村出租屋内就有 134 宗,占 75%。而广州市公安机关近年所抓获的犯罪嫌疑人中有八成是在城中村的出租屋中藏匿被抓获的。"(王立志,2009:84)此类文献存在着简单归因于"流动人口犯罪"的倾向。但正如王大中所说,"反对不加分析地将(犯罪高峰)原因强加于流动人口整体上,而应该去寻觅、剖析流动人口中什么样的成员犯罪率最高,什么样的人群是高危犯罪人群",这才是"盲点",也是"重点",并提出"在珠江三角洲……更为突出,流动人口中无业人员、无证(缺证)人员在整体城市犯罪中几乎占99%"(王大中等,2007:10)。抛开数据的来源不看,这种思路与通过"查证(件)"开展"清网"的政府实践有较强的契合性。

潘向泷、卢淦泉对城中村治安问题的特点进行了尝试性归纳,重申了人们对城中村"藏污纳垢"特点的认识,甚至认为"多种因素的合力""造成城中村目前的失控状态"。这篇文章援引据称是深圳市公安局的调研说"绝大部分外来人口是对城市有贡献的劳动者，真正破坏治安的违法、犯罪人员只占外来人员 0.7‰"，承认"外来人员既是侵财犯罪的主体，也是主要的被侵害人"（潘向泷、卢淦泉，2009：99—103），但似乎还是将问题的矛头指向流动人口群体（如数量大），如果考虑文中也承认的这些城市总人口中流动人口的高比重，加上流动人口中青壮年公民的比重明显高于非流动人口，其实流动人口与非流动人口的犯罪率可能并无太大差别。况且，无论流动人口还是非流动人口，出租屋作为低价住所的代名词，必然要承受更多的社会人口和社会问题。

出租屋的存在本身具有一定合理性，如果不能解决好居住等问题，不能将"外来""流动""暂住"人口转变为新的城市"移民""市民"，即使比以前的城乡分割、收容遣送有所前进，但比起深度城市化的要求则是不够的。出租屋和城中村很可能需要升级而非"取缔""铲平"。如果我们将人口增多带来的好处和问题看作不可分割的两个部分（因为事实上不可能分割），将出租屋看作一种同样需要"呵护"或寻找恰当替代方案的存在，不将出租屋或外来人口群体当作"邪恶的符号"和替罪羊，那么我们就朝解决问题前进了一步。也就是，要从总体人群的角度，而非少数早入者的角度来分析问题，正视广大新城市人口的存在。

简言之，从区分犯罪人群的角度着手可能既困难也低效，而将"作案"场所看作"受害"场所，关注受害人及其受害情境，不仅有助于理解广大流动人口的真实处境，而且很可能对改进犯罪预防和综合治理的政策起到更加实际的作用。换言之，从"情境—受害者"的角度分析犯罪问题，是当下犯罪问题讨论特别是城市化犯罪问题讨论的薄弱环节，但却是西方犯罪学理论相对成熟的领域，值得我们加以借鉴。

二　理论背景

(一) 防卫空间理论

美国学者纽曼(Oscar Newman)在 1972 年提出一种"通过环境设计的犯罪预防"(Crime Prevention Through Environmental Design)理论,强调物理空间归属(或控制)的可识别性(Stegman,1996:iii)。他在承认社会经济特征影响的前提下,认为建筑项目的高度、户数等物理特征对犯罪率也有很大影响(Newman,1996:26)。他援引历史数据称 1969 年纽约市 8611 件严重犯罪案件有 3786 件也就是 44% 发生在建筑内的公共区域(Newman,1996:25)。他认为,住房环境越混合(complex)、越匿名(anonymous),在居民中建立符合社会规范的行为准则就越难(Newman,1996:26)。

纽曼的理论从社区中居民识别、控制和私力救济的角度解释犯罪行为的实施和易遂,但不能解释包括社会关系因素、居民与治理者互动的因素。如纯粹的公共空间也可能是治理良好的区域,如果有较强的警察力量介入的话;个体空间也可能成为无助的"孤岛",在人际关系生疏,犯罪团伙化、暴力化与公然化的情况下。在珠三角城市中的"两抢一盗"等案件中,犯罪团伙和受害对象的力量对比很不均衡,这恐怕是与美国有所不同的地方。中国犯罪防御中的私力救济要与外力救济相结合来观察。当然,这不影响该理论的很强解释力,如贫民窟、衰败地区、规划不良的公共福利住房项目地区的犯罪要远远高于普通住宅。界限不清的"多不管"公共地带,极易增加犯罪行为发生的概率;而归属明确的地带则减少了犯罪行为发生的机会。纽曼也提到,既要尽可能空间归属明确,减少社会心理学中所说的责任不清与责任分散;也需要参与者的防护能力、"控制环境的能力"(Newman,1996:23—24),如领取救济金的女性家长家庭相对更易受害。

(二) 破窗理论

哈佛大学政治学者威尔逊和凯林(James Q. Wilson & George L. Kelling)受津巴多(Philip G. Zimbardo)实验的启发,提出并阐发了"破窗理论"。该理论延续了对空间的重视,不过更强调公共空间和秩序的维护,认为缺乏照看、可随意破坏的地方和符号,易导致不良行为和人群的入侵、滋生和聚集(vulnerable to criminal invasion)(Wilson & Kelling,1982:3)。在此基础上,他进一步让人们重新审视警察力量的秩序维持和犯罪预防功能,认为打击和预防犯罪不能与维持秩序割裂开来,严重犯罪往往是在那些无序行为得不到检查的地方繁衍开来的(Wilson & Kelling,1982:5)。为了实现好这种功能,他提倡增加步行巡警,以增进与社区的联系,更好区分循规者(regulars)和陌生人(strangers)(Wilson & Kelling,1982:2),更好地维持秩序和规则;而汽车、摩托车巡逻虽然机动性好,却弱化了社区联系,甚至增加了形式主义行为。威尔逊和凯林还强调,秩序维护功能不仅关系到看得见的犯罪率,更关系到看不见的社区居民整体安全感(Wilson & Kelling,1982:1—10)。特别值得注意的一点是,威尔逊和凯林认为警察融入社区和在维持秩序方面的角色恰恰是为了强化社区自身的非正式控制机制,警察力量不大可能充足到可以替代社区的非正式控制。

（三）Sampson 的新情境论

美国犯罪学在情境理论方面的晚近和综合性的发展恐怕要归同是哈佛大学教授的萨普森教授（Robert J. Sampson）了。他曾在芝加哥大学任教并主持过一个重要的社区研究项目"Project on Human Development in Chicago Neighborhoods"（PHDCN），芝加哥大学早期即以犯罪社会学实地研究等获得"芝加哥学派"的美称。萨普森在美国犯罪学会主席（2011—2012）任上的演说中将自己的理论概括为一种基于场所和场景（place & context）的犯罪学理论，不妨称为场景理论或情境犯罪学（contextual criminology）（Sampson，2013：25、1—31）。该理论尤其关注邻里效应（neighborhood effects），认为街坊邻里和居于何处是人和社会行为的最基本区分维度，同时这也是一个艰巨的挑战（hard problems）（Sampson，2013：3—4）。

萨普森从芝加哥学派等追溯了场所和邻里的概念。如 Robert Park 和 Ernest Burgess 早在 1916 年便将地方社区（local communities）界定为一个自然区域（natural areas），这个自然区域是随着不同企业间的土地利用竞争和不同人口群体为获得付得起的住房的竞争而发展起来的。邻里（neighborhood）是更大社区的次级组成部分，是由占据一定空间（spatially defined area）的人和机构组成的集合，并受到生态、文化、有时是政治力量的影响。Suttles 在 1972 年对这些概念加以修正，认为地方社区的身份（identities）和边界（boundaries）不仅是自由市场竞争的结果，也可能是"外人"（outsiders）认定的。地方社区最好不被看作一个单独的实体（a single entity），而是作为一个连续的、分层的、更具包容性的居住群体。在这种意义上,邻里可以看作是在位于更大的连续社区中的生态单位(Sampson et al.,2002:445)。换言之,社区、邻里等场所的规模大小视乎研究层次而定,但需要注意这些场所内群体的内部有机联系。无论如何,一个突出的现象是,众多社会问题在邻里层次(neighborhood level)捆绑交织在一起,包括但不限于犯罪、违法、社会与物理失序、婴儿死亡、辍学、虐童等(Sampson et al.,2002:446)。

与纽曼(Oscar Newman)类似,萨普森承认社会经济地位(socioeconomic status,SES)和居民邻里居住稳定性程度(residential instability of neighborhoods)的影响,认为对个人来说,搬进一个低端贫困邻里社区将会产生持久的效应(Sampson,2012:1464)。但他同时认为邻里社区的社会组织特征解释了个体人口学特征不能单独解释的犯罪率变化,强调社区层面的非正式社会控制、社会聚合力和信任的作用(Sampson et al.,1997:918)。他将这些因素浓缩到一个新的概念"集体效能"(collective efficacy),即街坊邻居出于共同利益出面干预的意愿(如照看邻居家小孩等),以及与此相伴的社会凝聚力。集体效能受到弱势人群聚集、移民聚集、居住稳定性三大分层因素的影响,但本身是降低犯罪率的重要中介变量(Sampson et al.,1997:918—924)。

简言之,纽曼的防卫空间理论比较强调个体的"领地意识"和个体责任;破窗理论比较强调通过警察和社区合作营造一种井然可控的社会秩序;萨普森强调通过邻里关系的建设来增强社区的集体效能和集体非正式控制。几种理论有相互补充、相得益彰之妙。相似点是这几种重要的理论流派大部分都集中于情境与社会控制的作用,特别是对邻里空间场所的控制,通过有形环境的营造来增强社区内部联系,防范失序和犯罪。这比分析宏大的社会人口因素更有可操作性,更加符合管理学的研究尺度,对政府的社区管理与犯罪控制都有非常强的现实意义。

三　研究焦点和方法论说明

　　文献回顾、理论背景和实际经验让我们看到,无论西方成熟都市地区,还是中国的快速城市化地区,城市都像一个生命体,永远处于变化中。对于流动人口聚集的中国沿海城市,特别是改革开放先行区珠三角城市,其中很多问题表现得更加复杂乃至尖锐。这类地区的基层社区社会生态特别是场所形态对犯罪分布有无影响,能否折射出犯罪对象(或其他受害对象)居住和活动场所的某些特点,是本文要关注的主要问题。

　　本文的研究数据重点来自东莞 H 镇 G 社区 2012 年在"两抢一盗"犯罪方面的内部报告和 2013 年 6 月的实地观察,辅之以最近六七年的参与式观察、访谈等,如笔者曾在东莞莞城街道罗沙社区温南新村两个不同建筑体验式居住三年,对虎门镇金洲、东城街道涡岭等核心商圈附近商住混合地区进行了实地观察与个别访谈。对很多中心镇或非中心镇的治安复杂地段也有过实地观察,如常平、樟木头、厚街、高埗等镇的工商业与居住混杂区。

四　数据分析

(一) 案例社区简介与"两抢一盗"总体分布

　　根据东莞市统计年鉴和该社区公开资料(2010 年数据,来源隐去），东莞 H 镇 G 社区毗邻该镇镇中心，土地面积 1.83 平方公里，户籍人口 2673 人，外来暂住人口 5620 人。辖区由 G 村（主村区）、S 村、X 村三个自然村组成。共有企业 70 家，集体厂房总面积 383000 平方米，其中村委会级 308000 平方米，村民小组级 75000 平方米，可年收厂租 2591 万元。个体商铺 270 个，铺租预计可年收 173 万元；村民出租屋有 788 间，其中 G 自然村 508 间，S 村 258 间，X 村 46 间，村民出租屋预计可年收 235 万元。2010 年 G 社区村组两级集体总收入达 2930 万元（其中村委会级 2211 万元，S 村民小组级 420 万元，X 村民小组级 299 万元），实现纯利润 1318 万元（其中村委会级利润 962 万元，S 村民小组级 202 万元，X 村民小组级 154 万元）。

该镇经济在全市中等略偏下，该社区在该镇经济较发达，因而该社区在全市大概处于中等水平。虽然"两抢一盗"一般被认为是侵财型犯罪，但在珠三角地区，此类案件往往因其与人身伤害的伴生性而给人们带来了很大的恐惧感，也成为非常有代表性的多发犯罪（参见表 1）。

表 1　东莞 H 镇 G 社区"两抢一盗"接警数总体类型分布(2012 年)

	1 月	2 月	3 月	4 月	5 月	6 月	7 月	8 月	9 月	10 月	11 月	12 月	小计
两抢*	9	5	4	9	14	4	3	4	2	1	2	3	60
入室盗窃	8	6	10	14	6	9	10	4	9	7	6	4	93
盗窃机动车	1	1	2	2	1	2	6	2	4	0	1	2	24
合计	18	12	16	25	21	15	19	10	15	8	9	9	177

＊两抢：指"抢劫"和"抢夺"，具体包括"飞车"抢夺、徒步抢夺、拦路抢劫。

数据来源：根据内部资料整理。

(二) 犯罪多发场所

1. 出租屋附近

数据表明,东莞 H 镇 G 社区 2012 年报警的入室盗窃案件共 93 宗,仅明确发生在出租屋的就多达 49 宗,已经达到 52.69%。如果考虑地点未明确记录以及工、住合一的场所,这个数字可能更高(参见表 2)。

表 2　东莞 H 镇 G 社区"入室盗窃"接警数场所分布(2012 年)

	1月	2月	3月	4月	5月	6月	7月	8月	9月	10月	11月	12月	小计
出租屋	5	4	7	5	4	6	7	2	4	3	2	0	49
其他类型住宅或地点不明确	1	2	1	4	1	1	2	1	2	2	1	2	20
店、所	2	0	1	5	1	2	1	1	3	2	3	2	23
工厂宿舍	0	0	1	0	0	0	0	0	0	0	0	0	1
合计	8	6	10	14	6	9	10	4	9	7	6	4	93

数据来源:根据内部资料整理。

2. 工业区附近

东莞作为珠三角代表性制造业城市之一,工业往往是基层社区的主要经济基础,也是流动人口最为密集的地方。东莞 H 镇 G 社区 2012 年报警的"飞车抢夺"案 55 件中,仅在工厂区门口等工厂最近距离的案件就达 24 件,更无论很多其他发生场所的受害者也极有可能是工厂的工人(见表 3)。该社区的 J 路附近至少有三个规模较大(人数过千人)的工厂 R1、R2、M,支撑了附近的人流、商业服务业、出租屋的很大一部分。

表 3　东莞 H 镇 G 社区"飞车抢夺"接警数场所分布(2012 年)

	1月	2月	3月	4月	5月	6月	7月	8月	9月	10月	11月	12月	小计
工厂区附近	5	1	0	5	8	2	2	0	0	0	0	1	24
酒肆、店铺、网吧附近	1	1	2	2	2	2	0	2	1	0	0	0	13
马路、桥	1	2	0	0	1	0	0	1	0	0	0	2	7
村落	1	0	0	0	0	0	0	0	0	0	0	0	1
市场	0	0	0	0	1	0	0	0	0	0	1	0	2
商品房小区	1	1	1	0	0	0	0	0	1	0	0	0	4
公园	0	0	0	1	1	0	0	1	0	0	1	0	4
合计	9	5	3	8	13	4	2	4	2	0	2	3	55

数据来源:根据内部资料整理。

3. 商业服务业与居住混合区域

2012 年,东莞 H 镇 G 社区一公里不到的 J 路,是该社区最为繁华和有代表性的道路,两侧商铺和出租屋林立,排除工厂直接毗邻的出租屋等,仅店铺、商铺附近出租屋、小区报警的入室盗窃案就有 16 起,此外还有盗窃机动车 7 起、徒步抢夺 7 起、飞车抢夺 11 起。仅某 Y 网吧就发生飞车抢夺、徒步抢夺、入室盗窃、盗窃机动车共 10 起,并且该二楼网吧之上有三层出租屋,可从网吧直接上去。在东莞经济发达的 CP 镇、HM 镇,核心商圈"脚下"的配套服务人口居住区,往往是居住环境最为复杂的。

4. 主要道路附近

由于道路往往是支撑经济活动的"通道",也是犯罪分子增强作案和逃跑机动性的途径,强化了犯罪侵害的可能性。2012 年,东莞 H 镇 G 社区排除两个自然村的主村区"两抢一盗"128 件,仅 1 公里左右 J 道路一带就至少发生 65 件(参见表 4)。飞车抢夺具体位置的排列顺序依次为工厂门口、店铺门口、小区门口,入室盗窃最多为出租屋、其次为店铺。当然,还有的发生在其他主要道路上。

表 4　东莞 H 镇 G 社区主村区(排除两个自然村)犯罪类型与初级场所分布(2012 年)

案件发生场所	总数	按初级场所类型分类					按犯罪类型分类				
		工厂	店铺	小区	出租屋	其他	飞车抢夺	徒步抢夺	拦路抢劫	入室盗窃	盗窃机动车
J 路一带(工厂、店铺、出租屋)	65	19	17	10	19	0	25	1	2	29	8
其他道路(或待确认地点)	6	0	2	0	1a	3	2	0	0	2	2
工业区、工厂附近(J 路以外)	22	18	0	0	3	1b	11	0	0	11	0
其他消费和服务设施*(不含金龙路一带)	17	0	8	0	5	4c	6	0	1	9	1
居住区及社区管理机构	18	0	2d	1	8	7e	1	0	0	16	1
合计	128	37	29	11	36	15	45	1	3	67	12

数据来源:根据内部资料和实地观察整理。

* 宾馆、影院、市场、公园、卫生站。

a 店铺上的出租屋;b 可能为沿江路空旷处;c 公园和市场。

d 村委会与计生所;e 可能为村落和出租屋。

五 犯罪多发场所成因(特点)分析： 情境理论的应用

通过上述数据，可以看到一种表面上奇怪的现象，就是大部分犯罪并不如想当然认为是针对"富人"下手，而是针对犯罪分子更加熟悉的"周围"环境下手，形象地说，"兔子先吃甚至总吃窝边草，吃完了就跑"。这在在很大程度上与美国几种代表性犯罪学理论的发现相一致，但同时也鲜明体现出了中国快速城市化过程中流动人口巨大所带来的印记，是犯罪场所、脆弱人群以及一定程度上治理策略共同构成的情境效应和防卫效应。具体而言，这些犯罪多发场所有如下特点。

1. 居住空间自助防御能力弱

纽曼的防卫空间理论非常强调个体和家庭的责任，但假如场所缺乏起码的回旋余地(如传统社会的墙、院子甚至"看家狗"，以及若干房间)，面对现在往往持有凶器且团伙化的犯罪分子，往往在反制之前即被控制，而快速的机动性和各种隔离式的规划(如工业区的典型空旷大道)又容易使犯罪分子逃之夭夭。很多个案表明，自有住房的村民有非常大的私有缓冲地带，犯罪分子对房主一般只敢偷外围的电线等财物，即使是外围盗窃也易被抓。如触犯电网、电信等部门的利益，这些机构会派人夜间伏击抓住甚至殴打，然后报警。犯罪分子虽然也会进行机动车盗窃或进入院子盗窃，但一般不敢擅自进入房屋里部。房间的扩大和家庭成员的守护也使了解本地村民的活动规律更加困难和耗时，犯罪成本和风险大大增加。出租屋则不同,2008—2009 年间,在莞城罗沙社区温南新村某私人密闭出租屋内,七八个房间几乎都被撬锁入室盗窃过。出租屋业主对这一点非常清楚,为防止"引火烧身",他们要么在有两栋以上住宅时自住一栋、出租一栋,要么在只有一栋时实行空间隔离,自家用独立出入口,为租户另辟出入口。这样也便于在出租屋开辟尽可能多的小房间,很多租户被隔离在非常密闭的空间内,业主只管收租,对治安问题没有切肤之痛。商铺或商住一体化的处所也因缺乏防御空间,即使发现歹徒,往往也难以有效抗衡犯罪团伙。对本地居民而言,只有独自居住在旧村的老年人才因为自身年龄和体力的因素而易受到犯罪分子的敲诈、盗抢等。

2. 社区邻里防御能力弱

虽然本地居民也会抱怨现在的社会关系远远不如以前密切,甚至出现本村村民追贼被贼打却无邻居出手帮助的事情。但总体而言,原有的社会纽带仍然发挥了一定的作用,这也是城市化过程中村民自我团结的一种理性选择。比较而言,工人的工友虽然数量众多,却由于劳动时间长、休闲交往和自我提高的时间短、工作流动性大、居住分散和稳定性差等原因,导致流动人口缺乏一个较为完整全面的社会网络(像在家乡那样),难以形成在功能、时间方面的全面相互照看体系,以及持久交往的责任。工人要获得两三千元的工资,一般都要加班,比较常见的情况是,一天工作十二个小时,一周工作六天,这一方面加剧了前述居住空间的防御空虚,盗窃较多;另一方面工人比较难对工作、交往、社区有持久的承诺,甚至孤身一人,缺乏社会支持网,害怕犯罪分子穷凶极恶地行凶与报复,往往对其他受害行为持躲避与冷漠的态度。很多不可靠的"友谊"似露水情缘一般易逝,甚至造成熟人犯罪的孽缘。在商业服务业与居住等功能混合的区域更谈不上社区的形成,却成为犯罪分子首先想到的目标(犯罪诱因),相对容易了解、接近并屡屡得手,因此临街(特别是主要道路)区域、开放区域容易被犯罪分子盯上,更不论非理性消费场所如黄赌毒所滋生出来的非理性人群和伴生犯罪。

3. 商业防御和安保能力不足

这一点更与经济能力密切相关。不少出租屋本身就是与"违建"联系在一起,是村民集体的自发利益割据;即使是合法建筑,也往往是各自独立的。虽然有政府的尝试性推动,但大部分出租屋在现有形态下是很难进行物业化管理甚至小区化管理的。不少业主由于规模有限,只管收租,既没有专门管理员也无心监管。如果我们对比有保安的出租屋和没有保安的出租屋,有门禁系统和没有门禁系统的出租屋,会发现一定的差异;有小区和没有小区往往有更大差异。在虎门的九门寨等,由于不少建筑安装了门禁和视频监控,治安状况有较大改善,有的建筑很少发生盗窃等案件;东城涡岭某商业混杂地带,不少租金较高的建筑都安装了门禁系统,内部装有电梯,管理员也增加了激励和管理责任,不少是全家轮流守护,治安状况较好。在莞城街道罗沙社区温南新村某栋大楼的出租单元,大门口住有兼职管理员(日常负责清洁工作)一家,对大楼内住户非常熟悉,发挥了监察的功能;里面的自有住房居民,某出租单元的警报器,有限的户数(每单元套间最多四五户),单元里面的整齐格局,都能减少外来犯罪和"内鬼"作案的可能性,与该楼对面的私人出租屋治安状况对比鲜明。很多私人出租楼,住户上班后,里面完全变成了一个可被任意掠夺的管理真空地带("黑箱")。同样在虎门中心区另一个出租屋建筑,不仅附近社会环境恶劣，建筑物内部结构也非常封闭，走廊是黑暗的，室内甚至没有安装任何窗户，二手房东老人睡得昏昏沉沉，根本没有看管能力，糟糕的是，墙上贴着的"盗窃嫌疑犯图片"不仅没有任何益处，反倒以一种诡谲阴森的气氛加剧了这个"破窗"（出租屋楼宇）的堕落和损坏速度。平均而言，东莞月租金在六七百甚至千元以上的中高档公寓，犯罪率往往更低；而收入中低的打工者，其剩下不多的值钱物品如电脑，却频频成为犯罪分子入室盗窃的侵害目标。

前述三种因素加上各种"酒店广告"等"城市牛皮癣"形成的"破窗效应"、治安力量本身的问题，在流动人口居住、工作区及其活动地带形成了一种叠加效应，让他们更易成为治安保护自助和公助机制的薄弱环节，使"外来"人群因为这些场所而更容易成为犯罪侵害的对象。

六　对策讨论

为从出租屋等"易受害"场所改善"外来"人群的处境，需要全社会的共识和努力。

1. 外来人群的自我规划

很多外来人口虽然努力工作，但对自己的人生没有任何规划，甚至追求时髦的消费而迷失了自己。他们中除了少部分外，大部分要么想着回家盖房子，要么甘于一直住在非常恶劣的环境中，虽然勇气可嘉，却对自己的成长带来很多消极影响。不少时候甚至得不偿失。一部分人在规划的指导下艰苦奋斗，逐渐拥有了自己的物业。在东莞，不少公寓或二手房仍然可以用二十万左右买到，这对青年夫妻来说并非遥不可及。居住环境的改善也有利于"新莞人"经营长期社会网络、增强防御能力。

2. 业主(房东)的责任

房东应当承担社会责任,摒弃短期效应。物质和社会心理的投入及维护,对于物业的长期增值也有好处。通过建造更加人性化和整洁的居住空间,辅之以门禁、视频监控等技术,加强管理、巡视与照看,与租户改善关系,改善出租屋乃至整个社会人群活动空间的治安秩序。

3. 商业开发者的参与

商业开发者可以考虑开发一些中档公寓,既可以投资建设,更可以通过购买和盘活原有物业加以改造,改善其物业和安保管理。从东莞的情况看,已有的类似公寓还是非常热销的,也是较为短缺的。这恐怕也是城市转型升级在居住领域的重要需求和趋势。

4. 公共部门的责任

公共管理者尤其是基层政府(镇、街)和村(社区),应该在规划过程中注意城市或乡村的"宜居性",不能只考虑最简单的工业功能(严密的围墙、空旷的大道),而应当考虑综合性的城市生活功能。应当在规划过程中吸收社会科学工作者的意见。要改善警察队伍的考核激励机制,加强警察的责任心,在推广警力下沉、提高路面见警率措施的同时,要注重警察的秩序维持功能,密切与人民群众、包括新移民的关系。当然,政府还应当在流动人口归化(户籍)、居住、社保、就业等方面做出不懈的努力。

总之,"易受害性"研究是改善"外来"人群服务管理和社会犯罪预防一个不错的切入点，有待进一步深入，也需要社会科学工作者与公安机关、社区管理者、居民的持续对话。

参考文献：

［1］潘向泷、卢淦泉，2009，《广东城中村社会治安综合治理策略研究》，《政法学刊》第 5 期。

［2］王大中等，2007，《北京市流动人口犯罪问题调查报告》，《中国人民公安大学学报（社会科学版）》第 2 期。

［3］王立志，2009，《塞林文化冲突理论的分析与适用：以广州城中村农民工犯罪为视角》，《法学论坛》第 2 期。

［4］Newman, O. 1996 *Creating Defensible Space*. U. S. Department of Housing and Urban Development, Office of Policy Development and Research.

［5］Sampson, R. J., S. W. Raudenbush & F. Earls 1997 "Neighborhoods and Violent Crime: A Multilevel Study of Collective Efficacy." *Science* 277.

［6］Sampson, R. J., J. D. Morenoff & T. Gannon-Rowley 2002, "Assessing 'Neighborhood Effects': Social Processes and New Directions in Research." *Annual Review of Sociology* 28.

［7］Sampson, R. J. 2012, "Moving and the Neighborhood Glass Ceiling." *Science* 337.

［8］Sampson, R. J. 2013, "The Place of Context: A Theory and Strategy for Criminology's Hard Problems." *Criminology* 51(1).

［9］Stegman, M. A. 1996 "Foreword", in Newman, O. *Creating Defensible Space*. U. S. Department of Housing and Urban Development, Office of Policy Development and Research.

［10］Wilson, J. Q. & G. L. Kelling 1982, "Broken Windows: The Police and Neighborhood Safety." *Atlantic Monthly*, 3.

社会转型期越轨者合法权利保护问题浅析

解志伟*

一　越轨者权利保护的历史考察

（一）越轨与越轨者概念

越轨是既古老又现代的社会问题。社会学中所谓的越轨,简单地说,包括违反法律、规章制度、道德规范和社会习俗的所有行为。[①] 越轨行为也就是异常行为,是偏离或违背社会规范并指向他人的行为,异常行为的基本特征是背离社会规范。越轨行为,作为一种违反社会规范的行为,是社会控制的对象。……但是,社会越轨行为有消极性、积极性和中性三种不同的性质,消极性社会越轨是一种对社会共同生活和社会发展起消极阻碍作用的越轨行为,这

---

* 本文为河南工程学院博士基金项目《文化人类学视野下的公民文化研究》(D2010003)成果。

解志伟(1968—　),江苏徐州人,中央民族大学博士,河南工程学院社会学专业教师,郑州社会学会理事,九三学社社员。研究领域:民族文化、公民文化研究。

① 欧阳马田,西方越轨社会学研究的历史、现状与趋势[J],厦门大学学报(哲学社会科学版),2002(4):77。

种社会越轨破坏社会运行的正常秩序,侵害社会有机体,是要加以严格控制的,要将这类社会越轨限制在不足以危害社会运行安全的范围内。① 本文所说的越轨者指的是具有消极性越轨行为的人,主要包括违法犯罪人员、非正当职业者、吸毒者和某些亚文化群体成员等。在社会公众眼里,越轨者是对社会有害的另类群体(越轨者对社会有机团结的破坏是社会公认的,有些也是客观的)。

(二) 越轨者权利保护历史与现状

每个人都应该对自己的行为负责,越轨受到惩罚是符合社会运行的要求的。从亚当和夏娃违背上帝而被去逐出伊甸园,到该隐弑杀兄弟亚伯拉罕而受到诅咒,再到目前不同现代国家都存在各种刑罚制度,这一切似乎都在证明对越轨者惩罚的合理性。从旧制度到现代社会,往往都惯常使用暴力惩罚越轨者来实现社会正义。暴力对于达到某种社会文化目标是有帮助的,越轨者在不同程度上对社会秩序带来一定的冲击,惩罚越轨者被认为是净化社会和规范社会运行的一种不可或缺的有效的手段。

对待越轨者方面历史上普遍存在一种暴力滥施的现象。越轨者是某些公民权利受到限制者,他们已经不再是拥有完全公民身份的人,他们在社会生活中被严重边缘化,一些合法的权利往往也难以得到维护,面对社会暴力的还击,他们已经变成了弱者。作为受到制裁的越轨者的代表——受刑人——在制度面前束手无策、任人宰割,"在人权理论中,受刑人的权利实质上是弱势群体权利的一种"②,

---

① 郑杭生,社会学概论新修(修订本)[M],北京:中国人民大学出版社,2000:479。
② 徐显明,从罪犯权利到受刑人人权[J],学习与探索,2005(3):30。

"受刑人被剥夺或限制了人身自由,属于弱势群体,其权利极易被侵犯"[①]。除了受到合法的制裁之外,剥夺越轨者不该剥夺的(合法)权利,对越轨者施暴等,从来不会被认为是不道德的行为,这已经成为对待越轨者的一种习惯性态度,这种态度直接将越轨者从公民的词典里驱逐出去,或者将越轨者打入公民的另册。

传统社会往往强调惩罚越轨者的震慑效果,以威慑为主旨的惩罚往往剥夺越轨者不该被剥夺的权利,他们除了受到制度性的惩治之外,他们很多权益在有形或无形中被剥夺,越轨者还要在人生未来的生活中受到更多的不利影响——越轨者各种不同名称的标签将伴随他们终生。越轨往往导致身败名裂,污名难除使他们难以再重返正常人的社会生活,而他们所遭受的一切不公正待遇都会用一个词来解释:罪有应得;这个词可以让他们的权利被任意剥夺,让他们的精神被任意折磨,让他们的肉体被随意凌辱,越轨者在其越轨行为昭然于世之后,他们的合法权益就不再成为社会关心的东西,他们的合法权益被忽视,甚至是被无情剥夺,社会公众已经演化为制裁越轨的施暴者,他们会用"罪有应得"这个词来证明他们对越轨者毫无限制的暴虐是一种符合道义的行为。

福柯让我们清楚地认识到无论在什么时代伴随着统治而来的就有冒犯,而与之对应的就有惩罚,这一切都是包含着相当政治意义的。在刑事司法中,监狱把惩罚程序变成一种教养技术,而"监狱群岛"则把这种技术从刑罚扩展到整个社会有机体。这就产生了若干重要的后果。这个宏大的机制建立了一种渐进的、连续的、不易察觉的等级,这就容易很自然地从不守秩序过渡到对准则、常态、要求和规范的轻微的偏离[②],所有这些偏离都构成了社会学所

[①] 吴春岐,受刑人权利保护问题研究的价值和视角[J],学习与探索,2005(3):31。
[②] 福柯,规训与惩罚[M],刘北成、杨远婴译,北京:生活·读书·新知三联书店,2012:343。

说的越轨,而所有的越轨都要受到不同程度的惩罚。社会并不认为它施加惩罚是野蛮地以制造痛苦为乐。社会认为,惩罚是必要的预防措施,旨在防止类似的犯罪,保护社会,使之免受凶杀及种种邪恶的威胁。^① 惩罚不是无限制的暴力,而是有限的借助法的名义而展开的一系列合乎道义的惩戒。

现代公民社会与传统社会有一定的区别,对待越轨者的态度在很大程度上体现出与传统社会不同。现代公民社会"需要一种新惩罚操作,一种与理性的社会和经济秩序的要求相匹配的模式。公共酷刑在创造一个良好的劳动力群体方面几乎毫无用途。在不到一个世纪的发展过程中,惩罚将不再被看作是报复(尽管,毫无疑问,这种成分不可能被彻底根除),而是一种改造。惩罚过程的目的将被看成是对普遍社会秩序的维护,也是使'被改造'个体进入社会秩序的再整合行为。"^②文明社会往往强调对越轨者规训以达到教化的目的,越轨者往往对社会结构的稳定或多或少都具有一定的冲击,社会要最大限度地集中控制和消化越轨这种不和谐因素,依法合理管控越轨行为和越轨者是现代社会的一项重要任务,但社会不能因为越轨者的越轨行为而剥夺他们所有的公民权利,而应通过一种改造让他们重新融入社会,依法、全面保护越轨者的合法权益,是维护党和政府的执政形象、维护法律尊严、促进社会和谐稳定的重要职责。

在现代国家建设过程中,越轨者的公民权不断受到重视,而且在实践领域,他们合法的权利也在不断得到维护,这种现象说明了我国公民社会正不断走向成熟。然而,社会中依然存在严重侵犯

① 福柯,规训与惩罚[M],刘北成、杨远婴译,北京:生活・读书・新知三联书店,2012:115。
② 罗伊・博伊恩,福柯与德里达[M],贾辰阳译,北京:北京大学出版社,2010:107。

越轨者合法权益的现象,以牙还牙、以暴制暴似的报复行为仍然很有市场,私刑尚未根除、非法监禁依然存在、酷刑和肉刑在法律上已经明令禁止,然而在实践领域尚未绝迹,这些都可能导致越轨者的合法权益受到损害。随着国家民主与法制进程的加快、多元文化主义的盛行、社会宽容的增强,和越轨者维权意识的觉醒,依法保障越轨者的合法权益日趋重要。民主与法制要求我们依法治国,多元文化主义让我们用文化相对论理性看待世界一切现象,宽容让我们理性对待社会的越轨者。无论是对待十恶不赦的罪犯,还是对待社会生活的离经叛道者,现代社会表现出极大的宽容。现代公民社会绝不主张以暴制暴、废除私刑、肉刑、减少或废除死刑、对待越轨者要有人文的关怀等都体现了现代公民社会的宽容。保护越轨者的合法权益,对越轨者抱有同情之心,为亚文化群体伸张权利,为离经叛道者进行辩护,为违法犯罪者开脱,在现代公民社会这是一种正常现象,人们不会因此而受到舆论的审判。

二 社会转型期完善越轨者权益保护的基本途径

(一) 健全越轨者权益保障制度

健全的制度是保护越轨者合法权益的重要保障,越轨者合法权益保护只有在民主政治下方能实现,而民主政治问题首要的是制度问题,任何民主形式,如果没有必要的制度和法律作保障,没有规范的操作,就必然会流于形式而不会落到实处。民主政治度的健全将有利于促进和激发越轨者在权利与义务方面的政治热情、参与方式,有利于在整个政治系统中对越轨者合法权益的保护。就其功能而言,制度本质上是一种规范,它在一定意义上约束着人们的行为;就其内容而言,制度本质上是一种关系,它表征着人们之间关系的某种结构性和秩序性①。民主政治制度是现代文明国家的一种政治规范,它在一定意义上约束着社会成员的政治行为,没有健全的民主政治制度,就不会有良好的公民文化结构系统,整个社会也就不会在良好的公民文化秩序下运行。历史经验显示,在没有成熟的公民文化的情况下,可以建立并在一定程度上维持民主制度,但没有民主制度下的经历,公民文化不会真正成熟。相对而言,在不具备民主文化遗产的社会中,更需要制度的先行发展作为公民文化的基础,需要由民主制度和民主生活经历锻造出一定的公民文化,当公民文化发展到一定程度之后,又会反过来作用于民主政治的发展②。

　　加强越轨者的合法权益保护,是我国现代公民国家建设的重要保证,是党和政府社会平等公平正义政策落实的重要保证,是人权保护的重要保证,是把我国建设成为多元一体和谐社会主义国家的重要保证。越轨者的权益保障制度还存在一些严重的不足,因此我们必须采取适当的措施来促进制度建设,紧密结合各种不同越轨者权益保护存在的主要问题,进行民主政治制度和机制的创新,加强对不同越轨者合法权益的保护。

　　当前,发展社会主义民主政治,建设社会主义政治文明,是实现社会主义现代化建设的重要目标。民主政治建设是现代化建设的重要内容。长期以来,由于受到各种因素的影响,使整个社会所积淀下来的政治文明成果相对较少,对于越轨者而言,采用有效措

---

① 李松玉,制度权威研究——制度规范与社会秩序[M],北京:社会科学文献出版社,2005:25。

② 董文卿,制度与人的交融:中国公民文化建设的嵌入式格局[J],理论界,2010(7):160。

施,削弱传统政治文化中以牙还牙、崇尚暴力惩罚越轨者等消极要素的影响力,提升传统政治文化中"规训"、"教化"等积极要素的作用,来提高社会主义民主政治文化的统摄功能,改善越轨者权益保护面临的困难,最终全面实现现代法治国家的建设。

"制度是为约束在谋求财富或本人效用最大化中个人行为而制定的一组规章、依循程序和伦理道德行为准则,制度安排意味着规约人的行为并建立和维持一定的秩序,要建立和维持某种秩序,就必须规约人们的行为。政治制度是为维护和增进公共利益而限制、调节、疏导各个阶级、集团或个人的政治活动的规范(规则)体系。与其他制度相比,政治制度具有以下三个特点:第一,政治制度涉及社会的整体利益和根本利益;第二,政治制度能通过其他制度安排来间接影响各种非政治价值的生产和分配;第三,政治制度不仅依靠强力来维持,而且它产生的直接结果就是一种强制性的权力。

越轨者合法权益的保护上主要是通过社会的政治制度实现的,政治制度是社会政治生活直接的决定因素,因为作为政治生活的规范,政治制度约束着人们的政治行为;作为政治生活的凝聚,政治制度又是政治现实和政治发展的表征。一切理智的和有责任心的政治学家和政治思想家都认识到:要实现人类的基本价值,要维护人权,没有一套适合的政治制度是根本不可能的;在一种不良的政治制度下,纵使有悲天悯人、正直无私的政治家和公民,也难免暴政和独裁;而一旦出现独裁、暴政或苛政,那么,即使是遵纪守法的公民个人的自由、平等、尊严等民主权利就不可能有真正的保障,更遑论越轨者合法权益的保护了。因此,良好的政治制度是实现人类根本利益的基本保证,是保障越轨者合法权益不受侵犯的重要保证。

为了保护越轨者的合法权益,我国以及国际社会已经制定了起了一系列的法规,如《禁止酷刑和其他残忍、不人道或有辱人格的待遇或处罚公约》、《囚犯待遇最低限度标准规则》、《公民权利与政治权利公约》、《执法人员行为守则》、《囚犯待遇基本原则》、《联合国少年司法最低限度标准规则》、《联合国保护被剥夺自由少年规则》、《关于保护面对死刑的人的权利保障措施》等等,这些法规主要面向给社会带来重大消极影响的越轨者——罪犯的权利保护问题,而对于一般越轨者的权利保护问题重视程度有待提高。

在"罪犯"这类越轨者权利保护方面,社会主义中国历来主张给予在监狱服刑的罪犯以人道主义待遇,尊重他们的人格,维护他们的正当权益。早在第二次国内革命战争时期,毛泽东就在全国苏维埃代表大会上指出:对于一切就逮的犯人,却是禁止一切不人道的待遇,苏维埃中央政府已经明令宣布废止肉刑,这亦是历史上绝大的革命。抗日战争时期的根据地监所坚持和发展了这一思想。建国后,我国为劳改工作确立了"改造第一、生产第二"和"教育、改造、挽救、"等一系列方针政策,对罪犯实行人道主义成为新中国监狱工作的一项基本原则。随着青少年罪犯的增多,1980 年 8 月第八次全国劳改工作会议提出,要对青少年罪犯做耐心细致的教育、感化、挽救工作,关心他们的吃、穿、住、医疗、卫生,并且认真组织他们学政治、学技术、学文化,为他们创造良好的改造条件。此项重大政策调整在劳改实践中发挥了积极的作用,使大批罪犯消除了抵触对立情绪,走上弃旧迎新之路。①

---

① 赵运恒,罪犯权利论[J],中国刑事法杂志,2001(4):78。

（二）明晰不同越轨者合法权利的谱系，
保障越轨者的合法权益

在历史上，与人类权利现象的起源和内涵一样，越轨者权利是随着以法治、平等、自由为核心的近代法观念而成长起来的；在理论上，越轨者的权利则是由越轨者首先是作为人的越轨、越轨者具有公民资格、社会对越轨者矫正的需要等所决定的。越轨者具有的权利构成了越轨者权利的谱系，越轨者的权利以不断发展的人权和公民权为主要基础，同时有着自己的确立原则和特点，所有这些构成了越轨者权利的谱系。

赵运恒的《罪犯权利论》为我们认识越轨者的权利谱系具有启发性的意义。罪犯是一种给社会带来严重消极影响的越轨者，赵运恒从结构和内容两个方面描述了这种特殊越轨者的权利的谱系，他认为：罪犯权利主要由以下三类构成：作为人的罪犯所享有的人权、作为公民的罪犯所享有的公民权，以及基于矫正的需要所授予罪犯的权利。这种由权利来源所决定的分类，也是不同罪犯权利在实质上的区别。在研究罪犯权利结构时，首先要注意到人与公民、人权与公民权的关系。公民是由人组成的，这些人构成国家；人权中的一部分表现为公民权，而公民权是由国家和法律所规定和保障的。一般认为，人权是内在的，而公民权是外在的。人权是一种道德权利，它本身没有强制性。人权的外在形式，一般表现为法律上的公民权，因而人权是设立和判定公民权的道德标准，它的发展状况促进或制约着公民权的发展状况。但人权并不全部表现为公民权，它还有游离于公民权之外的更为广泛的其他内容和形式。

在罪犯权利中,罪犯人权一般也表现为罪犯公民权,但这并不意味着,在谈及罪犯权利时可以忽视罪犯人权,或者把罪犯人权等同于罪犯公民权。因为两者除了在范围上的区别(如罪犯人权更全面、更着重于国际领域)和具有一定的因果关系外,更主要的是由于两者的来源不同所带来的性质上的差异。在某种意义上,由道德因素所决定的人权更像是一个活跃的因子,它随着社会经济、文化的发展而不断形成新的观念,并时刻不停地冲击着旧有框架的限制。相比之下,经由国家意志所决定的公民权却是被动的、稳定的,有时甚至是停滞的。因此,静态地观察罪犯权利时,我们应着眼于罪犯的公民权;而动态地研究罪犯权利时,我们必须从罪犯的人权入手。①

越轨者的权利主要包括政治、经济和文化权利,具体而言它主要包括:平等权、政治权利、人身权利、财产权利、社会经济和文化教育权利、社会经济和文化教育权利和其他一些权利等。

越轨者的权利具有不完整性和有限性的特点,我们不能为了保护越轨者的合法权益而忽视了越轨者是某些权利受到限制的人,保护越轨者的合法权益不应以损害社会公平、正义为代价,我们既不能无限放大越轨者的权益,也不能牺牲越轨者合法权益,明晰不同越轨者合法权益的谱系,是解决二者之间矛盾的重要基础。

(三) 加强公民文化教育,将越轨者培养为守法公民

现代社会受到一种日益强烈的冲击,这就是少数群体要求承认他们的认同、接收他们的文化差别这种冲击,通常被称为"多元

---

① 赵运恒,罪犯权利论[J],中国刑事法杂志,2001(4):34。

文化主义"(multiculturalism)的挑战[①]。多元文化主义盛行导致了不同民族对文化权利诉求的增长,文化权利与政治权利、经济权利一样,都是公民的基本权利。联合国于 1966 年 4 月通过了《经济、社会、文化权利国际公约》,其文化方面的主要内容为:"人人有权参加文化生活,享受科学进步及其应用所产生的利益,对其本人的任何科学、文学或艺术作品所产生的精神上和物质上的利益享受被保护之利。"

我国在 1997 年签署了该公约 2001 年,第九届全国人大常委会正式批准了该公约,使之在法律意义上开始正式生效。2003 年 6 月,中国政府首次向联合国提交了该公约的履约报告,全面介绍了近年来中国在促进和保护公民经济、社会和文化权利方面所做的努力,表明了党和政府不仅注重保障公民的生存权、发展权、政治权,而且开始把公民的文化权列为保护的范畴重视和实现公民的文化权利,已成为中国走向社会和谐、社会公平和社会正义的一个重大理论和实践命题。

公民对文化权利的追求可以说是公民文化自觉的一个十分重要的方面。没有公民文化自觉就不可能追求文化权利。文化权利是现代公民的基本权利,社会成员是否能公平享有文化权利、是否能公平占有并享用文化资源、是否享有充足的公共文化服务是和谐社会的重要标志。

我们要大力保障越轨者公民文化权利,让越轨者充分获得文化享受的权利、文化参与的权利、文化创造的权利、文化保护的权利。公民文化权利的实现是一个系统工程,也一个动态过程。在

---

① 加威尔·金利卡,多元主义的公民身份[M],马莉,金昌耀译,北京:中央民族大学出版社,2009:13。

强调保障公民文化权利实现的国家职责的同时,积极挖掘市场手段、社会手段、法制手段,促进公民文化权利的充分实现。[①]

公民文化是一种以民主为核心理念的政治文化,是民主政治的文化基础。它通过确立公民政治主体意识、强化公民的政治参与意识等方式稳定和推动民主政治的发展。因此,公民文化的培育,对于当代中国的社会主义民主政治发展来说,具有深远的意义。培育公民文化,关键在于推行公民教育,加强民主制度建设,鼓励公民践行政治活动。

我国和谐社会建设离不开每一位公民,而现代公民社会是政治文明最重要的表现,因此,和谐社会建设离不开公民文化建设。目前,我国需要将每位社会成员塑造成具有现代公民意识的公民,中国现阶段越轨者的公民意识开始觉醒,但总体上还有待成长和完善。越轨者公民意识的培育,是一项长期而艰苦的工程,需要从建构公民教育的社会环境、发展学校公民教育、拓展公民教育的形式等方面着手。

公民意识教育关系到国家核心价值观的维护,关系到国家的完整性,关系到国家未来的发展。而越轨者的公民意识的培养,需要一个完善的、离不开政治社会化的有效方式——公民教育在教育目标上,要以塑造越轨者为适应民主政治要求的社会主义公民为指向;在教育内容上,要坚持多元文化主义原则,进行系统的公民教育就道德意义而言,包括自主意识与独立人格、国家意识与集体主义意识、公德意识;就法律而言,包括越轨者的权利意识、主体地位意识、法治观念等。

---

① 贾玉娥,刘润苍,李倩,关于公民文化权利实现路径的调查研究[J],河北省社会主义学院学报,2008,(10):58。

产业链犯罪:分析工具与治理模式

李　娜*

摘　要: 通过媒介使用的犯罪产业链线索,结合产业链理论进行了产业链犯罪的概念界定和类型化探讨,揭示了产业链生长环境、扩张方式、犯罪渗透性等问题,分析了石油非法产业链与有毒、有害食品犯罪产业链两类具体案例,从综合治理视角提出了遏制犯罪产业链的建议。

关键词: 产业链;犯罪;市场;治理

三十多年来,经济、社会各方面的转型促进了市场格局的重新构建和社会结构的深刻变化,但也诱发了诸多经济、社会领域的失范问题,整体社会安全形势面临着不小的挑战,在经济生活当中,各种规模化犯罪呈现抬头趋势,政府、公众、媒体在描述这些犯罪时,时常会使用"犯罪产业链"的称谓,如肉及肉制品质量安全犯罪产业链(国务院办公厅,2013)、制假售假犯罪产业链(宁波日报,

---

*　作者简介:李娜,女,1976年生,武汉大学法学院刑法学博士,宁波大学法学院副教授,硕士生导师,主要从事犯罪学、刑法学研究。

2013)、拐送销留守儿童犯罪产业链(公安部打拐办,2013)、网络病毒犯罪产业链(法制网,2012)、盗掘古墓倒卖文物产业链(湖北日报,2012),这些不是规范的学术表述,但可以倒逼出学术研究的线索。站在犯罪学立场上,有必要探究什么是犯罪的产业链,产业链化的犯罪是否是一种有别于以往的犯罪研究范式,有没有针对产业链犯罪的解决方案。本文尝试将产业链作为分析工具来审视相似类型的犯罪并探索相应的治理模式,就教于学界同仁。

一　产业链的机理分析

产业链源自于经济学领域对生产组织方式的研究。有些学者认为亚当·斯密的分工理论是产业链思想的雏形,因为他首次注意到了工业生产分工的必要性和效率,随后学者们系统性地提出了生产系统(Frederickson,Lindmark),商品链(Hopkins,Waller-stein)、供应链(Scherer,Ross)、生产链(Dicken)、价值链(Porter)、战略产业链管理(Aeentureco.,Ltd.),描述产业系统的内外部结构和相互关系,分析企业如何建立和适应竞争生态,确保成本和效益上的比较优势(姬文清,2010)。同时,各种提法在定性和重点上也有着一定的差异,如供应链描述的是原料、设备、生产、库存、销售、售后等环节,倾向于实体性资源,价值链则将能创造新的经济价值或附加价值的部类容纳进去,如研究发展、流程技术、品牌广告等。

国内研究者继受了产业链这一范畴后,赋予了产业链不同的定义。有学者认为产业链是一个链结构网,其功能是把供应商、制造商、分销商、零售商连为一体,在网内聚集信息流、物流、资金流、技术流。有学者认为产业链是围绕着相关联的产品或服务演变出的一种环环相扣、首尾相接的链条式产业关联（杜义飞，2002）。关系有学者认为产业链是产业层次的上下传递，目的是将自然资源变成消费品（张耀辉，2002）。关于界定产业链的核心元素，张耀辉的看法是是否存在产业层次的上下传递，龚勤林的看法是是否存在产业间的技术经济联系，陈朝隆（2007）的看法是产业部门之间有没有价值链。也有综合型的看法认为，从资源、原材料到产品是产业链的经济使命，价值链是产业链的核心，产业联系是产业链的本质。

在概念之外，研究者还划分了产业链的类型，比较典型的分类标准为：一是从核心要素划分，以关键资源或关键技术的开发和综合应用为聚集要素的产业链，如化工产业链、互联网技术产业链；二是以流程划分，以产品（服务）的生产销售（提供）过程来识别产业链，如饮食产业链、消费品物流产业链。当然，两种划分不尽绝对，会出现核心要素和通用流程相结合的产业链（刘贵富，2006）。

基于产业链的内涵和类型，可以进一步推导产业链的内外部结构及特性。首先，可以从物理维度认知产业链的结构和外壳，它包含着一组具有经济群聚性的产业实体，在时空上有着紧密关联，有序延伸，产业链的各个组成部分构成一种上下游分工是毫无疑义的。在这层分工的背后也存在着竞争与合作等关系形态。其次，可以透过外表了解到产业链的内部流程、聚集要素，了解到其中潜藏的价值流、信息流、技术流。产业链营造了共同利益氛围，上游企业要尽可能满足下游用户的需求，下游用户要回馈一定的价值给上游企业，否则产业链就会脱节。再次，在产业链的价值创造能力恒定的前提下，产业链成员之间的基本竞争逻辑是占据产业链的关键位置，扩大所占有关键环节的价值，在条件成熟时对产业链上下游进行整合或利用自身关键位置削弱上下游的价值,从而使自身获得最大价值。第四,可以依据一些标准来评判产业链,如跨越产业的多元度,居于链条中的企业成员联系紧密程度、产业链聚集要素的丰寡程度、产业链准入和规制情况、产业链外部正效应和负效应的比例问题。

二　产业链犯罪的属性认定

以上述经济原理对现实中各类冠以产业链名称的犯罪活动进行初步的审视,能够发现一些逻辑自洽性方面的问题。首先,上述各种产业链提法过于泛滥,如拐卖、绑架儿童,尽管在某些特定地区存在着这一畸形需求,但在现代经济构造中,无论是从伦理上还是效率上,人都不是一种物或产品,不适宜于作为一种交易客体。从产业链的组构来看,拐骗、贩卖、运输儿童的团伙很难建立实体性外壳(如经营儿童收养、救助、教育等经济活动),只是单向度的简单分工。因此,我们认为不宜将这一类行为归入产业链。延伸一下思考,关于贩卖人体器官的犯罪活动,虽然面临法律的禁令,但有着公开化的商业需求和价格机制,非常有可能成为一种产业链。其次,现实中暴露出的生产、销售假劣产品、食品、药品犯罪、新型金融、电信诈骗案件、攫取重要战略资源的犯罪,在犯罪操作手法上极可能已有较清晰的产业链节点划分,围绕产品、服务、利益的安排存在着上下游的价值、信息流动,比较契合产业链的特征,可以进一步比对是否真正存在产业链的运行轨迹。

对能够被纳入产业链的犯罪活动,还有必要结合产业链的经济属性和法律属性合而为一地看待。在经济角度,产业链的存活本身就能证明它是有效率的,尽管上述活动被视为犯罪,但其作为一种有效率的产业链是客观存在的。再参考政府规制理论,根据政府对产业链所涉行业、产业的规制情况,可以分为受规制的产业链、半规制的产业链、无规制的产业链。结合上述犯罪活动的内容、手段特点,上述犯罪活动应属于受规制或半规制的产业链,对这些在经济学上有效率而且受到规制的产业链在法律层面被认定的犯罪,以"非法产业链"的口径进行解释比较妥帖。简单理解,非法产业链是指全部或部分遭到法律否定性评价、甚至取缔的经济行为所构成之产业链。对建基及藏匿在上述非法产业链中的涉及刑事法调整的部分,可以视作一种"产业链犯罪"。

三　产业链犯罪的研究实例

为刻画产业链犯罪的外部面貌以及内部复杂关系,本文拟借助产业链分类中的资源聚集性产业链和流程要素型产业链的思路,分别分析两类产业链犯罪行为,以求得更直观的产业链知识积累。

(一) 涉油产业链犯罪

这一犯罪现象描述的是发生在石油开采、加工、储运、销售领域、以若干个企业为节点、基于产业内部分工和供需关系基础而进行的非法原油盗窃、收购储运、加工成品油和各种化工产品及销售的链条为产业链化犯罪行为。在我国大中型油田以及石油炼化企业周边,长期寄生着一批"油耗子",他们或通过打孔、开井、破坏油气集输设备盗油盗气；或利用盗用、倒卖油气设备、电力牟利；或隐蔽开展来路不明的石油制品的储存、加工、销售、运输，然后以正当名目获利。目前这一系列行为已从零敲碎打发展到令人吃惊的规模（郭喜，2004）。据姬文清（2010）调查的两组数据，一是国家特大型企业中国石化胜利油田分公司所在的山东省东营市，2004—2008 年期间，法院受理的涉油犯罪案件数量、被告人数量、占法院收案总数的比例均增长了近 4 倍。二是目前胜利油田有众多的地方炼油厂，2008 年国家下达给这些企业的年供原油计划仅约 100 万吨，但这些炼油厂的实际加工能力超过 1600 万吨。从这些厂家兴旺的生意可以推断出每年有上千万吨以上的来历不明的"黑道原油"流入这些厂家。可见，在这个隐秘的产业链条中，不仅仅有从事低端犯罪盗油犯罪分子，还有卷入加工、初步分离、储运、精炼、石油副产品制备、最终堂而皇之地将石油化工产品推向市场，取得丰厚的回报的灰色群体，他们分别构成了产业链的不同节点，如处在上游的盗油团伙，处在中端的收购、运输单位、专门设备、炼制助剂提供者、处在下端的石油炼制、化工产品生产商、帮助获取成品油运输、销售许可证件的掮客等，在这条产业链上，参与者也织造了不同涉油犯罪网，涉嫌的罪名包括盗窃罪、破坏易燃易爆设施罪、以危险方式破坏公共安全罪、非法采矿、非法经营罪、窝藏销售赃物罪、重大环境污染事故罪、偷税罪等。如果产业链中卷入了国家工作人员的还会牵连到玩忽职守罪、滥用职权等罪。

对于石油产业链犯罪的生长环境，由于近年来石油石化产品的需求紧俏，利润可观。在环保、安全生产等因素重视不够的、执法不严的时期和地区，石油粗加工行业的进入门槛是较低的，就市场前景而言，由于石油天然气价格的垄断化、僵滞性以及对走私成品油的严厉打击，地产"成品油"成为油品黑市上的新宠，成为卖方市场。对石油加工企业而言,只要能够拿到原油,市场和利润都是非常诱人的。这就构成了石油产业链犯罪的经营基础。而石油开采的野外作业特征,采油单位的防范意识和投入不足,为被称为"黑色金子"的原油流入地下加工业提供了可能,另一个值得注意的方面是一些研究者提出,石油产业链犯罪的坐大与国家能源管理体制和管制力量的内在矛盾有一定关系。石油资源属于国家垄断,而储油区域则在地方政府的辖区内,由于税制的设计和中央企业对石油开发的绝对主导,使得地方政府在石油资源利益分配上获益较少,缺乏保护石油资源的经济诱因。甚至还会出现睁一只眼、闭一只眼的地方保护主义倾向。有研究者调查发现山东、辽宁、黑龙江、河北、河南、陕西等地有众多的土炼油窝点,一些政府执法人员纵容小型炼油厂和盗油者,甚至执法者和盗油者合伙参股建成了炼油厂。在有些地方,政府采取以罚代剿的做法,利用查处盗取、私炼石油单位和个人各种油污管理费、漏油后原油回收的销售费、现场抓获的赃物处理费、土炼油罚款及"准运证"等获得隐形收入,从而使地方政府执法部门成为石油犯罪产业链中的价值链一环(姬文清,2010),这些现实能够解释诸如石油产业链犯罪的拉动机制、上下游协作机制、产业链延伸机制、风险状况等问题。

(二) 生产、销售、违法添加有毒有害物的食品、产品犯罪产业链

近年来,有关瘦肉精、毒大米、毒生姜的农产品等事件屡屡见诸媒体。经公安机关和新闻媒体侦查、暗访,展示了被国家有关部门明令禁用的瘦肉精、神农丹等物质在批发、零售等销售渠道通行无忌,农户能够轻易买到并竞相使用、农产品收购者心照不宣,产

品检验、检疫部门消极不作为或滥发合格检疫证的景象。最高法院公布的生产、销售有毒有害食品犯罪案件三年中(2010—2012)增长 10 倍的数据呼应了这条犯罪产业链的猖獗。从这些案件可以比较清楚地分析犯罪产业链组构方式、拉动机制、传递成本、上下游之间的议价行为、风险成本分摊方式、逃避执法、司法的默契达成等问题。在食品犯罪产业链组构方式上,产业链的上下游之间主要基于经济地理的关联,而产业链中端则辐射范围较广,与农产品的行业关联性不一定较密切,其原因是生产、制备添加剂、药剂的进入门槛较低。在对违禁添加物的需求方面,出现了上下游高度竞合的趋势,处在上游从事食品原料生产、养殖的农户(商户),为了追求好的收购价格及减少生产风险,违背农产品、食品种植、加工的科学要求和政府法令,在市面上竞购违禁品,而处在下游的收购、深加工、销售企业同样为了超额利润默许、甚至怂恿、唆使农户(养殖户)添加违禁品,形成了对违禁品的旺盛市场需求和扶植。在上下游议价和风险成本分担上,这条产业链与石油犯罪产业链有所不同,产业链优势倾向于集中在上游,一方面表现在违禁品生产企业(商户)往往在明知法律禁止的情况下,采取隐瞒用途、涂改配方、说明书,使用假名称等方式购得生产原料,并会研究购买者需求,采取专门定制、定点送货、低价销售等方式投放到市场,使上游农户不需要为此付出较大的成本;另一方面,下游的农产品收购、深加工、销售企业在收储含有违禁物质的农产品时采取区别对待、刻意压价的情况不多见,在收购的农产品被查出的情况下,也不轻易斩断与上游肇事农户的合作关系。在逃避执法、司法打击上,违禁品厂商会教授使用方法和如何逃避检验检疫等方式投放到市场,如瘦肉精案件中,销售违禁品的商户告诉农民,在检疫前 1 周不再给猪牛羊喂食,即可瞒过肉类检疫的仪器,收购、深加工企业也会授意农户何时检疫较松、检疫被退回该如何处理。在严打态势时，整个产业链会收缩甚至休眠以等待时机，而部分政府执法机构、公安部门的缺位和地方保护主义形成了对这条犯罪产业链的外部刺激。

通过上述两方面的实例，一方面可以确认现实中犯罪产业链的客观存在，另一方面也推导出对犯罪产业链的一些基本认识：

第一，市场经济条件下便捷的资源要素、信息、人员流动和商业化模式的培育，使产业链的组构更加便利，也使得过去一些单打独斗型、局域型的犯罪被放大到行业型、区域型、流行型犯罪，这是犯罪产业链的经济背景。风险社会背景下的社会安全环境、犯罪土壤、治理水平等方面在应对分布更加分散、分工更为细密、价值链条更为巩固、规避法律方式更为熟稔的多层级、多节点的产业链型犯罪时遭遇到很大的压力，防控效果也不佳。这是产业链犯罪猖獗的社会与法律背景。

第二，产业链犯罪相比以往研究的重视有组织犯罪、共同犯罪等范畴，其刑事法属性的刻画尚未形成突破，但其组织活动方式值得高度关注，简而言之，产业链犯罪能够极其方便地撮合分散的犯罪诱因，聚集犯罪所需要的资源，而更为重要的是，产业链经济行为中能够被认定犯罪的往往是某一节点，而不是全部，如石油犯罪产业链中，盗取国家油气资源可以被认定为盗窃罪，而最终收储、加工这些资源的炼油厂很少被列入犯罪名单，尽管它们有较充分的理由知道这些油品的来路不明——只要它们不亲自参与盗油。这使得产业链的其他部分容易隐藏在合法外壳之下，随形势而动，这就增加了铲除产业链的难度。

第三，犯罪产业链的社会危害性或者破坏作用不仅仅在犯罪损害本身，更棘手的是它们的坐大会形成对相近的合法产业链的竞争，如添加有害农药、瘦肉精的犯罪产业链，只要卷入此中的农户在监管缝隙中添加一点违禁物质，在无法实现食品安全违法行为零容忍的情况下，这条产业链的效率就会优于合法产业链，长此以往，造成了犯罪产业链占上风而合法产业链举步维艰，更多从业者会被吸引至非法产业链，如同经济学的"劣币驱逐良币"的原理。

第四，相比传统意义上的经济犯罪，产业链犯罪在上下游需求的判断、生产链条的拼凑、犯罪成本的控制、犯罪非法利益的分配、遭查禁后的恢复能力、产业链的复制和放大等方面有其独到之处，涉足的行业也更为广泛，暴露在外的产业链部分基本上符合商事化特征，如浙江省警方破获的地沟油案件中，从事地沟油提炼的济南格林生物科技公司把自己包装成经营生物柴油、饲料用油的节能环保企业，从事瘦肉精猪肉收储的更不乏知名大型企业，而隐藏在阴暗处的产业链部分容易得到它们的庇护，犯罪的成功率和侦办难度同时扩大，成为一股商事犯罪逆流。

四　产业链犯罪的法律回应

现行刑法没有产业链犯罪方面的专题规定，但刑法颁布后陆续增补的司法解释已经开始关注到这一类犯罪现象。如针对前述的石油犯罪产业链，2006 年最高人民法院、最高人民检察院联合发布了《关于办理盗窃油气、破坏油气设备等刑事案件具体应用法律若干问题的解释》，针对涉油型犯罪的现状明确了刑法的调整范围和方法，扩大了打击力度，从一些规定中我们推导出打击产业链犯罪的指导倾向，如《解释》第五条的内容为：明知是盗窃犯罪所得的油气或者油气设备，而予以窝藏、转移、收购、加工、代为销售或者以其他方法掩饰、隐瞒的,依照刑法第三百一十二条的规定定罪处罚。实施前款规定的犯罪行为,事前通谋的,以盗窃犯罪的共犯定罪处罚。这一规定指向的就是石油产业链犯罪的中游节点,同时,该司法解释对石油犯罪产业链的上游节点——盗油行为进行了多角度控制,除了依盗窃罪对待外,还可以依非法采矿罪、危害公共安全罪进行联合打击。该司法解释的缺憾是对石油非法产业链的下游节点——专门消费非法渠道油品的用户没有专门规制措施(李洪江,2007)。

针对有毒有害食品犯罪产业链,2013 年 5 月,两高联合发布了《关于办理危害食品安全刑事案件适用法律若干问题的解释》,被认为是惩治危害食品安全犯罪的最严密刑事法网,其中有开创性意义的规定,一是将刑法规定的"生产、销售"行为做了扩张解释,细化为"加工、销售、运输、贮存"等环节,同时针对食品加工行业的技术特性,首次规定将不符合食品安全标准的食品添加剂用于食品的包装材料、容器、洗涤剂、消毒剂,或者用于食品生产经营的工具、设备等,也构成犯罪,还详细规定了"毒原料"、违禁食品添加剂、违禁药品等掺入食品生产的认定问题。二是该司法解释第十四条首次明确,明知他人生产、销售不符合安全标准的食品、有毒、有害食品,提供资金、许可证件、经营场所、运输、贮存、网络销售渠道、生产技术等各种帮助或者便利条件的,应当以危害食品安全罪的共犯论处。第十五条也明确了广告经营者、发布者明知食品广告内容虚假而做虚假宣传的,应当依虚假广告罪定罪处罚。三是单位实施的危害食品安全犯罪比照自然人犯罪定罪处罚。加上刑法修正案(八)和该司法解释对食品监管渎职罪的规定,这一立法态势使得有毒有害食品产业链的多个环节——上游的原料商、中游的加工商、物流商、下游的分销商、广告商等均被纳入了刑事法网,而且对产业链的犯罪横向纵向延伸进行了针对性规定,无论是直接的生产流程,还是配套辅助流程,无论是生产主原料,还是辅料,无论是输出产品的内质,还是生产线、产品包装,倘若涉及食品安全风险,都可能构成犯罪。这一司法解释应当说是目前对于犯罪产业链涉及的产业链组成成员、分工方式、运转流程、产出结果等规定最为严密的法律出品,其中关于"加工、销售、运输、储存"的规定和食品产业链的构架高度一致,可以被视作第一部从制定法层面上确认了犯罪产业链的存在及其主要的犯罪表征方式的法规。但这一规定除了发挥威慑作用外,能够真正掐住有毒有害食品犯罪产业链的要害,给予其毁灭性打击,并切断其传播可能性还有待司法实务的检验。

五　产业链犯罪的治理思路

作为一种新型的经济犯罪形态,产业链犯罪已形成较为庞大的规模,其聚集和调动各种资源、对抗政府规制的能力不可小觑,在鱼龙混杂的市场经济形势下,打击和取缔的难度相当大,笔者认为其核心症结在于这些孳生犯罪的非法产业链和合法产业链相比有一定的竞争优势,因而,要治理犯罪产业链需要将经济、行政、法律、社会等手段联合运用,改变单纯依赖运动式执法、司法的不足。具体而言,有以下几方面的思路:

第一,深入研究犯罪产业链的经济属性,构思如何裂解这些产业链。一方面需要针对不同的犯罪产业链分析其影响犯罪成就的元素集中在哪些产业链节点当中,从而作出是"挖源头"还是"堵出口"还是斩断"腰部"的决策,如石油产业链犯罪,最关键的治理步骤是打掉源头,减少原料油品进入产业链的机会,而有毒有害食品犯罪产业链,最关键的治理步骤可能是扎紧出口,严打流通环节,严查检验检疫,使有毒有害食品即便被生产出来,也难以进入市场;另一方面需要分析产业链中最能创造犯罪收益的环节是哪些,这些往往是犯罪人最积极涉险进入的部分,围绕这些环节可以构思如何从准入、运行方面大幅度的增加犯罪成本,从而降低产业链的效率,如对关键技术、必需生产原料、设备的登记、使用进行严格的核查、信息化的监控等。再者,应考虑对与犯罪产业链形成替代关系的合法产业链的扶植和规范,对被证明单纯依靠市场调节存在较大监管漏洞和犯罪侵入风险的,要加大政府规制的力度。

第二,以行政执法为先导,形成长效压制,研究者曾提出建立国家层面的统一的食品、药品监管委员会机制,在新一轮行政体制改革中,食品药品监督管理总局的设立回应了这一设想,而更大的考验还在于这一机制的磨合见效。一方面,要通过行政执法的严格化,减少监管盲区,尤其是针对产业链犯罪的产品输出市场这一环节,实践证明,检验检疫把关、市场巡查、群众举报等方式都能不同程度地发现犯罪的蛛丝马迹。在行政执法中发现的可疑犯罪线索,要及时移交给公安检察机关,不能再重蹈过去"以罚代刑"的覆辙;另一方面,要防止渎职现象,遏制地方保护主义,减少行政职能机关的不作为、弱作为现象。

第三,对刑事法进行完善和创新,刑法是风险社会中的最后屏障,特定时期最严格的刑事干预是捣毁犯罪产业链比较现实的选择,相比之外,我国当前针对产业链犯罪的刑事法网与发达国家相比还不尽严密,因此,亟需将上述新近刑事立法、司法的局部经验推广到针对更多产业链犯罪当中,同时,也有必要从刑事法基本理论上更清晰地对产业链犯罪这一形态进行适当的界定,在刑事核心立法攻克产业链犯罪中只有部分环节犯罪化但需要全局规范的矛盾关系,使刑法的导向更加明确,规定更加具有可操作性。

第四,针对产业链犯罪开展综合治理,预防、限制产业链的孳生。涉及犯罪产业链的直接间接利益群体众多,也意味着可以建构产业链犯罪综合治理具有广泛的社会资源。发挥科学、道德、社会舆论的力量,使涉事者意识到犯罪产业链的危害性和违法性,使民众懂得发现隐藏的犯罪产业链条、学会防范产业链犯罪危害,使犯罪产业链难以遁形,使立场摇摆的经济、元素退出犯罪产业链,才能赢得对抗犯罪产业链的主动权。

参考文献:

[1] 姬文清,胜利油区非法涉油产业链规制研究[D],中国石油大学(华东)博士学位论文,2010。

[2] 张耀辉,产业创新的理论探索:高新技术发展规律研究[M],中国计划出版社,2002。

[3] 杜义飞,李仕明,产业价值链:价值战略的创新形式[J],科学研究,2002,22(5)。

[4] 陈朝隆,区域产业链构建研究——以珠江三角洲小榄镇、石龙镇、狮岭镇为例[D],中山大学博士学位论文,2007。

[5] 刘贵富,赵英,产业链的分类研究[J],学术交流,2006(8)。

[6] 郭喜,《加快石油立法打击涉油犯罪》[J],中国石油企业,2004(11)。

[7] 李洪江,《关于办理盗窃油气、破坏油气设备等刑事案件具体应用法律若干问题的解释》的理解与适用[J],人民司法,2007(03)。

生育需求、制度供给不足与拐卖人口犯罪

卢国显*

摘　要：虽然不能确定每年被拐卖妇女儿童的准确数量,但是可以确定的是这些让人触目惊心的破获案件数量,远远低于拐卖妇女儿童犯罪的真实数量。买卖婴幼儿和跨境拐卖是当前拐卖妇女儿童犯罪的新动向。拐卖妇女儿童犯罪呈现集团化、手段多样化、链条化、打击复杂化等特征。形成原因比价复杂,有经济、文化、政策、被拐卖人口自身素质、买卖双方法律意识薄弱等原因。治理对策除了文化的、综合治理等政策外,加强法律制度建设是当务之急。

关键词：生育需求;制度供给;拐卖人口;治理对策

一　主要概念的界定

拐卖人口犯罪,又称之为拐卖妇女儿童犯罪,是指以出卖或收

---

*　卢国显,中国人民公安大学副教授,社会学博士。主要从事社会距离、制度分析和治安学研究。

养为目的,拐骗、绑架、收买、贩卖、接送、中转妇女、儿童的行为①。界定拐卖妇女儿童犯罪,首先要弄清楚"拐卖"、"儿童"、"妇女"的基本含义。

拐卖,是指拐骗并卖掉(人)。客观方面表现为拐骗、绑架、收买、贩卖、接送或者中转、偷盗婴幼儿的行为。所谓拐骗,是指行为人以欺骗、利诱等非暴力手段,使犯罪对象处于自己的控制之下,并脱离其家庭或监护人,以便贩卖的行为。所谓绑架,是指行为人以暴力、胁迫或麻醉等方法劫持犯罪对象的行为。所谓收买,是指在出卖之前支付钱物,购买犯罪对象,收买既可以是向其他人贩子收买,也可以是向被害人的亲属收买。所谓贩卖,是指将已控制在手中的犯罪对象转卖给他人。所谓接送或中转,是指在拐卖妇女、儿童的过程中,隐匿、移送、接送被拐卖的妇女、儿童。所谓偷盗婴幼儿,是指秘密窃取儿童的行为。只要实施了前述一种行为,无论拐卖人数多少,无论是否获利,即被认定实施了拐卖行为,均应以拐卖妇女、儿童罪追究刑事责任。

犯罪侵害的对象包括妇女和儿童群体。儿童,指不满 14 周岁的未成年人,包括男童和女童,当然也应包括残疾儿童。妇女,是指已满十四周岁的女性②。需要注意的是,拐卖妇女犯罪中的"妇女",既包括具有中国国籍的妇女,也包括具有外国国籍和无国籍的妇女。被拐卖的外国妇女没有身份证明的,不影响对犯罪分子的立案侦查③。

---

① 《刑法》第 240 条。

② 根据刑法二百四十条有关拐卖妇女、儿童罪的规定,结合刑法二百三十六条有关强奸罪的规定得出,不满十四周岁的女性为幼女,已满十四周岁的女性为妇女。同时《关于惩治拐卖妇女儿童犯罪的意见》三、立案 8(2)中提到"接到儿童失踪或已满十四周岁不满十八周岁的妇女失踪报案的"也可以看作妇女的法定年龄为已满十四周岁。

③ 《公安部关于打击拐卖妇女儿童犯罪适用法律和政策有关问题的意见》八、《最高人民法院关于审理拐卖妇女案件适用法律有关问题的解释》法释[2000]1 号。

从实践上看,拐卖人口犯罪是一种综合犯罪,它不仅包括拐骗、绑架、收买、贩卖、接送、中转妇女、儿童等犯罪行为,还包括强奸、役使妇女卖淫、役使残疾儿童乞讨、殴打妇女儿童等犯罪行为。其次,拐卖人口犯罪的综合性还表现在它是拐卖儿童犯罪和拐卖妇女犯罪两种类型。在当前的立法中,将拐卖妇女儿童犯罪并列,虽然遵从了习惯,但由于将妇女、儿童混为一体,不加区别,在前端预防和末端打击方面出现了很多问题。

二 被拐卖妇女儿童的类型划分

实践中,人们往往将妇女儿童连用,一并说成"拐卖妇女儿童犯罪"。实际上,这种笼统的说法对于认清拐卖妇女儿童犯罪发生机制和采取恰当治理非常不利。本文认为,拐卖妇女儿童犯罪可以分为拐卖妇女犯罪和拐卖儿童犯罪两种,并对妇女、儿童的类型进行详细的划分。这是探讨打击拐卖妇女儿童犯罪对策的重要环节。

(一) 被拐卖妇女的类型

对被拐卖妇女的类型划分可以有很多方法。第一,可以根据被拐卖妇女的来源地的不同,将之分为国内妇女和国外妇女;第二,可以根据是否自愿的标准,将之区分为被迫拐卖的妇女和自愿卖身的妇女;第三,根据被拐卖妇女的去向,可以将之区分为被拐骗到国外的国内妇女和被拐骗到国内的国外妇女两种类型。

当然,还可以根据年龄不同将之划分为婴幼女、青少年妇女、中老年妇女。婴幼女则属于儿童的范畴。二者有交叉,但不能等同。

(二) 被拐卖儿童的分类

被拐卖儿童又可以划分为不同类型。第一,根据性别不同,将之划分为被拐卖男童、被拐卖女童;第二,可以根据人口来源地的不同,将之分为境外被拐卖儿童和国内被拐卖儿童;第三,从婴儿家长的意愿上看,有主动被家长卖掉的婴儿和被他人拐卖的儿童。

三　拐卖妇女儿童犯罪的现状

(一) 总体数量特征

目前,在全球被拐卖人口中,妇女儿童占 80%,而中国作为中国国内拐卖妇女儿童问题也十分严重,在我国,虽然没有来自官方的关于每年被拐卖妇女儿童的准确数字,但每年都有超过 3000 件妇女儿童被拐卖的案件立案,拐卖妇女儿童犯罪形势严峻。

2008 年至 2012 年,全国法院共审结拐卖妇女、儿童犯罪案件 8599 件[①]。其中,2008 年,全国法院共审结拐卖妇女、儿童犯罪案件 1353 件。2009 年,全国法院共审结拐卖妇女儿童犯罪案件 1636 件[②]。2010 年,全国法院共审结拐卖犯罪案件 1919 件。

---

① 《全国法院 5 年审结拐卖妇女、儿童案件 8599 件》法制日报 2013—1—29。
② 《关于依法惩治拐卖妇女儿童犯罪的意见》,最高人民法院、最高人民检察院、公安部、司法部,2010 年 3 月。

2011 年,全国法院共审结拐卖犯罪案件 1773 件。

据报道,自 2009 年公安部部署全国公安机关开展打击拐卖妇女儿童犯罪专项行动以来,截至 2010 年年底全国共破获拐卖儿童案件 5900 起,解救被拐卖儿童 9388 人[1]。每年 5900 起案件,解救 9388 儿童。2011,全国共解救被拐卖妇女儿童近 1.9 万人[2]。

虽然我们不能确定每年被拐卖妇女儿童的准确数量,但是可以确定的是这些让人触目惊心的破获案件数量,远远低于拐卖妇女儿童犯罪的真实数量。

据联合国发布的数据资料显示,全球每时每刻都有不低于 240 万人是此种罪行的受害者,而这其中只有 1‰的人最终能够获救;相关犯罪组织通过贩卖人口每年所获的收益可达 320 亿美元[3]。

尽管从建国以后,我国对拐卖妇女儿童犯罪现象提起高度重视,进行了几次专项打击,更针对拐卖儿童妇女犯罪的上升趋势明确了儿童少女失踪被拐等一律立为刑事案件等原则,但拐卖妇女儿童现象仍屡禁不止。

(二) 拐卖妇女犯罪的新动向

近年来,法院审结的拐卖妇女犯罪案件中,被拐卖妇女以国内被拐卖妇女为主,但跨境拐卖妇女案件呈现上升趋势[4]。以广西

---

① 区鸿雁,打买:拐卖儿童犯罪的治本之策,人民法院报/2011 年/2 月/21 日/第 008 版。
② 法制日报/2011 年/2 月/17 日/第 001 版去年全国解救被拐卖妇女儿童 1.9 万人判处拐卖妇女儿童罪犯 3679 人。
③ 陈晨,刘砺兵,打击跨国人口贩卖犯罪的现状、误区及对策———以经济全球化为视角,行政与法。
④ 《公安部:跨国拐卖妇女犯罪呈上升趋势》中国网 2011—12—04。

崇左的凭祥市为例,2006 年,经当地公安部门清理遣返的非法入境越方人员就接近 7 万人次,其中未经合法手续与中国边民结婚的有 1434 人,并已生育子女 2109 人[①]。据越南公安部统计,在 2004 年—2009 年,共有 2400 多名越南妇女被拐骗到中国,加上被拐的儿童和那些还未被解救的妇女以及最近三年以来的情况,被拐人数实际上远远超过这个数字[②]。

(三) 拐卖儿童犯罪新动向

拐卖儿童案件总量呈现上升趋向。主动型买卖儿童活动在拐卖儿童犯罪中占较高比例,非法买卖(如代孕)、非法收养婴幼儿行为是拐卖儿童犯罪的新动向。

四　当前拐卖妇女儿童犯罪的特征

拐卖妇女儿童犯罪活动的蔓延和快速多变的发展,严重侵害了妇女儿童的合法权益,摧残了妇女儿童的身心健康,成为严重影响社会精神文明建设和社会和谐稳定的重大问题。我国上个世纪 70 年代初,拐卖妇女儿童犯罪活动开始出现,并迅速发展开来。1980 年到 1983 年上半年,拐卖妇女、儿童罪变得十分猖獗。由此也拉开了我国严厉打击拐卖妇女儿童犯罪活动政策的序幕。1983

---

① 涉外案件渐增　崇左筹建跨国法律援助合作机制[EB/OL]. http://law. heyuan. gov. cn/ShowNews-836. aspx。

② 蒋惠,广西地区打击跨境拐卖妇女、儿童犯罪的调研报告,广西师范大学 2012 年硕士论文。

年开展了在全国范围内的第一次严厉打击以后该类犯罪才慢慢有所收敛。目前,随着经济的不断发展和全球化加剧,拐卖妇女儿童犯罪涉及范围广大、涉案影响也不断扩大。我国拐卖妇女儿童犯罪也逐渐出现一些新的特点和新的趋势。

(一) 犯罪手段多样化

以前拐卖妇女儿童犯罪的主要手段是欺骗,犯罪分子通常以介绍人的身份以为妇女找婆家为由帮助那些非常渴望脱离贫困地区的妇女而嫁到富裕的家庭进行拐骗。近年来拐卖妇女儿童犯罪的手段各式各样,逐渐呈多样化发展,犯罪分子非常狡猾、野蛮粗暴,出现了在车站、码头、饭店、旅馆等场所进行偷、抢、绑架、劫持、药物麻醉等手段拐卖人妇女儿童的情形,犯罪气焰十分嚣张。[①]犯罪分子假借做生意、招工(进城做保姆)或以结伴旅游为诱饵进行行骗。拐卖儿童的案件,犯罪分子会根据不同儿童的喜好,比如利用好吃的、好喝的、好玩的进行引诱、哄骗。作案地点也多选择在车站、广场、饭店、步行街等人口密集、流动性大的公共场所。拐卖的儿童不单是收养的对象而是发展成行乞、诈骗的工具。

(二) 跨区域大范围流窜作案、侵害对象的
范围不断扩大

以往拐卖妇女、儿童犯罪的重灾区往往是那些经济文化相对落后的贫困地区和偏远山区。但近些年来,拐卖妇女儿童犯罪活

---

① 刘和平,拐卖妇女儿童犯罪的特点、原因及对策[J],公安研究,2000,(04)。

动已从农村慢慢扩展到城市，甚至出现了跨国境的拐卖妇女儿童犯罪，犯罪网络错综复杂。一些城市的车站、码头、宾馆、饭店、步行街等人口密集、流动性强的场所是案件常发地。被拐卖的对象也从以前的农村妇女慢慢发展到中学生、女大学生、研究生教师，还有外国妇女。甚至还有些人重利轻义、唯利是图，进而良知泯灭，以致出卖自己的亲属来满足对金钱的欲望。这些人贩子唯钱是图，利用"亲情"的特殊身份进行拐骗，近年来，先后出现过表兄拐表妹、堂姐拐堂妹、丈夫拐妻子，甚至亲生父母拐卖儿女的案例。在出卖亲生子女的案件中，大多数是出卖超计划生育的子女，个别也有卖其独生子女的。现在还出现了专门拐卖痴呆、聋哑等残疾妇女儿童，从事行乞、扒窃、抢夺等违法犯罪活动的新动向。

（三）犯罪呈现团伙化、职业化趋势

拐卖妇女、儿童犯罪也正朝着组织化、专业化、集团化的方向发展，犯罪分子相互之间的分工也越来越精准和明确。过去拐卖妇女、儿童犯罪活动一般是由人贩子单独进行拐骗、运输、贩卖，很少出现犯罪团伙作案的情况。但近年来，犯罪分子往往结伙作案、有着具体的分工。结伙作案占拐卖妇女儿童犯罪总数的80％以上，多数案件犯罪分子三到四人结伙作案，有的甚至结伙十多人、几十人，不少犯罪分子还配备了汽车等作案工具。由拐卖一体化逐渐发展为从拐骗、绑架、接送、中转到出卖等各环节均有较严密的组织系统，把拐和卖相分离，分工负责，形成整体统一但各环节相互独立的流水线犯罪，有的甚至已经形成了职业化的犯罪团伙。

（四）城市流动人口子女被拐骗比率显著上升

此类案件的发案区域主要集中于城郊结合部的出租房、简易住房、施工工地的工棚等居住区，在这些地区居住的大都是城市外来流动人口。外来人员聚居地周边的街道、集贸市场，随处可见无人看管的儿童在玩耍，为拐卖儿童犯罪活动提供滋长的土壤。这些年轻父母，迫于生计每日忙碌奔波，没有时间和精力照顾孩子，还有些父母仍习惯于以农村传统方式对孩子进行管教，这都使人贩子有可乘之机。全国妇联发布全国农村留守儿童状况调查报告显示，在被拐卖儿童中，流动儿童居第一位。究其原因，主要是此类受害人的监护人监护意识、方法较为简单、落后，无形中大大降低了人贩子的犯罪风险和成本，造成了类似案件的不断高发。

五　拐卖妇女儿童犯罪的社会影响

在我国现阶段的拐卖妇女儿童犯罪行为已进入到一个新的发展阶段，严重侵害了妇女儿童的合法权益，摧残了妇女儿童的身心健康，它践踏着社会的公序良俗，且严重威胁着社会的治安秩序，更让人担忧的是在广大人民群众的心里造成莫名的恐慌和害怕。从犯罪学的角度来看，犯罪起源于社会，是一种十分正常的社会现象。对于这种现象我们只可能将其降低到我们能够容忍的范围之内，而不可能将其消灭。然而我国现今的拐卖妇女儿童这一社会现象却远远超出了人们的想象和容忍的限度。该行为不仅侵犯了被拐卖者的自由、健康等人身权利，同时更加严重地伤害了被拐卖者与其亲属间最为宝贵的亲情。[①]

拐卖妇女、儿童犯罪不仅直接侵害了被拐妇女儿童的身心健康，严重破坏了家庭幸福，并引发了一系列的公共安全问题，产生了更多不良因素，严重影响了社会的和谐与稳定，因拐卖行为导致了无数的家庭妻离子散、家庭破灭，对被拐卖者及其亲属造成了永远无法弥补的精神伤害和永远的痛。对于正处于积极构建和谐社会的我国来说，这种拐卖妇女儿童的犯罪行为无疑是对整个社会道德价值体系和社会精神文明体系的一种挑战。拐卖妇女儿童的行为也是国际社会上公认的重点打击的犯罪行为。

从保护人权和维护人的尊严的角度来看，把人当成商品一样进行交易，本身是对人身权利和人的尊严的一种严重侵犯。人身权是人权的重要内容，而人权是每个人之所以为人的权利，与生俱来，在本质也是一种道德权利。具体体现在以下几个方面。

（一）被拐卖妇女、儿童身心受到严重创伤

被拐卖的妇女，由于失去个人行动自由，身心受到多种犯罪侵害。第一，被拐妇女就像商品一样被买主挑来拣去，失去了做人的尊严。第二，被强奸。被拐卖的妇女被人贩子先强奸，然后再卖出去的。第三，被毒打。很多人贩子怕被拐卖的妇女逃跑，事先往往对她们进行毒打或关起来。第四，被迫卖淫。有的妇女被迫卖到舞厅等色情场所从事卖淫等服务所受到的虐待和摧残让人不忍目睹。第五，被迫成为生育工具。有的妇女被卖给他人当妻子并被迫与其同居、生儿育女，生了一个又一个，完全失去了自身的自由，

[①]　徐久生，拐卖妇女儿童罪相关问题探析[D]，中国政法大学，2011。

成为生子工具。第六,染病死亡。有的妇女在被拐卖过程中遭受打骂、饥饿、拘禁,有的因环境、卫生条件差,染病或麻醉药使用过量而死亡。第七,有时会因无法忍受折磨和虐待而选择自杀。第八,因逃跑不成而被犯罪分子所杀。第九,许多妇女被折磨得精神失常。

由于被拐卖儿童年龄较小,没有自救的能力,他们不仅仅在身体上会受到伤害,在心理上更是伤害严重,甚至个别会造成人格的扭曲。这种影响主要表现在以下几个方面:

第一,可能因遭受打骂、饥饿、拘禁,甚至因环境、卫生条件糟糕或麻醉药使用过量而死亡;

第二,因逃跑不成而被犯罪分子所杀;

第三,性格扭曲,比如反社会人格。被拐卖的妇女儿童的心灵创伤是无法修补的,他们会因自己被拐卖而感到无比自责、羞愧和无助;也会因被没有人性犯罪分子的拐骗、转卖而悲愤甚至仇恨;也会为被惨遭摧残、蹂躏而悲痛欲绝,甚至精神恍惚失常。特别是从小被拐卖的儿童,会在他们幼小的心灵上留下仇视他人或社会的畸形烙印。拐卖儿童犯罪会让被拐卖儿童产生极度不健康的心理。

(二) 破坏家庭,给被害人的家庭成员带来巨大精神打击

家庭是社会的细胞。家庭的稳定和健康直接影响着社区的稳定和健康,而社区的稳定和健康直接影响着整个社会的稳定和健康。中国人的家庭观念比较浓厚,追求家庭的幸福、安宁与和睦。然而拐卖妇女儿童犯罪却破坏了被拐卖家庭的幸福、安宁与和睦,

造成家庭甚至整个家族的痛苦和不安，为人们所痛恨①。一个妇女或儿童被拐卖，受到伤害的往往是她背后的亲人。许多家庭因为失去了自己的亲人而绝望，失去了人生的精神支柱，整日沉湎于失去亲人的痛苦之中而无法安心工作，终日以泪洗面。为了找到被拐卖的亲人早日团聚，他们不惜流落他乡、倾家荡产，默默承受着所有的痛苦和哀伤。

（三）严重影响公共安全

中国妇女儿童的安全面临着空前的威胁，犯罪侵害对象无限扩大至中国所有可能的未成年人和其家庭，中国公民普遍感到未成年子女没有安全保障，有随时被侵害和掠夺的危险，有些被拐卖的妇女会从事卖淫活动。虽然党和政府多次对其严厉打击和惩治，但效果甚微。虽然说拐卖妇女犯罪不是造成卖淫、嫖娼泛滥的最主要原因，但也可以说起到了推波助澜的作用，从而扰乱了社会治安，败坏了社会风气，严重威胁了公共安全②。

六　拐卖妇女儿童犯罪的成因

拐卖妇女儿童犯罪作为人类社会都会共同面临的一种社会现象，在世界各国也都存在着相似的犯罪特征，但在现实的犯罪中，

① 中国妇女网，http://www.women.org.cn。
② 胡钢，"涉拐必究"引领反拐工作再上新台阶[J]，中国刑事警察，2010(06)。

我国拐卖妇女儿童犯罪的产生和发展,与政治、经济、文化和社会等因素有密切关系①。拐卖妇女、儿童犯罪的行为之所以会屡禁不止,究其原因自然是方方面面的。主要体现在如下几个方面。

(一) 社会因素的影响

1. 男女性别比严重失调的影响

据 2010 年第六次全国人口普查数据:大陆 31 个省、自治区、直辖市和现役军人的人口中,男性人口为 686852572 人,占 51.27%;女性人口为 652872280 人,占 48.73%。总人口性别比(以女性为 100,男性对女性的比例)为 105.20②。在有的农村地区,男女性别比为 128∶100,甚至高达 135∶100。性别比的失调,导致婚龄女性总量相对较少,比如出现婚姻危机和婚姻错位现象。男女性别比例失调导致女性需求的上升,这是拐卖妇女犯罪产生的客观条件。

2. 不断上升的不孕不育现象的影响

据《2012 年中国男性精子质量调查白皮书》的调查数据显示,全国约有 4000 万的男女患不孕不育,约占人群的 12%—15%,比照 10 年前的 8%上升不少。其中约 7 成女性不孕和 5 成男性不育,都是由于后天的一些不良生活方式和生活习惯造成的。庞大的不孕不育群体使得人们对于孩子的需求更加强烈,这刺激了代孕市场的发展,给拐卖人口犯罪分子提供了机会。

---

① 赵星、吕珊,论拐卖人口犯罪的成因及其应对措施[J],山东警察学院学报,2010(02)。
② http://zhidao.baidu.com/question/513325852.html。

（二）文化因素的影响

拐卖妇女儿童犯罪在我国现阶段表现非常突出，是与我们社会主义初级阶段的时代特征分不开的。我国目前正处于社会深刻变革的关键时刻，社会生活的各个方面都发生着不同程度的变化和动荡。中国的传统文化虽然存在着能促进社会和谐稳定发展的因素，但与此同时也存在着一些对拐卖妇女儿童犯罪的行为起着明显负面影响的其他因素。

第一，拐卖妇女、儿童犯罪发生的重要文化诱因就是重男轻女的观念对拐卖妇女儿童犯罪有很深的影响。很多家庭特别是那些居住在偏远农村、经济落后地区的家庭，觉得女孩子反正将来要嫁人，嫁出去的女儿就是泼出去的水，女儿将不再是自家的成员。在生产劳动方面，男孩能承担重体力劳动，是家庭的主力，而女孩处于劣势，如果家里没有男孩会被人看不起。这些家庭非常渴望生育男孩，当愿望没有实现时，就会不择手段购买男孩。

第二，传宗接代的观念对于拐卖人口犯罪也有很大影响。基于几千年的传统文化，传宗接代、延续香火的观念在父辈们的脑海里已根深蒂固，俗话说不孝有三，无后为大。家族的血脉只有通过子女才能得以延续，没有子女，则是最大的不孝。为了结婚和生男孩，就想方设法从人贩子那里购买妇女和男孩。

第三，陈旧的养老观的影响。在传统文化比较浓郁的地区，人们的观念中普遍存在着养儿防老的偏见思想，使得一些家庭买男孩来养以保障自己的老年生活①。

---

① 夏成福，四川拐卖人口罪的特点、原因及对策[J]，现代法学，1989(03)。

(三) 经济因素的影响

经济方面的影响是拐卖妇女儿童犯罪的重要成因。经济方面的影响是多方面的。

第一,从卖方来讲,暴利的诱惑是这类犯罪发生的最直接原因。据观察,被拐婴儿的价格从以前的几千块到现在的几万块,价格简直飞速增长,利润相当可观。被拐卖妇女的价格有的高达 4万到 8 万。

根据已破获的拐卖越南妇女儿童案件看,拐卖一名妇女儿童,少则可攫取 2—3 千元,多则可攫取 1—2 万元不等,极大地刺激了人贩子的金钱欲望[①]。

成本的极小投入与利润的巨大反差极大地助长了拐卖妇女儿童的犯罪分子的犯罪意图,使其在这样的利益驱动下,以身试法,走上了犯罪这条不归路。

第二,从买方来讲,被拐卖人口流入的主要地区是经济不发达和欠发达的地区。这些地区由于受到传统文化的影响,经济地位比较低的家庭,可能因为交不起彩礼或家庭困难而无法成家。在有供给的情况下,宁愿舍弃一生的积蓄而购买被拐骗的妇女。也有的因为彩礼过重和结婚成本较高,看到从人贩子手里买到一个妇女可能更节省资本,从而愿意从人贩子手中买妇女[②],这助长了拐卖人口犯罪的势头。

---

① 曹勋,打击跨国拐卖越南妇女儿童犯罪动态机制的构建,广西警官高等专科学校学报,2013 年第 26 卷第 1 期。
② 杨慧丽,拐卖妇女儿童罪探析[D],中国政法大学,2006。

（四）制度缺失的严重影响

拐卖妇女儿童犯罪猖獗的重要原因之一就是制度建设不健全。涉及拐卖妇女儿童犯罪的制度有刑事法律制度、计划生育制度、养老保障制度、收养制度、代孕制度、户籍制度和出入境管理制度等。

第一，刑法等法律制度不完善，导致打击力度不够，客观上助长了拐卖人口犯罪。目前，涉及妇女儿童权益保护和打击拐卖人口犯罪的法律有以下几种：《关于预防、禁止和惩治贩运人口特别是妇女和儿童行为的议定书》（《巴勒莫议定书》）、《人口贩运受害者保护法》等规定。2000 年《打击跨国有组织犯罪公约》（即《巴勒莫公约》）及其三个议定书，尤其是《关于预防、禁止和惩治贩运人口特别是妇女和儿童行为的补充议定书》中对于贩卖人口采用了更为广泛、符合当前实际的定义。《中华人民共和国刑法》、婚姻法、妇女权益保障法、未成年人保护法、预防未成年人犯罪法、刑事诉讼法、治安管理处罚法有关规定等，这些法律制度存在与国际法律不衔接、法律本身存在漏洞、法与法之间衔接不够等问题。正是因为这些法律制度不完善，造成处于社会弱势群体的妇女、儿童群体失去了国家和社会的保护，出现了一系列严重的个人安全和公共安全问题。

第二，计划生育制度。计划生育制度被认为是国策，它关系着中国长远的发展与繁荣问题，人口不控制将对社会发展造成严重影响。然而，多年来的实践表明，计划生育制度落实得并不好。计划生育除了能够控制公务员和事业单位的工作人员外，对农村社会人员基本是无效的。农村居民和流动人口超生现象比比皆是。

在大城市,我们可以经常看到有 2—3 个孩子的外地人,这是不争的事实。在同一文化背景下,被控制的人员可能会产生不公平的感觉。有些被政策控制只能生 1 个的人员,为了多要 1 个孩子,就必须通过以下几个途径达到目的:其一非法婚姻;其二是非法收养;其三是非法购买婴幼儿,包括代孕。

第三,养老保障制度不健全。在传统社会,在社会保障体制不健全的条件下,生儿养老是很自然的现象。在当前情况下,虽然社会保障制度在逐步完善,但全社会养老问题还没有完全彻底解决。在农村社会,如果没有孩子,一个人的晚年会非常悲惨。所以,在政府和社会还不能有效解决老年生活安全问题的条件下,为了避免出现个人晚年危机,为了满足养老的需求,一些人就通过买卖婚姻、买卖婴幼儿,达到养老的目的。

第四,收养制度的不健全。目前的收养制度在收养资格、收养程序、收养条件和相应处罚措施方面等方面存在不健全。地方政府对有收养资格的人缺乏详细的登记,也没有主动为有收养资格和愿望的提供公共服务。由于收养制度对有收养需求的人群没有给予足够的关怀,没有对非法收养的人给予处罚,没有明确简洁的收养程序,导致民间购买并收养婴儿的现象非常普遍。

第五,代孕制度不完善。近年来,不孕不育症人群数量越来越多。据有关数据显示,不孕不育的夫妻占总结婚夫妻的 10% 以上。数量非常庞大。这些人群为了拥有后代,要么通过非法购买被他人拐卖的婴幼儿实现,要么通过通过代孕实现。在当前技术条件尚不成熟的情况下,为了杜绝道德人伦问题,保护献精、献卵人群、代孕出生婴幼儿和代母的人身安全,我国推行完全禁止代孕的制度。我国目前涉及代孕的相关立法只有 2001 年卫生部颁布的《人类辅助生殖技术管理办法》,2002 年出台了《人类辅助生殖技术规范》，2003 年颁布了《人类辅助生殖技术和人类精子库伦理原则》。《管理办法》第 3 条规定：医疗机构和医务人员不得实施任何形式的代孕技术。尽管这一规章仅适用于开展人类辅助生殖技术的各类医疗机构。但是强制性的规定禁止相关医疗机构和人员进行代孕行为，表明了我国立法者对于代孕行为的态度，即目前对代孕采取了完全禁止的态度①。但是，当前的禁止代孕的制度缺乏约束力，制度本身也存在一些漏洞，从而导致一些想超生的人群和没有生育能力的人群，利用制度漏洞，通过代孕实现个人目的。

第六，其他制度。如户政管理制度、外国人入境出境管理制度的漏洞，为拐卖境外人口犯罪创造了可乘之机。

（五）政府有关职能部门打击不力

公安机关单打独斗的局面难以解决整个社会预防、消除拐卖犯罪问题。打击拐卖妇女儿童犯罪是一个社会的综合工程，不能仅仅只依靠公安机关，而需建立起相关部门的联合和协调打击拐卖妇女儿童犯罪的机制，并且现有的一些网络和渠道也没有被很好利用，比如各地计生部门在基层设立密集的网络，定期的计生排查也可以掌握很多不明婴幼儿童的信息，各地的民政、卫生等部门也需多多掌握这方面的信息，但由于这些部门之间没有一个协作的机制，一些相关信息无法传递给公安部门。②

拐卖妇女儿童犯罪具有跨地域性、流窜性，加大了案件的侦破难度。现在单独一人实施拐卖妇女儿童犯罪的已越来越少，相反

---

① 李鹏，完全禁止代孕并不可行，北京科技报，2013 年 4 月 8 日第 028 版。
② 张一宁，遏制拐卖人口犯罪之我见[J]，人民检察，1994(09)。

绝大多数是有组织的集团。这些拐卖妇女儿童的犯罪集团一般人数较多且形成了一定的规模,他们之间也往往都是亲戚关系或是同一个地方的熟人,相互之间的分工也十分明确,每次行动都会有周密的计划和安排,因此会屡屡得手。对被拐卖妇女儿童的拐骗、中转、接送、绑架和贩卖各个环节由不同的人负责实施,相互分离,形成了一条流水线作业,这些环节通常也发生在不同的区域,所以公安机关去调查取证也往往会面临着巨大的障碍,导致案件事实本身就很难调查清楚,解救被拐卖的妇女儿童也是雪上加霜。同时,不法分子流窜在全国各地甚至国外,要对他们进行抓捕并追究其刑事责任具有相当大的难度。

在全球经济化的背景下,国际合作与交流日益广泛,出入境政策的放宽,使跨国拐卖妇女儿童犯罪大量增加。由于缺少国际间的相互合作,打击跨国拐卖妇女儿童犯罪就面临着许许多多难以逾越的障碍。虽然当今国际上存在一些公约是关于打击跨国拐卖人口犯罪的,这些公约里有关于国家之间怎么合作问题的约定,但并非所有的国家都签署了这些公约,也就是说非缔约国是不受约束的,就没有合作的义务。比如,当一个犯罪集团由于实施拐卖妇女儿童的行为在 A 国受到了打击,如果该集团迅速转移到了 B 国,那么 A 国的警察是没有办法去 B 国抓捕的,因为各国要遵守领土主权的原则。如果 A、B 两国没有打击拐卖妇女儿童犯罪或是引渡等方面的约定,那么打击犯罪分子也常常会感到无能为力,成为法律的漏网之鱼。就算在两国都签署了相关条约的情况下,由于跨国拐卖妇女、儿童犯罪牵涉过广,想要查清案件所有当事人的具体情况、犯罪情节和跨国解救被拐卖妇女儿童等也会遭遇很多艰辛。一些基层政府软弱无力,地方管理制度的不健全使得在婚姻登记、户政管理等方面漏洞很多,使得拐卖妇女儿童犯罪有机可乘。社会治安不是很好，好人怕坏人，干部又怕遭到打击报复，人贩子就肆意横行。[①] 还有一些管理部门放任违法事实婚姻的存在，在招工、计划生育等工作中放任自流、不闻不问，这样客观上助长了拐卖妇女儿童的不良风气[②]。

（六）被拐卖妇女、儿童自身因素的影响

在拐卖妇女犯罪中，受害的妇女一般来自至偏远的农村，其整体的知识文化水平较低，与外界接触较少、见识短浅，又没有什么自我保护的意识，容易对他人产生盲目的信任。许多被害妇女对目前经济上贫困的现状感到不满，希望外出打工改变自身的状况，一些不法分子恰恰抓住了受害妇女的这种心理，以招工、洽谈业务等名义将受害人轻而易举地拐骗，同时，拐卖妇女犯罪还出现了假借网络交友、婚介寻偶、结伴旅游等新的作案手段，然后将其贩卖，有的被卖去当苦力，被迫从事高危劳动，有的被卖作从事色情服务，还有的被卖作当他人的妻子等等。除了这些传统的贩卖结果外，现在还出现了大量的强迫被拐卖妇女儿童在街头卖艺、行乞、偷盗等新的违法犯罪活动，甚至一些儿童成为器官交易市场的商品。在医院，非常多的病人需要将他人的器官移植到自己体内救助自己，然而通过正当途径可供移植的器官却十分有限，一些不法分子就做起了非法买卖器官这一行，从拐卖儿童入手。同时，被拐卖妇女儿童由发案地云南、广西等经济欠发达的边境省份向国外转移，跨国、跨境拐卖妇女儿童案件常常发生。

---

① 胡钢，"涉拐必究"引领反拐工作再上新台阶[J]，中国刑事警察，2010，(06)。

② 肖艳，拐卖妇女、儿童犯罪分析，重庆大学 2012 硕士论文。

都市外来的务工人员和农民的生存环境较差,儿童教育出现缺失,防范意识不高。由于流动人口聚居区人员居住、管理比较混乱,而外来务工人员和农民大多收入不高,且经济不稳定,面对收费高额的幼儿园,他们只能望"园"兴叹。将年幼的孩子带在身边或让其"放任自流",任其独自玩耍,这些孩子的生活环境给人贩子下手提供了很多便利。①

流动人口聚居区通常位于房价相对比较便宜的郊区,这里往往会被行政管理所忽略,成为"行政管理真空"区域。加上又涌入了大量的外来打工流动人口,对本来就处于被忽略的地区,势必会带来一系列的管理、居住上等各个方面的压力使得聚居区处于更加失控和无序的状态。因此,流动人口聚居区特别容易成为治安混乱、拐卖妇女儿童案件高发的区域。

(七) 买主和卖主法律观念淡薄

收买被拐卖妇女儿童的案件常常发生在贫困地区或较偏远的山区,由于这些地区大多经济比较落后,导致法律的普及程度也相当糟糕。据统计,在已经发生的拐卖妇女儿童犯罪中,很多卖主和买主都是法盲,儿女双全、多子多福的封建观念在他们心中根深蒂固,然而正常收养门槛过高,农村社会养老保险制度尚未健全,认为花自己的钱买个孩子来养或买个媳妇来帮忙生孩子并没有错,更谈不上违法,所以也十分心安理得。这种无知的法盲意识对拐卖妇女儿童犯罪的恶性增长起了催化剂的作用。他们错误地将拐卖妇女、儿童的犯罪行为与买卖婚姻、收养子女简单等同起来,没

---

① 赵星、吕珊,论拐卖人口犯罪的成因及其应对措施[J],山东警察学院学报,2010,(02)。

认识到它们相互之间的根本不同点,认为钱可以买到任何东西,包括老婆和孩子。民间一直流传着嫁女儿收彩礼钱的风俗习惯,在这一观念的影响下,他们将拐卖人口与买卖婚姻混淆,触犯了法律却毫不知情。这些人把妇女儿童当作商品来买卖,认为只要双方都谈好了价格,没有发生矛盾就不存在什么违反法律的问题,不认为买媳妇、买儿子是犯罪。这也为拐卖妇女儿童犯罪的滋生与成长提供了肥沃的土壤。

总之,在拐卖人口犯罪中,有社会因素、文化、经济、制度建设不足等方面的原因,被拐卖妇女儿童自身条件束缚和参与拐卖的买方和卖方法律意识淡薄也为拐卖人口犯罪提供了条件。在所有因素中,每个因素在形成、助长、预防、打击、拐卖人口犯罪行为中,所发挥的作用也不相同。性别比失调、不断上升的不孕不育现象、传统文化的影响,以及社会养老保障的缺失,产生了对妇女和婴幼儿大量的生育需求。这是拐卖人口犯罪的根源所在。经济水平较低和潜在的买卖人口巨大的利润,为拐卖人口提供了动力。制度缺失和制度供给不足一方面不能满足社会成员的生育需求,另一方面不能有效制止违法行为的发生,从而为拐卖人口犯罪行为提供了机会和方便。被害人自身条件的限制,为拐卖人口犯罪提供了条件。公安机关单打独斗的控制方法,一方面造成公共资源的大量浪费,另一方面并不能有效制止拐卖人口犯罪的发生和蔓延。

当然,国际合作不足、拐卖人口犯罪的复杂性也是拐卖人口犯罪猖獗和治理措施失效的重要原因。但本文认为,从治理对策上看,通过文化手段和长期的社会发展政策,进行必要的宣传教育、努力改善欠发达地区的经济面貌和社会综合治理外,政策与制度创新和完善,是有效预防、打击和制止拐卖人口犯罪的当务之急。

七 几点建议

目前,学术界和实践部门对拐卖人口犯罪的治理提出了若干政策建议,如有人建议,应修改完善刑法,加大惩治力度,即要严厉打击买卖双方。本文认为,生育需求是人正当的自然权益,任何社会、任何制度都不能遏制人娶妻生子的最基本的要求。拐卖人口犯罪的滋生和蔓延有其复杂的社会机制,我们应该在制度建设和完善上,满足人们的这种生育需求,而不是简单地采取非人道的打击措施。

还有人建议恢复原刑法对"拐卖人口罪"的规定,使其犯罪对象包括所有人拐卖人口罪中的人口进行扩大解释,可以延伸到成年男性,还可以为其他的罪名(例如收买被拐卖的妇女、儿童罪,聚众阻碍解救被收买的妇女、儿童罪,不解救被拐卖、绑架妇女、儿童罪以及阻碍解救被拐卖、绑架妇女、儿童罪等)作出参照。也有专家提出,有必要就反人口拐卖进行专门立法,并完善收养制度。还有人建议修改《未成年人保护法》。拐卖人口犯罪作为一种综合性犯罪,是由多种原因造成的世界性的社会毒瘤,要想从根本上铲除这种社会顽疾,不是通过简单地修改《刑法》、《未成年人保护法》所能够奏效的,需要对整个制度框架进行全方面反思,并不断地进行完善。

由于拐卖人口犯罪案件的形成原因比较复杂,犯罪呈现职业化、国际化、成员复杂等发展趋势,再加上打击成本过高,现有法律制度存在漏洞较多和多头立法等问题,降低了法律的威慑力。鉴于上述原因,要想更加长期有效地打击犯罪,保护妇女儿童的社会

安全,降低社会成本,除了加大宣传教育力度、加大社会综合治理的力度外,本文提出如下政策建议:

第一,制定《反拐卖人口法》。就目前情况下,要想彻底根治拐卖人口犯罪,保护妇女儿童人身安全,维护社会稳定,保障居民安居乐业,必须制定《反拐卖人口法》。《反拐卖人口法》立法具有以下三个方面的价值:第一,可避免因为修改法律而带来的繁琐。修改法律是一个系统工程,牵一发动全身。如果要修改《刑法》,就必须考虑与国际立法和国内实体法和程序法的协调问题。一旦修改刑法,就需要修改《刑事诉讼法》、《婚姻法》、《妇女权益保障法》、《未成年人保护法》、《预防未成年人犯罪法》、《治安管理处罚法》等法律制度,工程庞大,不可想象。第二,可以降低社会投入成本。治理拐卖人口犯罪,需要公、检、法和政府其他部门,诸如妇联、综治部门、宣传教育部门等等,投入巨大人力物力资源。虽然投入巨大,但效果很差,贩卖人口犯罪甚嚣尘上。如果能够将多部门规制统一纳入一部专门法中,并提高量刑打击力度,必然事半功倍、收效显著,大大节约社会资源。第三,可以增加犯罪成本,提高治理效果。犯罪成本是犯罪分子在从事违法犯罪行为时必须考虑的因素。目前拐卖人口犯罪猖獗的重要原因是违法犯罪成本较低,而经济收益较高。因此,专门立法可以从多方面对拐卖人口犯罪进行规制,提高打击力度,增加犯罪成本,让违法犯罪分子付出巨大代价,方可以从根本上解决问题。所有这些是修改刑法所不能达到的效果。

从立法路径上看,首先,我们要对拐卖人口犯罪的状况、特点、类型、原因有一个清醒的认识,这是立法的前提。其次,对诸法在预防打击拐卖人口犯罪方面存在的不足、缺陷、漏洞,以及我国法律与国际相关法律的衔接问题,进行详细梳理。再次,在全国范围内进行实证调查,了解社会反响和民意,进行社会动员。

在立法内容上,首先,专门法需要就妇女、儿童两个群体的权益保护和犯罪打击进行专门的规制。其次,就犯罪对象和犯罪行为进行详细的界定和类型划分,使新法更加严密规整。比如,不仅打击卖方,还要打击买方;不仅打击主犯,还要严惩任何参与拐卖活动的人员。再次,在量刑上要体现专门法的立法必要性,就是要加大量刑力度,突破传统量刑科罚极限,充分体现对拐卖人口犯罪进行严厉制裁的决心和执行力。

第二,开发二代身份证的多种功能。户籍制度的陈旧过时已经是有目共睹的事实。目前,我国政策制定部门对于户籍制度的制定存在争议。一些地方政府为了避开争议,开始实行居住证制度。但本文认为,我国已经颁发了身份证,推行居住证在很大程度上是制度重复,浪费了珍贵的公共资源。要想解决好户籍问题,当务之急就是开发居民身份证的多种功能,使二代身份证具有储蓄卡、护照、驾照、身份识别(加载血型、DNA、指纹、虹膜信息)、犯罪记录等功能,使之成为有多种功能的一卡通,并以此立法予以保护。户籍制度的完善,对于其他制度的完善将会奠定坚实基础。

第三,反思计划生育制度,并进行完善。计划生育制度在历史上确实对控制人口的迅速增长发挥了积极作用。但随着形势的发展变化,该政策也不断进行了补充和完善。但我们也看到,独生子女的家庭结构对养老保障、子女健康成长方面具有非常不利的方面,社会成员对一对夫妻只生一个的制度限制并不满意,于是超生、收养、买卖儿童的现象就发生了。在这种情况下,政府有关部门是否考虑进一步放开政策对生育的限制,普遍允准二胎生育要求。

第四,完善收养制度。政府应该对有资格收养儿童的家庭进行登记,然后对这些家庭进行特殊关注,尽可能寻找孩子来源,满足一些特殊家庭对抚养孩子的需要。

第五,修改出入境管理制度,对跨国婚姻采取宽容态度,满足社会对因女性缺乏而产生的生育需求。

第六,对完全型代孕采取宽容态度。在目前情况下,对于夫妻自己的精卵子要求代孕的,应该给予满足。但是要杜绝有限代孕,保护献精卵群体、代母和新生婴儿的合法权益。

第七,尽快完善养老保障制度,让没有后代的家庭能安度晚年,避免因没有子女而导致的家庭不幸。

判断一个社会的文明程度的标准有很多,但政府对待妇女、儿童的态度是重要的指标。要想降低和减少拐卖人口犯罪,必须对涉及的多种制度和政策进行全方位的调整。

当前刑释人员的就业安置与社会保障状况

——基于沪皖苏的调查

吴鹏森[*]

摘　要：基于沪皖苏三省部分市、区的刑释人员问卷调查资料，对刑释人员的就业安置和社会保障状况进行描述性分析。刑释人员的就业主渠道并非正规的社会安置机构，个人过去所积累的关系型社会资本在其就业中发挥了主要作用。刑释人员的社会保障状况取决于其入狱前参加社会保障状况，有相当比例的人遭遇社会保障不公。最迫切需要的出狱初期失业保险和失业救济制度尚未建立。

关键词：刑释人员；就业安置；社会保障；问卷调查

一　导　言

党的十八大提出，到 2020 年要全面建成小康社会。全面建成

---

[*]　作者简介：吴鹏森，男，上海政法学院城市与犯罪研究所所长，教授，中国社会学会犯罪社会学专业委员会会长。

基金项目：国家课题"全面建成小康社会视角下刑释人员社会保障制度研究"（13BSH081）。

小康社会的一个重要标志是建立城乡一体的现代社会保障体系，实现社会保障制度的全覆盖。但是，在这一过程中，有一个群体常常被人们所遗漏，这就是刑释人员群体。

我国目前在押服刑人员 160 多万人。近年来，每年刑满出狱人数都在 30 多万（图 1）。这个数字说大不大，说小不小，累积起来就有好几百万之多，影响人口更是达到上千万。这个群体具有非常特殊的性质和特点，它集危险性与脆弱性于一体。一方面，他们被排斥在主流社会之外，是一个无论物质层面还是精神层面都被边缘化的特殊社会群体，他们的利益诉求没有任何表达渠道，也很容易被各种社会政策所忽略，更谈不上分享社会发展的物质成果；另一方面，许多刑释人员虽然刑满释放了，但思想上未必真正改造好。由于较长时间与社会隔绝，出狱后难以适应陌生了的社会，经济与心理承受力都非常脆弱。如果缺乏必要的社会保障网，出狱后生活无着，或屡屡遭遇社会歧视与不公平的待遇，尤其是遭到家庭的抛弃，很容易使他们陷入绝望，产生对社会的仇视与对抗心理，重新走上犯罪的道路。

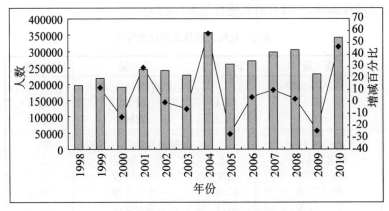

图 1　我国部分年份刑释人员数及增减情况

为了深入了解刑释人员的生活状况和社会保障情况，为建立和完善刑释人员的社会保障制度提供依据,课题组于 2014 年 6 月在全国部分省市进行了刑释人员社会保障状况问卷调查。本报告主要反映的是刑释人员的就业安置与社会保障的状况。

二 调查概况与样本情况说明

本次调查于 2014 年上半年在上海、安徽和江苏三省进行,在上海,我们抽取一个区,在安徽和江苏,分别在其一个省辖市抽取一个行政区。三个行政区都处于城乡结合部,兼有城市和农村人口,同时也有大量外来人口。由于调查是通过基层司法行政部门进行的,因此,调查对象主要是户籍人口,对辖区内外来人口中的刑释人员,课题组实际上是无法掌握的。

本次调查的样本有 1173 个,由于问卷是自填问卷,有部分问卷填答不完整,因此,对不同问题的填答样本数有所不同。考虑到这种情况对于我们分析刑释人员的就业安置与社会保障状况并无实质性影响,并没有对其进行剔除(表 1)。

表 1 刑释人员样本的社会特征　　　　单位(%)

变 量	比 重	变 量	比 重
性别(N=1067)		户籍(N=1156)	
男	86.1	城市	54.2
女	13.9	农村	45.8
年龄(N=1136)		被捕时年龄(N=1097)	
18 岁及以下	0.5	18 岁及以下	3.6
19—25 岁	9.9	19—25 岁	19.7
26—35 岁	32.0	26—35 岁	38.5
36—45 岁	31.1	36—45 岁	23.2
46—60 岁	23.9	46—60 岁	13.9
61 岁及以上	2.6	61 岁及以上	1.3

（续表）

变　量	比　重	变　量	比　重
婚姻状况（N＝1152）			
未婚（单身）	18.2		
未婚（同居）	4.8	被捕罪名（N＝1121）	
已婚	58.9	抢劫	4.6
丧偶	0.8	抢夺	2.7
离异	17.3	盗窃	17.8
文化程度（N＝1164）		故意杀人	0.8
不识字或识字很少	2.6	诈骗	11.2
小学	12.4	故意伤害	8.6
初中	47.0	寻衅滋事	9.8
高中（中专/职校/技校）	27.1	强奸	1.7
大专（高职院校）	7.5	黑社会	0.9
本科及以上	3.4	毒品	9.7
被捕次数（N＝1165）		卖淫嫖娼	1.2
仅此一次	86.9	职务犯罪	6.1
两次	8.8	其他	24.9
三次	2.5		
三次以上	1.9		

从表1的样本情况可以看出刑释人员的社会特征，性别以男性为主（86.1），户籍城乡接近（分别为54.2和45.8），文化程度以初中为主，大部分都是已婚状态，含离婚、丧偶，合计达到78％以上。87％都只有一次犯罪经历，但也有13.2％的人有过两次以上的犯罪经历，这一比例与司法部的统计和全国各地多次调查的重新犯罪率结果大致吻合。在年龄上，犯罪时以中青年为主，刑释后都已进入中老年。从被捕时罪名来看，盗窃罪只占17.8％，与以往的统计数据有明显差距，可能的原因有二：一是由于大多数盗窃犯罪主体都是外来流动人口因而没有进入本次调查范围；二是本次调查范围主要是大中城市城乡结合部的行政区，这种特定的城市区域户籍人口犯罪类型中，盗窃犯罪比例本来就相对较小，而寻

衅滋事、故意伤害、职务犯罪和毒品犯罪相对较多。

三 刑释人员的就业安置情况

从表2可以看出,刑释人员出狱后的就业状况与被捕前的就业状况高度相关。原来从事管理工作的,出狱后基本上还能够做管理类工作,比例略有下降。原来从事技术类工作基本上还是从事技术类工作。体力类工作比例略有上升,说明有少数刑释人员从管理类工作沦落为体力类工作。原来没有工作或打零工的人大部分还是处于无工作或打零工的状态。

表 2 刑释人员被捕前和出狱后所从事的工作类型对比

	被捕前		出狱后	
	人数	%	人数	%
管理类工作	155	14.1	122	11.0
技术类工作	155	14.1	171	15.4
体力类工作	260	23.6	289	26.0
无工作或打打零工	532	48.3	530	47.7
合 计	1102	100.0	1112	100.0

刑释人员的就业是怎么解决的,为什么有近一半的人出狱后无法找到工作? 找到工作的人又是怎么找到工作的? 了解这些问题背后的机制对于我们认识刑释人员的就业安置与社会保障问题无疑具有重要的意义。

改革开放以来,我国刑释政策的核心是就业安置,先后出台了多项政策强调对刑释人员进行就业安置的重要性,并通过对企业各种优惠措施,促进企业吸收刑释人员就业,同时对地方政府、基层社区和相关职能部门也提出了相应的要求。应该说,相关部门也很努力,在刑释人员的安置问题上做了很多工作,也得到了刑释人员的认可。表3显示,60％的刑释人员不同程度地接受了相关部门的就业援助。他们或接受过择业咨询与指导,或进行过就业技术培训,或帮助解决刑释人员就业遇到的具体困难,等等。尤其是司法部门、基层居(村)委会和基层政府做的工作受到刑释人员的肯定(表4),60％以上的刑释人员对政府帮教工作是肯定的和满意的。

表3　刑释后有关部门对您有过什么样的就业援助?

	人数	％
有过择业咨询及指导	371	32.9
有过就业技术培训	136	12.1
帮助解决过就业遇到的具体困难	177	15.7
没有帮助	442	39.3
合　计	1126	100.0

表4　哪个帮教部门对您就业和保障帮助最大?

	人数	％
司法部门	277	25.7
居(村)委会	570	53.0
当地政府	127	11.8
妇联等社会团体	6	.6
民间社会组织	33	3.1
其　他	63	5.9
合　计	1076	100.0

然而,不容忽视的是,刑释人员的实际就业情况可能与帮教部门的意图出入很大。调查显示,刑释人员的就业绝大多数都不是

通过安置部门获得的。由表 5 可知,刑释人员真正通过基层政府或社区组织与相关的帮教部门找到工作的比例极低,只有 11.4%。他们的工作主要还是通过自己和亲戚朋友帮助找到的。因此,可以说,政府花大力气实施的社会安置政策基本是失灵的。

表 5 现在的工作是通过何种方式找到的?

	人数	%
原单位安置	50	5.7
户籍所在地安置	37	4.2
帮教部门安置	63	7.2
亲戚或朋友介绍	141	16.2
自己找的	437	50.1
自己创业	98	11.2
其 他	47	5.4
合 计	873	100.0

安置失灵的第一个因素是刑释人员所拥有的社会资本性质。在刑释人员回归社会过程中,存在着社会资本与社会排斥双重影响因素,社会资本可以帮助出狱人尽快回归社会,而社会对出狱人的各种偏见,形成一种社会排斥机制,严重影响到刑释人员的顺利回归。[1]

刑释人员所拥有的社会资本又分为两类,一类是关系型社会资本,它是由刑释人员原来的社会身份所积累下来的;另一类是组织型社会资本,它是由司法部门、基层政府和基层自治机构等组成。在刑释人员的就业过程中,关系型社会资本发挥着重要作用,而组织型社会资本相对作用有限。其中原因非常复杂,但一个最直接的影响因素是组织型社会资本在进行就业安置过程中附带有

---

[1] 吴鹏森、石发勇:社会资本与社会排斥:刑释人员回归社会的影响因素分析,《安徽师范大学学报》2014 年第 5 期。

刑释人员不愿意发生的连带效应。其中之一就是通过组织型社会资本解决就业会导致就业单位对刑释人员的刑释身份知晓度远远大于通过关系型社会资本就业后的影响。更重要的是,在关系型社会资本中,虽然大家都知道其刑释身份,但由于彼此过去知根知底,不会引发歧视和偏见;而在组织型社会资本帮助下找到工作的单位中,过去完全不熟悉的人知晓其刑释身份后,很容易引发刑释人员不愿意看到的各种歧视和偏见。调查显示,近一半(48.7%)的刑释人员单位知道其刑释身份,而这种信息又主要是有关部门告知或根据档案知道的。实际上,大多数刑释人员都不愿意让工作单位了解自己的刑释身份(67.4%)。由此可知为什么许多刑释人员不愿意通过安置途径来获得工作。

安置失灵的第二个因素是刑释人员对新工作的期待。表6显示,刑释人员对自己出狱后的工作期待是很高的,排在前几位的是工资收入、工作环境、单位福利、工作时间和有无社保。而通过基层社区或安置帮教部门与有关单位协商安置的工作通常很难满足其要求。

表6　刑释人员挑选工作考虑的主要因素(多选题)

考虑因素	频数	个案百分比(%)
工资收入	927	83.7
工作环境	358	32.3
工作时间	290	26.2
是否太累	153	13.8
离家距离	116	10.5
单位福利	352	31.8
有无社保	289	26.1
人际关系	84	7.6
其　他	30	2.7
合　计	2599	234.8

安置失灵的第三个原因是刑释人员自身的素质差,没有技术。调查显示,76.2%的人认为出狱后找工作很难或有点难(表7),认为自己找工作难的主要原因是没有学历、没有技术、不光彩的刑释身份和缺乏良好的人际关系(表8)。这种个人就业能力的缺乏与对就业报酬的较高的期待的矛盾,是相关的安置部门根本无法解决的,甚至也是个人的关系型社会资本无法解决的。正因为如此,才会导致近一半人出狱后仍然无法正规就业,只能靠打零工度日。

表7 您认为自己现在找工作很难吗?

	人数	%
很 难	344	30.3
有点难	521	45.9
一 般	228	20.1
较容易	30	2.6
很容易	12	1.1
合 计	1135	100.0

表8 您认为自己找工作难的原因(多选题)

	频 数	个案百分比(%)
没有技术	621	55.6
没有文化(学历)	693	62.0
缺乏就业信息	155	13.9
没有关系(人际关系)	293	26.2
过去不光彩的经历	355	31.8
需要挑选到合适的工作	135	12.1
年龄偏大	159	14.2
其 他	11	1.0
合 计	2422	216.8

四　刑释人员的社会保障情况

（一）被捕前的社会保障情况

为了了解刑释人员的社会保障状况，首先要知道其入狱前的社会保障状况。由表 9 可知，刑释人员在入狱前有 60％参加了当地各种社会保险，40％没有参加任何社会保险。由于沪皖苏三省各项社会保险项目差异较大，名称也不统一，因此，在填表时可能会有混淆的情况。因此，我们将其进行综合，主要区分城市户籍参加的社会保险和农村户籍参加的社会保险。其中，"城保"、"镇保"和享受公务员待遇不参加保险的共有 41.2％，"综保"、"农保"和"新农合"共有 18.9％。这一构成与前面的刑释人员户籍比例大致是吻合的。可以说，来自城市户籍的刑释人员在入狱前基本都参加了社会保险；来自农村的户籍刑释人员入狱前很少参加社会保险。

表 9　被捕前参加社会保险情况

	频　　数	百分比（％）
享受公务员待遇，不参加保险	14	1.3
"城保"（城市职工基本社会保险）	256	23.0
"镇保"（小城镇社会保险）	188	16.9
"综保"（外来人员综合社会保险）	22	2.0
"农保"（农村社会养老保险）	103	9.2
"新农合"（新型农村合作医疗保险）	86	7.7
没有参加任何社会保险	425	38.2
其　他	20	1.8
合　计	1114	100.0

在制度化的社会保险外,我们再看看这些刑释人员入狱前享受其他社会保障项目的情况。根据调查资料统计,有 13.2% 的人经常或偶尔获得过社会救济;有 8.8% 的人经常或偶尔享受过低保,有 13.4% 的人家庭其他成员经常或偶尔获得过社会救济,有 7.3% 的人家庭其他成员经常或偶尔获得过低保。这些比例显然比普通居民获得相应项目的比例要高,它说明刑释人员中很多人在入狱前就属于社会底层群体,社会地位低,家庭生活比一般家庭相对困难得多。

(二) 刑释后的社会保障情况

刑释后参加社会保险情况,公务员身份失去后不再享有相关的待遇,城市其他职工基本享有原来已经参加的各项社会保险项目。从本次调查来看,刑释人员中,没有参加任何社会保险的比例由入狱前的 38% 下降到出狱后的 21%,这主要是因为刑释人员服刑过程中,我国各项社会保险事业的发展,特别是农村"新农合"的快速发展,刑释人员出狱后很多人参加了这种"新农合"。

但是,刑释人员对于自己的社会保障现状还有诸多不满意的地方。调查显示,有 9.4% 的人认为自己碰到过应该享受低保而没有得到低保的情况;有 5.6% 的人认为自己刑释后有过应该参加社会保险而不给参加社会保险的情况;有 13.7% 的人认为自己遇到过需要社会救济而没有得到救济的情况;有 7% 的人认为自己刑释后参加社会保险受到了不公平的对待。

刑释人员认为自己眼前最需要的社会保障项目是医疗保险、养老保险、失业保险、临时救济和"低保"(表 10),这些方面与其目前所享受的实际状况还有一定的差距。特别是失业保险和失业救济,是刑释人员出狱初期特别需要的社会保障项目,但却没有相应的制度化安排。

表 10   您最希望享受到哪些社会保障项目(多选题)

希望保障项目	频数	个案百分比(%)
养老保险	862	75.0
医疗保险	916	79.7
失业保险	548	47.7
临时救济	239	20.8
"低保"	220	19.1
廉租房	203	17.7
教育培训	183	15.9
其 他	35	3.0
合 计	3206	279.0

总体来说,刑释人员对现代社会保障政策的了解程度还不是很高,非常了解的人不到 5%(4.1%),有点了解的大约一半(49%),不了解的占到 46.9%。在这种情况下,往往是上面说什么,他们就接受什么,在构建刑释人员现代社会保障体系中处于被动无奈的地位。由表 11 可以看出,刑释人员对于自己目前所享受的社会保障状况的满意度是不高的,非常满意和比较满意的只有一半(50.6%)左右,不满意和很不满意的比例占 20.5%,有近三成的人(28.9%)表示说不清楚。

表 11   刑释人员对自己目前享受的社会保障状况满意度

	人数	%
很不满意	28	2.4
不满意	210	18.1
说不清	336	28.9
比较满意	529	45.5
非常满意	59	5.1
合 计	1162	100.0

五 结论与建议

长期以来,我国对刑释人员的政策主要是就业安置。但是,这项政策总体来说是与计划经济相适应的,在就业高度市场化的今天已经难以为继。在本次调查中,刑释人员的就业主要不是通过正规的社会安置机构实现的,而是通过刑释人员自身所积累的社会资本带来的。更重要的是,还有近一半的人出狱后根本找不到正规就业机会,只能通过打零工度日。因此,必须在传统的社会安置机制之外另辟蹊径,通过现代社会保障制度来解决新形势下刑释人员面临的实际问题。但刑释人员当前所享有的社会保障项目不全,社会保障水平明显低于一般社会成员,迫切需要采取切实有效的措施,建立健全刑释人员现代社会保障体系。为此,我们提出以下几点建议:

第一,按照党的十八大的要求,全面建成小康社会不能落下任何一个社会群体。因此,必须将还没有参加任何社会保险的刑释人员纳入现代社会保障体系之中,实现社会保障的全覆盖。特别是进城农民犯罪刑释后由于种种原因而游离于现代社会保障体系之外的现象必须从制度上加以解决。

第二,必须公平维护刑释人员的社会保障权利,确保刑释人员和全国人民一样,能够共享改革发展的物质成果和制度成果。在刑释人员参加社会保险制度时,要避免各种制度性歧视,更不能进行法外施罚,剥夺刑释人员享受各种社会保障项目的机会和权利,例如剥夺刑释人员视同缴费年限等等。

第三,当前迫切需要建立刑释人员出狱初期的失业保险和失业救济制度,让刑释人员能够安全地度过出狱初期的不适应期,以便更好地回归社会,避免重新犯罪。对于入狱前已经参加了失业保险的刑释人员,要在出狱后能够享受失业保险待遇;对于没有参加任何失业保险的刑释人员,应该为其建立出狱救济制度,保证他们在出狱初期有起码的生存条件,为顺利回归社会创造一个必要的基础。

参考文献:

[1] 成志刚、杨平:论我国刑满释放人员社会保障制度的完善,《北京师范大学学报》2007 年第 2 期。

[2] 张秀玉、郭远远、贡太雷:进一步完善刑释人员社会保障立法的思考,《鄂州大学学报》2013 年第 7 期。

天津刑满释放人员社会保障调查研究

课题组*

摘　要：目前,天津市 43 个示范小城镇户籍的监狱服刑人员 1391 人,社区服刑人员 1433 人,总计 2824 人。课题组从 43 个示范小城镇 4821 名刑满释放人员(以下简称"刑释人员")中随机抽取 483 名进行问卷调查,采用问卷调查为主,个案访谈为辅的方法收集资料,对调研对象进行定量和定性分析。调研发现,天津市的小城镇建设为刑释人员带来更多的自谋职业机会,自谋职业的刑释人员占 86%,没有养老保险、医疗保险、失业保险的占绝大多数。虽然各地扎实推进刑释人员安置帮教工作,如东丽区对刑满释放特困人员给予临时救助,西青区建立起集教育、培训、就业指导、食宿、帮教为一体的过渡性安置帮教基地等,但是刑释人员流动性增强,社会融入困难,以及经费短缺,社会力量不足等问题,凸

*　　本文是天津市 2014 年度社科规划委托研究项目,项目编码为 TJZDWT130110,课题组负责人:刘晓梅,参与人:刘晓梅,赵文聘,张智宇等。
　　刘晓梅(1972—),女,天津人,天津社会科学院法学研究所所长,法学博士,研究员,主要从事法律社会学和犯罪学研究。兼任亚洲犯罪学会执行委员,中国犯罪学研究会常务理事,中国社会学会犯罪社会学专业委员会常务理事,中国预防青少年犯罪研究会理事,天津市法学会犯罪学分会副会长兼秘书长。

显进一步完善刑满释放人员社会保障的必要性和重要性。建议以立法的形式推进刑释人员社会保障机制的完善;加大政府对刑释人员社会保障工作的支持;基层司法所对刑释人员推行个性化的保护方案;建立社会工作介入刑释人员社会融入的服务模式,提升对其社会保护的社会化程度。

关键词: 城镇化;刑满释放;社会保障

一 引 言

城镇化(也称城市化,urbanization),是人类生活的社区形式从农村转变为城市的综合性社会变革运动,具有多重涵义:在人口学意义上,城市化是农村人口(农民)转变为城市人口(市民)的过程;在经济学意义上,城市化是由以农业为基础的自然经济转变为以工业为基础的市场经济的过程;在社会学意义上,城市化是由传统价值观念和生活方式转变为现代价值观念和生活方式的过程①。

20世纪后半叶,继发达国家城镇化水平达到60%—80%以上之后,发展中国家也纷纷于八十年代后进入快速城镇化时期,区域性的城镇化甚至成为当地经济与社会发展的重大目标。但随之产生的城市人口问题、交通问题、生态环境问题以及居民的心理问题等,对城市的发展乃至区域城镇化的进程有负功能,甚至上述问题所形成的"城市病"会衍生出新的社会问题,如犯罪率居高不下。

---

① 赵新彬:《城镇化进程中的治安与刑事政策若干问题研究》,《河南省政法管理干部学院学报》2008(2)。

在我国城镇化进程中,犯罪统计动态曲线如下图所示:

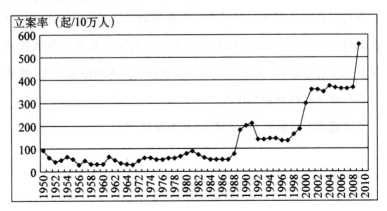

目前,我国监狱在押罪犯 160 余万人,平均每年有 40 余万服刑人员回归社会。据司法部预防犯罪研究所和监狱局联合对刑释人员 2004—2008 年连续五年进行抽样调查,五年调查的刑满释放人员 17478 人,平均再犯罪率是 6.25%,其中刑释流动人员平均再犯罪率是 8.05%。北京市监狱局通过 2011—2013 年连续三年在全市范围内对 2007 至 2009 年全部刑满释放人员开展回归社会后的情况调查,结果显示五年内重新犯罪率为 5.89%。刑释人员再犯罪往往呈现出主观恶性大、犯罪手段成熟和残忍以及黑社会集团化等特征,一些大案、要案的主犯大多是刑释人员。

党的十八大报告指出,要坚持走中国特色新型城镇化道路。所谓新型城镇化,是指坚持以人为本,以新型工业化为动力,以统筹兼顾为原则,推动城市现代化、城市集群化、城市生态化、农村城镇化,全面提升城镇化质量和水平,走科学发展、集约高效、功能完善、环境友好、社会和谐、个性鲜明、城乡一体、大中小城市和小城镇协调发展的城镇化建设路子。在新型城镇化进程中,社会环境和公众的思想观念、生活方式等将发生深刻的变化。刑释人员回归社会后,普遍存在着就业困难、生活贫困等一系列问题,不能适应新型城镇化所带来的社会变革,不可避免地成为城市社会的最底层群体。在生活的压力以及自暴自弃心理动机的作用下,一部分人选择重新走上犯罪道路,甚至产生报复社会的犯罪动机,社会危害不容小视。因此,关注刑释人员的社会保障问题关乎社会的稳定与和谐。

本课题主要调研天津在新型城镇化进程中刑释人员的社会保障情况。课题组成员深入天津市蓟县、津南、宁河、西青、宝坻、北辰、东丽等区县的 43 个示范小城镇的司法所进行调研①,通过问卷调查和个案访谈,了解刑释人员的就业、养老保险、医疗保险、最低生活保障等情况,以及东丽、西青等地开展刑释人员帮教安置工作的主要经验,并收集整理刑释人员重新犯罪的典型个案,在此基础上提出完善刑释人员社会保障的建议,以期为预防刑释人员再犯罪问题研究提供理论依据和司法借鉴,并为天津出狱人的社会保护事业发展提供前瞻性的指导。

二 国内外相关研究概述

刑释人员又称出狱人、刑满释放人员、回归人员。长期以来对这一概念有以下两种界定:狭义的刑释人员是指被判处有期徒刑、

---

① 为解决大城市中小城镇建设资金不足以及土地的制约,2005 年,天津市大胆探索以"宅基地换房"办法建设示范小城镇。党的十八大提出:推动信息化和工业化深度融合、工业化和城镇化良性互动、城镇化和农业现代化相互协调,促进工业化、信息化、城镇化、农业现代化同步发展。市委、市政府及时总结经验,推出了以示范小城镇建设为龙头,推进示范工业园区、农业产业园区、农村居住社区"三区联动"发展的战略。"三区"互利互动,广大农民真正成为拥有股金、薪金、租金和保障金的"四金"农民。截至目前,天津市已启动四批共 43 个试点示范小城镇建设,涉及 100 万农民,已有 40 万农民迁入新居。

无期徒刑和死刑缓期 2 年执行的罪犯,经过在监狱(包括未成年犯在管教所)服刑,刑期届满回归社会的人员。广义的刑释人员泛指被判处刑罚(包括徒刑、拘役、缓刑、管制);被监禁过;被处以劳动教养、收容教养而被强制教育改造过;因老、弱、病、残保外就医、监外执行;因有悔改或立功表现被假释等已经刑满、期满或在社会上执行的人员(夏宗素,2007)。

(一) 刑释人员社会保护的相关理论

1. 社会连带论

社会连带思想由孔德提出,经由涂尔干和狄骥,发展成为一个比较完备的理论体系。社会连带思想的核心是"社会相互关联性"(狄骥,1999:8)。现代犯罪学的社会连带论主张:犯罪是一种社会事实,就犯罪原因来说,其发生杂糅了犯罪人的个人因素与社会结构因素的相互作用;就犯罪危害而言,尽管大多数犯罪的对象是被害人个体,但其社会危害性不容小视——民众不安全感的盛行、秩序的紊乱、财产及健康的损失,加上追究犯罪的成本,诸如逮捕、审判、刑罚执行等等,都会造成社会财富的负增长。因而,帮助刑释人员适应社会生活,预防其再犯罪,有利于社会的和谐稳定。

政府是一个国家主要的社会公共权力机构,更是社会公共福利机构,政府对于社会成员担负着责任和义务,其中一个重要方面是直接为社会弱势群体提供必要的帮助(黄京平、席小华,2008:66—67),政府有责任高度关注弱势群体。台湾学者林纪东将社会连带精神作为出狱人保护事业的一种基本精神。在我国大陆刑释人员社会保护事业中,也要对社会连带理论加以合理运用。

2. 福利国家和社会保障理论

英国社会学家托马斯·马歇尔在 1949 年发表的演讲《公民权利与社会阶级》里指出，一个国家的公民，只要他具有这个国家的成员资格，那么他就有从该国获得福利保障，并根据社会中的流行标准过一种文明生活的权利，国家有责任帮其实现这一目标。接受救助是个人的权利而不是要求施舍和怜悯（钱宁，2006）。英国、瑞典等福利国家对社会弱势群体的扶助力度是很大的，他们将社会福利和社会救助看作国家和政府所应当承担的一项不可推卸的重要责任。监狱行刑的主要目的之一就是促进罪犯的再社会化并促使其顺利回归社会。监狱矫正毕竟处于封闭状态，与社会的隔绝导致刑释人员在离开监狱后，可能无法适应与时俱进的社会环境，并重新走上犯罪的道路。此时，国家和社会应当伸出援助之手，对出狱人员进行指导、帮助，避免其因社会排斥和歧视，以及对生活的不适应而产生逆反甚至报复社会的心理。对于出狱人员施加的社会保障，有利于其再社会化，进而减少其再犯罪。

近年来，我国将对刑释人员的社会保障工作放在十分突出的位置，弱化对刑释人员的管控理念，强化"保障"或保护的理念。前者将刑释人员看作是潜在的再犯罪人加以管控，甚至侵犯其应当享有的合法权利，如对其进行监控、跟踪等。而奉行"保障"或保护的理念，则需提升社会保障程度、减少社会歧视、增强就业技能培训、解决其就业（学）、谋生中的困难，需要大量政府和民间资金、人力大量投入出狱人员社会保护事业（鲁兰，2010）。社会保障理论对于刑释人员社会保护具有重要的支持作用。应该看到，当前无论是政府机构还是社会公众，从观念上接受到现实中认可"保障"

或保护出狱人。

3. 失权与充权理论

失权（Powerlessness，也称无权或去权）是从属于充权理论的一个伴生概念，是指失权者缺乏能力和资源的客观状况与主观感受。其实，失权并不仅及于物质的缺失，更是一个内化过程。当个体感知到影响他的社会系统无权之时，往往会承认自己在情感、智力和思想形式上存在障碍，由此丧失对自己实现心理预期的信心，进而造成真正的失权，即基于对环境的无力感而导致实际的无权。刑释人员在这一方面体现得很明显，经过改造之后的犯罪人大多感觉自己获得新生，以饱满的热情投身自由的生活工作中，但屡次碰壁、事事不顺的时候，真正的失权状态就会随之出现，这种恶性循环必须引起关注（李志鹏，张平，2010）。

充权（Empowerment，增权）是指协助弱势群体或个人排除各种主观和客观的障碍来感受本身的力量，通过其自身的正面经验来激发内在的动力，并尽可能地在集体的参与中来改变或掌握自己的生活（陈树强，2004）。充权的对象是指因长期处于失权的处境中，逐渐内化对自己的负面评价，自我形象低落的社会弱势群体。该理论假设：每个人都有潜能，即使处于逆境中，无权或弱权地位可以通过努力得到改变。社会弱势群体的不良发展状况，无论出于何种原因，都应得到国家和社会的重视而加以改善。出狱人虽然有前科，但是其作为社会弱势群体，应当将其权益保障纳入社会福利、社会政策的重要组成部分。

（二）刑释人员的相关实证研究

1. 刑释人员回归社会状态的分析

对刑释人员回归社会后的状态分析，从目前看，基本为两大类：一类是弱势论，认为刑释人员是社会弱势群体，保护刑释人员就是扶助弱势群体（翟中东，2002）；另一类是危险论，认为这部分人具有先天的犯罪心理结构和犯罪行为模式，应将其列为社会危险群体。与一般社会群体相比，刑释人员更可能成为危险群体的原因在于：其一，对社会亚文化的吸收能力强。其二，对刑罚的畏惧感降低。其三，犯罪心理的易受激发性强。其四，风险社会的到来，刑释人员较一般社会群体具有双倍风险（王志强，2004）。危险论的观点多着眼于社会防卫，对刑释人员强调的是义务承担。弱势论的观点则注重对刑释人员的社会保障，突出的是权利保护。这两者的定位并不是绝对的，二者是共生的，弱势群体和危险群体在某种条件下还可能发生转化。

2. 对刑释人员社会适应的研究

当罪犯刑满释放后，他们对眼前这个世界感到陌生，对新的生活环境产生强烈的不适应，这直接导致了刑释人员出狱后面临很多问题和困难。长期的监狱生活所形成的自视卑微、疑虑恐惧的监狱人格，使得刑释人员在回归社会后缺乏自尊、自爱的心理素质，自我封闭，不愿与人交往，情绪低落甚至抑郁，或者对环境高度敏感，对旁人的言行无端猜忌，进而产生抵触情绪。虽然他们在监狱中失去了自由，但是有物质生活保障，劳动和生活很有规律，有的在狱中还学习了大学课程，掌握了一些技能。出狱后，他们反而无所适从,生活的窘迫使得他们大多放弃了学习,而不得不为生计奔波。

3. 对刑释人员社会排斥的研究

刑释人员所遭受的社会排斥主要体现在以下三个方面:其一,刑释人员在就业中遭受排斥的情形可分为两种:(1)无法就业。这种绝对的就业排斥将刑释人员排斥在劳动力市场之外。(2)边缘就业。刑释人员的边缘就业是指他们处在劳动力市场的边缘地带,所从事的工作较辛苦、报酬少、不稳定;其二,在婚姻家庭方面遇到如下问题:(1)婚姻的破裂或者夫妻感情的淡漠。(2)恋爱和结婚方面的阻碍;找对象和结婚难。(3)与家庭其他成员关系的疏远,甚至被家庭遗弃。其三,其他人际交往:由于犯罪和刑罚,几乎所有刑释人员的人际交往都会经历很多的变化。这既有刑释人员自己的主动排斥,也包括被动的排斥。(莫瑞丽,金国华,2008)

在建设和谐社会与创新社会管理体制的背景下,关于刑释人员的社会保障问题也引起了国内学术界一定程度上的关注。有的学者认为,刑释人员在社会保障领域内尚未能平等、及时地享受社会保险(如失业保险)和最低生活保障(莫瑞丽,袁泽民,2010)。还有的学者指出,为完善我国刑释人员社会保障制度,有必要纠正政府理念偏差、出台专门的法律法规、明确社会保障统筹机制、完善社会保障项目(成志刚、杨平,2008)。

(三) 我国刑释人员社会保护实践

新中国成立后,改革开放前,主要由监所机关(监狱、劳教所等)负责刑释人员的社会安置就业。改革开放后,仍然是政府为主导,逐步转向社会安置帮教过渡。我国刑释人员社会保护实践的最大特色在于,以国家力量为主导,并大范围动员国家机构参与,以安置帮教工作为主要内容。

1984 年公安部、司法部发布《关于加强对刑满释放人员教育管理工作的通知》,第一次提出安置帮教工作的展开实行分工负责制。1994 年初中央综合治理委员会、公安部、司法部、劳动部、民政部、工商行政总局联合下发了《关于进一步加强对刑释解教人员安置帮教的工作意见》(以下简称《意见》),该《意见》要求各级党委、政府要把安置帮教工作纳入社会治安综合治理的工作目标,切实抓好这项工作。在该《意见》的指导下,20 世纪 80 年代各地成立了由政府发动,动员其他国家机构充分参与的帮教组织。90 年代我市成立由综合治理办公室、司法局、公安局、劳动和社会保障局、民政局、工商局、财政局、妇联、团委、总工会等部门负责人为成员的市"刑释解教人员安置帮教工作领导小组"(简称"安置小组"等等),在镇、街建立了安置、帮教工作办公室,然后在刑释人员所属村居、单位成立帮教小组,帮教小组由单位一位领导负责,党支部、村(居)委会、综治办、保卫处、民兵组织、青年组织各出一名成员,安置帮教组织系统通过签订目标责任状的机制运作,就业安置的渠道依次为原单位、社会其他单位、自谋职业。"安置小组"动员了社会组织资源,如妇联、工会、共青团,有的地方还动员了志愿者参与刑释人员社会保护工作,但是其更多的还是动员了司法行政、公安、劳动和社会保障、民政、工商管理、财政等国家机构。这也是近年来我国刑释人员社会保护工作迅速发展的原因之一。但是,这种由国家来承担刑释人员保护的主要工作,在各国的历史上都是没有过的,也使政府自身承受了巨大的社会压力。

2004 年我国中央八部委出台《关于进一步做好刑释解教人员促进就业和社会保障工作的意见》。一些城市对刑释人员的社会保护制度进行了改革，社区承担了刑释人员保护的主要工作。但无论是由政府部门还是社区承担，保护的主要内容都是安置帮教工作。所谓安置帮教是以政府为主导，调动社会各方面力量，为刑释人员提供帮助，解决其落户、就业、就学等问题。我国刑释人员安置帮教工作是建立在计划经济体制基础上的，具有很强的行政指令色彩。随着我国市场经济体制的逐渐成熟和户籍制度改革的深入，经济结构日益多元化，人口的流动日益加快，政府的各种安置就业的途径大大减少，对刑释人员的安置帮教工作面临诸多困境。

西方国家对刑释人员的社会保护工作很少有直接安排就业的，他们主要是提供职业技术培训和提供包括就业斡旋在内的就业帮助，这正是我国刑释人员社会保护工作内容中所欠缺的。另一方面，我国刑释人员社会保护工作的民间参与程度不够。目前，我国刑释人员社会保护事业有关的社会团体主要包括工会、妇联、共青团等有官方背景的社会团体和居民委员会、村民委员会等民间自治组织。刑释人员社会保护是一项复杂的社会系统工程，随着市场经济体制的逐步完善和政治体制改革的进一步深入，我国将形成"大市场、小政府"的局面，更多的工作都要通过社会治理实现，民间团体和社会团体应该发挥更大作用（阎文青，2007）。

三　43个示范小城镇刑释人员社会保障和帮教安置情况

（一）调研对象和调研方法

表1　天津市43个示范小城镇刑释人员情况统计表(截至2014年4月20日)

	刑满释放人员人数	男	女
蓟县	272	250	22
津南	1250	1190	60
宁河	496	470	26
西青	1079	1004	75
宝坻	92	87	5
北辰	840	790	50
东丽	792	733	59
总计	4821	4524	297

本研究采用问卷调查为主、个案访谈为辅的方法收集资料,对调研对象进行定量和定性分析,并结合国内外已有的研究成果,运用相关理论展开分析。课题组从43个示范小城镇4821名刑释人员中随机抽取483名进行问卷调查(调研样本分布见表2),得到有效问卷456份。为了使研究样本具有代表性,课题组在每个示范小城镇采取分层随机抽样法。篇幅所限,仅以刑释人员最多的津南区为例(见表3)。本研究还在宝坻的潮阳街、西青的精武镇和辛口镇、东丽的金钟街和无瑕街等共选取30个个案样本的档案资料进行查阅,对其中的9个典型个案进行过多次深度访谈,得到

了比较翔实的一手调研资料。课题组利用 SPSS 专业统计软件，对数据进行整理录入和变量统计分析，对于个案资料则根据研究内容进行分类，从资料中识别出研究对象的行为模式，发现资料背后所隐含的社会学意义。

表 2　调研样本分布情况

	样本数	男	女
蓟县	27	25	2
津南	125	119	6
宁河	50	47	3
西青	108	100	8
宝坻	9	9	0
北辰	85	80	5
东丽	79	73	6
总计	483	453	30

表 3　津南区刑满释放人员与调研样本情况

津南区示范小城镇	刑释人员			样　本　数		
	男	女	刑释人员合计	样本合计	男	女
八里台	245	16	261	27	25	2
北闸口	93	1	94	9	9	0
葛沽	169	9	178	18	17	1
双桥河	141	6	147	14	14	0
咸水沽	249	8	257	26	25	1
小站	233	17	250	25	23	2
辛庄	60	3	63	6	6	0
合计	1190	60	1250	125	119	6

（二）刑释人员的社会保障状况

1. 就业保障情况

表4　天津市43个示范小城镇刑释人员就业情况统计表

人　数	就　业　形　式		
	自谋职业	推荐就业	无业
4821	4164	417	240

调研发现，天津市的小城镇建设为刑释人员带来更多的自谋职业机会。自谋职业的刑释人员占43个示范小城镇刑释人员的86％。如，宝坻区潮阳司法所（原宝坻区马家店镇司法所）92名刑释人员全部自谋职业。津南区涉及示范小城镇建设的村镇共有7个，其中6个示范小城镇的刑释人员全部是自谋职业，咸水沽镇刑释人员257人，249人自谋职业。

个案：

宝坻潮阳街道（原马家店镇）某村刑释人员ZYD，女，32岁，2011年因容留他人吸毒被判处有期徒刑一年缓刑两年。期满解除社区矫正转入安置帮教，潮阳司法所继续对其进行帮教。

ZYD父母双亡，独自抚养同母异父的弟弟ZHF（11岁，小学六年级，在宝坻区城关镇第四小学借读）。ZYD老家的房屋年久失修无法居住，又无钱修缮，姐弟俩只好租住在四小附近的平房，其姐每天接送照顾弟弟，很注重弟弟的学习，领点零活在家里搞加工，生活拮据，司法所干警了解情况后及时与村干部、镇民政部门联系为其办理了低保，ZHF每月领取1800元低保补助，很大程度上缓解了姐弟俩的生活压力。司法所干警还向ZHF赠送了课外

读物。现在 ZYD 在当地开发区某服装厂打工,ZYD 表示一定要
遵纪守法,努力工作供弟弟上学,将弟弟培养成国家的栋梁,将来
回报社会。

个案:

宁河县北淮淀乡刑释人员 YFS(2011 年 12 月刑满释放)在朋
友的帮助下自谋职业经营某饭店,目前收入丰厚,状态比较稳定。

天津 43 个示范小城镇刑释人员中无业的约占 5%。67.1%
的被调查者回归社会后没有参加过政府组织的就业培训。地方政
府组织就业培训,对解决刑释人员的就业问题是至关重要的,不仅
能帮助刑释人员学习知识技能,获得谋生的本领,还能在很大程度
上降低刑释人员重新犯罪的可能性。调研了解到,没有专项经费
是大多数示范小城镇很少组织刑释人员就业培训的主要原因。调
查还发现,65.6%的刑释人员从事体力劳动,反映出刑释人员的文
化和技能水平还有待提高,同时也说明了帮教机构和培训组织的
重要性。

2. 其他社会保险情况

调研发现,目前我市刑释人员没有养老保险、医疗保险、最
低生活保障的占绝大多数,他们对未来生活有恐惧感,在这种
焦虑不安心理影响下,个别刑释人员有可能选择通过犯罪获得
财富积累来保障未来生活。课题组通过调查问卷对我市 43 个
示范小城镇刑释人员社会保险方面进行了调查。调查显示,刑
释人员回归社会后,没有养老保险的占总数的 91.9%,没有医
疗保险的占 94.7%,没有失业保险的占 92.1%(参见表 5、6、
7)。社会保障的缺失,是导致刑释人员再犯罪的重要原因
之一。

表5　回归社会后是否有养老保险

	人次	所占比例（％）
有	37	8.1
没有	419	91.9
合计	456	100

表6　回归社会后，是否有过医疗保险

	人次	所占比例（％）
有	24	5.3
没有	432	94.7
合计	456	100

表7　回归社会后，是否有过失业保险

	人次	所占比例（％）
有	36	7.9
没有	420	92.1
合计	456	100

个案：

"我因伤害判刑，刑满释放回来工作没了，社保局让我补缴服刑期间的养老保险和医疗保险，我现在刚出狱没有经济来源，生活都无保障，根本交不起。"

——刑释人员 MLY

（三）对刑释人员的帮教安置及其工作难点

1. 天津市对刑释人员的帮教安置工作的基本情况

一是工作的复杂性。刑释人员回归社会后，绝大多数自谋职业,能够主动配合基层司法所的帮教安置工作。也有刑释人员不到户籍地司法所报到,用假身份证、假姓名、假地址混迹于社会,成为刑释流动人员。

二是工作的突发性。刑释人员回归社会后大多能够遵纪守法、诚实劳动,但也有少数人在各种诱因驱使下重新犯罪,有的由于家庭矛盾、经济纠纷或受社会歧视产生逆反心理,破罐子破摔;还有极少数人人格扭曲,伺机报复社会。

三是工作的程序性。为推进监管改造安置帮教一体化工作机制,2012 年市司法局出台《天津市刑释解教人员衔接工作管理办法》。现阶段刑释人员社会保障与安置工作,从整体上讲应有一套完整的程序,即回归报到、登记、建档立卡、签订帮教协议、落实帮教人员、安置、重点人头管理、随访记录、考察评议鉴定、解除帮教等。

2. 各地实践中值得推广的好做法

(1) 出台政策,对刑满释放特困人员给予临时救助

刑释人员回归社会后的首月往往一时难以找到工作,缺乏经济来源,特别是那些家庭成员为低保户、本人离异、子女未成年、父母年迈等特殊困难人群,更面临着生活无着落的困境,而在其生活最困难的阶段,往往容易因种种原因导致其重新犯罪。从 2008 年起,东丽区便制定了《关于做好刑释解教特困人员临时救助工作的试行办法》(以下简称《办法》),对服刑劳教前至刑释解教后为东丽区户籍,刑释解教后仍居住在户籍地的特困人员,由区安置帮教办公室在其刑释解教后首月,给予一次性临时救助金 800 元。特困人员包括刑释解教"三无"人员(无劳动能力、无生活来源、无家可归);家庭成员享受最低生活保障,而本人无其他生活来源,暂时无就业;家庭生活遇有特殊困难的,如家庭成员重病、子女未成年、本人离异生活困难等。

个案:

该《办法》实施后首位获助人王某某,在押前系金钟街大毕庄村村民,42 岁的他因盗窃先后两次判刑入狱 13 年,夫妻离异,孩子归女方,其父病故,母亲常年有病由其兄赡养。大毕庄村委会考虑到王某刑满释放后,既没有住处,又无生活来源,且身体有病,暂时无法就业,认定其符合救助条件,属于刑释解教特困人员,及时填写《特困人员临时救助审批表》上报街司法所核实,东丽区安置帮教办公室按照有关程序予以审批。王某某刑满释放出狱当天,金钟街司法所干警、大毕庄村干部一起到监狱将他接回,在金钟街司法所,由街领导、司法所干警及村干部对他进行了集体帮教,鼓励其要树立重新生活的勇气,自食其力,做守法公民。王某某接到 800 元特困救助金时非常感动,连连表示感谢党和政府的关心和救助,决心要改过自新,做一个对社会有用的人,回报社会。

(2) 与有关部门积极协调,为刑释人员寻找就业门路,解决生活出路

西青区在区委、区政府的统筹下,建立起集教育、培训、就业指导、食宿、帮教为一体的过渡性安置帮教基地。区内 9 个街镇分别依托企业建立起安置基地,让刑释人员的就业有保障。蓟县在 3 个当地企业建立刑释人员安置基地,已安置刑释人员 14 名;对有一技之长的刑释人员,已推荐 6 人到企业和经济实体就业。各地还鼓励刑释人员自谋职业,通过灵活多样的形式实现就业,包括非全日制、临时性、季节性工作,逐步实现安置就业市场化、社会化、多元化。

个案：

西青区辛口镇刑满释放的 XA 经营一家小卖店。回忆 2010 年刚出狱时的窘迫，他说："我没有一技之长，想自己做生意又没有本钱，生活特别困难。多亏了区安帮办的支持，帮我办理了 5 万元小额贷款，才开了这家店。"现在，他的小卖店每月都有不少盈利，贷款也早已还清。

（3）帮助刑释人员解决回归社会后遇到的家庭矛盾和劳动纠纷，提供社会支持

个案：

宝坻潮阳街道（原马家店镇）某村刑释人员 DYL（男，23 岁）2010 年 12 月 14 日因强奸罪被判处有期徒刑 1 年，缓刑 2 年，社区矫正期满转入安置帮教。潮阳司法所继续对其进行帮教。

在安置帮教期间，DYL 在某服装厂上班。因该服装厂拖欠其工资 4600 元，他曾多次催要均遭到厂方拒绝。司法所得知这一情况后，与潮阳街道劳动保障部门工作人员多次找到服装厂协商此事，厂方以种种理由拒不支付 DYL 工资款。通过司法所干警对该厂负责人反复耐心细致地讲解《劳动合同法》等相关法律规定，厂方答应支付工资，DYL 终于拿到了 4600 元血汗钱，非常感动。他表示以后会更加努力工作，遵纪守法，成为一个对社会有用的人。

个案：

西青精武镇某村 WDL 因违法犯罪曾多次入狱服刑，2003 年 6 月 26 日又因犯放火罪被公安机关抓获，后被人民法院判处有期徒刑 14 年，于 2004 年 2 月 25 日起在西青监狱服刑。2013 年 6 月 25 日，WDL 刑满释放后到司法所报到。司法所干警通过与其谈话沟通了解到，因为小南河村拆迁平改，WDL 原有平房被改造成了楼房，但该房屋被其二哥实际占有，且没有意愿归还给 WDL，言

语中流露出过激的情绪。为避免矛盾进一步升级，司法所干警来到小南河村委会，试图通过村委会出面协调解决 WDL 家的房屋纠纷。但是由于 WDL 的二哥态度十分坚决，经多次调解也没有达成解决方案，而且兄弟二人的关系每况愈下。在多方调解未果的情况下，镇安帮办一方面做好 WDL 的思想稳定工作；另一方面则深入小南河村了解相关情况，到村委会调取了分房的相关证据材料，为提起民事诉讼做好相关的准备工作。考虑到 WDL 在经济上确有困难，镇安帮办又与区安帮办请示，通过司法局法律援助中心帮助 WDL 解决家庭房屋纠纷。在法律援助律师和司法所干警的悉心劝导下，WDL 二哥同意将房产归还 WDL，兄弟二人重归于好。

3. 刑释人员安置帮教工作的难点

一是刑释人员流动性增强，增加帮教工作难度。由于小城镇建设多采取先拆迁后还迁的做法，大部分村民是先搬出原有住房自行在外租房居住，待还迁楼竣工后统一进行还迁。刑释人员自行租房居住者增多，且租房地点更换频繁，使司法所很难及时跟踪了解他们的生活工作状况，给安置帮教工作措施的落实带来难度。有的刑释人员迁居后不愿向其他人透露居住信息，给帮教工作带来许多不便。拆迁导致原村居被打乱，居民分散于不同住址，不利于村委会发挥安帮职能。

二是刑释人员融入社会困难。大部分刑释人员在服刑期间，家里已经完成了拆迁或还迁工作，在他们出监所后，以前成长的环境已发生了很大变化，他们进入了一个完全陌生的环境，更增加了刑释人员对社会的陌生感。加之邻里之间因为其刑满释放的身份，对其表现出社会歧视和排斥，则更增加了他们融入社会的难度。有些企业在招工时存在顾虑,且企业安置刑释人员的工种大多是重体力工作,安置种类较为单一。个别刑释人员的父母、兄弟姐妹与其断绝来往,或者夫妻离异时住房判给对方,导致其回归社会后无处居住,无家可归。

个案:

"刚出狱的半年时间里,不敢出去找工作,不喜欢和外人交往。在家里待着实在憋得慌,整天不是看电视就是傻傻地呆着,总觉得自己是犯过错的人,出去后怕别人瞧不起……虽然我的家人在我出狱后都对我很好,但是我接受不了别人用异样的眼光看我,我连出去倒垃圾都不敢。"

——刑释人员 LT

"他出狱后,为了给他筹集资金做个小买卖,我和他爸到处借钱,但亲戚朋友会借给我们的(钱)很少。我和他爸平时下楼散心时,都不敢去和邻居聊天,因为她们会拿各种话来刺激我们。"

——LT 的母亲

个案:

"我努力地找到了一份合适的工作,虽然很辛苦但是毕竟能够自食其力。有一次公司丢失东西,所有人都怀疑是我偷的,同事们都用异样甚至鄙夷的眼神看我,结果我被老板开除了。我真无辜,我以前是犯过错误,但是我得到应有的惩罚了,这么大的教训我一辈子都不会忘记,我真的什么违法的事情都没再做过。可是没有人相信我的解释,就这样我失业了。我对生活彻底失去了信心,有时候看到别人在我背后指指点点,我除了逃避还能怎么办呢。"

——刑释人员 JH

三是有的基层帮教组织软弱涣散。有的村还迁工作虽已完成,但还迁小区的社区居委会没有及时成立,村委会、居委会处在交替并存的阶段,造成刑释人员安置帮教工作组织的涣散,帮教小组及成员难以确定,大大增加了司法所做好安置帮教工作的难度。个别社区安置帮教组织名存实亡,使安置帮教工作中的一些管理措施难以得到真正的贯彻落实。而街道司法所名义上虽然有专人负责刑释人员安置帮教工作,但大多还要承担人民调解、法制宣传等其他工作任务,尽管广大司法助理员凭着对事业的执著,兢兢业业,努力工作,仍然有不少安帮工作难以落实到位。

此外,有的刑释人员就业观念存在问题,对就业期望值过高,粗活、累活不愿意干,挣钱少的活不愿意干,这也是当前刑释人员安帮工作的一大难题。

4. 刑释人员再犯罪典型个案列举

个案:

津南区 DY 于 2004 年 11 月刑满释放后,在津南区咸水沽镇某小区内的洗浴中心开设赌场、聚敛钱财,先后笼络了杨某、段某、刘某、闫某、陈某等骨干成员,形成了较稳定的犯罪团伙。DY 等人通过打压同行、围标、串标等手段垄断了津南区的天津大道、海河教育园以及双港镇、辛庄镇、咸水沽镇、双桥河镇的部分村庄土地整合的拆迁工程,从中攫取了巨额利益。2006 至 2009 年间,该团伙有组织地实施了多次聚众斗殴、故意伤害、寻衅滋事等违法犯罪活动。仅津港高速公路一期工程部分项目土方供应一项,DY 所得土方款就高达 1224 万元。2008 年 12 月某日上午,DY 等人来到双桥河镇政府,参加相关拆迁工程的招、投标活动。双桥河镇居民 DM 对 DY 等人承担了津南区的多处拆迁工程表示不满,遭到 DY 等人的殴打,后来 DY 等人还将 DM 强拉上车,挟持他处再次殴打。

2011 年 6 月,DY 被津南区法院以组织、领导黑社会性质组织罪、聚众斗殴罪等数罪并罚,一审判刑九年半。其他团伙成员因参加黑社会性质组织罪及聚众斗殴或故意伤害罪分别获刑。

个案:

HT(家住蓟县新城,26 岁)2007 年曾因敲诈勒索罪被判处有期徒刑 3 年 6 个月;2010 年 4 月又因寻衅滋事被判处有期徒刑 1 年。刑满释放后为牟取不义之财,潜伏在宝坻某洗浴中心内伺机盗窃。2012 年 3 月 3 日,盗窃洗浴中心的客人王先生一部价值 4000 元的三星手机。3 月 7 日,又盗窃张某放在更衣柜内的钱包,窃得 3500 元现金和信用卡、身份证等物。HT 最终被警方抓获归案。

课题组通过对 52 名天津市 43 个示范小城镇户籍在押累犯的调研发现,文化程度低、无业、没有稳定收入是促使其再次犯罪的主要原因。对 52 名在押累犯进行 16PF、COPA-PI 心理测试结果显示,其心理素质比常人呈现出不健康状态。47%的被调查者有唯利是图、好逸恶劳和侥幸心理;11%的被调查者有报复社会心理。

"享乐主义思想严重、综合素质低、谋生能力差、心理不健康可以说是'二进宫'、'三进宫'罪犯的共同特点。他们出狱后贪图享受,不愿意过每月千八百元的辛苦生活,有的寻找一些不正常的渠道来维持生活,有的重操旧业,从而重新走上违法犯罪道路。"

——狱警 GRJ

四 进一步完善刑释人员社会保障的对策建议

(一) 当前天津市 43 个示范小城镇户籍的服刑人员及其典型个案

截止 2014 年 4 月 20 日,天津市各监狱 43 个示范小城镇户籍的服刑人员 1391 人（其中第二次及以上入狱的占 8.27%），社区服刑人员 1433 人，总计 2824 人。

1. 家庭矛盾纠纷与还迁政策之间存在冲突，疑难问题解决困难

个案：

东丽区金桥街服刑人员 WC：2010 年因故意杀人罪被判处有期徒刑 8 年，现在在李港监狱服刑。司法所干警在对其家庭进行走访中得知，WC 结婚 3 次、离婚 2 次，第三任妻子在其服刑前期也已离家出走，至今下落不明。由于 WC 经常赌博和搞男女关系，父母极其反对，家庭矛盾不断升级。致使其在 2010 年，想尽办法试图使其父母因煤气中毒身亡，由于其父母发现及时并报案，才免去杀身之祸，但是 WC 因此被判刑 8 年。WC 虽已婚多年，但是他和妻子的户口一直和父母在一个户口本上，根据金桥街小城镇建设房屋拆迁条例规定，WC 和其父母应共同分得一处楼房。由于 WC 的蓄意杀亲行为，其父母早已不敢和他一起居住，要求分成 2 个小户型房屋分开居住。但这又不符合拆迁政策规定，故其父母没有签订拆迁协议，还在原地居住。WC 一家拆迁安置如果不能得到解决，将为 WC 刑释后的帮教安置埋下隐患。

个案：

宁河县北淮淀乡监狱服刑人员 LY，入狱前因未达法定婚龄，按习俗结婚并生有一子。课题组调研了解到，当地小城镇建设土地地上物核实评估已完毕，房屋入户核实评估进行状态中，LY 虽然是监狱服刑人员，但是其征地补偿款已发放到位，但是依据拆迁还迁政策，其在房屋产权持有上相对于其他人，个人利益将会受到影响，其两周岁孩子因无户籍，也未能得到征地补偿款。

2. 个别刑期长的服刑人员，出狱后将成为"三无人员"

个案：

东丽区金钟街服刑人员 SKC：1980 年 2 月 27 日出生，父母早逝，无直系亲属，2009 年因抢劫罪被依法判处有期徒刑 18 年，现在杨柳青监狱服刑。SKC 60 平米左右的宅基地在 2003 年就以 400 元的价格卖给本村村民，金钟街启动新市镇还迁工作后，SKC 同其他村民一样享受待遇，已经领取了占地补偿款。但是，时隔多年 SKC 刑满释放后，其名下已经没有房产，而占地补偿款在其服刑期间已使用，又没有其他直系亲属，成为名副其实的"三无人员"（没有直系亲属、没有房屋、没有生活来源）。对于该类人员的帮教安置工作存在较大困难。

3. 外省籍刑释人员

课题组调研了解到，外省籍刑释人员在示范小城镇出租房居住，情况复杂，底数难以摸清。有黑社会性质组织靠吸收刑释流动人员发展壮大，刑释流动人员再犯罪已成为对社会治安和人民生命财产安全的重大威胁。以课题组在宝坻调研的传销个案为例：

个案：

近年来，宝坻新城海滨派出所辖区北台村一带常有非法传销人员活动①。在公安机关打击经济犯罪"破案会战"专项行动中，宝坻警方端掉非法传销窝点十余个，打击处理非法传销犯罪嫌疑人近百名，劝返传销人员数千人次。2014 年 4 月，赵某（男，42 岁，

① 根据天津市示范小城镇建设规划将原城关镇的 63 个村与原高家庄镇的部分村庄并入宝坻新城城区。该城区重点发展居住、商贸物流、都市工业等产业，建设成为天津市西部城镇发展带中部的重要节点和现代化新城。

山西省人,2009 年曾因诈骗罪入狱,2013 年刑满释放)与 17 名非法传销的主要组织者以宝坻新城出租屋为传销授课地点,对来自山西、贵州、安徽等地的传销人员进行"洗脑"教育。公安干警在街道、村委会的配合下,掌握了传销人员的人数、住所、上课地点等情况,同时,摸清了几名传销团伙头目的基本信息以及他们的活动轨迹。5 月 10 日将聚集在一出租房内正在上课的 60 余名非法传销人员全部抓获,当场收缴一批非法传销授课教材及授课黑板。经审理查明,参与传销人员多为十八岁至二十五岁、在校及刚毕业的年轻人,大多是被同学、朋友(网友)以找工作、做生意为名骗到宝坻从事传销的。

在天津市小城镇建设中对外省籍刑释流动人员缺乏有效的动态管控机制,在各种诱因的驱使下其再犯罪风险比较大,对这一犯罪高危人群的犯罪防控是当前犯罪预防中的难点。

(二) 完善刑释人员社会保障的建议

刑释人员是社会的特殊群体也是弱势群体,需要社会有专门配套政策予以保护的人群。如何采取积极有效的措施防控刑释人员再犯罪,对于促进社会稳定和谐具有十分重要的现实意义。基于对天津市 43 个示范小城镇刑释人员社会保障状况及其安帮工作的调研,提出如下几点建议。

1. 针对刑释人员制定专门的法律法规

针对刑释人员社会保障问题制定专门的社会保障法是完善这一制度的基础。《宪法》第四十五条,2004 年《宪法修正案》第二十三条,《监狱法》第三十七条都是关于刑释人员保障方面的法律条文,可以将它们视为国家对刑释人员社会保障权的确认,因此可将两法作为制定刑释人员社会保障专门法律规范的依据。从世界范围来看,继英国于 1862 年颁布《出狱人保护法》后,《重返社会法》(德国)、《犯罪者预防更生法》(日本)、《在监人重返社会法》(美国)、《更生保护法》(中国台湾地区)等推动了刑释人员社会保护立法在全球视域内的发展。2004 年我国中央八部委出台《关于进一步做好刑释解教人员促进就业和社会保障工作的意见》。在 2006 年 3 月全国召开两会期间,山西人大代表韩雅琴已提出制定出狱人保护法的议案。在出台出狱人保护立法方面,我国已有个别省制定了专门的地方性法规或规章。如广东省制定了《安置刑满释放人员和解除劳动教养人员的规定》,于 1994 年 3 月施行。浙江省制定了《归正人员安置帮教工作办法》,于 2002 年 10 月实施。笔者认为,我国制定一部专门的出狱人社会保护法势在必行,以立法的形式推进出狱人社会保障机制的完善;建议天津市出台《安置帮教刑满释放人员的规定》。

2. 加大政府对刑释人员社会保障工作的支持

目前,我国对刑释人员的社会保障工作,无论是投入的人力、财力,还是重视程度都很有限,不利于保障工作的开展。经费紧张,管理人员紧缺,都给刑释人员安置帮教工作带来很大难度。鉴于政府对保障公民享有社会保障权负有不可推卸的责任,对处于弱势地位的刑释人员而言,应该承担起刑释人员的职业技能培训、就业指导服务和就业岗位信息指导和扶持发展刑释人员过渡性安置企业以及提供失业、医疗、养老的社会保险等工作。吉林监狱试点实行的为在押人员办理生活保险的工作,极大地降低了刑释人员再犯罪率,值得我市借鉴。2008 年天津市东丽区政府出台《关于做好刑释解教特困人员临时救助工作的试行办法》，由财政出资给予刑释解教特困人员首月救助的做法，值得推广。

3. 基层司法所对刑释人员推行个性化的保护方案

刑释人员在家庭、财产、健康、心理等方面所存在的差异性，要求我们不断创新刑释人员保护方法，完善刑释人员社会保护的内容，推行个性化的保护方案，满足刑释人员社会保护工作的需求。在具体方法上，可采用"定点式保护"与"跟进式保护"。"定点式保护"主要针对"三无"申请者（无家可归、无亲可投、无业可就），其主要特点是刑释人员保护机构为申请者提供住所及其他基本生活保障，并在保护中发挥主导作用，即主要由刑释人员保护机构确定保护内容。"跟进式保护"则适用于其他申请者，其主要特点是刑释人员自己解决居住场所，刑释人员保护机构主要依据刑释人员申请保护的内容为其提供相应的保护，在保护工作推进中根据刑释人员的具体情况为其提供相应的保护建议。在保护内容上，可以划分成物质、医疗、就业、升学、法律援助、心理咨询等几大类，在每一大类中再细化为若干类型，并尽可能明确每一类型的保护条件，既要给予刑释人员必要的保护，又要防止因过度保护而产生的不利影响。

4. 提升刑释人员社会保护的社会化程度

政府应更多地通过授权于民间社会保护力量或通过政府购买服务的形式让更多的社会力量参与刑释人员社会保护事业，如可以发起建立"出狱人社会保护协会"这一社会组织或民间组织，广泛鼓励、吸收民间力量组织、参与这一工作，业务上接受司法行政机关的指导。民间组织由于没有权力色彩和强制因素，完全以仁爱互助之心参与刑释人员社会保护，对于促进刑释人员真正融入社会发挥着特殊的作用，同时也有助于弘扬宽厚、博爱的社会风气，推动社会管理创新，促进社会建设。在这一点上，国外的做法值得借鉴。"为了避免刺激出狱者，不宜以国家名义从事保护，最合适的莫过于由社会团体来担当这一职责。"（耿光明，2009：109）国外对刑释人员社会保护大多是由社会机构实施的。从我国的发展来看，国家也已确定了转变政府职能的战略，"小政府、大服务"是时代的趋势。因此，建议着力提升刑释人员保护的社会化程度，依托社会组织，加大民间的参与力度。

为促进刑释人员的社会融入，建议建立社会工作介入刑释人员社会融入的服务模式①。"社会工作"起源于西方的宗教慈善事业，以利他主义为指导，以科学的知识为基础，运用科学的方法进行助人服务活动（王思斌，2006：12）。西方国家对以预防犯罪、违法行为矫治为工作目标的社会工作者一般也称为"司法社工"。2003 年 8 月，在上海市政法委统一领导下，上海成立了 3 个专业社工社团——上海市自强社会服务总社、上海市新航社区服务总站、上海市阳光青少年事务中心，为吸戒毒人员、社区服刑和刑释解教对象、社区闲散青少年提供社会化帮教服务，政府则通过购买服务的形式，支持社会组织按照政府的委托和授权从事预防和减少犯罪工作。上海市的成功经验表明，司法社工制度是一项具有帮扶刑释人员与维护社会和谐稳定双重功能的社会制度，能有效解决刑释人员回归社会后脱管漏管和缺失关爱的现象。上海的经验值得借鉴。

----

① 社会工作是指遵循"助人自助"的价值理念，运用个案、小组、社区、行政等专业方法，以帮助机构和他人发挥自身潜能，协调社会关系，解决和预防社会问题，促进社会公正为职业的专业工作者。

司法社会工作在我国是一个新生事物、新兴职业,需要政府重视、引导和扶持。天津市应当积极引导和规范社会力量进入司法社会工作领域,促进司法社工从以下几方面参与刑释人员再犯罪预防:1.开展前期介入。刑释人员出狱后,往往不同程度地存在对社会的不适应感。因此,司法社工的早期介入显得尤为必要。首先是建立刑释人员帮教档案,录入相关信息;其次,指定司法社工负责跟进,在全面评估、熟悉个案特征的基础上拟定帮教方案,通过个性化帮教消除刑释人员的排斥情绪和对社会生活的不适应感;最后,针对就业无门、生活无着的人员根据实际情况协助申请低保,或提供前期回归社会就业指导等司法社会服务工作,为其制订全面合适的过渡计划和目标。2.开展心理干预或辅导。受服刑影响,刑释人员往往会受到他人和社会的歧视,加上可能遇到的生活困难等,会给他们的心理以很大打击。司法社工可根据每一名刑释人员的个性特征和心理状况采取不同的针对性措施,运用平等、尊重、接纳、注重教化等社会工作的理念和方法帮助他们克服不良心理,培育健康的人格,树立起重新融入社会的信心,从源头上消除他们重新犯罪的可能。3.开展就业指导。实践证明,刑释人员重新犯罪与其释放后就业无门、缺少生活来源和精神寄托紧密相关。随着社会的发展,社会工作的技术含量、文化水平要求越来越高。这对于大部分无工作经历、无就业技能、无学历文凭、无技术职称且有前科污点的刑释人员而言,无疑是雪上加霜。因此,司法社工针对文化水平较低的刑释人员,要主动联系培训机构,给予职业培训,或寻找招聘信息,为他们创造更多的就业机会。对身体有残疾、陷入生活困境的刑释人员,则向政府安置帮教部门申请安置,帮助他们走出困境。4.实施技能培训。司法社工除了提供回归就业指导外,还要建立帮教培训基地,实施技能培训工程。一是通过创办过渡性安置实体或就业安置基地,安排无家可归、无亲可投、无业可就的刑释人员就业。二是要与社会培训机构联合建立就业技能培训中心,与社会资质考试并轨,制定减免培训费的优惠政策,有针对性地加强他们的劳动技能培训,提高其自身的劳动技能水平和适应社会的劳动能力。5.实行帮教质量评估。司法社工应对帮教的每一名刑释人员在帮教过程中的各个环节的效果进行评估,主要包括遵守法律、掌握劳动技能、社会交往、心理健康状态、就业情况等问题及行为危险性等,并进行纵向的阶段性比较,分析其进步情况与不足之处,根据评估结果,及时调整帮教措施,提出下一步帮教建议。

参考文献:

[1] 夏宗素,矫正教育学[M],法律出版社,2007。

[2] 翟中东,出狱人保护事业在当代中国社会的前景[J],犯罪与改造研究,2002.7。

[3] 王志强,刑满释放人员回归社会状态的分析[J],江苏警官学院学报,2004.6。

[4] 莫瑞丽,金国华,对刑释人员回归社会中的社会排斥分析[J],南都学坛,2008.3。

[5] 赵海林,金钊,充权:弱势群体社会支持的新视角:基于青少年社区矫正的研究[J],山东社会科学,2006.2。

[6] 陈树强,增权:社会工作理论与实践的新视角[J],社会,2004.4。

[7] [法]莱昂·狄骥,宪法学教程[M],王文利等译,沈阳:辽海出版社、春风文艺出版社,1999。

[8] 连春亮,论对罪犯的再社会化[J],许昌学院学报,2004.3。

[9] 钱宁,现代社会福利思想[M],高等教育出版社,2006。

[10] 李志鹏,张平,我国出狱人社会保护的理论基础新探[J],重庆科技学院学报,2010.20。

[11] 鲁兰,新时期我国安置帮教工作面临的挑战——监狱工作与安置

帮教工作衔接的视角[J],中国监狱学刊,2010.5。

[12] 黄京平,席小华,帮教安置工作的理论与实务[M],中国法制出版社,2008。

[13] 阎文青,论出狱人社会保护制度的完善[J],犯罪研究,2007.4。

[14] 冯卫国,对完善我国出狱人保护制度的思考[J],政法论丛,2003.3。

[15] 耿光明,罪犯处遇论[M],中国市场出版社,2009。

[16] 成志刚,杨平,论我国刑满释放人员社会保障制度的完善[J],北京师范大学学报(社会科学版),2008.2。

[17] 莫瑞丽,袁泽民,社会排斥视角下的刑释人员社会保障问题研究[J],求索,2010.10。

[18] 王思斌,社会工作概论[M],高等教育出版社 2006。

社会资本和社会排斥：刑释人员
回归社会的因素分析

吴鹏森　　石发勇*

摘　要：基于对1161名刑释人员的问卷调查，本文考察了他们回归社会过程中的促进和阻碍因素。研究发现，刑释人员群体的基本特征为年纪轻、男性居多、文化程度总体偏低。由家庭、邻居、同学和朋友等构成的私人关系型社会资本在该群体就业中发挥了较大的作用，是其回归社会的重要促进因素；而由安置帮教等相关部门构成的组织型社会资本在这方面的作用却不够明显。与此同时，刑释人员在就业、社会保障和人际关系方面都遭受到相当严重的社会排斥，使得他们中的一部分人生存状况堪忧，甚至在心理和情感上的基本需求都难以得到满足，从而对其回归社会正常生活构成了严重阻碍。

关键词：刑释人员；社会资本；社会排斥

* 项目来源：国家社科基金项目(编号13BSH081)中期成果。
作者简介：吴鹏森，上海政法学院应用社会科学研究院教授；石发勇，新加坡国立大学社会学博士，上海政法学院社会管理学院副教授。

改革开放以来,随着社会的急剧转型,我国进入了新的犯罪高峰期。相应地,每年都有大量的犯罪人员刑满释放。据司法部公布的数据显示,2013 年全国各地安置机关共接收刑释人员 60 余万人。这样数量庞大的人群,如果能够顺利回归和融入社会,将是经济建设的一支重要力量;如果不能顺利回归社会,则不仅会影响其本人的生活状况,还可能会影响社会的和谐稳定乃至公共安全。据对福建省监狱服刑人员中刑释人员所占比重的统计,无论是重新犯罪人员的绝对数还是所占的比重,近年来都呈逐年递增趋势。① 这说明我国刑释人员在回归社会方面遇到了严重的阻碍。本文主要对其回归社会的促进与阻碍因素进行初步探讨。

一　社会资本和社会排斥:刑释人员回归社会的推动和阻碍因素

实践证明,刑释人员在经历了一定的刑期后,要顺利回归社会,必须获得家庭、社会和政府的支持。换言之,社会资本可能促进其回归社会。"社会资本"是社会研究中的一个重要概念。在进行种族对于收入和流动机会之影响的研究中,经济学家卢里首先使用了这个术语,并用其指称那些内含于家庭或社区组织中并有助于青少年发展的社会资源。② 布迪厄、科尔曼和普特南等人则

① 黄国强:《刑释解教人员重新犯罪的心理原因及对策思考》,《福建论坛·人文社会科学版》2010 年第 4 期。

② Loury,Glenn,A dynamic theory of racial income differences. pp. 153—186 in P. A. Wallace and A. Le Mund, eds. , Women, minorities, and employment discrimination. Lexington, MA: Lexington Books,1977.

系统地发展了社会资本的概念和理论体系,他们所强调的主要要素是社会网络、规范、信任以及嵌置在互动关系中的资源。[1] 根据现有研究,社会资本可分为私人关系型和组织型。[2] 其中私人关系型社会资本镶嵌在以血缘关系、地缘关系和业缘关系为基础编织而成的各种社会关系网络中,如家庭、邻居、同学和朋友等。这种私人关系型社会资本在刑释人员回归社会进程中可能发挥重要作用。一方面,这些私人关系对于他们就业方面具有重要的作用。刑释人员要重新回归社会,最终要的是在经济上实现自立,以满足基本的生存需求。而在中国社会,私人关系作为最原始的"强联系",依然是成本最小的就业信息获取的重要渠道;另一方面,私人关系的恢复和重建对刑释人员心理上重新融入社会可能具有重要的作用。每个人都有感情需求和尊重需求,都渴望得到他人的爱和尊重。正常人际关系的建立则是满足这些需求的主要渠道。与私人关系相比,组织的功能在于整合分散的资源或力量,发挥单个成员所不能发挥的作用。[3] 组织型社会资本对于刑释人员重新回归社会也可能具有重要意义。刑释人员刚刚走出监狱时,由于已经与社会有了较长时间的脱离,在重新生活、尤其是就业方面会面临各种困难。如果有组织能够给予相应帮助、尤其是就业培训和择业指导,无疑能有力促进刑释人员恢复正常生活。实际上,为了帮助刑释人员,我国建立了比较健全的安置帮教制度,要求刑释人员户籍所在地的基层政府和相关组织不但要对刑释人员进行管理

---

[1] Winter, I. , Towards a Theorised Understanding of Family Life and Social Capital, Australian Institute of Family Studies, 2000.

[2] 参见赵立新《社会资本与农民工市民化》,《社会主义研究》2006 年第 4 期;刘丽,《新生代农民工"市民化"问题研究》,《河北经贸大学学报》2012 年第 5 期。

[3] 参见刘丽《新生代农民工"市民化"问题研究》,《河北经贸大学学报》2012 年第 5 期。

和教育，而且要帮助他们解决在生活和心理等方面遇到的困难和问题。这些相关基层组织就成为刑释人员重新融入社会的组织型社会资本。

在现有的文献中，很少有人研究从社会资本视角考察刑释人员回归社会的促进因素。相反，大多数相关研究都致力于分析社会排斥对他们回归社会的阻碍作用。"社会排斥"是在研究贫困问题的过程中出现的一个重要概念，研究者们对其具体定义也有着激烈的争议。[①] 简单而言，这一概念是指某些个人、家庭或社群缺乏机会参与一些普遍认同的社会活动，从而被边缘化或被隔离的系统性过程，包括政治、经济和文化各个方面。[②] 现有研究发现，在世界上很多国家，刑释人员回归社会时都会面临多方面的社会排斥，主要表现在以下几个方面：

1. 就业排斥。拥有一份工作并获得劳动报酬是个人在社会生存的基础，也是刑释人员回归社会面临的最主要难题。我国实行市场经济后，国家对刑释人员的就业安置政策发生了相应改变，从计划体制下依靠行政力量安置就业，转变为现在的市场化就业安置。但由于刑释人员本身就业竞争力不强，再加上社会歧视和一些特定行业就业门槛的制度性限制，导致他们的就业面临很大困难。[③] 刑释人员就业难问题在西方发达国家也相当严重。有研究检视了美国刑释人员获取经济保障的过程，包括他们如何满足基本物质需求以及在较长的时间段内实现向上流动。结果发现刑

① 景晓芬，《社会排斥理论研究综述》，《甘肃理论学刊》2004年第2期。
② 石彤，《社会排斥：一个研究女性劣势群体的新理论视角和分析框架》，转自王思斌《中国社会工作研究》第一辑，社会科学文献出版社，2002年。
③ 莫瑞丽、金国华，《对刑释人员回归社会中的社会排斥分析》，《南都学刊》，2008年第3期。

释人员在找工作时面临难题，很难获得公共支持，以至于他们在经济上面临很大困难。[1] 在德国，虽然刑释人员拥有相对坚实的法律地位，宪法保证其再社会化的权利，尤其重视保护其人格权。对相关犯罪记录的查阅也有严格的规定，私营部门尤其是雇主很难获得这些信息，以保证刑释人员再就业时不会受到歧视。但在实践中，实际上很多政府部门都可以获取这些记录，从而使得相关信息很容易泄露；尤其欧盟内部也可交流这些信息，使得情形变得更加严重。这种情形使得刑释人员在就业时遇到很多困难。[2]

2. 社会保障排斥。广义的社会保障包括就业在内的综合性生活保障，而狭义的社会保障指就业之外的医疗、住房、养老和最低生活保障等方面的社会保险和社会救助。根据现有研究，除了就业难之外，刑释人员在其他方面的社会保障也面临着严重不足。有调查发现，我国很多地方绝大部分刑释人员在出狱后没有办理社会保险，这在很大程度上反映了刑释人员权利保障的缺失。[3] 英国的有关研究也揭示了刑释人员普遍面临的住房困境。尽管该国政府采取了一些措施解决这个问题，但成效仍不明显。最主要的是房东们都不愿租房给刑释人员，主要是顾虑他们给社区安全带来威胁。[4]

---

[1] David J. Harding, Jessica J. B. Wyse, Cheyney Dobson, Jeffrey D. Morenoff, Making Ends Meet after Prison: How Former Prisoners Use Employment, Population Studies Center Research Report 11—748, Dec, 2011.

[2] Christine Morgenstern, Judicial Rehabilitation in Germany—The Use of Criminal Records and the Removal of Recorded Convictions, European Journal of Probation, Vol. 3, No. 1, 2011, pp. 20—35.

[3] 马涛、张昆、李向、周科、李超：《刑释人员社会保障问题调查研究》，《群文天地》2011 年第4 期。

[4] Allison Harding, Jamie Harding, Inclusion and exclusion in the re-housing of former prisoners, Probation Journal: The Journal of Community and Criminal Justice, Vol 53 (2): 137—153.

3. 家庭和人际交往排斥。家庭不但是组成社会的基本单位,而且也是为个人提供经济和情感支持的最重要的首属群体。但刑释人员因为曾经的犯罪行为给家庭带来了经济、名誉和情感上的伤害,往往与家庭成员之间关系紧张,在出狱后也可能受到后者的排斥。此外,由于曾经犯罪和服刑,几乎所有刑释人员与其他群体包括邻居、同学和朋友的人际交往都会经历很多的变化,往往难以被其他群体信任和接纳。以往的交往圈基本解体,新的交往圈又难以建立。这种家庭和社会在人际关系上对于刑释人员的排斥使得后者很难融入正常的社会生活,从而容易导致自暴自弃的心理和行为。[①]

以上这些研究尽管对刑释人员所遭受的社会排斥进行了比较深入的考察,但这些研究大多局限于定性分析,较少有实证研究和定量调查数据的验证。本研究将通过问卷调查,分别从社会资本和社会排斥两方面考察推动和阻碍刑释人员回归社会的主要因素。

二　资料来源与样本构成

本研究的资料来源于作者 2013 年对上海、江苏、安徽三省市的三个城市进行的刑释人员问卷调查。调查分别在三个城市各选择了一个区进行,这三个区都属于城郊结合部,既有城市户籍,也有农村户籍,以农村户籍为主。在上海和安徽,调查是通过所在区

---

① 莫瑞丽、金国华:《对刑释人员回归社会中的社会排斥分析》,《南都学刊》,2008 年第 3 期;莫瑞丽、袁泽民,《刑释人员人际交往中的社会排斥研究》,《青海社会科学》2012 年第 5 期。

的基层司法所进行的,因而回收率较高;而江苏是通过邮寄的方式直接与调查对象进行联系,回收率相对较低。但是,直接联系也有一定的好处,就是那些希望被关注的调查对象除了认真填写问卷外,有的还写下了自己的留言,提出自己的想法和要求,特别是有的调查对象还另外专门写来长信,详细介绍自己或自己家庭的相关情况及对于国家政策的期待与要求。

在被调查的刑释人员中,男性占绝大多数,占 86.1%,女性占 19.3%。从婚姻状况看,未婚单身者占 18.3%,未婚同居占 4.8%,已婚者占 58.9%,离婚者占 17.1%。从文化程度而言,小学及以下者占 15.0%,初中占 47.0%,高中占 27.1%,大专以上为 10.9%。从年龄结构看,这些刑释人员出狱年龄 18 岁以下占 0.7%,18—30 岁占 32.4%,31—45 岁占 39.1%,46—60 岁占 15.9%,61—76 岁老年人只占 1.9%;综合来看 45 岁以下青壮年占绝大多数,合计比例高达 82.2%。刑释人员人群的总体人口特征是男性为主,年龄较轻,文化程度总体偏低,婚姻家庭生活不正常比例较高。

该项研究是对刑释人员社会安置与社会保障进行的综合性调查研究,本文主要围绕刑释人员回归社会过程中的社会资本与社会排斥问题进行的专题分析。

三　研究结果

(一) 社会资本与社会支持

人们在社会上生活,总会遇到各种困难和问题。当个人在遇到生活困难时，如果依靠自己的力量和资源难以解决，只能寻求他人或组织的帮助。这种个人能够求助的私人关系或组织，就分别构成了其私人关系型社会资本和组织型社会资本。在我们的调查中，当被问及"您在生活中遇到了困难一般会向谁求助"时，刑释人员中有74.6％选择了家人、亲戚和朋友，而选择居（村）委会和上级政府的只占15.7％；这说明私人关系型社会资本在其社会支持中发挥着主要作用，而组织型社会资本发挥作用不是很大。

　　鉴于刑释人员在回归社会时面临的最大问题是就业问题，我们重点考察了社会资本在这一问题的解决中发挥的作用。就业是刑释人员经济自立的前提，也是他们获得社会认同和建立社会自信心的必要条件。由于此前的监禁中断了刑释人员的就业历程，当监禁结束后，他们中的大多数人都会面临重新就业问题。因此，刑释人员的就业问题不仅关系到他们自身能否顺利回归和融入社会，而且关系到社会的和谐与稳定。然而，由于种种原因，刑释人员普遍面临就业难问题，因而需要家庭、社会和政府之间紧密协作，建立广泛的社会支持网络。① 由此可见，这种家庭、社会和政府协作建立的社会支持网络既包括私人关系型社会资本，也包括组织型社会资本。我国相关法规也要求刑释人员户籍所在地的基层政府和相关组织帮助他们解决在生活和心理等方面遇到的困难和问题。因此，在刑释人员就业问题解决过程中，可能发挥作用的不仅包括由家庭和亲友等为基础形成的私人关系型社会资本，而且包括由原就业单位、帮教安置部门为基础形成的组织型社会资本。但我们的调查发现，在被问及职业技能的获

① 莫瑞丽、袁泽民：《一个被忽视群体的就业问题》，《城市问题》2011年第6期。

得途径时,只有 4.8% 的刑释人员表示是由"监狱培训的"。在被问及"刑释后,有关部门对您有过什么样的就业援助"时,尽管多数刑释人员(60.9%)表示有过"择业咨询及指导"和"就业技术培训",或者"帮助解决过就业遇到的具体困难",但也有 39.1% 的人表示"没有帮助"。进一步,就这些就业援助的实际效果而言,刑释人员认为其作用"非常大"和"比较大"的比例只占 24.0%,将近一半的人含蓄地表示作用"一般",还有 27.5% 的人直接表示作用"比较小"或"基本没作用"。下表则进一步展示了安置帮教的实际效果。

表 1　刑释人员就业途径 单位:%

就业途径	原单位安置	户籍所在地安置	帮教部门安置	亲戚或朋友介绍	自己找的	自己创业	其他
比例 (n=865)	5.8	4.3	7.3	16.3	49.8	11.1	5.4

从表 1 可以看出,由于当前实行市场经济体制,刑释人员的就业主要依靠自身。在成功实现就业的刑释人员中,"自己找的"和"自己创业"比例合计高达 60.9%,这实际上也是我国就业高度市场化的一种表现。但是,本表也显示,成功就业的刑释人员中有 16.3% 是通过亲戚或朋友介绍的。这说明该群体在就业过程中,私人关系型社会资本仍然发挥着非常重要的作用。相比较而言,通过原单位、户籍所在地和帮教部门安置的比例都很低。对数据的进一步分析发现,被捕前从事管理和技术工作的刑释人员中,获得原单位安置的比例相对较高,分别为 16.7% 和 11.3%。但无论被捕前就业状况如何,释放后获得户籍所在地安置和帮教部门安置的比例都很低。这说明在解决刑释人员就业问题上,组织型社会资本发挥的促进作用非常有限。

(二) 社会排斥与就业

尽管部分刑释人员在就业中受到来自于亲友的关系网和相关组织的帮助,但他们中的更多人只能依靠自己,还有相当多人难以实现就业。这说明刑释人员在就业中遇到了很大的困难和排斥。我们的调查数据显示,刑释人员中表示找工作"很难"的比例为30.3%,"有点难"的比例为46.0%,合计比例高达76.3%,表示"较容易"和"很容易"的合计比例只有3.7%。由此可见,对于绝大多数刑释人员,就业都是一个难题。进一步分析发现,不同类型的刑释人员就业难度也存在较大差异。

表2　刑释人员就业基本状况　　　　单位:%

		现在所从事的工作类型				合计
		管理类工作	技术类工作	体力类工作	无工作或打零工	
被捕前所从事的工作类型	管理类工作	63.6	7.1	5.0	24.3	100.0
	技术类工作	4.8	75.9	9.7	9.7	100.0
	体力类工作	2.8	7.1	66.0	24.1	100.0
	无工作或打零工	2.0	4.8	17.3	75.9	100.0
	合　计	10.9	15.6	26.4	47.2	100.0

表2显示,刑释人员中被捕前从事管理、技术工作或体力工作的,多数人释放后仍然能够找到相关工作岗位,其比例分别达到63.6%、75.9%和66.0%。尤其是技术工作人员,因为拥有一技之长,释放后在就业上基本不存在问题。面临着就业难题的,主要是被捕前就无工作或打零工的刑释人员。进一步分析数据发现,被捕前无工作或打零工的刑释人员中41.7%的人被捕罪名是抢

夺、抢劫、盗窃和诈骗等针对财产的犯罪,而被捕前从事体力工作的刑释人员中有 39.7％的罪名也是上述针对财产的犯罪。进而,调查数据也显示因为财产犯罪的刑释人员获释后无工作或打零工的比例高达 48.9％。由此可以推断,很多刑释人员被捕前因为职业技能低下而难以找到工作,可能因为生计原因而施行针对财产的犯罪行为。这些人在刑满释放后仍然面临着难以找到工作的困境,因而很可能因为生计原因而再次犯罪。鉴于刑释人员被捕前从事体力工作、无工作或打零工的比例高达 72.0％,可见他们面临的就业问题十分严重。

当被问及找工作难的原因时,刑释人员们认定的最主要三个因素包括"没有文化(或学历低)"(62.1％)、"没有技术"(55.7％)和"过去不光彩的经历"(31.8％)。前两个因素主要集中在被捕前从事体力工作、无工作或打零工的人员身上。数据分析也发现,在目前无工作或打零工的人员身上,认为自己掌握有一定职业技能的比例只有 18.6％,而认为自己没有职业技能的比例高达81.4％。因此,对于该群体而言,他们被捕前就因为这些因素而难以找到像样的工作,现在再加上"过去不光彩的经历",导致就业尤其困难。

(三) 社会排斥与社会保障

在就业上遇到严重的社会排斥后,刑释人员要满足基本的经济需求,只能依靠社会保险和社会救助。但是,调查发现,他们在此方面也遭受比较严重的社会排斥。根据调查数据,刑释人员中没有任何社会保险的比例高达 25.8％。他们中有 7.9％明确表示自己在参加各种社会保险方面遇到不公。具体到各种社会保险项目而言,有 13.9％的刑释人员报告说释放后有过需要救济而没有得到救济的情况;9.5%的人报告说在释放后有过应该享受低保而没有得到低保的情况;还有5.7%的人报告说在释放后有过应该参加社会保险但却不被允许参加社会保险的情况。这种社会保障权利的缺失使得很多刑释人员相当不满。在对自己目前享受的社会保障状况进行评价时,他们中有20.6%表示"不满意"或"很不满意"。实际上,刑释人员社会保障不足使得他们中的很多人面临生活困境。在被问及"您认为自己目前最迫切需要的保障项目是什么"时,报告最需要"医疗保障"的比例为28.2%,报告最需要"养老保障"的比例为25.3%,还有15.9%报告当前最需要"最低生活保障",这说明这部分人员已经面临基本的生存问题。进一步分析发现,不同类型的刑释人员在社会保险方面面临的状况也有很大差异。

表3 刑释人员社会保障基本状况　　　　单位:%

		有无保险		合计
		有	无	
现在所从事的工作类型	管理类工作	91.0	9.0	100.0
	技术类工作	87.8	12.2	100.0
	体力类工作	82.9	17.1	100.0
	无工作或打零工	61.5	38.5	100.0

交互分析发现,在社会保障方面遭受严重社会排斥的,仍然主要集中在目前从事体力工作、无工作或打零工的刑释人员中。这两类群体中没有任何社会保险的比例分别达到17.1%和38.5%。

(四) 社会排斥与人际关系

刑释人员如想全面回归社会,不但要正常就业和获取各种社会保障,以满足经济需求,而且需要和其他人群正常交往,满足精神需求。实际上,刑释人员回归社会的过程,就是脱离了监禁所形成的特殊环境,进而再社会化的过程。那么其相关的首属群体包括家庭、邻居以及同学、战友或朋友可能在这一过程中发挥重要的作用。因此,本调查也检视了他们和相关群体的人际关系状况。

表 4　刑释人员人际关系基本状况　　　　单位:％

	和以前一样亲密	疏远很多,但还能被对方接纳	很难被对方接纳
家　人	65.0	31.7	3.3
同学、战友或朋友	51.3	42.1	6.5
邻　居	55.4	33.6	11.0

从上表可以看出,刑释人员在人际交往上,也遭受到程度不等的排斥。虽然他们中的多数人认为家人还和以前一样亲密,但也有 31.7％承认已经和家人疏远很多,还有极少一部分(3.3％)表示很难被家人接纳。进而,刑释人员在与邻居、同学、战友或朋友们的交往中遭受的排斥更为严重。交互分类统计发现,从事体力工作、无工作或打零工的刑释人员在人际交往中面临的困境更大。尤其是无工作或打零工的刑释人员,他们中有 4.9％报告说"很难被家人接纳",8.9％报告说"已经没有朋友了",还有 16.1％报告说和邻居"基本不来往了";该群体中甚至有 2.0％同时和家人、朋友和邻居处于绝交状况。对于这些人士而言,已经陷入没有工作、没有社会保障和没有任何社会支持网络的绝望境地。

(五) 社会资本和社会排斥的综合效应

上文分别就刑释人员在回归社会过程中所受的社会资本和社

会排斥进行了逐一考察。那么,这些因素对于该群体产生何种综合效应是进一步需要检视的问题。为了考察刑释人员的社会融入度,我们也调查了他们对自己目前总的生活状况的满意程度。如果一个刑释人员对自己目前总的生活状况的满意程度越高,说明他/她的再社会化过程越顺利,就越能正常回归社会生活。相反,如果其满意程度越低,说明他/她回归社会面临着更多的阻碍,因而使得其生活状况越糟,进而有可能导致其重新越轨或犯罪。

　　数据分析显示,尽管近一半的刑释人员对自己总的生活状况表示满意,但明确表示不满意的比例也高达 23.0%。进而,我们就刑释人员的生活状况满意度与可能的主要影响因素之间的联系进行了回归分析。具体而言,我们以其生活状况满意度为因变量,采用 OLS 回归分析的方法,同时用社会资本和社会排斥以及其他社会经济因素去解释其满意度差异。结果将显示是否刑释人员的生活状况满意度受社会资本和社会排斥或其他因素的影响。因为刑释人员的人际关系的三个问题答案彼此相关(分别为 $r=0.59$、$r=0.58$ 和 $r=0.66$),为了清晰地刻画出刑释人员人际关系方面的综合社会排斥状况,我们将其整合为一个人际关系指数。双变量相关分析结果显示,所有的相关系数都在同一方向,并在 0.01 的水平上呈统计显著。这三个问题与人际关系指数间的相关关系分别是 0.73、0.83 和 0.82。回归分析结果如下。

表5　社会资本和社会排斥的效应

Model		Unstandardized Coefficients		Standardized Coefficients	t	Sig.
		B	Std. Error	Beta		
1	(Constant)	2.106	.304		6.935	.000
	性别	−.089	.079	−.031	−1.124	.261

（续表）

Model		Unstandardized Coefficients		Standardized Coefficients	t	Sig.
		B	Std. Error	Beta		
1	年龄	−.005	.003	−.049	−1.659	.098
	文化程度	.034	.030	.034	1.130	.259
	服刑期限	.012	.012	.027	.974	.330
	现在所从事的工作类型	−.079	.029	−.082	−2.702	.007
	有关部门的就业帮助	−.049	.027	−.053	−1.844	.066
	找工作难度	.133	.037	.107	3.560	.000
	社会保障满意度	.564	.032	.537	17.354	.000
	人际关系指数	−.091	.018	−.157	−5.068	.000

因变量:对自己目前总的生活状况满意程度

表5显示,刑释人员的生活满意度与个体因素中的性别、年龄、文化程度及其服刑期限都无显著关系,而与其工作状况显著相关。这证实了就业是他们回归社会的重要影响因素。但该表显示,刑释人员生活满意度却与有关部门的就业援助无显著相关,这说明就目前而言,由有关部分就业援助形式表现出来的组织型社会资本对于其生活状况改善乃至社会融入没有发挥显著作用,这也印证了前文中关于刑释人员就业只有很少人系由原单位和安置帮教部门所安置的发现。另外,该表显示,刑释人员在就业、社会保障和人际关系方面遭受的社会排斥都与其生活满意度显著相关。如果这些方面的社会排斥状况不改善,该人群在回归社会时面临着多重阻碍因素。

四　简要结论

通过对 1161 名刑释人员的问卷调查,本文考察了其回归社会的促进和阻碍因素。调查发现,刑释人员群体的基本特征为年龄轻,男性居多,文化程度总体偏低,婚姻家庭生活不正常比例较高。由家庭、邻居、同学和朋友等构成的私人关系型社会资本在他们解决就业问题中发挥了较大了的作用,进而成为其回归社会的重要促进因素。但由安置帮教等相关部门构成的组织型社会资本在此方面发挥的作用不够显著。刑释人员在就业、社会保障和人际关系方面都遭受到相当严重的社会排斥,这使得他们不但生存状况堪忧,而且在心理和情感上的基本需求都难以得到满足,严重阻碍了其回归社会正常生活。遭受社会排斥最严重的,是刑释人员中无工作和打零工群体。该群体缺乏文化和技术,再加上犯罪入狱的不光彩经历,获释后难以就业,面临着严重的生活困境,其中少数人几乎处于绝望的境地。由于本研究中能够取得联系的刑释人员基本上都有固定的住所,说明其生活基本稳定,而那些无法取得联系的居无定所的刑释人员,在就业、社会保障和人际关系方面所遭受的社会排斥应该更为严重。

边缘、回归与融合：社区矫正假释人员的社会排斥问题

金碧华*

摘　要： 假释是附条件提前释放的一种刑罚变更执行制度。假释人员是指已经在监狱内执行部分刑罚（有期徒刑、无期徒刑）剩余刑期在社区执行的罪犯。假释人员回归社会以后其未被剥夺的合法权利仍然受到法律的保护。然而在现实生活中，假释人员却面临着"法律剥权"和"社会性失权"的双重困境，特别是来源于制度、经济、社会关系、文化以及心理层面等社会排斥，使得他们在融入社会的过程中步履艰难。因此，有必要建构包括法律政策、社区和社会组织以及个体层面在内的假释人员"多层互补"的社会支持网络，为假释人员提供多种形式的援助和支持，以促进假释人员顺利回归社会。

关键词： 边缘；回归；融合；社区矫正；假释人员；社会排斥

---

* 金碧华，男，1978年6月出生，浙江理工大学法政学院副院长，副教授，硕士生导师，主要研究犯罪社会学、矫正社会工作。

一　问题的提出

社区矫正是以社区为基础并通过社区矫正罪犯的制度，是教育刑理论、刑罚轻缓化以及"宽严相济"刑事政策在刑事司法实践中的又一重大体现。假释是指被判处有期徒刑或者无期徒刑的犯罪分子，在执行了一定时间的刑罚之后，如果认真遵守监规，接受教育改造，确有悔改表现，不致再危害社会的，司法机关将其附条件地予以提前释放的一种刑罚执行制度。假释人员特指在监狱内执行部分刑罚（有期徒刑、无期徒刑），剩余刑期在社区执行的"罪犯"。自社区矫正试点工作以来，在社区中接受教育感化的假释人员人数剧增。一组数据：2002 年全国被假释的罪犯为 20781 人；2003 年全国被假释的罪犯为 22178 人；2005 年全国被假释的罪犯为 23550 人；2006 年全国被假释的罪犯为 20254 人；2007 年，全国假释的罪犯为 20939 人（金碧华，2014：1）。与此同时，回归社会后的假释人员又不得不面临尴尬和两难的现实问题：一方面需要接受强制性的再社会化，"重新做人"，遵守法律法规，接受教育改造，不断适应社会的规范要求；另一方面，作为自然人的假释人员却因为被强制性的"污名化"和"烙印化"而处于不断被"消权"和"失权"的窘境。正如卡斯东·期特法尼所言："刑事政策极其严重的困难之一是，我们尽力使犯罪人能够适应社会，其本人也恢复了信念，尽管如此，这些人却发现对他们的真正惩罚是在他们走出监狱之后才开始的，社会专门排斥他们，使他们的全部生活都由犯罪打上了烙印"（卡斯东·期特法尼，1998：208）；德国犯罪学家施奈德说："一成不变和几乎是无法取消的烙印会牢牢地把犯罪人封闭在犯罪生涯里，于是他再也看不到摆脱的希望。"(施奈德,1990:578)为了能够让自己更好地适应新的社会生活,假释人员必须以积极的行动争取更多的社会信任和社会资源。然而,现实生活的残酷和假释人员日益被边缘化却是一个不争的事实。大多数社区矫正假释人员回归社会以后多面临社会关系的断裂和社会生活的解构。他们试图并努力摆脱监禁"梦魇",极力争取获得包括户籍、就业、住房、收入、家庭生活、医疗、社会关系等各种资源。但是,他们发现在现实生活中遭遇了各种结构性限制和多向度的社会排斥,包括制度排斥、经济排斥、社会关系排斥、文化排斥和心理排斥等。这些排斥相互缠绕,相互加强,或明或暗地影响着假释人员的生活,不断地将其排斥于社会主流群体之外,使他们处于一种被隔离、被孤立的状态,成为日益孤独、无援的社会弱势群体。有鉴于此,本文将着重探讨社区矫正假释人员回归社会后面临的社会排斥的多维表现,并提出通过建构"多层互补"社会支持网络来消除社会排斥的对策和建议。

二 社会排斥的向度:理论基础和分析框架

社会排斥理论提供了一个对社区矫正假释人员研究的新视角。最先明确提出这一概念的学者是法国的勒内·勒努瓦。他认为受排斥者应该包括精神和身体残疾者、自杀者、老年患者、受虐儿童、药物滥用者、越轨者、单亲父母、多问题家庭、边缘人、反社会的人和社会不适应者(阿马蒂亚·森,2005:1)。斯尔维则认为社会排斥主要指个人与社会整体之间关系的断裂,其概括了关于社会排斥的著名三个范式,即团结范式、专业化范式和垄断范式(Silver,1995);英国政府"社会排斥办公室"指出:"社会排斥作为一个简洁的术语，指的是某些人们或地区受到的诸如失业、技能缺乏、收入低下、住房困难、罪案高发的环境、丧失健康以及家庭破裂等等交织在一起的综合性问题时所发生的现象"(Social Exclusion unit,2001)；李斌认为，社会排斥理论主要研究社会弱势群体如何在劳动力市场以及社会保障体系中受到主流社会的排挤，而日益成为孤独、无援的群体，并且这种排斥如何通过社会的"再造"而累积与传递(李斌,2002:106)；石彤认为，社会排斥是指某些个人、家庭或社群缺乏机会参与一些社会普遍认同的社会活动，被边缘化或隔离的系统性过程(石彤,2002:117)。目前国内外学者对于社会排斥的理解众说纷纭，莫衷一是。当然，一般意义上我们认为社会排斥是指由于经济、政治、社会和文化等方面的原因，制度机制系统化地拒绝向某些社会群体提供资源，使之不能完全参与社会生活，因社会制度安排等原因而被推至社会结构的边缘地位的机制过程(唐钧,2002)。本文具体指代假释人员在社区矫正期间在一定程度上被排斥在社会主流之外，不能获取正当的经济、政治、公共服务等资源的过程或状态。

　　社会排斥亦是一个多元化的概念。作为一种社会问题，社会排斥具有不同的表现领域，或者具有不同的向度。皮斯对社会排斥向度的划分具有划时代的启发意义，他提出了 15 种具体的社会排斥类型，包括：社会边缘化；新贫困；非物质性的劣势；被"最低限度生活方式"排斥；文化排斥；家庭和社区排斥；剥夺；被工作关系排斥；经济排斥；被劳动力市场排斥等(丁开杰,2012:17)；阿马蒂亚将社会排斥界定为功能失灵，并且把社会排斥区分为"建构性排斥"与"工具性排斥"两种类型(阿马蒂亚·森,2005:4)。总体上，多数研究者在对社会排斥的理解更多地体现了多维度性的特征。我们赞成"五分法"观点，即社会排斥分成制度排斥、经济排斥、文化排斥、社会关系排斥和心理排斥五种类型(宁德强,2011)。制度排斥是指"由政府或组织在制定制度的过程中所造成的,是一种政策制定导向本身所引起的,还有一些是无意识的政策失误或是不当政策导向,抑或政策缺失以及实施欠缺所引起的,并且这种排斥受到国家政策、法律、社会习俗的广泛认可。"(景晓芬,2004:21)经济排斥是指个人和家庭未能有效参与生产、交换和消费等经济活动;社会关系排斥是指一部分社会成员由于社会关系纽带的断裂而无法参与到正常的生活中;文化排斥是指社会中存在着一些主导性的价值和行为模式,那些追随和表现出不同模式的人会受到排斥;心理排斥是指由于人们社会地位的不平等使得一部分人对另一部分人在心理上产生厌恶和形成心理隔膜的过程。在这里,多重社会排斥现象的存在更多地表达了一种信号,"劣势地位导致某些排斥,这些排斥又导致更多的劣势和更多的社会排斥(最终形成持久的多重劣势)"的"一个动态过程",它导致社会纽带的断裂(杨团,2002:127)。

需要特别关注的是,本文关注的社区矫正假释人员重新回归社会,在恢复性重构社会支持网络过程中面临的社会排斥,既是一种建构性排斥,又是一种工具性排斥;既是一种积极排斥,又是一种消极排斥。实际上,它是因为社会基础性变迁、社会快速的转型,乃至社会结构的过度调整,使得社会特殊群体所能承受的压力突破最基本的社会标准,造成社会排斥内容和类型的连锁性或累积性反应。

三 回归之痛:社区矫正假释人员 社会排斥的主要表现

假释人员,一个权利状况特殊的社会群体。他们是一群"体制化"的人,既是"体制内"的人,也是"体制外"的人(金碧华,2009:76)。"体制内"是指特定标签和污名化的结果,意味着假释人员仍然受到国家公权力的强制干涉,而且这种强制干涉伴随着一系列的规范、训诫;"体制外"则指代假释人员在多数情形下与普通人无异,除了程式化的制度约束之外。同样,他们也会因为重新回归社会而受到生活世界变迁的冲击(金碧华,2007:3)。事实上,假释人员遭受到的社会排斥总体可归结为制度排斥、经济排斥、社会关系排斥、文化排斥以及心理排斥等五个向度。

(一) 制度排斥向度的主要表现

曼纽尔·卡斯特认为:"社会排斥是由社会制度和价值架构的社会标准中,某些个人及团体被有系统地排除于能使他们自主的地位之外。"(曼纽尔·卡斯特,2003:142)奈拉·卡伯在分析社会排斥的主体、客体和排斥途径时一指出,制度机制是社会排斥的主要动力,当制度机制系统化地拒绝对某些群体提供资源和认可,使之不能完全参与社会生活时,就导致社会排斥(丁开杰,2012:18)。罗杰斯把社会排斥和社会发挥功能的方式联系起来,认为不同的发展路径和宏观经济与结构调整策略意味着不同的社会排斥模式。介于经济和社会发展之间的制度性安排,决定着接纳或排斥两个完全不同模式的形成(黄佳豪,2008:99)。作为社会排斥的一个重要维度,可以说制度排斥是理解和解决社会排斥的根本性问题所在(潘泽泉,2009:14)。所谓制度排斥是指法律法规、政策、规章、纪律、风俗、习惯、文化心态等行为规则,在制度的制定、执行、参与、反馈等过程中对社会某群体、组织、个人或社会构成要素产生的压抑、排挤、资源和权利剥夺的现象(靳枫,2006:9)。由于制度制定本身导向的局限性或者缺憾,使得某些人群遭受到排斥并无法获得必要的社会资源的支持,在制度排斥的链条中,那些包含排斥性的制度和政策作用于社会中的弱势群体成员,使之陷入资源匮乏、机会不足和权利缺乏的三重境地。在社区矫正过程中,源于户籍和社会保障层面的制度排斥交错在一起,加剧了对假释人员的社会排斥,使得假释人员成为制度之外"飘荡的幽灵",无法在现有社会制度中寻求自己合法的身份和地位。

首先,制度排斥表现在户籍方面。户籍制度是一种提供就业、获取社会资源和社会保障的关联性资源。户籍制度"嵌入"到劳动就业、人事管理、住房分配、医疗保障和义务教育制度之中,对于假释人员的再社会化意义重大。从现实情况看,假释人员面临的户籍方面的问题最主要的还是特定时期制定的户籍注销制度而引发的一系列权利缺失如拆迁补偿、社会救济、健康保障等(为打击刑事犯罪,国家有关部门分别于 1958、1981、1983、1984 年规定或明确了对被判处徒刑、被决定劳动教养人员要注销户口)。如 1958 年制定的《中华人民共和国户口登记条例》规定:"被逮捕的人犯,由逮捕机关在通知人犯家属的同时,通知人犯常住地户口登记机关注销户口。"该规定在 2003 年 8 月 7 日公安部推出的 30 项便民利民新措施中被明确取消(规定"被判处徒刑、被决定劳教人员不再注销户口"),但对 2003 年之前被注销户籍的假释人员却有很大影响(主要发生在刑期较长,被判刑发生在 2003 年 8 月 7 日以前,且在异地执行,被注销城市户口的假释人员身上)。例如,在社会保障享受方面,由于包括社会保险、社会救助等在内的保障项目在申领过程中大多需要所在城市常驻户口证明,一旦假释人员不能及时申领到户口,这些社会保障也就不能取得。

其次,制度排斥表现在社会保障方面。主要表现在:(1)养老保险壁垒。养老保险对于已步入"老龄化"的假释人员来说非常重要。但事实上,由于犯罪,假释人员在回归社会以后申请养老保险屡遭门槛。有三种情况,一是犯罪前已开始足额缴纳养老金,假释后却因监禁羁押期间未按照国家规定按时缴纳养老金而无法补交或申领;二是退休人员被判刑后假释期间不能享受基本养老金调整待遇(按照犯罪前的标准很低);三是犯罪前未就业,假释后生活窘迫,生活无着落的假释人员在缴纳养老保险时显得有心无力;(2)医疗保险壁垒。现实中,医疗保险赖以存续的单位和个人共同缴纳的制度却因为假释人员就业过程中暂时性就业和非合同制的普遍存在而显得优势不再;部分没有工作和临时性工作的假释人员因为不符合医疗保险的标准而无法参加;单位效益不好倒闭或破产而没能按时足额交纳医疗保险金的假释人员,在短期内无法享受医疗保障;部分曾经做过公务员的假释人员则彻底失去"公费医疗"保障;(3)最低生活保障壁垒。虽然"被裁定假释的,并在社会上服刑的,在矫正期内,家庭生活困难且符合低保条件的,纳入最低生活保障范围",但由于制度执行的地域性(城市、农村),假释人员在享受最低生活保障方面差异较大,同时由于传统情结和政策执行过于苛刻(以家庭人均收入而非个人收入为标准对于假释人员来说要求过高),标准过高导致部分假释人员不能申请或申请过程中遭到刁难;(4)医疗救助壁垒。目前医疗救助制度多规定社区矫正对象发生的医疗费用不属于医疗救助的范围。现实中,部分可以纳入医疗救助范畴内的假释人员因为制度局限以及个体标签化而被排斥于医疗救助体系之外(金碧华,2009:76)。

（二）经济排斥向度的主要表现

经济排斥是指一定的社会成员或者社会群体被排除在一般社会成员或者社会群体获得经济资源的途径之外，以及经济条件和生活环境明显低于一般社会成员或者社会群体的状态和过程（熊光清，2008：16）。虽然社会排斥不能完全归结为经济因素，但很明显，经济方面的排斥是对弱势群体社会排斥的最重要的领域。经济排斥主要有三个指标：劳动力市场排斥、收入贫穷和消费市场排斥。假释人员所遭受的经济排斥主要表现为就业机会受到限制，不能顺利进入劳动力市场；收入低，或者处于长期失业状态；消费水平低，消费能力差，难以维持基本的生活需求。

在经济方面，劳动力市场排斥对于假释人员的打击更深。就业是大多数假释人员回归社会以后的最重要经济来源，然而现实与理想之间却大相径庭，实际情况是假释人员就业率偏低，就业质量不高，就业满意度低，自主就业或自主创业较少，社会信任度极低。从排斥结果来看，劳动力市场排斥又包括排斥出劳动力市场（exclusion from labor market）和劳动力市场排斥（exclusion within labor market）。排斥出劳动力市场多指假释人员"没有指望的长期失业"和"临时的或不安全的就业"；劳动力市场内部的排斥是指假释人员虽然有工作可做，但所从事的不是"好"工作，而是"差"工作（黄佳豪：2008：100）；从排斥性质来看，有劳动力市场体制内社会排斥和体制外社会化排斥（金碧华，2012：756）。体制内社会排斥对假释人员的影响主要是通过法律性排斥和政策性排斥将假释人员彻底地隔离于其曾经工作的单位，包括政府部门、国有企事业单位、私营企业、外资企业等，使之不断被边缘化。体制外劳动力市场排斥多指由于假释人员个人原因（年龄、健康状况、犯罪类型、知识、技能、能力、就业期望值、就业意愿、就业主动性、适应性、消极的自我认知和自我评价以及中国人的面子问题等）和社会原因（信任感、就业歧视、社会网络等）而不断陷入困境。事实上，在现实生活中，大多数重新回归社会的假释人员都受到了来自于体制外劳动力市场的排斥。例如，部分年龄较大的假释人员在求职过程中都因为年龄问题而被招聘单位拒绝；又如由于在专业上没有过硬的技术，或者在求职过程中没有一技之长，很多假释人员被拒斥于劳动力市场之外。

此外，基于劳动力市场排斥所引发的一系列恶性循环，假释人员在遭受劳动力市场排斥之后很大可能会被消费市场所排斥，收入的匮乏导致购买力不足，容易陷入贫困窘境。多数假释人员难以进入主流的消费市场，他们被称为所谓的"被排斥的消费者"（王巧玲，2008：25）。由于无法正常就业，或者长期处于失业或者低层次就业的状态，假释人员或其及家庭购买不起或经济拮据而限制使用必需的商品和服务，虽然能够购买一些必需品，但只能从诸如亲戚朋友、私人广告、街头摊贩和二手货市场等非正规消费市场上购买，消费层次很低，最为直接的一个后果就是贫困以及享受消费服务机会的减少。正如阿德尔曼在 1999 年英国贫穷和社会排斥调查的资料中发现，一些基本的生活用品（如煤气、电力、饮用水和电话等）往往被遭受劳动力市场排斥的家庭限制使用，并且他们也没有钱享受一些地方性服务（王巧玲，2008：25）。因此，大多数假释人员生活非常困难，陷入贫困境地，长期处于贫困的恶性循环中不能自拔，导致教育缺失、人力资本弱化，变得更加贫穷，越来越没有购买力。

(三) 社会关系排斥向度的主要表现

社会排斥是一个"关系"概念,意味着个人和群体在社会地位上被排斥出其他个人、群体乃至于整个社会。Littlewood Herkommer 用"由疏离造成的排斥"来表述社会排斥的关系层面,认为这个层面包括人们由于受到社会接触、社会关系和群体身份的限定和限制而成为边缘性的和被打上耻辱烙印(黄佳豪,2008:99);塞恩则进一步指出,排斥出社会关系亦会导致其他剥夺,由此会进一步限制人们的生活机会(Sen,1987)。我们认为社会关系排斥主要是指假释人员被排挤和驱逐出其原先正常和固有的社会关系之外,无法归属到原先所处的社会关系秩序中,丧失了进行正常人际交往互动的权利。主要表现为假释人员由于受到偏见、习俗或者其他因素影响,与其他社会成员或者社会群体在社会关系方面出现了断裂,无法进入其他群体的社会关系网络中,社会交往和社会关系受到相当大的限制,具体包括正式社会关系网络排斥和非正式社会关系网络排斥。社会关系排斥不仅严重影响和限制了假释人员正常的社会生活和情感表达,同时也使得他们的处境日益"边缘化",逐渐成为这个社会上最为弱势的社会群体之一。

1. 正式社会关系网络的排斥。假释人员的正式社会关系网络主要由政府、企业和社区组织等构成。现实中,除了必需的制度层面的交往之外,多数假释人员与正式社会关系的主动对接不够。主要表现在:(1)正式社会关系网络在满足假释人员基本权益方面有所懈怠,假释人员的诸多权益因为各种原因无法得到解决,其中,各级政府部门、居委会、单位等由于在观念转变上太慢,在对待假释人员假释出狱后的基本要求过于迟缓,不能及时帮助解决;(2)教育感化的力度不亚于帮服,让假释人员对象倍感压抑。除遵守社区矫正法律规定要求之外,假释人员还被贴上"重点观察对象"的标签。实际中,正式社会关系更多地扮演着管理者或者协助管理的角色,重点往往是如何完成矫正目的或者如何在矫正过程中发挥正能量。这种过度的强化管理弱化服务的矫正模式更容易将正式社会关系人为地排斥于假释人员人性化矫正和帮扶之外,进而影响矫正资源的有效整合,也不利于假释人员的再社会化(金碧华,2014:344—349)。

2. 非正式社会关系网络的排斥。非正式社会关系网络是由家庭(父母、妻子、儿女)、家族(亲戚)、邻居、朋友、同事等社会关系网络的"圈子"构成的,它是假释人员社会生活赖以存续的基础。假释人员回归社会面临着非正式社会关系网络的"断裂"和"重构"的两难困境,同时由于较长时间的社会隔离而遭遇非正式社会关系网络的排斥。首先,情感上、心理上的伤害。多数假释人员重新回归社会以后都希望能够得到包括亲人在内的周围人群的同情和尊重,但在与非正式社会关系网络交往中,容易受到情感、心理上的伤害,而这些排斥主要表现为刺激性语言、不理不睬等形式,很容易使假释人员产生自卑心理,不愿与外界交流,不愿让邻里或居委会的人到家里,有时情绪容易失控,甚至抑郁;其次,拒绝提供经济援助。经济方面的支持是大多数假释人员重返社会以后亟需争取的社会资源,但是由于对假释人员再次犯罪的恐慌以及对他们信任的降低,这类支持容易遭到来自家庭、亲戚、朋友、同事等方面的拒绝(金碧华,2014:350—352)。

(四) 文化排斥向度的主要表现

所谓文化排斥是指作为群体成员的个人在享有主导文化的符

号、意义和仪式等资源方面的边缘化（丁开杰，2012：18）。应包括两层含义：第一层含义指失去根据社会认可的和占主导的行为、生活发展方向和价值观模式而生活的可能性；另一层含义是指不能保有自己自身传统、仪式、宗教信仰，和语言等文化权利（曾群，2006：41）。Kabbeer 认为社会排斥的结果是在制度层面产生不利因素的连续统一体，既有物质排斥又有非物质排斥，即文化排斥。物质排斥是资源、利益、再分配排斥，产生贫困；文化排斥是指在认可、身份、尊重方面的排斥，形成歧视（胡艳辉，2006：6）。在这里，我们认为假释人员所遭遇的文化排斥具体指代该类特殊群体被道德化和标签化后，在现有社会文化之中被看作为一个有道德缺陷的"污名化标签"，而这一标签又在社会文化中成为负面和消极的象征体（聂开琪，2010：112—117）。事实上，由于政治权利和社会权利没有得到相应的保障，假释人员正加速与各个阶层产生"断裂"，同时其本身也在不断的"碎片化"，其结果就是群体的"沦落"，被远远地抛出正常的社会结构，而且这样一种非均衡的社会结构倾向还在继续并逐渐定型化。

首先，朴素的泛道德化与强制性的"污名化"使得假释人员被排斥于主流文化之外，成为文化的反面代表。这种思维定势源于社会对于犯罪罪错的"毫不留情"，也就是文化传承过程中一直都有的"道德报应"和"法律报应"，通过对假释人员的强制性教育感化以及附加"污名化"符号，使其丧失社会信任或社会价值，并为这种文化排斥找到合法性和合理性。例如，假释人员被称为"上过山"、"进过局"，他们在人们的心目中就是"邪恶、阴暗、堕落、迷茫、道德败坏"的刻板化印象，并认为这些人之所以遭遇是咎由自取，是一种报应。这样的社会文化象征符号一旦形成并深深刻在假释人员身上之后，带来的是对假释人员的严重排斥，甚至可以说是其他社会排斥的渊源所在；其次，隐没于生活世界，甚至隐姓埋名，导致假释人员话语权的剥夺和社会影响力的下沉。由于过度的标签烙印、传统报应文化的极端压制以及现代主流文化的消极应对，多数假释人员会主动选择沉默并有意隐藏自己的社会行为。这直接导致社会很难听到来自于假释人员的真实声音和诉求，从而使得他们成为了一群没有话语权、不能直接表达意见的特殊弱势群体，其与社会之间的隔阂越来越深。需要说明的是，这种文化层面的社会排斥具有扩大化和再生产的特性，它也会间接导致经济排斥、制度排斥的出现，而且排斥会由其本人扩展到家庭及其子女身上，进而不断恶性循环。

（五）心理排斥向度的主要表现

心理排斥有多种表现形式，如排斥、拒绝、孤立、无视等。假释人员回归社会以后面临的心理排斥更多的是指由于特定的身份、经历、社会角色等使得其遭遇来自周围社会和人群对其的不满、冷漠、怀疑、孤立、忽视、藐视、亵渎等，进而形成难以修补的隔阂。这种心理排斥具体表现为反应强烈的直接抵触和超乎寻常的漠然。前者源于朴素的刑罚主义思想和传统的报应性刑罚观，认为假释人员的回归社会本身就是一种过错，并有较高的再犯风险，对他们带有较强的抵触和厌恶情绪，主动远离或有一定的挑衅行为；后者更多地采取较为轻缓的隔离方式来阻止与假释人员发生人际互动，既不与假释人员交往，也不苛求较为猛烈的心理拒斥，有点超脱，又有点事不关己。

心理排斥对假释人员的影响很大。国外已有研究表明，社会排斥给被排斥者的认知、情绪、行为、人际关系、自尊等带来很大的影响,对个体的身体和心理健康造成了破坏性的后果(杜建政、夏冰丽,2008:981)。也就是说,社会排斥包括心理排斥能够导致假释人员的认知改变,引起其消极情绪,导致孤独、嫉妒、抑郁、焦虑,变得越来越麻木不仁。由于社会排斥而导致的多元社会关系网络的质量下降,以及群体成员所处社会环境的不断恶劣,部分处于弱势的假释人员会主动选择退出"对抗"这种社会排斥的"游戏舞台",或者从根本上否定自我,接受或选择被边缘化。最典型的就是假释人员自我排斥的存在。在这里,自我排斥主要包括两种:一种是相对的自我排斥,即主动规避现实生活,将自我隐身于常态社会交往空间,但保持与主流生活世界构成要素的一致性;一种是绝对的自我排斥,即被排斥者在社会排斥及其再生产过程中产生的对自身价值和地位的完全否定,并自己选择和认同了边缘化地位的状况。现实生活中,迫于常规化的教育矫正和生活世界的双重压力,多数假释人员采取了较为"温和"的减压方式,审时度势,选择与主流生活保持"若隐若现"的关系,主动将自己隔离于现实社会交往空间,尽量不与周围人接触交流;个别被排斥于社会边缘的假释人员完全否定自身的价值和社会地位,选择了较为激烈的对抗方式,最严重的则是重新走上了犯罪的道路。需要说明的是,相对自我排斥更多地体现了假释人员在与环境互动过程中的一种被动适应的行动表征,而绝对自我排斥则是由被动接受向主动对抗的一种行动表征。从文化制度的现实承受力以及传统标准来看,相对自我排斥因为对社会不具有危害性而容易为人接受,而绝对自我排斥明显与社会普遍的行为规范、价值观有冲突,其排斥的后果有可能给社会带来更大的危害(金碧华,2014:353)。

四 反社会排斥：构建"多层互补"的社区矫正假释人员社会支持网络

假释人员回归社会以后所遭遇的社会门槛以及由此带来的合法权益的损害和限制凸显了社会不公。更为严重的是，多数假释人员在经历长期封闭性的监禁之后已经逐渐显示出经济利益的贫困性、生活质量的低层次性、承受力的脆弱性的特殊社会群体的特征。正如克莱尔（Clare）指出："各种社会排斥过程无不导致社会动荡，终而至于危及全体社会成员的福利"（克莱尔，2000:52）；伊莎贝拉（Isabelle）也认为："假如越来越多的人被排除在能够创造财富的、有报酬的就业机会之外，那么社会将分崩离析，而我们从进步中获得的成果将付诸东流。"（伊莎贝拉，2000:59）因此，为了促进假释人员顺利回归、融入社会，必须在社会公正理念的基础上重点考虑反社会排斥的制度安排和政策制定。在这里，反社会排斥被看成是消除贫困、消除歧视和偏见以及清除种种障碍以获致稳定、安全而公正的社会的重要途径（陈世伟，2007:92）。消除社会排斥的关键是建构包括宏观层面、中观层面以及微观层面在内的社区矫正假释人员"多层互补"的社会支持网络，为假释人员提供多种形式的援助和支持。

（一）宏观层面：法律政策的支持

消除假释人员回归社会以后宏观层面的社会排斥，主要聚焦于法律、制度、政策等。正如唐钧所言："社会排斥常常是游戏规则的缺陷造成的,而社会政策研究的目标就是要找出规则的不完善之处,修订游戏规则,使之尽可能地惠及每一个社会成员,从而使政策的结果趋于更合理、更公平。"(唐钧,2002:46)孙炳耀认为:"从社会学的观点看,每一个社会成员基本上都是某个或某些制度化的社会组织的成员,我们在这些组织中可以获得组织化、制度化的社会支持。"(孙炳耀,2001)因此,为了能够改变假释人员"法律剥权"和"社会性失权"状况,使之更好适应社会,政策性充权、行政性充权就显得尤为重要(周湘斌,2005:51)。

1. 专门立法,明确假释人员的权利和法律地位。法治社会源自于立法的完善,权利保障基于立法的精确(林政,2010:20)。从立法层面保障假释人员的合法权利,符合《世界人权宣言》的基本精神,也是联合国《囚犯待遇最低限度标准规则》的基本要求。国家刑罚权的行使只改变了假释人员的权利状况,但并没有否定其公民资格,因而,他们仍然具有一国公民所享有的法律地位。必须将假释人员视为具有法律规定的权利义务和责任的主体而非被动消极地接受改造和矫正的客体,并依法保障假释人员的人身自由(金碧华,2014:389)。社区矫正在尊重、保护、实现假释人员的法定权利方面,超越了千百年来实施的监禁矫治制度。但目前国内有关社区矫正假释人员的专门性规定存在"合法性危机",有必要制定一部完整的《社区矫正法》,以作为假释人员的"权利宪章",保障假释人员最基本的人格权、生存权、发展权、健康权以及隐私权等,并注意这些权利实现的可操作性。

2. 制度专业化和规范化,重点健全和完善假释制度。我国假释社区矫正的完善,应从假释制度的完善为出发点。主要包括:(1)明晰假释人员监管的法律法规。学习和借鉴国外对假释对象的监管,进一步探索和细化人性化的监管规定;(2)确立假释前调查制度。假释前调查制度是开启假释的重要环节，应包括狱内表现、犯罪的情况、家庭背景、个人成长情况、人格状况等；(3)建立假释人员需求评估制度。建立假释人员需求评估是提升矫正质量，实现人性化矫正的很好切入点。假释人员需要评估体系应包括以下内容：职业技能、婚姻家庭状况、受教育程度、经济状况、个人技术、就业情况、心理健康、交友情况、情绪稳定性等；(4)建立完备的保护帮教制度。完备的保护帮教制度能够为假释人员提供有力的社会支持。可以从提供居住场所、帮助贫困假释人员获得社会救助、帮助无工作假释人员寻找就业机会以及解决心理问题等着手（金碧华，2014：385—388）。

3. 完善社会保障、劳动就业等制度政策。对于无家可归、无业可就、暂无能力自谋职业、无生活着落、人均收入低于最低生活保障线的假释人员，应给予更多的社会关注。有必要根据假释人员的特殊性，制定专门针对他们就业、待业、失业、身体康复等方面的政策。首先，完善假释人员社会保障制度。针对假释人员社会保障权利缺失问题，可以通过相关法律政策的完善保障假释人员社会保障权利公平、保障机会公平、维护规则公平以及调节分配公平，重点建立和完善社会保险、社会福利、社会救助方面的政策；其次，完善假释人员劳动权法律体系。假释人员劳动权保障的问题会涉及很多法律部门，这就需要各部门法之间相互协调配合、科学合理分工、有效整合，形成一个相互协调、衔接的法律系统，在具体内容上应重点加强对假释人员合同订立、报酬、待遇、工龄等相关问题；最后，完善保障假释人员权利的法律救济制度。"有权利必有救济"是权利的核心要素。正如1703年英国"阿什比诉怀特案"的首席大法官所宣称，救济对权利有着重要的意义（朱森蛟、唐学兵、曹慧敏，2006：50—53）。对于假释人员权利的保障，需要运用相应的配套救济制度予以保障。应该从着重完善社区矫正过程公开化制度、建立社区矫正对象诉冤制、完善刑事救济制以及法律援助制度等方面入手。

（二）中观层面：社区、社会组织的支持

考虑到假释人员作为自然人的存在，中观层面社区和社会组织的支持就显得尤为重要。首先，社区矫正把假释人员放到社区中接受教育改造，社区矫正能否收到预想的效果，在很大程度上受到社区建设的发展和完善程度的影响。其次，作为重要资源整合链接载体的社会组织，尤其是社区社会组织，有助于假释人员获得必要的组织支持和资源保障，能够最大程度集聚各类型社会群体的正能量，并为假释人员提供优先的社区专业化服务。

1. 稳固和强化社区功能。社区是社区矫正的载体和重要依托，具有社会服务、社区组织、社区帮扶等特定功能。把假释人员放在社区，可以使其获得社区支持，包括物质、情感方面等，有利于他们社会适应能力的提高。例如，当社区矫正假释人员遇到比较复杂的问题时，可以整合社区内的资源来解决问题，也可以调动和广泛吸纳一些组织和相关机构，以保证对假释人员帮助的长效化、社会化和规范化。因此，从整体社区出发，应重视假释人员社会支持网建设，强化社区对于假释人员的帮扶，重视社区文化建设，不断引导社区居民对社区矫正的认识和关注程度（金碧华，2014：392—394）。

2. 加快社会组织培育和机制建设。社会组织是社会力量参与社区矫正的重要载体。在西方发达国家，非营利组织早已成为政府组织在社区矫正中的长期合作伙伴。培育和发展社会组织，

通过他们提供的矫正服务可以弥补国家强制性权力的减弱和国家资源付出的相对减少。因此，在社区矫正中应加快社会组织培育和机制建设，不断创新思维，以政府购买服务为契机，推动社区矫正运行模式的创新，重点引导专业性社会工作服务机构投身于假释人员的矫治和服务中。

3. 探索建立多层次社区矫正队伍。建立一支素质高、业务精的专门工作队伍包括社区矫正执法人员、社区矫正专职社会工作者和社区矫正志愿者，对于保证刑罚的有效执行，促进假释人员消除社会排斥顺利回归社会，是非常重要的。首先是建立以司法行政工作人员为主体的刑罚执行队伍，承担刑罚执行职责。作为社区矫正工作的主力军，主要负责假释人员的日常管理、与公安、检察、法院及监狱机关等部门的协调、假释人员的考核奖惩等工作；其次是建立以社会工作者为主体的专业化帮教队伍，用帮教服务促进刑罚执行。充分运用社会管理理念，将假释人员的日常帮教工作以"政府购买服务"方式委托给专业社团，组建一支专业化社工队伍；三是建立以社会帮教志愿者为主体的志愿服务队伍，建立多种专业人才及社会热心人士在内的志愿者队伍，形成立体帮教网络（金碧华，2014：396—398）。

4. 推进专业化的矫正社会工作服务。矫正社会工作的刑罚执行理念和社会工作的基本理念是统一的，矫正的过程首先是惩罚矫正对象，具有刑罚的严肃性，同时也是社会工作发挥作用、体现价值的过程，所以有些学者把矫正社会工作的事务过程类比社会工作的过程，包括关系建立、问题诊断、专业介入、结果评定等程序（林兰芬，2008：34）。在矫正社会工作中，社会工作者运用社会工作特有的价值观念（接纳、可塑性、个别化），与假释人员建立平等、尊重、接纳和无歧视的专业关系，通过直接的和间接的工作方法对假释人员进行服务,运用专业的工作技能,帮助假释人员完善其社会支持系统,提升其社会功能,促进其社会融入,从而达到顺利回归社会的目的。因此,推进专业化的矫正社会工作服务,能够增强假释人员正确面对社会排斥的信心和勇气。

(三) 微观层面:假释人员个体的支持

微观层面假释人员个体维度的支持既包括个体自我充权的过程,也包括假释人员非正式社会支持网络的恢复性重构。假释人员个体自我充权是指改变自身不利状况,自我改善应对环境的能力;非正式社会支持网络的恢复性重构更多指的是假释人员在社会资本积累上的缺失。也就是说,假释人员非正式社会支持网络在有效整合资源,联动假释人员与其家庭、亲属、邻里、朋友、同学等方面具有天然的优势。

1. 完善假释人员的自我支持体系。加强假释人员的自身素养,提升社会适应能力是假释人员个体自我支持的首要工作。(1)转变观念,克服自身心理障碍。破除自暴自弃心理,克服比别人矮一截的心理误区,树立自尊自强、自力更生的主体意识。树立正确的人生价值观,学会慢慢调节心理负面情绪和心理暗示,克服不良的心理暗示,逐步调节最差心理落差和对社会的适应节奏;(2)提升个人综合素质,积累社会资本。需要适应快节奏的社会变迁和多元化的社会环境,需要时刻积累各方面资源,包括资金、能力、社会网络关系等等。例如,积极参加各种类型的继续教育、学习和培训,以获得更为便捷可靠的技术和资源;又如,积极参加社区中各类健康娱乐活动,提高身体素质。在获得身心娱乐之际,也能够认识更多人、了解邻居、结识朋友(金碧华,2014:399—400)。

2. 不断拓展假释人员的非正式社会支持体系。"没有人是独自上路的。我们一直通过有形、无形的方式依靠别人，迈向自己的目标。没有其他人的帮助，我们无法成功，但建立积极的人际关系并非易事。"（约翰·C·马克斯韦尔，2000：68）在假释人员社会支持网络的建构中，家人、朋友、邻里、同事是非常重要的力量。因为他们可以提供表达性支持，包括分享他们的感受挫折、发泄情绪等。这种心理支持、情绪支持、自尊支持、情感支持和认可对假释人员摆脱自卑心理，具有决定性价值。需要注意的是，给假释人员个体"增权"并不是简单地给予，而是让他们在与家庭成员和亲戚朋友互动中获得，"增权"的实现也意味着假释人员个人社会支持网络不断健全和成熟的过程。（1）构建和谐的家庭支持系统。应充分发挥家庭纽带功能，注重假释人员家庭感情的培养，维护家庭和谐稳定。首先，假释人员自身需要注重与家人的交流，这样能够让他们得到一个心理上的避风港，同时也有助于其明确自己的定位和加快融入家庭生活；其次，社区矫正机关要组织其他辅助力量对假释人员的家庭关系进行危机干预，避免家庭成员对他们产生蔑视、排除等不良反应，要对假释人员的家庭互动模式进行适当干预；最后，社区（村）等基层组织应当时刻注意矫正对象的家庭状况，并且在需要的时候，及时出面干预调解，以帮助矫正维护家庭关系的和谐（金碧华，2014：402）。（2）构建朋友、邻里、同事等支持体系。假释人员也可以通过良好的社会交往发展真正的朋友，通过邻里交往塑造良好地缘环境，通过工作形成积极的业缘氛围，构建有利的非正式社会支持系统。在朋友支持网络方面，应积极发挥朋辈群体的正功能，应有选择地发展朋友关系，避免交"狱友"、"酒肉朋友"；在邻里支持网络方面，应积极发挥地缘间的互助作用，应积极主动与周围邻居交往，融入他们的生活，通过各种场合表达自己向善的意识,积极参与社区建设的各种活动,为社区做好事、做实事以赢得他人的谅解、尊重和信任;在同事支持网络方面,应积极发挥其团结友爱的精神支持作用。通过假释人员与所在工作单位同事之间的关系,将假释人员的同事吸纳进社区矫正管理体系,对假释人员提供方向性指导(金碧华,2014:403)。

参考文献:

[1] 阿马蒂亚·森,2005,《论社会排斥》,王燕燕译,《经济社会体制比较》第 3 期。

[2] 曾群,2006,《青年失业与社会排斥风险》,上海:学林出版社。

[3] 陈世伟,2007,《反社会排斥:失地农民和谐就业的社会政策选择》,《求实》第 3 期。

[4] 杜建政、夏冰丽,2008,《心理学视野中的社会排斥》,《心理科学进展》第 6 期。

[5] 丁开杰,2012,《社会排斥与体面劳动问题研究》,北京:中国社会出版社。

[6] 胡艳辉,2008,《农民工市民化文化排斥困境的理论探因》,《湘潮(下半月)》第 11 期。

[7] 黄佳豪,2008,《西方社会排斥理论研究述略》,《理论与现代化》第 11 期。

[8] 金碧华,2009,《社区矫正假释犯对象在社会保障方面的社会排斥问题研究》,《社会科学》第 5 期。

[9] 金碧华,2012,《社区矫正假释犯对象在劳动力市场方面的社会排斥问题研究》,《浙江理工大学学报》第 9 期。

[10] 金碧华,2014,《支持的"过程":社区矫正假释犯的社会支持网络研究》,北京:法律出版社。

[11] 景晓芳,2004,《"社会排斥"理论研究综述》,《甘肃理论学刊》第 3 期。

[12] 靳枫,2006,《制度排斥与社会生存空间——以辽宁省抚顺市下岗失业人员为例》,吉林大学社会学系硕士学位论文。

［13］克莱尔，2000，《消除贫困与社会整合：英国的立场》，《国际社会科学杂志（中文版）》第4期。

［14］卡斯东·期特法尼，1998，《法国刑法总论精义》，罗结珍译，北京：中国政法人学出版社。

［15］李斌，2002，《社会排斥与中国城市住房改革制度》，《社会科学研究》第3期。

［16］林兰芬，2008，《社区矫正对象的社会排斥与社会工作干预》，中南民族大学民族学与社会学院硕士学位论文。

［17］曼纽尔·卡斯特，2003，《千年终结》，北京：社会科学文献出版社。

［18］聂开琪，2010，《论社会排斥的法律消解》，《云南大学学报法学版》第5期。

［19］潘泽泉，2009，《农民工与制度排斥：一个制度分析的范式》，《长春市委党校学报》第5期。

［20］施奈德，1990，《犯罪学》，吴鑫涛等译，北京：中国人民公安大学出版社。

［21］石彤，2002，《社会排斥：一个研究女性劣势群体的新理论视角和分析框架》，王思斌. 中国社会工作研究（第一辑），北京：社会科学文献出版社。

［22］孙炳耀，2001，《转型过程中的社会排斥与边缘化——以中国大陆的下岗职工为例》，《华人社会排斥与边缘性问题（论文集）》，香港理工大学。

［23］唐钧，2002，《社会政策的基本目标：从克服贫困到消除社会排斥》，《江苏社会科学》第3期。

［24］王巧玲，2008，《社会排斥视角下的残疾人就业研究》，南京师范大学社会发展学院硕士学位论文。

［25］熊光清，2008，《欧洲的社会排斥理论与反社会排斥实践》，《国际论坛》第1期。

［26］杨团，2002，《社会政策研究范式的演化及其启示》，《中国社会科学》第4期。

［27］伊莎贝拉，2000，《人人有工作：社会发展峰会之后我们学会了什么?》，《国际社会科学杂志（中文版）》第5期。

［28］约翰·C. 马克斯韦尔，2000，《成功之旅》，罗顺江，欧阳鹏译，昆

明:云南人民出版社。

[29] 周湘斌,2005,《社会工作充权视角下释犯社区矫正政策分析》,《北京科技大学学报》第 4 期。

[30] 朱森蛟、唐学兵、曹慧敏,2006,《执行异议之诉的程序构造》,《法律适用》第 9 期。

[31] Sen, A. K. , The standard of Living, Cambridge: Cambridge University Press, 1987.

[32] Silver, H. , "Three paradigms of social exclusion", In Rodgers, G. , Gore, C. & Figueiredo, J. B. (Ed), Social exclusion: rhetoric, reality, responses, Geneva: International Institute for Labour Studies, 1995.

[33] Social Exclusion unit, 2001, Preventing Social Exclusion, Social Exclusion unit at the office of the Deputy Prime Minister in the Cabinet, London United Kingdom.

当代中国刑释人员的社会回归效应分析：基于公平理论的视角

王慧博　吴鹏森*

摘　要：刑释人员是社会的一个特殊群体，其回归社会成功与否直接影响到社会秩序的稳定。要帮助刑释人员顺利实现社会回归，关键要了解这一群体的社会回归效应受到哪些因素的影响。通过沪皖苏三省部分刑释人员的问卷调查，从公平理论的视角对刑释人员的社会回归效应进行 Logistic 回归分析，清晰地展现出刑释人员社会回归效应的影响因素及影响程度。在此基础上，有针对性地提出帮助刑释人员顺利实现社会回归的对策建议。

关键词：刑释人员；社会回归；公平理论；logistic 回归分析

*　基金项目：国家社会科学基金项目"全面建成小康社会视角下的刑释人员社会保障制度研究"（编号：13BSH081）；央财项目"城市公共安全与社会稳定科研基地"2012 年专项课题（编号：2001YC0001）。
作者简介：王慧博（1979—　），上海政法学院社会管理学院副教授，博士。研究方向：社会问题；吴鹏森（1957—　），上海政法学院城市与犯罪研究所教授，所长，中国社会学会犯罪社会学专业委员会会长，央财项目"城市公共安全与社会稳定科研基地"主持人。研究方向：犯罪社会学。

一 导 言

从理论上说,刑释人员回归社会便与其他社会成员一样,重新开始其自由人的生活,但是,当他们走出监狱时,展现在他们面前的却是一个既熟悉又陌生的世界。因为在他们服刑期间,社会已经发生了巨大的变化,这些变化常常使他们感到茫然和无所适从。对他们来说,回归社会的确需要一个适应过程,如果适应不好,就很难重新融入社会,甚至在一定的诱因下还会重新走上犯罪的道路。[①] 因此,探究刑释人员的社会回归效应,促进刑释人员顺利回归社会,不仅是政府非常关注的问题,也是犯罪学者非常关注的课题。笔者认为,刑释人员的社会回归过程,其实就是一个重新融入社会的过程,衡量其社会回归效应的重要指标就是社会融入程度。影响回归效应的因素很多,既受到自身历史反差(自己刑释后与被捕前的纵向比较)的影响,也受到与他人社会反差(刑释后的自己与社会中的同类他人[②]的横向比较)和直接生活社会环境接纳度的影响。本文基于公平理论的视角,利用刑释人员问卷调查所获得第一手调查资料的基础上,对刑释人员的社会回归效应进行 logistic 回归分析。

本项调查资料来自 2013 年对上海、江苏、安徽三省市刑释人员的问卷调查。抽样方式采取了整群抽样,即先在三省市分别选

---

① 杨世光,沈恒炎.刑满释放人员回归社会问题专论[M].北京:社会科学文献出版社,1995年,第 17 页。

② 所谓同类他人,是指刑释人员与其经济地位、职业类型、文化程度等相类似的社会成员进行比较的对象。

取一个市(区),然后再选取一个区,并对其行政辖区内的所有刑释人员进行调查,共回收有效问卷 1134 份。①

　　调查的样本情况:从性别看,男性占比较大,接近 86%,因为男性的犯罪比例本身就远远高于女性;从婚姻状况看,离异率较高,达到 16.7%②;从年龄构成看,19—35 岁的青年人犯罪比例最高,达到了 58.3%;从文化程度看,以初中文化程度为主,初中及以下文化程度者占 61.5%,高中文化程度占了 27.3%,大专以上学历的仅有 10% 左右;从犯罪类型看,3 年以下刑期的偷盗、诈骗、强奸等传统犯罪占到 90%;10 年刑期以上的犯罪比例不到 2%。

　　绝大多数刑释人员(96.4%)被捕前为普通群众;刑释人员在被捕前的工作状态,以无正式工作及体力劳动为主(占 71.6%);职业身份以自由职业者、下岗失业人员、无业人员、进城农民工为主(占 73.6%)。他们的收入状况基本处于社会的底层,例如 2013 年城镇非私营单位年平均工资为 51474 元,城镇私营单位年平均工资 32706 元③。刑释人员在被捕前有正式工作者的年平均工资为 33086 元,而无正式工作者的年平均工资仅为 13919 元。从参加社会保险的情况来看,刑释人员在被捕前近 4 成的人没有参加过任何社会保险,特别是被捕前从事体力劳动者,近 9 成未参加过任何社会保险。绝大多数人(近 90%)从未享受过任何社会救济。

　　从综合生活水平和社会地位看,近 52% 的人认为自己被捕前

---

① 在上海某区和安徽某市某区的调查是通过当地司法行政部门进行的,因此,问卷的回收率很高,在江苏某市某区的调查是通过邮寄的方式进行的,回收率较低,主要原因是刑释人员的流动性非常大,或外出打工,或人户分离,或拒绝调查,等等。但作为一项非概率调查和探索性研究,这些情况都在意料之中,不会影响研究结果。

② 刑释人员离异率高的原因是犯罪导致了家庭的解体还是家庭的解体影响到犯罪,需要进一步研究。

③ 统计局:2013 年全国平均工资统计,中研网,http://www.chinairn.com/news/20140528/092426898.shtml。

就处于社会的下层或中下层。因此，他们对于自己被捕前的生活满意度相对较低，只有近 4 成的人表示基本满意，表示不满意或很不满意的接近 2 成，还有近 4 成的人表示说不清。很多人抱着"过一天，是一天"的想法混日子，对自己的生活没有目标、没有想法，无所谓什么满意不满意。这种生活状态应该说与其最终走向犯罪有着重要的内在联系。其中一部分人的犯罪的确具有为了生存需要而进行"自我救济式犯罪"的特征①。

　　对比刑释人员现在所从事的工作类型，仍以无正式工作及体力劳动为主，占 73.5％。大部分人（92％）在服刑期间并未接受过职业培训，即便有少部分人在监狱中接受过职业培训，高达 60％的培训内容与刑释后所找工作无关。由此可以看出，监狱中的职业培训虽然出发点是为了让刑释人员学习职业技术，回归社会后拥有立足之本，避免二次犯罪，但实际上，其效用度非常低，存在着培训数量不足、培训内容与实际需要相脱节等诸多问题。刑释人员在出狱后的再就业过程中，76.4％的人认为找工作很难或者较难，仅有 3.7％的人认为找工作较容易。找工作难的原因，排在前三位的是没有技术、没有文化和过去不光彩的经历。而找到工作者主要是依靠自身努力、亲戚朋友帮助或自己创业来实现就业的。其找工作的标准主要是看"工资收入和福利"及"工作环境"，对于

① 李培林，田丰，中国农民工社会融入的代际比较，中国乡村发现网，http://cache. baidu-content. com/c?m＝9f65cb4a8c8507ed4fece763105392230e54f72b699d814135c3933fc2390
45c3426a5e0767c4719d4c6786c07b8492bb0b6692c23467df7cdc79f3bdface55f38895723011
b913610c468acdc3021d620e14d99d80e96b0e742e2b9a3d2c85523dd22766df0869c5b7003ba
6ae7643bf4d09c5f622b＆p＝806af916d9c12db407bd9b7d0a1dcc＆newp＝8b2a975d81934e
ac5fe6876d457a8d231610db2151d4d31e6783＆user ＝ baidu＆fm ＝ sc＆query ＝％C0％
EE％C5％E0％C1％D6＋＋％BE％C8％BC％C3％CA％BD％B7％B8％D7％EF＆qid＝
＆p1＝3，文章中作者认为农民工一旦遇到经济周期波动无业或失业，想在城市居留，却无法获得相应的救济和保障，就容易出现"自我救济式犯罪"。

与自己切身利益相关的"有无社保",则并不是刑释人员找工作时首要考虑的因素。有近一半的刑释人员对于现行的社会保障政策并不了解。调查发现,刑释人员最希望自己能够享受到的社会保障项目依次是"医疗保险"、"养老保险"、"失业保险",特别是医疗保险和养老保险是大多数刑释人员认为的最迫切需要的保障项目。

大多数刑释人员能够客观地、积极地看待社会,其社会心态总体上较为健康发、理性。近6成的刑释人员认为"这个社会上绝大多数人是可以信任的"、"这个社会总体是公平的"、"我的今天都是自己造成的"。刑释人员正常的社会心态和公平的社会感受是他们能够顺利回归和真正融入社会的重要前提条件。

二　理论基础与分析框架

本文主要从公平理论的视角对刑释人员的社会回归效应进行系统的 logistic 回归分析。

公平理论是美国心理学家亚当斯(J. Stacy Adams)1965年首先提出来的。公平理论认为,员工经常将自己与他人进行横向比较或与自己的过去进行纵向比较,而由此产生的公平/不公平感将影响到他们在工作中的努力程度。比较的基础,是定位于两个变量之上的:投入和产出。所谓投入,是指员工为工作或组织所作出的贡献,包括特殊的技能、教育、工作的努力、时间等。所谓产出,是指员工从工作和组织中所得到的,包括报酬、福利、工作满意感、地位等。

用公式表示为:

横向比较＝自己的产出/自己的投入≥其他人（所比较对象）的产出/其他人（所比较对象）的投入

纵向比较＝自己现在的产出/自己现在的投入≥自己过去的产出/自己过去的投入

横向比较时，员工将自己的工作和报酬与本组织中的其他人相比较，也包括与其他组织的员工进行比较。比较的结果，如果员工认为自己的付出与收益与他人的大致相当，便认为是合理的、公平的，因而心理平衡，工作积极性高涨；若员工发现自己的付出与收益同他人相比相差甚远时，就会产生不公平感，结果可能导致员工发牢骚、泄怨气、人际关系紧张，还可能使员工减少投入、消极怠工，甚至放弃、破坏工作等。纵向比较时，包括员工在同一组织中把自己现在的工作和待遇与过去相比较，也包括员工将自己在不同组织中的待遇相比较。同样，如果员工认为自己的付出与收益不成比例，则会感到不公平，进而丧失工作的积极性。①

同样地，刑释人员在社会回归时，也会将自己现在的状况（工作、家庭等投入产出比）与被捕前自己的状况作纵向比较，如果落差不大，则有利于刑释人员的社会回归过程；如果落差很大，则可能会使刑释人员产生一种"自我排斥感"，不利于社会回归过程。同时，刑释人员还会将自己的状况（工作、社会保障、社会福利、不受歧视等等）与社会中的"同类他人"作横向比较，如果觉得差距不大，则有一种公平感，有利于刑释人员的社会融入；如果差距很大，则可能会使刑释人员产生一种"社会不公平感"，不利于社会融入。此外，熟人关系网对于刑释人员的社会回归过程影响也很大，如果熟人社会乐于接纳刑释人员，会对刑释人员的社会回归效应产生

① 张佩云，人力资源管理[J]，北京：清华大学出版社，2007年，第34页。

积极影响。

本研究基于以上介绍的公平理论视角，在系统分析刑释人员的自身历史反差、他人社会反差、熟人接纳度的基础上，分别从个人特质、个人历史状况、个人现状、社会歧视和人际关系五类因素解析刑释人员的社会回归效应，探讨其对于刑释人员的社会回归效应是否有影响，以及影响程度的大小。其中对个人特质、个人历史状况因素主要作纵向比较进行解析，对个人现状、社会歧视因素主要作横向比较进行解析，对于人际关系的影响由于其性质比较独特，故将其单列。

三　变量与模型

（一）因变量选取

本文将刑释人员的"幸福感"作为社会回归效应的因变量。所谓幸福感，就是人们根据内化了的社会标准对自己生活质量的整体作出肯定性的评估，是人们对生活的满意度及其各个方面的全面评价基础上产生的积极性情感占优势的心理状态。[①] 因为幸福感是一种综合性的指标，既包括对现有物质和精神需求的满足感，也包括将现在的快乐与未来的发展相协调一致，能够较好地衡量出人们在社会生活中的心理状态。故而本文选取"幸福感"来衡量刑释人员的社会回归效应。为了解释的方便，我们将"幸福感"从定序变量变换成态度明确的、二分状态的哑变量。将"很不满意"

---

① 　http://www.baike.com/wiki/%E5%B9%B8%E7%A6%8F%E6%84%9F。

和"不满意"赋值为 0；将"比较满意"和"非常满意"赋值为 1。

（二）自变量选取

本文共选取 5 组自变量，它们分别是关于个人特质的变量、个人历史状况的变量、个人现状的变量、社会歧视的变量和人际关系的变量。其中将个人特质的变量作为自变量，将个人历史状况的变量、个人现状的变量、社会歧视的变量和人际关系的变量作为控制变量，逐步嵌套进回归模型中，看在哪些控制变量的作用下，刑释人员的"幸福感"发生显著变化，由此推论影响刑释人员社会回归效应的主要因素。

表 1 刑释人员"幸福感满意度"的自变量组设置表

变量序号	类别	内容（含哑变量赋值）	变量类型
第一组变量 X1	个人特质	性别（男＝1，女＝0）	定类
		年龄	定距
		婚姻	定类
		文化程度—受教育年限（不识字或识字很少＝0，小学＝6，初中＝9，高中＝12，大专＝15，本科及以上＝16）	定距
		户籍（城市户口＝1，农村户口＝0）	定类
第二组变量 X2	个人历史状况	被捕前政治身份	定类
		被捕前参加社会保险情况	定类
		被捕前的生活满意度	定序
		被捕前的社会阶层地位	定序
		被捕前所从事的工作	定类
		被判处的刑期	定距

(续表)

变量序号	类别	内容(含哑变量赋值)	变量类型
第三组 变量 X3	个人 现状	刑释前在狱中受过职业培训吗(有＝1, 没有＝0)	定类
		现在工作与监狱培训有关吗(无关＝1, 有关＝0)	定类
		找工作难吗	定序
		自己掌握有一定的职业技能吗(有＝1, 没有＝0)	定类
		刑释后,有关部门对你有过什么就业 援助	定类
		你认为有关部门对你的就业帮助大吗	定序
第四组 变量 X4	社会 歧视	你在刑释后工作生活中是否受到过不公 正的对待(有＝1,没有＝0)	定类
		你在刑释后是否有过应该参保,而不给 参保的情况(有＝1,没有＝0)	定类
		你在参加社会保险方面是否受到过不公 正的对待(有＝1,没有＝0)	定类
第五组 变量 X5	人际 关系	你刑释后与家人关系怎样	定序
		你刑释后与同学、战友或朋友关系怎样	定序
		你刑释后与邻居关系怎样	定序
		你刑释后,觉得自己的个性有变化吗	定序

(三) 理论模型

本文以刑释人员的幸福感作为因变量 Y,研究一组自变量 X
(影响因素)是如何影响刑释人员的幸福感的。为了解释的清晰
度,已经将因变量转化为二分变量,因此,本文选择建立二元 lo-
gistic 回归模型进行分析。

用 P 表示刑释人员"幸福感满意度"的概率,用 X1、X2……分别表示刑释人员社会回归效应的影响因素,由此形成的二元 logistic 回归方程为:

$$Y=Ln(P/1-P)=\beta_0+\beta_1X_1+\beta_2X_2+\cdots+\beta_kX_k \quad ①$$

$$或者 \quad odds=p/1-p=e^y$$

$$其中,y=\beta_0+\beta_1X_1+\beta_2X_2+\cdots+\beta_kX_k \quad ②$$

其中,②式中 odds 为刑释人员"幸福感满意度"的发生比。用 X1、X2、X3、X4、X5 分别表示个人特质、个人历史状况、个人现状、社会歧视和人际关系这 5 组自变量。在下面的回归分析中,将在①式中依次引入这 5 组变量,模型 1 引入个人特质变量(X1),模型 2 将在模型 1 的基础上引入个人历史状况变量(X2),依次类推,每一个模型都在前一个模型的基础上增加一组自变量,形成模型 1 到模型 5 这五个回归模型。

四 分析结果

(一) 模型 1:个人特质对刑释人员幸福感满意度的影响

Logistic regression

Number of obs＝716

LR chi2(5)＝10.78

Prob＞chi2＝0.0460

Log likelihood＝−359.45408

Pseudo R2＝0.0148

幸福感满意度	Odds Ratio	Std. Err.	z	P＞|z|	[95% Conf. Interval]	
性别	1.290974	.3348873	0.98	0.325	.7764443	2.146471
年龄	1.025485	.0107443	2.40	0.056	1.004641	1.046761

（续表）

幸福感满意度	Odds Ratio	Std. Err.	z	P>｜z｜	[95％ Conf. Interval]	
婚姻	.8752196	.0747997	−1.56	0.119	.7402357	1.034818
文化程度	1.068601	.038206	1.86	0.063	.9962819	1.146169
户籍	.6906754	.1375504	−1.86	0.063	.4674706	1.020455
_cons	1.094585	.6902444	0.14	0.886	.3180406	3.767181

　　从统计结果来看,P＝0.046＜0.05,说明该模型对于刑释人员幸福感满意度有显著影响。而 R2＝0.0148,说明在对刑释人员幸福感满意度的解释中,有 1.48％的解释力度来自于"文化程度"和"户籍"。具体而言,在其他因素相同的情况下,"文化程度"每高出一个层次,其幸福感的满意度将增加 1.07 倍,即刑释人员随着学历的增高,其拥有的技能、知识相对较多,在社会上较易找到不错的工作,其回归社会和融入社会相对比较顺利。在其他因素相同的情况下,城市户籍的刑释人员比农村户籍的刑释人员在幸福感满意度方面要下降 31％。这可以用公平理论中的横向比较原理来解释,城市户籍的刑释人员其回归社会后,总是不自觉地和周围的市民生活、工作状况进行比较,发现由于城市发展速度快,自己出狱后与同类他人相比,社会反差较大,幸福感的满意度自然较低;而农村户籍的刑释人员其所比较的对象是周围的农村人,由于农村发展速度相对较慢,周围人的生活水平和工作状况变化较小,这使得农村户籍的刑释人员感觉自己出狱后与他人相比社会反差不大,其主观的幸福感满意度相对较高。

（二）模型 2：个人特质和个人历史状况对刑释人员 幸福感满意度的影响

Logistic regression

Number of obs＝480

LR chi2(11)＝130. 49

Prob＞chi2＝0. 0000

Log likelihood＝－184. 34073

Pseudo R2＝0. 2614

幸福感满意度	Odds Ratio	Std. Err.	z	P＞|z|	[95% Conf. Interval]	
性别	1. 783417	. 698424	1. 48	0. 140	. 82776	3. 842391
年龄	. 9911442	. 0147335	－0. 60	0. 550	. 9626837	1. 020446
婚姻	. 9363267	. 1038026	－0. 59	0. 553	. 753463	1. 163571
文化程度	. 9298618	. 0552379	－1. 22	0. 221	. 8276624	1. 044681
户籍	. 4999994	. 1442752	－2. 40	0. 016	. 2840238	. 8802059
被捕前政治身份	. 730677	. 3543538	－0. 65	0. 518	. 2824368	1. 890295
被捕前参加社会保险	. 8822285	. 0644027	－1. 72	0. 086	. 7646159	1. 017932
被捕前生活满意度	. 3796694	. 0641101	－5. 74	0. 000	. 2726928	. 5286125
被捕前的社会阶层地位	. 5797519	. 0887586	－3. 56	0. 000	. 4294626	. 7826347
被捕前所从事的工作	. 7751873	. 1372116	－1. 44	0. 150	. 5479491	1. 096663
被判处的刑期	. 9747737	. 0661003	－0. 38	0. 706	. 8534597	1. 113332
_cons	18854. 45	39076. 6	4. 75	0. 000	324. 5376	1095375

在引入了"个人历史状况"这一组控制变量后，模型的 P 值＝

0.0000＜0.05,说明该模型对于刑释人员幸福感满意度有显著影响。而 R2＝0.2614,说明在对刑释人员幸福感满意度的解释中,其中有 26％的解释力度来自于户籍、被捕前参加社会保险情况、被捕前的生活满意度和被捕前的社会阶层地位。具体而言,在引入了"个人历史状况"这一组控制变量后,在其他因素相同的情况下,城市户籍的刑释人员比农村户籍的刑释人员在幸福感满意度方面要下降 51％。用公平理论来解释,就是因为城市户籍的刑释人员除了感觉到自己出狱后与同类他人社会反差大之外(要与其周围的市民生活、工作状况进行横向比较),还要和自身被捕前的历史状况进行纵向比较,由于城市户籍的刑释人员在被捕前普遍有工作、有社保,而刑释后这一切都全部失去,必须重新开始自己的生活和工作,因而其幸福感的满意度必然要下降很多;而农村户籍的刑释人员在被捕前的境况并没有比出狱后的情况好多少,很多人原来就没有工作、没有社会保障,因而被捕和出狱,并没有使他们的幸福感的满意度下降多少。

　　在控制其他因素的情况下,被捕前参加社会保险的刑释人员其幸福感的满意度比没有参加任何社会保险的刑释人员要下降 12％;被捕前生活满意度高的刑释人员其幸福感的满意度比被捕前生活满意度低的刑释人员要下降 62％;被捕前社会阶层地位高的刑释人员其幸福感的满意度比社会阶层地位低的刑释人员要下降 43％。这些均可以用公平理论的纵向比较原理来解释,即个人历史反差越大,幸福感的满意度变化越大,被捕入狱前有保障、生活满意、社会阶层地位高的人,入狱所发生的时间成本和机会成本越大,利益损失越严重,幸福感的满意度下降得越厉害。

（三）模型 3：个人特质、个人历史状况和个人现状对刑释人员幸福感满意度的影响

Logistic regression
Number of obs＝379
LR chi2(18)＝126.20
Prob＞chi2＝0.0000
Log likelihood＝－124.03015
Pseudo R2＝0.3372

幸福感满意度	Odds Ratio	Std. Err.	z	P＞|z|	[95％ Conf. Interval]	
性别	2.898073	1.377423	2.24	0.025	1.141675	7.356588
年龄	.994182	.0195062	－0.30	0.766	.9566763	1.033158
婚姻	1.034913	.1422579	0.25	0.803	.7904941	1.354905
文化程度	.944342	.0931267	－0.58	0.561	.7783729	1.1457
户籍	.8271326	.3019523	－0.52	0.603	.4044234	1.691664
被捕前政治身份	.3547834	.5262152	－0.70	0.485	.0193847	6.493315
被捕前参加社会保险	.8681061	.0658819	－1.86	0.042	.7481244	1.00733
被捕前生活满意度	.3596123	.0806437	－4.56	0.000	.2317133	.5581077
被捕前的社会阶层地位	.6636176	.1288036	－2.11	0.035	.453634	.9708009
被捕前所从事的工作	1.082608	.2692597	0.32	0.750	.6649144	1.762694
被判处的刑期	.9665163	.0793186	－0.41	0.678	.8229132	1.135179
现在所从事工作类型	.7533197	.1825898	－1.17	0.243	.4684519	1.211417
刑释前狱中是否受过职业培训	1.275017	.8658112	0.36	0.721	.3368994	4.825382

(续表)

幸福感满意度	Odds Ratio	Std. Err.	z	P>|z|	[95% Conf. Interval]	
现在工作与监狱培训有关吗	.3403528	.1773306	−2.07	0.039	.1225847	.9449796
刑释后找工作难吗	2.760486	.7827815	3.58	0.000	1.583482	4.812357
自己掌握有职业技能吗	1.600896	.7510435	1.00	0.316	.638309	4.015091
刑释后有关部门对你有就业援助吗	1.363631	.2011066	2.10	0.035	1.021322	1.820669
你认为有关部门对你的就业帮助大吗	.5762593	.1138338	−2.79	0.005	.3912662	.8487183
_cons	20759.61	103323.2	2.00	0.046	1.204156	3.58e+08

　　在引入了"个人历史状况"和"个人现状"这二组控制变量后,模型的 P 值=0.0000<0.05,说明该模型对于刑释人员幸福感满意度有显著影响。而 R2=0.3372,说明在对刑释人员幸福感满意度的解释中,其中有 33.7％的解释力度来自于性别、被捕前是否参加过社会保险、被捕前生活满意度、被捕前的社会阶层地位、现在工作与监狱培训是否有关、刑释后找工作是否困难、刑释后有关部门是否有就业援助、有关部门的就业帮助是否大。具体而言,在引入"个人历史状况"和"个人现状"这二组控制变量后,在控制其他变量的情况下,男性刑释人员比女性刑释人员的幸福感满意度要高出 2.898 倍,这或许是在个人历史反差和现实状况的双重影

响下,男性刑释人员更容易适应现实社会,在找工作、重新开始新生活时能够承受更大的社会压力,而女性刑释人员在对待工作、生活困难方面显得更脆弱一些。

在控制其他因素的情况下,被捕前参加社会保险的刑释人员其幸福感的满意度比没有参加任何社会保险的刑释人员要下降13%,这比模型 2 又下降了 1 个百分点;被捕前生活满意度高的刑释人员其幸福感的满意度比被捕前生活满意度低的刑释人员要下降 64%,这比模型 2 又下降了 2 个百分点;被捕前社会阶层地位高的刑释人员其幸福感的满意度比社会阶层地位低的刑释人员要下降 34%,这比模型 2 要上升 9 个百分点。可见,虽然使用公平理论的纵向比较原理来解释,即个人历史反差越大,幸福感的满意度变化越大,被捕入狱前有保障、生活满意、社会阶层地位高的人,入狱所发生的时间成本和机会成本越大,利益损失越严重,幸福感的满意度下降得越厉害。但是在引入了"个人现状"控制变量后发现,入狱前社会阶层地位高的刑释人员,在刑释后其社会网络恢复较快,工作、生活正常化回归较快,因而模型 3 中被捕前社会阶层地位高的刑释人员其幸福感的满意度比模型 2 中要有所回升。

此外,在其他因素不变的情况下,现有的工作状况直接影响着刑释人员的幸福感满意度。现有工作与监狱培训有关的刑释人员其幸福感满意度要比现有工作与监狱培训无关的刑释人员要高出66%;刑释后找工作相对容易的人员其幸福感满意度比找工作难的刑释人员的幸福感满意度要高出 2.76 倍;刑释后有关部门对其进行了就业援助的人员其幸福感满意度比没有进行就业援助的人员要高出 1.36 倍;认为有关部门对其就业帮助大的刑释人员的幸福感满意度要比认为有关部门对其就业帮助小或没有帮助的人员高出 42%。可见,现有工作是影响刑释人员幸福感满意度的重要因素,也是促进或阻碍刑释人员社会回归、社会融入的关键因素,有关部门要重视起对刑释人员的狱中培训和刑释后的就业援助工作。

(四) 模型4:个人特质、个人历史状况、个人现状和社会歧视对刑释人员幸福感满意度的影响

Logistic regression

Number of obs＝375

LR chi2(21)＝131.06

Prob＞chi2＝0.0000

Log likelihood＝－120.72777

Pseudo R2＝0.3518

幸福感满意度	Odds Ratio	Std. Err.	z	P＞|z|	[95％ Conf. Interval]	
性别|	2.951086	1.43221	2.23	0.026	1.139934	7.639831
年龄	.9950076	.0202433	−0.25	0.806	.9561121	1.035485
婚姻	1.044661	.1484924	0.31	0.759	.7906461	1.380285
文化程度	.9276308	.0929734	−0.75	0.454	.7621879	1.128985
户籍	.8394108	.311993	−0.47	0.638	.4051344	1.739202
被捕前政治身份	.3124162	.5201957	−0.70	0.485	.0119515	8.166688
被捕前参加社会保险	.8610803	.0669777	−1.92	0.044	.7393232	1.002889
被捕前生活满意度	.4026819	.0946469	−3.87	0.000	.2540356	.638307
被捕前的社会阶层地位	.6348534	.1255844	−2.30	0.022	.430816	.9355244
被捕前所从事的工作	1.102022	.2756394	0.39	0.698	.6749732	1.799261
被判处的刑期	.952206	.0800982	−0.58	0.560	.807475	1.122878

（续表）

幸福感满意度	Odds Ratio	Std. Err.	z	P>|z|	[95% Conf. Interval]	
现在所从事工作类型	.7428748	.1831965	−1.21	0.228	.4581474	1.204553
刑释前狱中是否受过职业培训	1.833996	1.312375	0.85	0.397	.4511216	7.455952
现在工作与监狱培训有关吗	.3688083	.1980788	−1.86	0.063	.128718	1.056725
刑释后找工作难吗	2.649678	.767112	3.37	0.001	1.502313	4.673322
自己掌握有职业技能吗	1.623989	.8041519	0.98	0.327	.6153084	4.286208
刑释后有关部门对你有就业援助吗	1.31386	.1973361	1.82	0.049	.978819	1.763583
你认为有关部门对你的就业帮助大吗	.6028987	.1269413	−2.40	0.016	.3990456	.9108905
刑释后工作生活受到过不公正的对待吗	.3826908	.1538619	−2.39	0.017	.1740284	.8415423
刑释后是否有过该参保而不给参保的情况	.6984021	.575866	−0.44	0.663	.1387551	3.515297

（续表）

幸福感满意度	Odds Ratio	Std. Err.	z	P>|z|	[95% Conf. Interval]	
在参加社保方面是否受到不公正对待	1.150928	.946728	0.17	0.864	.2295453	5.770691
_cons	36436.52	200071.5	1.91	0.056	.7720094	1.72e+09

在引入"个人历史状况"、"个人现状"和"社会歧视"这三组控制变量后,模型的 P 值＝0.0000＜0.05,说明该模型对于刑释人员幸福感满意度有显著影响。而 R2＝0.3518,说明在对刑释人员幸福感满意度的解释中,其中有 35.18％的解释力度来自于性别、被捕前是否参加过社会保险、被捕前生活满意度、被捕前的社会阶层地位、现在工作与监狱培训是否有关、刑释后找工作是否困难、刑释后有关部门是否有就业援助、有关部门的就业帮助是否大、刑释后工作生活是否受到过不公正的对待。具体而言,在引入"个人历史状况"、"个人现状"和"社会歧视"这三组控制变量后,在其他因素相同的情况下,男性刑释人员比女性刑释人员的幸福感满意度要高出 2.95 倍,比模型 3 还要高出 0.05 倍,这说明女性刑释人员所遭遇的"社会歧视"要比男性刑释人员更严重些。

在控制其他因素的情况下,被捕前参加社会保险的刑释人员其幸福感的满意度比没有参加任何社会保险的刑释人员要下降 14％;被捕前生活满意度高的刑释人员其幸福感的满意度比被捕前生活满意度低的刑释人员要下降 60％;被捕前社会阶层地位高的刑释人员其幸福感的满意度比社会阶层地位低的刑释人员要下降 37％,这比模型 3 又下降了 3 个百分点,这或许是因为社会阶层地位较高者其自尊心较强,主观感受到的"社会歧视"要多于社会阶层地位较低者,因而其幸福感的满意度要下降一些。

在其他因素不变的情况下,现有的工作状况直接影响着刑释人员的幸福感满意度。现有工作与监狱培训有关的刑释人员其幸福感满意度要比现有工作与监狱培训无关的刑释人员高出63%,刑释后找工作相对容易的人员其幸福感满意度比找工作难的刑释人员的幸福感满意度要高出2.65倍,刑释后有关部门对其进行了就业援助的人员其幸福感满意度比没有进行就业援助的人员要高出1.31倍;认为有关部门对其就业帮助大的刑释人员的幸福感满意度要比认为有关部门对其就业帮助小或没有帮助的人员高出40%。可以看出,与模型3相比,在"社会歧视"变量的作用下,自变量对因变量的作用力度稍微降低。

在控制其他变量的情况下,刑释后在工作生活中受到过不公正对待的人员其幸福感的满意度要比没有遭遇过社会歧视者低62%,可以看出,"社会歧视"是阻碍刑释人员回归社会和融入社会的一个重要因素。

(五) 模型5:个人特质、个人历史状况、个人现状、社会歧视和人际关系对刑释人员幸福感满意度的影响

Logistic regression　　　　　　　Number of obs＝375

LR chi2(25)＝145.16

Prob＞chi2＝0.0000

Log likelihood＝－113.67796　　　Pseudo R2＝0.3897

幸福感满意度	Odds Ratio	Std. Err.	z	P＞|z|	[95% Conf. Interval]	
性别	3.243013	1.625274	2.35	0.019	1.214393	8.660408
年龄	.9885687	.0210622	－0.54	0.589	.9481377	1.030724

（续表）

幸福感满意度	Odds Ratio	Std. Err.	z	P>|z|	[95% Conf. Interval]	
婚姻	1.168292	.184378	0.99	0.324	.8574641	1.591793
文化程度	.9381518	.0979357	−0.61	0.541	.7645649	1.15115
户籍	.9561502	.3771937	−0.11	0.910	.4412999	2.071659
被捕前政治身份	.3231458	.5547036	−0.66	0.510	.011175	9.344344
被捕前参加社会保险	.8483924	.0690812	−2.02	0.043	.7232473	.9951915
被捕前生活满意度	.3965962	.0968404	−3.79	0.000	.2457555	.6400206
被捕前的社会阶层地位	.7340217	.1555999	−1.46	0.145	.4844723	1.112113
被捕前所从事的工作	1.112133	.2920212	0.40	0.686	.6647381	1.860644
被判处的刑期	.9421089	.079244	−0.71	0.478	.7989206	1.11096
现在所从事工作类型	.850105	.2197119	−0.63	0.530	.5122444	1.410808
刑释前狱中是否受过职业培训	2.315094	1.692598	1.15	0.251	.5523865	9.702735
现在工作与监狱培训有关吗	.3904532	.2215701	−1.66	0.097	.1283922	1.187406
刑释后找工作难吗	2.305648	.6968544	2.76	0.006	1.275051	4.169254
自己掌握有职业技能吗	1.598319	.837132	0.90	0.371	.5725849	4.461561

幸福感满意度	Odds Ratio	Std. Err.	z	P>|z|	[95% Conf. Interval]	
刑释后有关部门对你有就业援助吗	1.413004	.2230572	2.19	0.029	1.036985	1.92537
你认为有关部门对你的就业帮助大吗	.6831624	.1530229	−1.70	0.089	.4404146	1.059708
刑释后工作生活受到过不公正的对待吗	.5391023	.2345637	−1.42	0.056	.2297804	1.264822
刑释后是否有过该参保而不给参保的情况	.9002396	.8039648	−0.12	0.906	.1563821	5.182379
在参加社保方面是否受到不公正对待	1.084636	.94792	0.09	0.926	.1956028	6.014415
刑释后与家人的关系	.6294252	.2517512	−1.16	0.247	.2874015	1.378476
刑释后与同学、朋友的关系	1.056187	.4631493	0.12	0.901	.4471772	2.494605
刑释后与邻居的关系	.4617112	.1638087	−2.18	0.029	.2303435	.9254753
刑释后觉得自己的个性有变化吗	.9882248	.1474088	−0.08	0.937	.7377107	1.323809
_cons	44061.03	247518.7	1.90	0.057	.7283108	2.67e+09

在引入"个人历史状况"、"个人现状"、"社会歧视"和"人际关系"这四组控制变量后,模型的 P 值=0.0000<0.05,说明该模型对于刑释人员的幸福感满意度有显著影响。而 R2=0.3897,说明在对刑释人员幸福感满意度的解释中,其中有 39％的解释力度来自于性别、被捕前是否参加过社会保险、被捕前生活满意度、被捕前的社会阶层地位、现在工作与监狱培训是否有关、刑释后找工作是否困难、刑释后有关部门是否有就业援助、有关部门的就业帮助是否大、刑释后工作生活是否受到过不公正的对待、刑释后与邻居的关系。具体而言,在引入"个人历史状况"、"个人现状"、"社会歧视"和"人际关系"这四组控制变量后,在其他因素相同的情况下,男性刑释人员比女性刑释人员的幸福感满意度要高出 3.24 倍,比模型 4 还要高出 0.29 倍,这说明女性刑释人员受人际关系的影响更大。

在控制其他因素的情况下,被捕前参加社会保险的刑释人员其幸福感的满意度比没有参加任何社会保险的刑释人员要下降 15％;被捕前生活满意度高的刑释人员其幸福感的满意度比被捕前生活满意度低的刑释人员要下降 60％;被捕前社会阶层地位高的刑释人员其幸福感的满意度比社会阶层地位低的刑释人员要下降 27％,这比模型 4 上升了 10 个百分点,这或许是因为社会阶层地位较高者其人际关系网络较大,信息资源较丰富,可以从多方面满足其回归社会、融入社会的需求,因而其满意度有所上升。

在其他因素不变的情况下,现有的工作状况直接影响着刑释人员的幸福感满意度。现有工作与监狱培训有关的刑释人员其幸福感满意度要比现有工作与监狱培训无关的刑释人员要高出 61％,刑释后找工作相对容易的人员其幸福感满意度比找工作难的刑释人员的幸福感满意度要高出 2.31 倍,刑释后有关部门对其进行就业援助的人员其幸福感满意度比没有进行就业援助的人员要高出 1.41 倍;认为有关部门对其就业帮助大的刑释人员的幸福感满意度要比认为有关部门对其就业帮助小或没有帮助的人员高出 32%。

在控制其他变量的情况下,刑释后在工作生活中受到过不公正对待的人员其幸福感的满意度要比没有遭遇过社会歧视者低 46%,比模型 4 上升了 16 个百分点。可以看出,在"人际关系"变量的影响下,刑释人员对"社会歧视"的承受力有所上升,良好的人际关系是促使刑释人员顺利回归社会和融入社会的催化剂。

在控制其他变量的情况下,刑释人员的邻里关系显著影响着其幸福感的满意度,与邻里关系较差的刑释人员其幸福感满意度要比与邻里关系较好的人低 54%,而刑释人员与家人的关系、刑释人员与同学或朋友的关系变化在模型中并没有显著差异,这说明刑释人员一般仍然会顺利地被家人、同学和朋友接纳,但是邻居可能会对其避而远之,甚至常对其说三道四,这种不良的社区交往场域会对刑释人员形成一定程度的心理阴影,影响到其社会回归效应。

五 结论与建议

综合以上五个模型的分析,我们可以发现,个人特质、个人历史状况、个人现状、社会歧视和人际关系五类因素对于刑释人员的社会回归效应,即刑释人员的幸福感满意度均有一定程度的影响。

1. 刑释人员的个人历史反差越大,其社会回归效应越差。应注意做好对刑释人员的心理疏导工作。

　　分析五个模型发现,被捕前参加社会保险的刑释人员、被捕前生活满意度高的刑释人员、被捕前社会阶层地位高的刑释人员其幸福感的满意度均有大幅度下降。这可以用公平理论的纵向比较原理来解释,即个人历史反差越大,幸福感的满意度变化越大,被捕前有保障、生活满意、社会阶层地位高的人,入狱所发生的时间成本和机会成本越大,利益损失越严重,幸福感的满意度下降得越厉害。这就需要有关部门或社会工作者要注意对刑释人员进行心理帮教,应该对其心理进行更深层次的分析和正确的类比引导。

　　特别在社会回归的适应期内,如果心理疏导得当,有利于刑释人员顺利融入社会,成为守法公民;如果忽视心理疏导,则部分人不能正确对待出狱后的社会环境,甚至会重新坠入犯罪的深渊。[①]比如在调查中发现,有些刑释人员回到社会后,看到周围的同学、同事、朋友、邻居等等生活宽裕、日子红火,常会不自觉地误用公平理论的横向比较原理进行不正确的攀比,不仅导致对生活、工作的幸福感满意度下降,有些人甚至会产生嫉妒心,企图通过捷径发家,从而又走上重新犯罪的道路。因此,重视并做好对刑释人员的心理疏导工作,正确引导刑释人员进行各种类比,使刑释人员能够理性认识所遇到的困难,帮助其建立良好的心态,以帮助其顺利地回归社会非常重要。

　　2. 刑释人员与同类他人的社会反差越小,其社会回归效应越好;与同类他人的社会反差越大,社会回归效应越差。

　　分析模型 1 时发现,仅考虑个人特质因素时,城市户籍的刑释人员比农村户籍的刑释人员在幸福感满意度方面要下降 31%。

---

① 杨世光,沈恒炎,刑满释放人员回归社会问题专论[M].北京:社会科学文献出版社,1995年,第 83 页。

这可以用公平理论中的横向比较原理来解释,城市户籍的刑释人员其回归社会后,总是不自觉地和周围相类似的市民在生活、工作状况等方面进行比较,发现与同类他人社会反差较大,幸福感的满意度因而会有明显的下降;而农村户籍的刑释人员其所比较对象是周围的同类农村人,由于农村人的生活水平和工作状况本来就比城市人低了几个维度,这使得农村户籍的刑释人员感觉到与同类他人社会反差不大,其主观的幸福感满意度会有所上升。

再分析模型 2,当考虑到个人特质和个人历史状况综合作用时,城市户籍的刑释人员比农村户籍的刑释人员在幸福感满意度方面要下降 51%,这也可以用公平理论来解释,城市户籍的刑释人员除了感觉到与同类他人社会反差大外(要与其周围生活状况类似的市民进行横向比较),还要和自身被捕入狱前的历史状况进行比较,城市户籍的刑释人员在被捕入狱前普遍有工作、有保障,而刑释后需要重新开始自己的生活和工作,丧失掉了许多机会收益,因而其幸福感的满意度下降更多;而我国的就业政策和社会保障政策一直以来都是偏向城市的,因而农村户籍的刑释人员在被捕入狱前境况并没有比现在好多少,很多人原来就没有工作、没有社会保障,因而与现在状况相对比,并没有使他们的幸福感的满意度下降严重。

3. 刑释人员的个人现状,尤其是现有的工作状况直接影响着刑释人员的幸福感满意度。帮助刑释人员就业,是解决刑释人员回归社会的关键问题。

分析模型发现,现有工作与监狱培训有关的刑释人员、刑释后找工作相对容易的人员、刑释后有关部门对其进行了就业援助的人员、认为有关部门对其就业帮助大的刑释人员其幸福感满意度均大幅度提高。可见,现有工作是影响刑释人员幸福感满意度的重要因素,也是促进或阻碍刑释人员社会回归、社会融入的关键因素,有关部门要重视起对刑释人员的狱中培训和刑释后的就业援助工作。刑释人员现有的工作状况,其实也可以看作是他们与社会中的同类普通大众进行横向比较的一种方式,通过有效就业,刑释人员感觉到自己被社会认可和接纳,与社会中他人的反差缩小,满意度提升,回归社会逐渐向良性方向发展。反之,如果刑释人员就业处处碰壁,社会歧视严重,人际关系糟糕,则他们会认为其与社会中他人的反差加大,社会回归效应则差。

因此,有关部门要高度重视对刑释人员的狱中培训和刑释后的就业援助工作。建议把监狱内的劳动改造、监内职业技能培训和出狱后的社会安置、帮教、就业援助工作结合起来,对刑释人员进行就业意向咨询、择业指导和设计、针对性的技能培训等等,把刑释人员的回归就业提前延伸到监狱。政府部门还可以通过一些税收优惠措施鼓励社会企业接收刑释人员就业,拓宽刑释人员的就业渠道。总之,动员社会力量帮助刑释人员及时就业,既是解决刑释人员个人回归社会、融入社会的关键,也是维护社会秩序和社会稳定的重要措施。

4. 社会歧视和社会保障显著影响着刑释人员的幸福感满意度,应从观念上、制度上消除社会歧视,完善刑释人员的社会保障,提高其社会回归效应。

刑释人员是社会的脆弱群体,在回归社会时,现实中的困难,加上人们的社会歧视,会使他们产生自卑、焦虑、自暴自弃的不良心理,有些人会再次走上犯罪的道路。在模型中也发现,刑释后在工作生活中受到过不公正对待的人员其幸福感的满意度要比没有遭遇过社会歧视者低很多,说明社会歧视是阻碍刑释人员回归社会和融入社会的重要因素。在模型中并没有发现刑释人员在享有社会救济制度中受到的歧视,但是刑释人员的社会保障还很不健全,医疗、养老、低保(很多人处在低保线临界点上)仍然是刑释人员最迫切需要得到的保障项目。刑释人员的社会保障也是他们与社会中同类他人进行横向比较的一个重要方面。刑释人员的社会保障越健全,其感觉到社会越公平,与他人的社会反差越小,则越利于提高其社会回归效应。

所以,必须一方面要从观念上消除人们的歧视态度。加强对舆论的正确引导,媒体多报道些刑释人员的正面新闻,营造有利的社会舆论环境。政府和社会要加大对刑释人员帮助和保护的力度,使社会更多地关注和帮助这一群体;另一方面要从制度上消除对刑释人员的社会歧视。完善刑释人员的社会保障制度,让回归社会后的"正常公民"能够享受到社会大众应该享有的各项社会保障和社会福利,解决好他们在医疗、养老、失业、低保等多方面的后顾之忧。刑释人员的社会保障也是他们与社会中同类他人进行横向比较的一个重要方面,刑释人员的社会保障越健全,其感觉到社会越公平,与他人的社会反差越小,则越利于提高其社会回归效应。

5. 良好的人际关系是促进刑释人员顺利回归社会和融入社会的催化剂。应充分利用社区平台,营造良好的人际关系场域,促进刑释人员真正地融入社会。

被熟人接纳是个人社会支持网络运转的第一步,19 世纪法国社会学家迪尔凯姆曾通过对自杀的研究,发现社会支持的紧密度与自杀有关。同样,被熟人接纳并拥有良好的社会支持网络有利于刑释人员的身心健康,一方面可以为处于压力状态下的个体提供保护,对压力起到缓冲作用;另一方面可以维持良好的情绪体验。能够被熟人接纳并给予相应的支持,是刑释人员心理上回归社会的重要保证。

　　模型显示,刑释人员的邻里关系显著影响着其幸福感的满意度,与邻里关系较差的刑释人员其幸福感满意度要比与邻里关系较好的人低很多,而刑释人员与家人的关系、刑释人员与同学或朋友的关系变化在模型中并没有显著差异,这说明刑释人员一般会顺利地被家人、同学和朋友接纳,但是邻居可能会对其避而远之,甚至常对其说三道四,这种不良的交往场域会对刑释人员形成一定程度的心理阴影,影响到其社会回归效应。

　　社区是人们生活和交往的场所,也是刑释人员获得社会认同感、与他人实现互动、融入社会的最基础生活平台。社区关系就是邻里关系的反映,它影响到刑释人员的社会回归效应。实践证明,社区中的优秀文化能够对刑释人员的行为规范、生活方式起到积极的影响。比如社区中所形成的道德、风俗、信仰、生活娱乐方式等,能够影响到刑释人员的精神生活和行为方式。通过社区中的经济活动、教育活动、文化活动等互动形式,可以使人们形成互动关系,产生认同意识,起到相互理解、相互接纳的作用,良好的人际关系场域,能够促进刑释人员的社会融入和预防再次犯罪的发生。

参考文献:

　　[1]杨世光,沈恒炎,刑满释放人员回归社会问题专论[M],北京:社会科学文献出版社,1995年。

　　[2]张佩云,人力资源管理[J],北京:清华大学出版社,2007年。

　　[3]统计局:2013年全国平均工资统计,中研网,http://www.chinairn.com/news/20140528/092426898.shtml。

　　[4]李培林,田丰,中国农民工社会融入的代际比较,中国乡村发现网,http://cache.baiducontent.com/c?m=9f65cb4a8c8507ed4fece763105392230e54f72b699d814135c3933fc239045c3426a5e0767c4719d4c6786c07b8492bb

0b6692c23467df7cdc79f3bdface55f38895723011b913610c468acdc3021d620e 14d99d80e96b0e742e2b9a3d2c85523dd22766df0869c5b7003ba6ae7643bf4d09 c5f622b&p=806af916d9c12db407bd9b7d0a1dcc&newp=8b2a975d81934ea c5fe6876d457a8d231610db2151d4d31e6783&user = baidu&fm = sc&query =％C0％EE％C5％E0％C1％D6＋＋％BE％C8％BC％C3％CA％BD％ B7％B8％D7％EF&qid=&p1=3。

[5] http：//www. baike. com/wiki/％E5％B9％B8％E7％A6％8F％ E6％84％9F.

假释人员的自我认同重构过程质性研究

高梅书*

摘　要：假释人员在经历犯罪、服刑等一系列负性生活事件后自我认同大多受到严重威胁甚至崩溃，出狱后必然面临自我认同重构问题。通过对江苏省 N 市 C 区 26 名假释人员的深度访谈发现，假释人员自我认同重塑过程大致经历意义探究—控制感重塑—自尊重建三个阶段。意义探究主要包括对犯罪原因及犯罪意义的自我诠释，控制感重塑主要通过远离犯罪土壤和树立生活目标实现，自尊重建则包括成就感、希望感等进取性策略或向下比较等防御性策略得以实现。不同的认同重建策略所达到的自我认同程度具有差异性。政府和社会应为那些自我认同较为脆弱的假释人员构建预警及扶助机制以防其脆弱的认同因遭受挫折而重新崩溃。

关键词：假释人员；意义探究；控制感重塑；自尊重建；自我认同重构

---

* 作者简介：高梅书，女，江苏响水人，南通大学副教授，博士，主要从事犯罪社会学研究。

一 研究缘起

自我认同在英语中为"Identity"一词。"Identity"最初是一个哲学范畴,表示"变化中的同态或差别中的同一问题"[①]。哲学意义上认同问题的提出源自于作为社会主体的个人对于自身生存状况及生命意义的深层次追问,即查尔斯·泰勒所说的关于"我是谁"这一涉及人的安身立命的大问题[②]。

假释人员经历了犯罪—被判刑—监狱服刑等一系列负性生活事件,原有的职业身份、在社会中所处的等级序列都发生了改变。因而,他们需要重新确认"我是谁"、"我要向何处去"这样的"安身立命的大问题"。但是,带着"劳改释放犯"这样的负面标签面对与他们入狱之前迥然不同的社会环境,确定"我是谁"、"我要向何处去"的问题是那么的艰难,他们容易陷入身份认同焦虑。笔者对 N 市 C 区假释初期的人员问卷调查显示,假释人员中有 15.4% 的人直言自己很迷茫,找不到方向,19.2% 的人经常感到无助,44.3% 的人对生活没有信心,26.9% 的人自述没有就业途径,没有明确的工作目标,11.5% 的人自述不能给自己进行准确的就业定位。这种种焦虑症状正是由生活连贯性遭到破坏造成的。正如吉登斯所说,"对日常习俗有序性的另一方面造成威胁的无序,在心理上可被看成是克尔凯郭尔意义上的畏惧,即一种被焦虑所淹没的景象,这种焦虑直抵我们那种'活在世上'的连贯性感受的深处"[③]。弗

---

① 张海洋:《中国的多元文化与中国人的认同》,民族出版社 2006 年版,第 39 页。
② 孙频捷:《身份认同研究浅析》,《前沿》2010 年第 2 期,第 14—20 页。
③ 安东尼·吉登斯:《现代性与自我认同》,赵旭东译,生活·读书·新知三联书店 1998 年,第 41 页。

洛伊德指出,任何给定情境中所感受到的焦虑的程度,很大程度上依赖于个人的"关于外在世界的知识和权力感"[①]。

"自我认同既是个体人格完善的标志,也是个体具有良好心理功能的体现。"[②]假释人员的自我认同问题若长期不能解决,将会影响其身心健康和社会适应能力,进而影响其顺利融入社会,增加重新犯罪的风险。从这个意义上来看,假释人员的自我认同问题不仅是关系到其个体"安身立命的大问题",而且事关公共安全。因此,对假释人员的自我认同问题进行研究具有非常重要的意义。

美国学者艾克兰德-奥尔森(Eckland-Olson)等人将出狱人的社会适应过程划分为蜜月期—失望期—重新定位期,但并为对其重新定位的过程进行深入系统的研究。桑普森和劳布(Sampson and Blau)研究发现,抑制前犯罪人终止犯罪的因素主要有稳定的工作、婚姻依恋、为人父母等关键生命事件,认为这些生命事件对前犯罪人具有渐进的、累积的正面影响,这些正面影响可以激励犯罪人逐渐远离犯罪,融入正常社会生活[③]。桑普森和劳布主要对前犯罪人社会适应的影响因素进行了研究,至于这些影响因素是如何对前犯罪人发生作用的,对其内在的自我认知、自我定位、自我认同的重塑具有怎样的影响,他们的研究并未涉及。总之,国外学者主要对包括假释人员在内的出狱人社会适应的过程和影响因素进行了研究,但尚未对其自我认同的内在过程进行深入探讨。

国内学者主要对刑满释放人员及包括假释人员在内的社区服刑

---

① Sigmund Freud, Introductory Lectures on Psychoanalysis, Harmondsworth: Penguin, 1974:395.

② 贺倩如:《云南特有少数民族青少年自我认同研究》,复旦大学 2014 年博士论文,第 5 页。

③ 高梅书:《国外出狱人社会适应研究及对当代中国的启示》,《华东理工大学学报》(社会科学版)2013 年第 1 期。

人员的心理状况进行了描述。代金兰研究发现,从监狱出来的社区服刑人员存在对抗性、顺从性、依赖性、双重人格等监狱型人格,使其无从适应社会[①]。陈丽研究表明,受晕轮效应和刻板印象的影响,刑期将满罪犯往往存在焦虑、抑郁、绝望、自卑甚至报复心理[②]。出狱后,在与自己的过去进行纵向比较及与他人的横向比较下,加之犯罪的污名化效应等因素的影响,刑释人员中普遍存在自我排斥心理[③]。这些研究只停留于对刑释人员心理问题的描述,对于这些心理问题是如何解决的,刑释人员是如何进行自我认同重塑的过程并未涉及。

上述国内外既有研究主要有如下特点:一是研究方法上侧重于量化研究,诠释性的质性研究较少,而且大多偏向于横剖面的状态描述,缺乏纵贯性的"过程"观照。二是研究内容上,主要侧重于对刑释人员负面的心理状态及其影响因素的考察。这些研究给笔者带来很大启发的同时,也引起笔者思考:刑释人员是如何从出狱初期的自卑、焦虑、抑郁等情绪状态中走出来的?是如何从自我认同的危机状态逐渐实现自我认同重塑的?本文尝试基于实证调查对刑释人员自我认同的重塑过程开展研究。

二 研究方法

由于自我认同的重塑过程是个体性鲜明的"传记化"生活体

---

① 代金兰:《浅析社区服刑人员存在的心理问题及对策》,《人民调解》,2010 年第 2 期。

② 陈丽:《社会偏见对刑期将满罪犯的心理影响》,《福建论坛·人文社会科学版》2010 年专刊。

③ 王慧博、吴鹏森:《当代中国刑满释放人员的社会回归效应分析:基于公平理论的视角》,《江西社会科学》2015 年第 9 期;莫瑞丽:《刑释人员人际交往中的社会排斥研究》,《青海社会科学》2012 年第 5 期。

验,往往涉及非常私人化的丰富的生命故事,而且之前关于这一主
题鲜有研究,所以笔者尝试对这一主题进行质性的探索性研究,试
图从研究对象视角诠释其自我认同的重塑过程以及对此过程产生
重要影响的关键因素。在质性研究的具体方法上,本文主要采用
叙事研究法,即"借叙说生活故事和对话内容,以经验再呈现的方
式来剖析被访者之情景,解读叙说者内心世界的生命主题,以及该
主题赋予外在世界现象与事物的解释意义"①。

　　本文在江苏省 N 市 C 区选取了 26 名假释人员进行了深度访谈。
26 名假释人员的选择是在综合考虑性别、年龄、所处地域环境(农村、
城市还是市郊)、犯罪类型、刑罚种类、服刑期限等多种因素的基础
上,采用目的抽样法从 10 个街道的 7 个中选取的。其中男性假释人
员 23 位,女性 3 位。年龄在 29—65 岁之间。婚姻状况,18 位已婚,4
位离异,4 位未婚。刑期在 10 年以上的共有 12 位,刑期在 3 年以上
10 以下(不包括 10 年)的有 14 位。案由主要有:贪污、受贿、挪用公
款、非法吸收公众存款、诈骗、盗窃、故意伤害、协助组织卖淫、容留卖
淫、贩卖毒品、利用邪教组织破坏法律实施、重大责任事故、流氓等。
案发前工作情况主要有:公务员(3 位)、教师(3 位)、医生(1 位)、会计
(1 位)、公司负责人(5 位)、公司雇员(2 位)、个体户(5 位)、工人(1
位)、服务员(1 位)、驾驶员(1 位)、无业(2 位)、学生(1 位)。

三　假释人员自我认同的重构过程

　　假释人员出狱后的心理适应经历了意义探究、控制感重塑及

----

① 　陈向明:《质性研究:反思与评论》(第二卷),重庆大学出版社 2010 年版,第 193 页。

自尊重建三个阶段。他们对犯罪事实给予了各自的意义诠释,通过认知的调整及具体的行动策略重新获得对生活的控制感,通过努力及相应成果的取得或者繁衍感的树立等方式重新发现自己的价值和生命意义,进而重建了自尊。其实,通过这三个主题的探索,他们也就是完成了自我认同的主要任务,即解决了关于自己来自何处、现处何地、将要去向哪里的问题。具体而言,他们主要是对自己犯罪前的人生历程、犯罪及牢狱经历以及出狱后的生活进行了梳理、重整,在特定的叙事进程中重新构建出了一个能够被自己接纳和认同的自我。

1. 意义探究

归因理论认为,当威胁性的或者戏剧性的事件发生后,当事人往往会通过寻求归因以便理解、预测及掌控环境[①]。假释人员出狱后面对就业、人际交往、日常生活等多方面的不适应,也就是其自我的连续感遭到了破坏,他们自然要寻求自我整合。自我整合往往从反思过去开始。对其现今生活状态造成直接影响的事件便是其犯罪入狱经历,他们自然会反思自己为什么会犯罪,犯罪带来了怎样的影响,对自己而言,犯罪入狱及回归社会意味着什么,今后应该如何面对新的生活。在对这些问题进行追问的过程中,假释人员对自己过去的人生历程及生活态度进行重新评估,以便在此基础上形成一种自认为更为合理的生活态度面对未来的生活,从而获得对未来生活的掌控感。伏尔泰在他的《哲学词典》中关于身份一词写道:"只有记忆才能建立起身份,即您个人的相同性。"

---

① Wong, p. t. p. , & Weiner, B. When people ask "why" questions, and the heuristics of attributional search. Journal of Personality and Social Psychology, 1981, 40, 650—663.

我今天的身份很明显是来自于我昨天的经历，以及它在我身体和意识中留下的痕迹。大大小小的"我想起"都是"我"的建构成分①。

假释人员的意义探究主要包括两个方面的内容，一是对犯罪原因的探究，二是对犯罪后果的探究以及在此基础上对自己人生态度及价值观的反思。

首先，犯罪原因的自我诠释——宿命论、自我决定论、个体情境互动论抑或多元决定论。只有对犯罪原因做出一个能使自己心安的解释，才能接受犯罪事实及其给自己带来的各种影响，从而勇敢地面对出狱后的生活。对于犯罪原因的解释，主要有宿命论、自我决定论、个体情境互动论以及宿命论与自我决定论二元组合或者宿命论与个体情境互动论二元组合等几种诠释类型。

本研究中，有 3 位被访者完全用"命中注定"诠释自己的犯罪（分别是犯受贿罪的 PX、犯协助组织卖淫罪的 CJF 以及犯交通肇事罪的 WZR），有 2 位被访者（LYM、JZP）认为自己的犯罪（受贿罪）既跟社会大环境有关，也怪自己没有把握好，同时还认为也许是命运使然。

　　"事情发生都发生了，过去也过去了，后悔也没有用，我从来没有后悔过，这是命中注定的。"（被访者 PX）

　　"我原来在医院做护士，做到了护士长，后来跳出卫生系统，到民政系统，本来我那个时候应该退二线了，但局领导叫我留在岗位上搞工程，然后就出事了。我要是当时按时退二

---

① 阿尔弗雷德·格罗塞：《身份认同的困境》，王鲲译，社会科学文献出版社 2010 年版，第 33 页。

线也不会走到这一步。但人家没让你退二线，是让你当领导，没叫你犯错误啊，这个不怪别人，怪自己没把握好，也许是命运吧。"（被访者 LYM）

"我是无意中犯了这个罪，不是故意想拿人家多少钱，社会大环境如此，有时自己推不过，当然也是自己没有把握好，要是让我回头来过，我肯定不会选择那样做。可能也是命中注定，命中有一劫，逃不过。"（被访者 JZP）

上述几位被访者中，从常识来看，只有因意外交通事故犯交通肇事罪的 WZR 用命运观来解释其犯罪原因比较合理。而另外几位犯了受贿罪和协助组织卖淫罪的被访者用命运观来诠释自己的犯罪原因似乎不合常理。但从自我认同的角度来说，命运观是当事人在自我认同遭遇危机时的一种自我安慰、调节心理的方式。正如吉登斯所言，关于"命运"的观念，可以减轻个人在现存环境中所负载的重担，要不然这种重担总是无休止地纠缠着我们。命运的核心意义是对焦虑的压抑①。林语堂认为，命运、面子和恩惠是统治中国的三位女神。命运观念广泛存在于中国人的观念中。"命运主义不单是中国人的智力的习惯，也是孔教传习意识的一部分……命运主义的原理为人们精力和知足精神的源泉，亦所以产生温和平静的中国精神。因为没有人常能交好运，而好运又不能临到每个人头上，人遂很愿意容忍这种不平等，认为是一种合乎天然的法则。②"部分假释人员用命运观诠释自己的犯罪原因，不仅有减轻心理焦虑的功能，而且还具有灌注希望的功能及说服自己

---

① 安东尼·吉登斯：《现代性的后果》，田禾译，译林出版社 2000 年版，第 117 页。
② 林语堂：《中国人》，群言出版社 2009 年版，第 168—169 页。

容忍不平等的功能。用命运观来诠释自己的犯罪,一方面可以为自己开脱,使自己原谅自己,减轻心理负担;另一方面,认为这次犯罪只是运气不好,当时来运转的时候,自己还会有更好的未来,"没有人会永久地被践踏在下面";再者,用命运观来诠释自己犯罪被判刑也有助于缓解心理上的不平衡。访谈中,许多被访者认为自己只是运气不好被抓住了、被判刑了,现实中还有很多跟自己犯同样罪的人甚至比自己犯罪情节更严重的人没被抓捕。命运观可以缓解自己的不平衡心理,潜意识中希望其他的犯罪人员总有一天轮到被抓捕的命运。总之,犯罪原因的命运观诠释有助于假释人员缓解心理焦虑、接纳当下并对未来寄予希望,从而为自我认同打下初步的基础。当然有的人完全将犯罪原因归于命运,而不从主观上寻找原因,这不利于对他们的犯罪思想矫正,这已然涉及另外一个话题,当另文详细讨论,此处主要讨论他们的心理适应过程,主要表明宿命论也是犯罪人员心理适应的策略之一。

也有一些假释人员在犯罪归因方面秉持自我决定论。他们主要从自身主观上探究原因。比如开监理公司的 CJR 因监理不到位,麻痹大意而造成工程施工出现人员伤亡,犯了重大责任事故罪。CJR 很客观地从自身寻找原因,认为出事跟自己的性格有关。有一些人认为自己犯罪主要是当时年轻不懂事(CR、LZ)。有的人认识到自己犯罪确实是价值观有问题,比如对金钱看得太重。还有不少人认为自己犯罪主要是法制意识淡薄,想铤而走险赚大钱。

　　"出事可能跟我的性格有关,当时没有过分当一回事,出事可能也是必然的,是早晚的事,这对以后非常有借鉴作用,以后在监理工程时会非常谨慎,这也是我人生的一个转折

点。"（被访者 CJR）

"那时候年轻，不懂事，瞎玩。有一天朋友的妹妹被别人欺负，我们一群人跟欺负朋友妹妹的那些人打群架，打死了一个人。就这样就进去（监狱）了。"（被访者 LZ）

"当时也是一念之差（挪用公款），但就是这一念之差闯了大祸，还是法律意识淡薄。错误是自己犯的，只能自己去面对、去承受。"（被访者 CX）

上述几位被访者主要从自身寻找原因，通过诚实地面对自己，客观地分析自己在犯罪行为中的主观原因，以便今后引以为戒。比如 CJR 认识到是自己主观上的麻痹大意造成了严重后果，这次出事也许是必然，对以后有很好的借鉴作用。LZ 认识到当初是年轻不懂事打群架出事的，现在年龄大了，不会那么冲动了，也不会再瞎玩了，会好好过日子的。CX 认识到自己是法律意识淡薄才造成所谓的一念之差的悲剧，但错误既然犯了，就得自己去面对、去承受。总之，通过对自己犯罪原因的分析，他们进一步认识自己、了解自己，尤其是了解自己的弱点，以便在未来的生活中引以为戒，这有助于更好地走好未来的路。

除了宿命论和自我决定论，更多的被访者从个体情境互动论角度诠释自己犯罪的原因。个体情境互动论者有个共同的特点，即承认自身在犯罪事件中负有不可推卸的责任，但同时也认为除了自身原因，还受到他人或社会大环境等外部因素的影响。

"我当兵后分到烟草公司里工作，公司里的同事都是喜欢玩的，没什么事，都喜欢出去乱玩。自己没有主见，被他们带的，就做了不好的事情。出来以后跟那些同案犯从来没有联

系过,都不再联系了,要重新开始嘛。"(被访者 HJJ)

"我父亲当时要我娶我后妈的女儿,我不同意,然后就赌气,心想一定要找一个比后妈女儿漂亮的女朋友。后来就找了现在的老婆(笔者注:其实是前妻,接受访谈时,他们已离婚),她人很漂亮,但是是农村户口,上学也不多,没有什么技能,她人又懒,还想过有钱人的生活,后来我们就做了那个事情(犯了容留卖淫罪),当然不能全怪她,我自己是个有主见的人,我思想上也有问题。"(被访者 TGJ)

"我以前是区里(建设工程专业技术资格)评委会主任,市里高级评委会委员,这个也是我进去的比较大的原因。我在建设局工作,也是业主代表,这个业主就是政府,我们代表政府去管理政府工程,道路、桥梁啊。虽然不是什么行政上的干部,但是权力比较大,监督施工单位施工、进行协调等。建筑领域是高危行业。一开始是随大流,领导说,一人一个红包,大家都拿你为什么不拿,后来人家就单独找你了,你有权力,逢年过节送,人家盯上你了,你跑也跑不掉。后来就麻木了。我们这里搞过几次了,交通局、建设局,有点权力人家就来找你了,一拨一拨都是这么进去的。"(被访者 WW)

上述这些被访者将犯罪归结为自己与外部环境因素共同作用的结果。有的认为是自己年轻,没主见,法制意识淡薄,加之"不好的朋友"的影响;有的认为自己思想上有问题,加之老婆想要过有钱人的生活,因而铤而走险通过非法途径赚钱,从而走上了犯罪之路;有的认为自己所处的行业是"高危行业",在特定环境下,自己逐渐麻木,丧失了底线。

通过犯罪原因的分析,假释人员对自己的犯罪行为给出一个自己认可的解释，从而接纳犯过罪的自己，接纳自己是自我认同的第一步。此外，通过对犯罪原因的分析，假释人员还对自己的思想做一个清理，对之前的环境有一个认识，避免以后不再犯错，从而对未来具有掌控感。接纳过去，对未来抱有希望，使自己的过去、现在和未来具有连续性，是达成自我整合、实现自我认同必经的环节。

其次，犯罪意义的自我诠释——在缺憾中看到成长。当谈到犯罪对自己意味着什么的时候，多数被访者既看到了犯罪获刑给其精神、肉体及事业发展等诸多层面带来的打击和损伤，也看到了自己在这些惩罚和磨难中获得的收获和成长。为了摆脱失落感和焦虑的折磨，假释人员逐渐在意识层面对犯罪入狱及其相关经验进行重组，在犯罪意义方面重构一种能够被自己接受的认知图式。具体而言，假释人员主要从法律意识、意志品质、为人处世、生活风格、价值观念等层面对犯罪给自己带来的积极意义进行了诠释。

"有失必有得，（坐牢使我）失去了很多，但也在思想层面上认识了很多东西，对家庭的责任感增强了，觉得自己要对家人尽到应尽的责任，以前我没怎么重视，现在对亲情的理解、体会比较深入。比如对我父母，以前可能就是给了他们物质上的满足，没什么时间陪他们，也不和他们聊聊天，出去玩什么的，在精神这方面现在注意多了。因为进去了一下，对识人方面也是一个大的提高，以前滥交朋友，现在交友很谨慎了。另外，坐牢也是对意志的一种考验，那种日子真不是人过的，一点自由都没有，稍微违反规定就要被惩罚，监狱囚犯真是社会的最底层，是底层的底层，我说连乞丐都不如。所以，经历这个事情，我也不再浮躁了。原来大家一起配的诺基亚手机一万多,现在就用用一般的就好,那些都是浮云。我现在觉得,首先要快乐地生活,健康长寿,这样把我坐牢的时间补回来。至于其他的名啊、权啊等等,都不重要了……通过我这个事情,我儿子整个都变得成熟了,感觉到了责任感。从我自己小时候来说,我从小都是比较顺利的,所以现在可能有这么一个挫折,也是比较好的,对我儿子教育蛮大的。"(被访者WW)

"坐牢回来以后,我的思想净化了很多,法律意识增强了,有些黑道上的朋友叫我加入他们中间,我没去。为了女儿,为了不辜负司法所领导还有社工对我的关心和帮助,我必须老老实实做人,不能再做违法犯罪的事情了。另外,我现在工作很认真,以前我是很散漫的。"(被访者TGJ)

"坐牢对我而言也算一个转折点吧。在里面六年,我反思了很多,就在想出来我要以什么样的面貌面对社会和家人。我是家里独子,我在监狱里这些年,父母为我操了那么多心,还有我女朋友一直在等我,我一直很感激他们,就觉得一定要好好奋斗,报答他们。所以,通过这件事情,我比以前责任感强了很多,出大门的那一天就感觉自己有责任。我出来以后,再也没跟以前那些不学好的朋友来往,我就觉得自己应该对家人负责,要负起一份责任,不能再在外面瞎玩,不能再依靠父母。所以选择了现在的路(开面店)就要奋斗下去,争取将它做成百年老店,给后代留下点什么。"(被访者HJJ)

"这个事情打乱了我整个的人生规划,比如我原来的监理公司泡汤了,市里面如果建立监理专家库,我自己也不好去了,但庆幸的是,目前国家管理得还不是太严,只吊销了我的监理公司执照,但我的监理师资格还没有被撤销,我还能做监理,不过只能给人家打工。虽然是给人家打工,做副总,但我仍然年薪几十万,仍然开几十万的车,说明我没有被击垮,我振作起来了,我胜利了。再说,自己不开公司,不需要找米下锅也好,少操心。而且这个血的教训对以后也有借鉴作用,以后无论在监理工程方面还是在其他方面都会非常谨慎,所以,也不能完全把这件事看成是坏事……经过这件事情,我对事情看得更透,看得更淡了,事情变数太大,一切看得很淡,不要太较真。另外,承受能力、忍耐力也更强了,比如开车路上堵车也不会像以前那么着急了。"(被访者 CJR)

"我思想方面绝对进步了,不进步不行,这个必须进步。具体就是不能干违法犯罪的事情,与之搭边的就不做。也学到一些法律知识。那时候也不懂,也上过当。现在懂了。当时就是年轻,不提了,心里不舒服,心里憋屈,不知不觉中就摔了跟头。好好做人,好好改造。现在就是什么事都谨小慎微。我现在没什么想法,没想法就什么(坏事)都不会做。有想法以前都做过了。我马上就会有小孩了,我要为孩子作个好的榜样,不能让小孩觉得自己有个混蛋爸爸。我以前确实混蛋过,很多人年轻时都混蛋过,就当是一个教训吧。我现在也不羡慕有钱人,我觉得自己骑自行车也很好的,就是好好过日子就好,因为大家都是这样,发财的比例还是很小的,我也没必要去羡慕人家,没能力还要羡慕人家,肯定要做什么(坏)事情才能达到目的是吧。平平淡淡过日子就好了,我觉得挺好的。以后有了小孩我也会有更大的责任。"(被访者 SF)

"通过这几年的改造,我现在对金钱不会那么重视了,钱不是个好东西,你不能把它带进坟墓里,但它能把你送进监狱里。所以我对我儿子说,你一定要把握好金钱这道关,不能越线，要吸取你老妈我的血的教训。我们犯罪虽然损失了很多，也给孩子家人脸上抹黑，但对他们也是一个很好的反面教材。我现在对钱啊、权啊都看得很淡了，感觉无官一身轻，平平淡淡地过日子也很好。我就催我儿子赶快找个女朋友结婚，生个孩子给我带带，再晚我就带不动了。"（被访者 LYM）

上述材料显示，被访者从多个角度反思了犯罪给自己带来的成长。首先，几乎所有的被访者都认识到经过犯罪入刑这样的经历，自己的法律意识增强了。他们认为以前可能是不懂法律，或者是虽然知道某种行为是违法的，但主观上抱有侥幸心理，现在觉得在监狱中以及社区矫正过程中学习到了不少法律知识，增强了法制意识，对以后的工作和生活具有很好的指导作用，甚至 WW 等人提到自己犯罪的事情对小孩的成长具有很强的教育意义。其次，在个人意志品质方面，不少人认为通过牢狱生活，自己的忍耐力、意志力更强了。比如 WW 认为，"坐牢也是对意志的一种考验"，CJR 认为，自己的"承受能力、忍耐力也更强了，比如开车路上堵车也不会像以前那么着急了"。第三，正是基于意志品质方面的历练，大多数被访者感到自己在生活风格方面比以前更踏实了。比如，SF、HJJ、TGJ 都认为在生活风格方面，坐牢是自己的一个转折点，犯罪前后自己几乎判若两人，SF"以前是混蛋，现在要好好做人了"，TGJ 认为自己"以前很散漫，现在工作很认真"，HJJ 觉得"自己要奋斗，不能再依靠父母"。第四，在为人处世方面，几乎所有的被访者都提到出狱后交友更加谨慎，不会再滥交朋友，也认识到，自己犯罪前后身份的差异可以检验朋友的真伪，对自己识人方面是一个提高。最后，在人生观价值观方面，几乎所有的被访者都觉得经历了犯罪事件，自己对名、利等看淡了很多，而对亲情、健康等更加重视和珍惜。那些因贩卖毒品、盗窃公私财物、贪污受贿等以非法占有为目的的犯罪者基本都认识到自己犯罪很大程度上是由于对金钱看得太重导致的，经历了惨痛的血的教训，他们对金钱明显看淡了很多。即使像 CJR 这种（重大责任事故罪）非经济犯，经历了痛苦的监狱生活，也都感到自己对名利等东西看淡了很多。根据马斯洛的需要层次理论，可能在那种没有安全感的牢狱生活中，与名利等高等需求相比，安全感等基本需求显得更加迫切。之所以出狱人对亲情看得更重，一方面是因为亲人们对犯罪入狱陷入人生低谷的自己不离不弃深深地感动了他们，他们对此怀有深切的感恩之情；另一方面，亲情给予他们更多的归属感和安全感，让他们觉得心里踏实。

所以，通过多角度地反思自己为什么犯罪，犯罪给自己带来了什么，特别是带来了怎样的成长和收获，假释人员在心理上完成对自己的犯罪事实及其后果的自我诠释，从而说服自己理解自己的犯罪经历，接受既成事实，从而接纳过去那个不完善的我，只有接纳过去的我，才能有信心把握现在的我、重塑未来的我。

2. 控制感重塑

威胁性的事件很容易破坏人们对自己生活的控制感[1]。假释人员出狱后，多数人在经历短暂的重获自由的欣快期后，就会因就业、人际交往等现实问题而陷入迷茫，不知所措。此时他们的控制感遭到破坏，感觉无法掌控自己的生活，甚至部分人担心把控不住自己而重新走上违法犯罪之路。但经过一段时期（最短的一个月，

---

[1] Shelley E. Taylor. Adjustment to Threatening Events——A Theory of Cognitive Adaptation, American Psychologist, Vol. 38. No. 11, November 1983:1161—1173.

最长大半年)的思考、定位、摸索,到有了明确可行的生活目标时,假释人员基本上都实现了控制感重塑。他们的控制感主要涉及两个方面:一是对社区矫正的适应并相信自己不会重走违法犯罪的老路,即对犯罪事件的控制感;二是具有比较明确的方向感、目标感,知道自己要向何处去,从而产生对自己生活的控制感。

> "从监狱出来之后是各方面的拘束和压力,反正我是不敢走之前的路了,怕了,是真怕了。那里面(指监狱)不是人过的日子。我出来后就觉得要好好做人、好好改造,违法的事坚决不做,什么事都谨小慎微,这个不能做,那个不能做,我就只能呆在家里了,我就算打架也要会被抓进去的。所以,我出来很长一段时间几乎没什么人际交往,怕万一遇到不良的人就不好了,怕走老路。以前的朋友想约我,我就推三阻四,不去。万一去了一不小心把持不住,就完了。老是约老是不去,人家后来也就不找我了。我现在就是按时矫正,每个月要做什么,我就老老实实地按照社区矫正的要求做。到目前社区矫正也没几个月了,我也已经适应这种生活了,社区矫正对于我们这些想改好的人是有好处的,经常提醒我们什么能做,什么不能做,对我们适应社会起一种缓冲作用。现在我就没什么迷茫了,就是想老老实实过日子。现在这个工作是家里帮忙找的,给私人老板开车。我现在就干干活、打打工、吃吃饭,很简单,好了呗。现在觉得能吃饱穿暖,我就很满足了。在马路上走,警察来了我也不害怕,就好。"(被访者 SF)

> "以前的那些不好的朋友都不再联系了,要重新开始嘛。在家里呆了两个月,很迷茫,想了很多,最后权衡各种情况,定位好自己后,通过各种关系,走自己该走的路,不能说光靠父

母,最起码自己要尽一份责任,为自己负责,也要回报家人……确定做什么后,就没有犹豫。在我姐夫的面店打工后,就在里面做采购,每天很忙的,很充实,就不再迷茫了。上班没多久就开始适应了,一个月不到的样子,就跟社会接轨了,自然而然就适应了。"(被访者 HJJ)

"刚出来的时候六神无主,心情很沉重,后来司法所啊、(社工)谢大姐啊、朋友啊帮忙,在他们的帮助下就慢慢稳定下来。有些黑道上的朋友叫我加入他们中间,我没去,那么多好心人关心我,不能因为打架斗殴再犯罪,对不起他们。我现在在朋友的介绍下,在一家装潢材料店里打工,工作很认真,各方面比较稳定,基本上是能坚持,相信以后会越来越好……女儿明年毕业之后,我帮她找个好工作,等她成家我给她个交代。我自己就是尽量赚钱吧,然后攒点钱到养老院养老。"(被访者 TGJ)

"我(2012 年)4 月 25 日回来,半个月左右,不想讲话,不愿见人,半个月后,心想生活总得继续,朋友老是打电话想见见聊聊,不去也不好。后来就出来跟朋友吃饭聊天,在他们开导下,渐渐地走出来。至少有 4 个朋友叫我到他那里工作,一个月之后,觉得自己价值还在,朋友还没有抛弃自己。6 月 13 日开始上班,在朋友公司打工,做副总。上班以后就比较平稳了。"(被访者 CJR)

"说实话,像我们这些经济犯,假释后重新犯罪的很少。一是我们这些人已经不具备重犯原来罪行的环境了,二是我们这些人一般有较好的家庭,有一定的经济基础,三是本身素质也不一样,像那些盗窃犯什么的,他们自身没有技能,又好逸恶劳,如果再没有一个好的家庭,他们很容易重操旧业。我们这些人肯定各方面非常配合社区矫正工作。但我觉得司法行政部门主要重视各种社区矫正活动的开展,对我们这些人思想上的困惑、波动关心较少。我们这些人其实回来后心理上是有很大波动的,很苦闷、迷茫,甚至失眠、早醒。我春节前回来的,一开始想靠之前的人脉,做工程,但不像自己想象的那么简单,人家嘴上答应工程给我做,迟迟没有行动。后来也想过开饭店,但是开好一点的饭店投资比较大,至少要二三百万,因为我的朋友圈消费比较高。投资大风险也大,万一到时候生意不好咋办,我们现在输不起了,所以想想又放弃了。后来转变思路,不能主要靠别人,主要要靠自己,就像在菜市场卖菜,我要靠自己产品的品质参与市场竞争。后来有个朋友做海鲜生意,跟着他学,开了个海鲜礼品店。中秋节前开业的,生意不错。到这时候我整个状态才有所好转。当然开海鲜店肯定不是长久之计,只是暂时的过渡。将来通过实力、人脉等积累,还要做自己的老本行,做工程。"(被访者 JZP)

首先,远离犯罪土壤与控制感重塑。个体的控制感通常是在一些威胁性或创伤性的事件冲击下而受到削弱。所以,控制感重塑首先是重新获得对此类威胁性或创伤性事件的掌控感,自己有把握使此类事件不再发生,不再侵扰自己的生活。对于假释人员而言,犯罪入狱是一件不堪回首的创伤性事件,对其自尊心、自信心造成极大的损害。出狱后对社区矫正及社会环境的不适应对其控制感造成一定的威胁。所以,假释人员的控制感重塑首先起步于对自己不会再走上违法犯罪道路的信念。许多人觉得自己所犯的罪行跟当时所处的环境有较大关联,比如上述案例中的 JZP 等贪污受贿经济犯觉得自己"已经不具备重犯原来罪行的环境了",

当时处在特定的职位上,有时自己推不过,没有把握好就慢慢地滑向犯罪的深渊,现在没有那样的职位了,也就没有那样的犯罪环境或机会了,即便有机会主观上也不会再犯那样的错误了。而那些曾经因结交不良朋友走上违法犯罪之路的假释人员,比如上述案例中的 SF 和 HJJ,则想方设法远离原来的朋友圈。"以前的那些不好的朋友都不再联系了,要重新开始","以前的朋友想约我,我就推三阻四,不去。万一去了一不小心把持不住,就完了。"在家人的监督及自己的决心坚持下,他们远离以前的朋友圈,远离犯罪土壤,觉得自己要重新做人,重新把控自己的命运。另外,关于社区矫正,他们大多一开始觉得压力很大,恐怕自己稍不注意违反相关社区矫正制度就会被重新关进监狱,经过一段时期以后,他们也就适应了社区矫正,认为老老实实地按照要求参加社区矫正活动,遵守社区矫正的一些规定就可以了,而且多数人认识到,社区矫正对自己是有好处的,正如上述案例中 SF 所说:"社区矫正对于我们这些想改好的人是有好处的,经常提醒我们什么能做、什么不能做,对我们适应社会起一种缓冲作用。"所以,假释人员逐渐适应社区矫正并且确信自己不会再重新犯罪,也就是获得了对犯罪事件的掌控感,这是控制感重塑的第一步。

其次,生活目标的确立与控制感重塑。假释人员在获得了对犯罪事件的控制感后,会进一步从犯罪的阴影中走出来,思考并明确新的生活方向和生活目标,从而获得对自己生活的掌控感。

国外学者 Eckland-Olson 等人曾从出狱人心理感受的角度将出狱人的社会适应过程划分为蜜月期—失望期—重新定位期。在他们所说的失望和重新定位期间,出狱人经历了或长或短的迷茫期。这段迷茫期也是属于个人控制感比较差的时期,他们像茫茫大海中迷失方向的一叶小舟不知驶向何方,作为掌舵人的自己也不知道如何控制手中的命运之舵①。此时也是 Marta Nelson 等人所说的充满挑战的时期。在这一时期，若外界的帮扶工作做得及时到位，对出狱人而言，就是充满机会的时期，若帮扶工作不力，则可能步履维艰②。幸运的是，本研究中的被访者大多在此充满挑战的阶段得到了社区矫正机构、家庭或亲友的帮助，找到了自己的方向和目标，从而获得了对生活的控制感。比如上述案例中的 SF 在家人的帮助下找到了一份给私人老板开车的工作，HJJ 在姐夫的店里打工，CJR 在朋友的公司做副总，JZP 跟着朋友学做海鲜生意，TGJ 在朋友的装潢材料店里打工。他们在进入工作岗位之前，都经过了一番思索和定位，这种思索和定位都是结合当前自己的能力、经济基础等状况与家人、朋友综合权衡、共同商量的结果。因此他们定位都比较准确，从而走上工作岗位以后"状态比较平稳"，"不再迷茫"，"很快就融入社会"。无论是像 SF 那样将打工生活作为未来的生活目标，还是像 JZP 那样只是将当前工作(开海鲜店)作为积累人脉和资本的一种过渡，他们都有了明确的生活目标，从而对自己的生活有掌控感，生活得比较充实、快乐、有奔头。

3. 自尊重建

学者们研究发现，当遭遇威胁性的事件，甚至这些事件是由超出个人控制范围的外部因素导致，比如孩子生了重病或陷入经济困境不得不依赖救济等情况，都会给当事人的自尊造成很大的打

---

① Ekland-Olson, S. , Supancic, M. , Campbell, J. , & Lenihan, K. J. "Postrelease Depression and the Importance of Familial Support", Criminology, Vol. 21, No. 2, 1983: 253—275.

② 高梅书:《国外出狱人社会适应研究及对当代中国的启示》,《华东理工大学学报》(社会科学版)2013 年第 1 期,第 32—43 页。

击。当然,在遭遇了自尊受损的经历后,当事人会调动认知策略重建自尊①。犯罪人狱作为一种具有强烈污名化效应的负面事件给当事人的自尊也带来很大的打击。但当回归社会一定时间后,他们会通过多种方式重建自尊。

首先,成就感与自尊重建。到最后一次接受笔者访谈时,有四位被访者(CJ、CJR、HJJ、JZP)已经在事业上有所发展,取得了一定的成就,产生了一定的成就感和自豪感。

> "我现在搞房地产,儿子做法人代表。我没觉得比别人差,或者被别人瞧不起什么的。"(被访者 CJ)
>
> "我现在是公司副总,仍然开几十万的汽车,奔驰车,年薪几十万。我振作起来了,说明我没有被击垮,我胜利了。"(被访者 CJR)
>
> "海鲜店开起来后,生意做得不错,别人见面了会说:'老J啊,听说你现在搞得不错嘛!'这说明我的能力得到了社会的认可。现在感觉自己自信了许多,逐渐找回了以前的感觉。"(被访者 JZP)

吉登斯认为,自豪感或自尊感是动机系统的积极面,它能使人对自我认同的叙事完整性和价值充满信心。"当一个人能成功地培育自豪感时,他能在心理上感到其自我经历是合理而完整的。"②JZP 等人通过事业的成功,"对自我认同的叙事完整性和价值充满

---

① Shelley E. Taylor. Adjustment to Threatening Events—A Theory of Cognitive Adaptation, American Psychologist, Vol. 38. No. 11, November 1983:1161—1173.

② 安东尼·吉登斯:《现代性与自我认同》,赵旭东译,生活·读书·新知三联书店 1998年,第 73 页。

信心"，"在心理上感到其自我经历是合理而完整的"。此时他们不再像出狱初期那样怀疑自己的能力，也不再对自己的犯罪行为充满自责，而是能够连贯地看待自己的经历，将犯罪入狱这段经历只是作为人生的一个挫折或者一段命运的安排，度过了这一段经历，自己还是原来的自己，甚至是一个更加强大的自己，"又找回了原来的感觉"，"感觉自己自信了许多"。特别需要强调的是，自豪感（或自尊感）根植于社会联结[①]，通过在社会中奋斗、打拼、取得成就并得到别人的认可，个体从他人对自己的态度这面镜子中形成了良好的自我意识，重建了自尊。

　　其次，希望感（理想自我）与自尊重建。有些被访者虽然尚未取得令他自己满意的成就，但对未来充满了希望和信心，认为自己现在所做的工作正是为未来实现理想的目标作准备，所以对当前的自我也比较满意，认为自己在朝向"理想自我"迈进的路上。"理想自我"是自我认同的核心部分，因为它塑造了使自我认同的叙事得以展开的理想抱负的表达渠道。在许多情形下，通过接受对自我的不完备和局限性，早期的全能模塑成可信的自尊感。正如科胡特所说，"巨大幻想的领域和威力的逐渐减少，往往是人格的自恋部分中心理健康的先决条件"[②]。最能体现理想我带来自尊的案例是 CX。CX 刚出狱时幻想借助亲友的帮助做生意，但亲友们并未像他想象的那样给予帮助，希望落空后，CX 陷入了愤怒、无奈、迷茫、无助中，后来经过几个月的心态调整，降低了自我定位，先从给别人开车打工做起，通过打工逐渐融入社会，感觉自己不再

---

① 安东尼·吉登斯：《现代性与自我认同》，赵旭东译，生活·读书·新知三联书店 1998 年，第 73 页。

② 安东尼·吉登斯：《现代性与自我认同》，赵旭东译，生活·读书·新知三联书店 1998 年，第 75 页。

另类，"能像别人一样，该上班上班，该下班下班，收入也是比上不足比下有余"，逐渐找回了原来的感觉，心理上也不再迷茫，而且认为自己目前的打工生涯是在为未来积累资本和人脉，一旦有了一定的积累，自己会按照最初的目标自己做生意。所以，我们可以认为，CX 通过理想自我的树立及为之奋斗，在奋斗中逐渐恢复了自尊。因为 CX 放弃了原初的巨大幻想，通过将原初的巨大幻想置于未来，作为理想我去模塑，从而使得心理上具有希望感、宁静感和自我认同感，正如吉登斯所说，"'理想自我'塑造了使自我认同的叙事得以展开的理想抱负的表达渠道"。

第三，繁衍感与自尊重建。

"我催我儿子赶紧找个对象，他成家以后嘛我也放心了，我也 60 岁的人了，他找了以后再生个小孩，我帮他带带，我也算活过了一辈子。"（被访者 LYM）

"我真是太喜欢我女儿了，我现在就为了我女儿也要好好工作，要供她上学。女儿明年毕业之后，我帮她找个好工作，等她成家我给她个交代。我自己嘛，攒点钱到养老院养老。"（被访者 TGJ）

"随着年龄增大嘛，也想求安稳，能够把家里的生活维持下去就行了。女儿原来在公司里打工，我回来后通过战友的关系，把女儿调到了电信局，现在的工作比较稳定，她也已经成家了。儿子学的程序设计专业，在南京上学，本三，还有一年毕业，准备让他考研，能把儿子培养出来，研究生毕业，找个好工作，我这一辈子任务也就完成了。别的我们这个年纪了，也没有更多的想法了。"（被访者 YXL）

　　有些被访者由于受年龄、技能等条件限制，觉得自己在事业上不可能再取得多大的成就，因此将自己的生活目标寄予为后代做些什么，从而实现自己的价值，通过繁衍感重建自尊。比如上述材料中的 LYM、YXL 等年纪比较大的人以及 TGJ 等既无技能又无资金的人就是如此。丹·麦克亚当斯提出的自我认同生活故事模型认为，"繁衍感是由社会因素及内部因素复杂的交互作用导致的，它们会使人产生繁衍承诺，接着产生繁衍行动。个人通过生活故事的建构形成自我认同，也因此变得具有繁衍感，并从中衍生出个人生活的意义。""所有的生活故事都需要一个结尾，通过它，自我能够留下遗产、开创未来。繁衍感标志着个人试图创作一个引人入胜的故事'结尾'，它将为后代开创一个新的起点"①。LYM、YXL、TGJ 等人因总总原因自我发展的空间有限，于是他们通过发现自己对后代的意义，以便创作一个引人入胜的故事"结尾"，给自己的人生画个圆满的句号，从而获得内心的安宁和平静，形成自我认同。

　　第四，向下比较与自尊重建。除了上述几种比较积极的自尊重建策略，不少被访者还运用了防御性色彩较浓的自尊重建策略，即向下社会比较。Wills 1981 年提出向下比较理论，认为人们在面临压力或威胁时，倾向于与比自己差的人进行比较以达到自我增强的目的。当负面生活事件威胁到自尊的时候，人们的主观幸福感通过追求向下的比较得到增强或恢复，从而使自我感觉比较良好。有多种向下比较的机制，假释人员运用比较多的向下比较机制主要是"选择性的聚焦"。比较 LYM 说，"人家市长、省长甚至国家级领导人坐牢回来也照样活，我们这些小官坐牢算什么？"还有不少被访者经常将自己的境况与那些出狱后无家可归者相

---

① 雷雳：《发展心理学》，中国人民大学出版社 2013 年版，第 255 页。

比,他们觉得与那些人相比自己幸福了很多。还有人通过与那些处在差不多压力下但是应对得比自己差的人进行比较,从而获得更好的自我感觉。比如 JZP 多次提到,与他一同出狱的某狱友整天自我封闭、牢骚满腹,不适应社会,相比较而言,他自己积极地与社会接触,感觉比那位狱友适应得好。总之,他们通过这些向下比较的方式达到自我增强,获得更好的自我感觉,从而提升自尊感。

四　结论与讨论

假释人员的自我认同重塑过程大致经历了意义探究—控制感重塑—自尊重建三个阶段。其中,意义探究包括对犯罪原因及犯罪意义的自我诠释。犯罪原因主要有宿命论、自我决定论、个体情境互动论以及多元决定论等多种不同的诠释视角,犯罪意义方面大多能在缺憾中看到自我的成长。无论从何种视角对犯罪原因及犯罪意义进行诠释,假释人员大多能经过这一过程接纳"自己曾经犯罪"这一并不令人愉快的历史,从而能够面对现实,并在此基础上,逐渐重塑对生活的控制感。对生活控制感重塑的第一步是确保、确信自己能够远离犯罪土壤。通过疏离过去的不良朋友圈、辨清自己不再具备之前的犯罪条件等方式坚信自己不可能重蹈覆辙,然后以此为基础,进入控制感重塑的第二步即树立新的生活目标。当经历一段或长或短的探索,确立新的生活目标,并将此目标落实于每天的生活实践时,假释人员便进入了自我认同重塑过程的第三阶段,即自尊重建阶段。自尊重建的路径较为多元。有的是通过事业奋斗中获得的成就感重建自尊,有的虽然尚未取得事业上的显著成就,但通过"理想自我"的规划和布局获得希望感,进而获得自尊感。有的则是通过繁衍感或向下比较重建自尊。

当假释人员实现了自尊重建，也就完成了自我认同的重塑。但从假释人员自尊重建的路径来看，他们所实现的自我认同的程度还是有差异的。比如通过成就感获得的自我认同可称为强认同，而通过繁衍感和向下比较获得的自我认同则比较脆弱，通过希望感获得的自我认同介于二者之间。对于那些比较脆弱的自我认同者社区矫正机构等相关部门应多加关心和引导，需要为他们建立预警系统，因为在这种脆弱的自我认同状态下，一旦遇到工作、生活等方面的挫折或打击时，他们极易陷入绝望，甚至重新走上违法犯罪之路。

未成年人犯罪后再犯罪问题研究

——以检察机关应对为视角

未成年犯罪后再犯罪问题研究课题组*

一 未成年人犯罪后再犯罪现象概况
——以某区人民检察院为例①

（一）未成年犯罪后在犯罪问题概述

未成年犯罪后再犯罪是指在未成年时期犯罪，经过接受刑事处罚后再次犯罪的情形。从目前已有的相关调研结果看，我国未成年犯罪后再犯罪比例相对较高，属于一个较为突出的问题，对全国 2752 个样本进行调查后发现，其中 27.2％人员有在未成年时犯罪经历。未成年犯罪后再犯罪现象是目前在犯罪预防领域较为突出的一个问题，分析其表现和内在原因是加强未成年犯罪后再

---

* 北京市朝阳区人民检察院"未成年犯罪后再犯罪问题研究课题组"。

① 该区为北京市某基层检察院，年均办理案件数量较大，且成立了独立的未成年检察处，具有代表性。

犯罪预防工作的关键。检察机关作为法律监督机关,对刑法执行进行法律监督,同时其起诉、侦查监督等职权对于此类案件的处理有着直接的影响。未成年初次所涉嫌罪名一般相对较轻,且多为基层检察机关所处理,如何正确、恰当、合法地处理未成年初次犯罪和此后的再犯罪预防工作是基层检察机关应当做好的工作之一。

(二) 某区检察院 2010 年至今未成年犯罪后再犯罪数据基本情况

2010 年至今,某区人民检察院共办理未成年人犯罪后再犯罪案件共计 162 件[①],占总体案件比重的 1.7%。

1. 未成年初次犯罪时情况统计

从犯罪所涉及的罪名看,初次犯罪罪名主要集中在暴力犯罪和侵财类犯罪,特别是盗窃、抢劫两类罪名,共计 103 件,占到所有案件的总数的 63%。初次犯罪时年龄。从初次犯罪的年龄看,16 周岁到 18 周岁间为犯罪的高发年龄段,占案件的 70.7%。从初次犯罪被判处的刑罚看,被判处有期徒刑和拘役刑罚的案件较多。从嫌疑人性别、籍贯看,大部分案件罪犯为男性,且多为外省籍人员。

2. 再次犯罪情况统计

从再次犯罪涉及罪名看,未成年犯罪后再次犯罪同样易发生

[①] 此处的"犯罪后再犯罪"是指在办案系统有记录为具有犯罪前科案件,不包括行政处罚和劳动教养。

在暴力犯罪和侵财类犯罪两类罪名上。从再次犯罪时年龄看,多数罪犯在再次犯罪时,年龄在 18 岁至 40 岁之间,特别是 20 岁至 30 岁之间的年龄段,再次犯罪占 68.3%。

(三) 以数据分析未成年犯罪后再犯罪的特点

从上述案件看,未成年犯罪后再犯罪案件主要呈现出以下三大特点:一是暴力犯罪和盗窃犯罪比例较大。从 2010 年至今未成年认罪后再犯罪罪名特点看,无论是初次犯罪还是再次犯罪,多数案件为故意伤害等暴力犯罪和盗窃等侵财类案件,这也与目前此两类刑事案件罪名类似,但未成年初次犯罪时涉嫌此两类案件情形更加突出。二是犯罪间隔时间较短,多数罪犯在未成年犯罪后,在青年时期和中年时期再次犯罪,与初次犯罪之间间隔时间较多,其中存在出狱后没几个月即犯罪的特别个例,多数为间隔 2 年至 5 年,总体上看,相间隔的时间较短。三是罪行有前轻后重的趋恶发展形势。从前后罪名来看,未成年初次犯罪与后此犯罪相比较,再次犯罪有趋向更严重罪行发展的趋势。

二 未成年人犯罪后再犯罪原因分析

为更好的研究分析未成年犯罪后再犯罪情况,除了对往年案件数据进行分析外,课题组对某区人民检察院在 2012 年 4 月开始受理的未成年犯罪后再犯罪案件进行跟踪调查。对在未成年时有犯罪前科的嫌疑人进行调查,以更加深入地了解未成年人在犯罪后再犯罪的原因。通过与此类犯罪嫌疑人的交流和调查,分析其在未成年犯罪后再犯罪的具体原因。

(一) 诱发未成年犯罪后再犯罪的内部原因

1. 法律认识缺失。通过调查发现,再犯罪行为对于其自身的违法行为的性质,在主观上存在认知不足,法律意识严重缺失。如犯罪嫌疑人张某某在其 17 岁时初次犯盗窃罪,后于今年(22 岁)再次涉嫌犯抢劫罪。通过调查,其对于自己的行为是否构成犯罪认知度低,其认为自己的两次犯罪行为均只是给朋友"帮忙"。从跟踪调查所得情况看,大部分犯罪嫌疑人对于初次实施犯罪行为时,对其行为是否构成犯罪缺乏认识。其中,部分行为人在经过监狱及看守所释放后再次犯罪时,对其行为的违法性依然缺乏正确认识。法律认识的缺失是导致未成年犯罪以及再次犯罪的主要内部原因之一。

2. 生活和精神状态消极。通过调查和数据分析,再犯罪行为人在生活状态和精神状态方面,大部分较为消极。犯罪嫌疑人在日常生活中多数无相对固定的生活环境,多存在无固定职业、无固定收入来源等情况。在精神状态方面,对于自身生活认识消极,对自己的人生价值持消极评价。犯罪嫌疑人的生活与精神状态并非其实施犯罪行为的决定因素,而是再犯罪行为人的一个共性特点。从犯罪心理学角度看,个人性格类型和心理状态对于实施犯罪行为有显著的影响,消极的生活及精神状态是促使犯罪嫌疑人实施犯罪行为的原因之一。

3. 受教育水平较低,个人综合素质较差。根据调查发现,犯罪嫌疑人的文化水平较低,多数为小学或者中学毕业后即开始进入社会。例如犯罪嫌疑人张某小学毕业之后即开始跟随其兄长在户籍地某歌厅打工,又如犯罪嫌疑人李某初中毕业后即来京务工,受教育水平均较差。从再次犯罪角度看,部分犯罪嫌疑人在校期间初次犯罪,其被刑满释放后,大部分不再回到学校继续接受教育。从个人综合素质上看,多数犯罪嫌疑人不具有一技之长,在社会上多从事一些低技术含量职业以及犯罪多发行业。犯罪嫌疑人个人教育水平、综合素质低下,导致其在社会上缺乏有效谋生手段,是导致犯罪嫌疑人初次犯罪和再次犯罪的共同因素。

(二) 诱发未成年人犯罪后再犯罪外部原因

1. 监狱改造及监狱亚文化对再次犯罪的影响

课题组经过调查发现,犯罪嫌疑人从首次刑满释放后至再次犯罪的时间间隔均较短。通过与犯罪嫌疑人的沟通及交流发现,未成年人在首次犯罪进入监所羁押改造其间,其受到的影响对导致其再次犯罪具有显著的影响作用。

(1) 监狱改造不到位,教育缺失是诱发未成年出狱后迅速再次犯罪的主要原因之一。对于未成年人监狱改造中,是否有进行法制教育问题,大部分犯罪嫌疑人回答存在法制教育,但同时均提出了存在的问题:法制教育效果不明显。从课题组所获取的调查反馈结果看,未成年在监狱中改造期间,虽存在法制教育,但效果不明显,对于未成年人的警示作用较弱。此外,部分犯罪嫌疑人还提出,其在首次服刑期间,部分监狱管教人员存在严重体罚、打骂行为。

(2) 监狱亚文化对未成年人再次犯罪的影响。"文化"是指人类在社会历史发展过程中所创造的物质财富和精神财富的总和,特指精神财富。或者说"文化"是一定的社会群体在社会实践中所习得的思想、感情及其行为方式,是包括一切意识形态在内的精神产品。社会文化包含主文化和亚文化,二者共生共存。而社会亚文化是指与主文化相区别且具有独特性的文化形态,是与社会主文化相背离、相对抗的部分,即在一定社会范围内或一定群体中普遍存在的与主文化偏离或对立的各种思想观念、价值标准、组织形式、行为规范等的总和。监狱在行刑实践中,因特定主体和特定环境的结合而产生了特殊的文化现象,即监狱文化。它与一般社会文化一样,也由主文化和亚文化两部分组成,其中符合一般道德规范和国家法律精神,为社会公共所认可的部分为监狱主文化。而监狱亚文化是指罪犯群体在监禁生涯中逐渐形成、自觉或不自觉地信奉和遵行,与监狱主文化偏离或对立的价值标准、行为方式和现象的综合体。它表现为罪犯群体生活中的一些内部规则,如不许告密、不得供出同伙、暗语、文身、同性恋等,其往往以罪犯特有的"道德"和"规矩"来维系。监狱亚文化作为初级的、范围很小的一种文化现象,没有明确的规范体系,远不能形成对主流文化的整体防御力,但它所具有的感染力、内聚力,能够在一定程度上弱化刑罚执行中的矫正效果,所以对其必须进行有效控制。

从调查结果看,部分羁押未成年罪犯的监狱中的亚文化对于未成年人的影响巨大,是导致未成年人再次犯罪的原因。从实际影响结果看,监狱亚文化对未成年人造成的影响主要包括两个方面,一是在监狱亚文化犯罪观的影响下,未成年人的人生观、价值观再次恶化,对于实施犯罪的恶性认识进一步弱化,形成类似"触犯刑法没多大事"的心理认识;二是在监狱中,与监狱同监"狱友"进行交流之后,了解到了更多的犯罪方式和手段,为出狱后再次犯罪提供了途径。

经过对再犯罪未成年人的调查,经过分析可以发现,多数未成年人在监狱中受到了"监狱亚文化"的影响,此外监狱管理人员的管理方式也对改造中的未成年人产生了影响。从调查看,除了同时服刑人员对未成年人的影响外,监狱管理人员的管理态度、管理方式也对未成年服刑人员产生较大影响。部分未成年犯罪后再犯罪嫌疑人称,其在监狱改造期间,管理人员态度恶劣,没有对其进行有效的法制教育,使其的性格更为偏激,是导致其出狱后再次犯罪的重要原因之一。

2. 家庭的原因

从跟踪调查案件中嫌疑人家庭情况来看,经过与嫌疑人的深入交流与沟通后发现,单亲家庭、家庭氛围差等情况对促使犯罪嫌疑人初次犯罪和再次犯罪具有推进作用。主要有以下三个方面:

(1)父母离异比例较高。从调查结果看,部分未成年犯罪嫌疑人家庭为父母离异的单亲家庭,与一般家庭离异情况相比较离异比例较高。在单亲家庭的犯罪嫌疑人,其抚养人对其平时的教育较少,未能对其生活进行良好的照顾,对未成年犯罪时的状态关心较少,部分犯罪嫌疑人家长在初次犯罪后才对其思想状态引起重视。

(2)家庭教育方式及家庭氛围恶劣。从被调查目标群体的家庭情况看,多数家庭的教育方式简单甚至粗暴,对于未成年人的教育重视程度不足,未能通过合理的方式对犯罪嫌疑人进行教育。特别是在青少年时期,对其采用打骂等方式进行教育,但往往效果适得其反,使得犯罪嫌疑人在未成年时期心理更为叛逆。犯罪嫌疑人家庭对在其未成年时期塑造人生观、价值观未进行积极引导。此外,部分未成年人与家庭关系恶劣,存在长年与家庭保持不联系状态的情形。

（3）其他家庭成员的消极引导作用。部分被调查未成年犯罪后再犯罪的嫌疑人，其部分家庭成员从事犯罪易发职业，或者本身即没有正当职业。被调查人在与其接触过程中，接受了他们的价值观，部分学会了犯罪方法，部分是与其他家庭成员共同犯罪，对导致其实施犯罪行为有直接影响。

3. 经济条件较差

从导致未成年犯罪后再犯罪的原因看，经济上的原因是不少再犯罪行为的直接促成原因。从犯罪嫌疑人看，其在出狱后没有一份较为稳定的工作，导致其在经济上一直较为紧张，是促成嫌疑人再次实施犯罪行为的直接原因。

三　检察机关参与未成年罪后再犯罪
预防的角色定位

积极参与未成年人犯罪后再犯罪预防，是检察机关贯彻司法为民理念，深入推进"三项重点工作"的重要使命与应有之责。而纲举目张，能否在科学分析未成年犯罪后再犯罪现状、准确把握其背后多层次原因的基础上，设计出一整套合理、有效的预防对策，则需要我们首先从总体上对检察机关参与这一活动时所应扮演的角色加以正确定位。而对这一问题，近年来全国各地检察机关开展的相关实践已经做出了各具特色的回答。如北京市海淀区人民检察院首创"4＋1＋N"少年刑事司法模式，即在未成年犯罪嫌疑人、被告人社会调查及全程跟踪帮教等环节引入检察机关监督、政府购买服务、司法社工执行的配套机制，从而在保证诉讼程序及时、合法的前提下，显著提升了预防未成年人罪后再犯的专业水平与持续力度。又如，上海市检察机关率先创设"一体化"未检工作机制，将检察机关开展再犯预防工作的视野与触角贯穿于诉讼程序始终等。

通过全面考察我国检察机关开展未成年人刑事检察工作的各项法律规范与上述特色经验，我们发现，在参与未成年人犯罪后再犯罪预防这一系统性社会工程的过程中，检察机关所扮演的角色不外乎法律监督者与具体执行者两种。然而需要进一步研究的是，在这两重角色身份之间究竟孰轻孰重，或者说应当怎样界定二者的关系方才能够更加符合预防未成年人再犯的实践需要。对此，我们认为，作为兼司法律监督与社会治安综合管理职能的司法机关，法律监督者、具体执行者都应是检察机关在参与未成年人犯罪后再犯预防工作中的身份职责；但在二者中，法律监督者无疑是检察机关应当践行的首要角色，任何偏废其一或者混淆主次的观点和做法都对未成年再犯预防工作有害无益。这一结论的得出，有如下理由。

1. 突出法律监督职能切合检察机关的法律属性

对国家机关、企事业单位、公民的行为进行法律监督，是我国宪法赋予检察机关的法定职能，也是检察机关工作的核心内容。也正是在法律监督者这一角色定位的基础上，检察机关才得以在刑事诉讼活动中全面承担起指控犯罪、纠弹不法、保障人权的所有职能。因此，忽略或者偏废检察机关作为法律监督者的主要职责，及至以具体执行各项预防措施来取代法律监督，不仅不利于明确检察机关在刑事诉讼活动中的专属职权，突出检察机关在刑事诉讼中通过监督侦查、审判违法、严肃追诉犯罪、准确定罪量刑来依法保障涉罪未成年人合法权益的工作指向,也不利于向涉罪未成年人及其家庭、社会公众传递和树立正确的司法、守法观念,最终必然极大地损害、削弱检察机关开展帮教、再犯预防工作的力度与威信。

2. 强化法律监督职能对合检察机关的工作机制

作为国家法律监督机关,近年来全国各级检察机关根据《刑事诉讼法》、《人民检察院组织法》等法律法规、检察规范性意见的要求,结合自身未成年人再犯预防工作的特点,逐步摸索和设置了包括未成年犯罪嫌疑人社会调查、合适成年人到场旁听讯问、专题法庭教育、检察建议书发送约谈、检察官进校园等一系列创新性的再犯罪预防机制。这些工作机制不仅保证了检察机关作为案件审查批捕、审查起诉的主体能够通过上述途径更加提前、更为全面地了解未成年罪犯的个人成长、家庭环境、教育经历等相关情况。而且,从法律监督对象、监督手段、监督程序、监督效果巩固等各个方面,也为检察机关针对办案过程中所发现的教育缺漏、帮教切入点适时开展心理、情感"免疫"治疗,进而实现对涉罪未成年人由个案到类案的督促、改造提供了坚实的机制保障。而这也正是检察机关较之监狱、少年犯管教所、中小学校等未成年人犯罪后再犯预防机构、单位开展此一工作在帮教时机、角度、连贯性等方面的重要优势所在。

3. 着力法律监督职能符合检察机关的能力现实

在我国现有的司法体制与工作机制下,与政府、司法行政机关、刑罚执行机关、中小学校、社区等相关单位相比,以审查办理刑事案件为基础工作的检察机关,显然在未成年人再犯罪预防工作的人、财、物等力量配置方面存在着难以"包打天下"的硬性不足。

特别是随着我国社会逐步进入矛盾凸显期，预防未成年人再犯罪这一传统课题也向检察机关、尤其是其中的未检部门提出了更多新的挑战。而与之相对，尽管近年来未成年人检察工作得到了长足发展，但不容回避的是，现阶段我国未成年人刑事检察机构在自身组织、机制建设、干警素质培育、保障力量配备等方面仍然面临着诸多瓶颈。以北京市检察机关为例，分院未检工作机构缺失、基层院未检机构缺乏独立性、未检队伍专业化与工作专门化尚不完善等现实问题仍较为突出。因此，片面主张检察机关在预防未成年人再犯罪工作中应当事无巨细、亲力亲为，将检察职能混同于刑罚执行机关、学校的提法和做法不仅难以在实践中得到真正落实，反而有可能因为错误的角色定位而导致检察机关在未成年人再犯预防、帮教的实际工作中"四面出击"，最终反陷于"孤军奋战"、"一头热"的不利局面。所以，检察机关参与未成年人犯罪后再犯罪预防工作时，亦应当量力而行、循序渐进，立足法律监督者这一更高的角色站位，避免在条件尚不成熟、能力尚不充分的情况下盲目涉足其他相关部门、单位职责之内的具体工作。

综上，我们认为，检察机关参与未成年人犯罪后再犯罪预防工作，应当始终牢牢站稳法律监督这一固有立场，始终突出法律监督这一工作主线，并在此角色定位基础上，结合自身在司法权力架构与执法力量分配方面的现实情况，适度扩展工作视野、延伸工作触角，从而切实有效地参与未成年犯罪后再犯预防工作。

四 检察机关参与未成年再犯预防的具体举措

从法律监督者这一检察机关的角色定位出发，我们认为，在今后的未成年人犯罪后再犯预防工作中，检察机关可以立足未成年人刑事司法程序，依托"捕诉监防一体化"未检工作机制，充分利用诉讼内与诉讼外、专门机关与社会组织各方合力，从多角度、全方位地监督《刑法》、《刑事诉讼法》与《未成年人保护法》、《预防未成年人犯罪法》的贯彻落实，全力开展未成年人再犯预防工作。详言之，检察机关在此一工作中的具体举措可按诉讼程序列举为以下两类。

1. 检察机关在刑事诉讼程序内如何参与再犯预防

（1）严格批捕标准，扩大非羁押措施适用

在审查批捕环节，对于涉罪未成年人罪行较轻，或虽然罪行较重但人身危险性较小，且具有一定监护、帮教条件，再犯或妨害诉讼可能性不大的，检察机关应当对其以无逮捕必要为由作出不予批准逮捕的决定，由公安机关对其采取非羁押强制措施；在审查起诉阶段，则可以对在押的涉罪未成年人进行羁押必要性的同步审查，尽量避免羁押手段的适用，以避免涉罪未成年人因被羁押而受到监狱"亚文化"的"交叉感染"，并为落实社会化的帮教创造条件，降低帮教的难度和重新违法犯罪的可能性。

（2）提高公诉标准，强化非刑罚处理力度

在审查起诉环节，对于涉罪未成年人所犯罪行情节轻微，依法不需要判处刑罚或具有免除刑罚情节的，检察机关应当依据新刑事诉讼法的规定对其作出相对不起诉或附条件不起诉决定，以终结刑事诉讼程序，避免提起公诉后造成未成年人被判处有罪而过早留下犯罪记录，并因而衍生"标签效应"，影响其复学、就业，妨碍其顺利回归社会，并因走投无路而重新犯罪。对于被不起诉的涉罪未成年人，可以根据案件具体情况，依法予以训诫或者责令具结悔过、对被害人赔礼道歉、赔偿损失。通过非刑罚处置措施的适用促使涉罪未成年人对自己行为的危害性及不起诉处理的性质有正确的认识，防止其误认为自己的行为不会受到处罚而重新违法犯罪。

（3）准确量刑建议，落实从宽处罚政策

对于确需起诉并判刑的涉罪未成年人，检察机关应当对于罪行较轻、认罪态度较好，主观恶性和人身危险性小且具备社区矫正条件的涉罪未成年人，应当建议法院对其判处管制、单处罚金等非监禁刑或者适用缓刑，以避免其因为被判处监禁而丧失社区矫正的机会，并受到监狱中"犯罪亚文化"的交叉感染，从而难以回归正常社会，进而重新走上犯罪道路。

同时，对于符合缓刑条件，但仍存在一定不良行为和心理或者无法摆脱滋生犯罪外部环境可能诱发重新违法犯罪的未成年人，可以根据修行后刑法的新规定建议法院在判处缓刑的同时，对其判处禁止令，禁止其继续实施不良行为或接触原有环境。例如禁止其进入网吧、接触同案犯等，防止外界诱发因素导致的重新违法犯罪。

对于罪行严重、情节恶劣、屡教不改、认罪态度差、主观恶性和人身危险性突出的涉罪未成年人，应当建议法庭对其判处监禁刑。一方面，通过监禁刑的威慑作用，迫使其认识到自己行为危害后果的严重性和遵守社会基本规范的必要性；另一方面也防止对此类涉罪未成年人适用过分轻缓的刑罚，造成其心存侥幸，继续实施危害社会的行为。

（4）监督前科记录封存，避免"标签效应"恶果

根据刑法修正案（八）第一百条的规定，对未成年人所犯轻罪的刑事记录应当严格保密，并建立专门的管理制度，非具法定事

由、非经严格审批,不得对外出具未成年人被刑事立案、采取强制措施、不起诉或因轻罪被判处刑罚的刑事记录。对此,检察机关应当监督相关行政执法或刑事司法机关对这一规定的执行,严防"标签效应"对未成年人日后人生、学业发展的不利影响。

(5) 加强诉讼监督,保障未成年涉罪人权利

首先,通过诉讼监督形式,全面、平等地维护涉罪未成年人的诉讼权利,使其感受到法律的严肃、公正,防止因其因受到不公正待遇和歧视而仇恨社会,进而重新犯罪。例如,针对外来涉罪未成年人与本地涉罪未成年人在羁押措施和非监禁刑适用方面存在的事实上的不平等问题,可以通过不予批准逮捕、缓刑量刑建议等侦查监督或审判监督的方式,确保平等司法保护。又如,检察机关应当监督落实《预防未成年人犯罪法》第六十四条关于对被拘留、逮捕和执行刑罚的未成年人与成年人应当分别关押、分别管理、分别教育的规定,防止交叉感染。

其次,监督纠正对涉罪未成年人滥用羁押措施和监禁刑的行为,避免将其不当地与社会隔绝,并使其获得社区矫正的机会,创造回归社会的良好条件。同时,也要对涉罪未成年人是否具备非羁押和非监禁条件进行监督,避免对不具备帮教和矫正条件的涉罪未成年人做非羁押、非监禁处理,造成难以监管,进而放纵其重新犯罪。

再次,加强未成年服刑、社区矫正人员的刑罚执行监督,强化刑罚的教育功能。一是监督并参与未成年社区矫正对象的矫正帮教活动,督促其遵守社区矫正期间的各项规定和禁止令的要求;二是督促监管部门及时将被判处监禁刑的未成年犯交由专门的少年犯管教所执行刑罚,并参与未成年犯在刑罚执行期间的所内帮教矫正工作;三是监督《预防未成年人犯罪法》第六十四条关于"未成

年犯在被执行刑罚期间,执行机关应当加强对未成年犯法制教育,对未成年犯进行职业技术教育。对没有完成义务教育的未成年犯,执行机关应当保证其继续接受教育"的相关规定。

2. 检察机关在刑事诉讼程序外如何参与再犯预防

(1) 牵头社会力量,构建社会化再犯预防体系

检察机关应当积极延伸职能,牵头整合各方力量和资源,共同构建社会帮教体系,为涉罪未成年人诉讼期间的社会化帮教和刑罚执行期间的社区矫正提供条件,为检察机关对涉罪未成年人采取非羁押强制措施并建议判处非监禁刑提供充分的社会支持保障条件。

(2) 参与诉前、诉后考察帮教

针对尚未被提起公诉且被采取非羁押强制措施的未成年犯罪嫌疑人,检察机关应当将此类未成年人交由专门的帮教小组(主要有共青团干部、司法社工、志愿者、学校、社区等力量组成)进行3—6个月的帮教和考察,由专业人员对其进行连贯的思想教育、法制教育、行为和心理矫正等帮教活动,并确保其在诉讼期间遵守规定,防止重新违法犯罪。同时,考察其日常表现及帮教效果。考察期满,考察小组向检察机关出具考察帮教报告,作为检察机关做出进一步司法处理和下一步帮教矫正的参考依据。

(3) 参与跟踪帮教

在社区矫正机构对涉罪未成年人进行缓刑及禁止令的执行宣告时,检察机关可以派员参加,并配合有关职能部门对涉罪未成年人进行教育,通过当面释法说理,使其了解缓刑及禁止令的法律性质,促使其遵守相关规定。对于诉讼终结(相对不起诉)由诉前考察帮教小组或专门的司法矫正社工开展跟踪帮教,检察机关可以

适度参加，并开展回访考察，以巩固帮教矫正效果。此外，对于确实存在严重不良习气，但因情节显著轻微或未达刑事责任年龄而未被追究刑事责任的未成年人，也可以开展必要的跟踪帮教活动。

（4）监督《预防未成年人犯罪法》、《未成年人保护法》等法律法规的正确实施

一是对未成年人犯罪案件，新闻报道、影视节目、公开出版物不得披露未成年人的姓名、住所、照片及可以推断出该未成年人的资料。对于违反这一规定的单位和个人，应当要求及时纠正；二是对于被采取强制措施的未成年在校生，在人民法院判决生效前，不得取消其学籍。违法犯罪未成年人大多处于在校学习阶段，学校教育对其人生发展极为重要，丧失或被剥夺这一机会将使其无法获得今后在社会立足的必要知识与技能，造成其重新违反犯罪。对于已被法院判决有罪，但不是必须在监管场所服刑的，也可以考虑保留学籍，使其继续接受教育。对于学校取消或以劝退、自愿退学等名义变相取消涉罪未成年人学籍的行为，应要求其自行纠正或建议其主管部门纠正；三是对涉罪未成年人在刑罚执行完毕后，在复学、升学、就业等方面与其他未成年人享有同等权利，任何单位和个人不得给予歧视。对于学校、用人单位侵犯涉罪未成年人学校、工作权利的，应当要求其自行纠正或建议其主管部门纠正。

监禁刑对刑释人员社会关系网络的影响

徐　楷[*]

摘　要： 监禁刑的弊端已经为很多学者所诟病,可是在司法实践和立法中各国还是以监禁刑作为主要刑罚种类。在犯罪社会学的视角来看,监禁刑对罪犯社会关系网络的影响最大,割裂原有的社会关系网络,使罪犯被迫建立了不利于其再社会化的社会关系网络,致使再犯罪率高企。

关键词： 监禁刑;社会关系网络;再社会化

　　21世纪的头十年已经过去,可是,目前世界绝大多数国家和地区,无论在人们观念上还是在国家实际立法中,还是主要将监禁刑作为惩罚犯罪的主要手段,我国在刑事立法活动和司法实践活动中表现得更加明显。纵观世界主要国家的刑罚实施情况和司法实践,证明在监狱内部对罪犯的改造效果并不好,事实上监狱很难实现对罪犯的改造功能。正如美国犯罪学家唐纳德·克雷西所言:"监狱改造罪犯最终是以闹剧收场,以失败告终,监狱矫正效果

---

*　作者简介:徐楷,刑法学博士,黑龙江大学社会学系副教授。

微乎其微"。①

一　监禁刑的弊端

监禁刑的具有封闭性、粗放性、高成本性、对犯罪人权利的限制和剥夺等特征。多数学者们认为监狱场所固有的诸多弊端使剥夺自由刑的预防犯罪效果并不尽如人意,首先在监狱中罪犯之间交叉感染现象非常严重;其次在长期的封闭性的监禁条件下,罪犯们适应社会正常生活的能力有所减低甚至丧失;第三,长期封闭的监禁生活会使罪犯形成盲从性人格,影响罪犯们刑满释放后重新适应社会正常生活的能力。② 学界的解释反映了一定道理,但也有一些问题是上述理由无法解释的。汪明亮教授提出了一个很好的问题:"对那些已经改造好的犯罪人,或者虽然暂时没有改造好,但是出于对监狱恐惧感而不愿重新实施犯罪的人,对于这些人再次犯罪如何解释? 他认为应当从社会关系网络角度给出比较合理的解释:监禁刑不利于罪犯刑满释放后建立强社会关系网络,从而降低了社会控制力,间接促使犯罪的发生"。③ 同时,我们也承认犯罪人是一种特殊的社会弱势群体,是现实社会道义的谴责和国家行刑权的"合理暴力"促使了犯罪人社会弱势地位的形成。监狱在具体工作运行经常会出现侵犯在押犯人权利的行为,监狱干警在处理事情的时候更多地会从考虑刑罚目的实现,维护本身安全

① Philip R. Popple and Leslie Leighninger, Social Work, Social Welfare, And American Society, Allay & Bacon, 1996, (47):339.

② 汪明亮,基于社会资本解释范式的刑事政策研究[J],中国法学,2009(1):136。

③ 汪明亮,基于社会资本解释范式的刑事政策研究[J],中国法学,2009(1):136。

和秩序的需要出发,当罪犯所主张的权利要求与监狱管理目的之间发生冲突时,便被"合理"侵犯。服刑人员在监狱中都处于群居状态,各种各样服刑人员共同群居的集体环境,个人空间被极度压缩,使得任何犯罪人都处于相对自由群众更为危险的境地,服刑人员的人身权往往更易受到来自他们群体内部的侵犯。① 因此,监禁刑的弊端主要在于以下方面:

1. 罪犯的再社会化效果不理想。行刑目的实现的最终目标就是使罪犯的再社会化成功,使其重新适应社会,"成为守法公民",通过监狱等国家刑罚执行机构的改造行刑,矫治罪犯的反社会性,从根本上使其行为习惯和思想心理能够接受并符合社会规范和价值标准。② 可是,北京师范大学刑事法律科学研究院吴忠宪认为:"20世纪80年代中国重新犯罪率大概维持在7%—8%,21世纪初期上升为13%—14%。"

2. 重惩罚轻改造。我国的监狱管理机关把惩罚与改造罪犯作为主要职能,使人觉得惩罚和改造具有同等重要的地位,事实上两者中的惩罚占据绝对分量。监狱因受诸多因素的限制,对于如何将罪犯改造成一名真正的合格的社会人的效果并不好。错误的职能观使我国的监狱成为一个让罪犯与社会隔离、限制罪犯自由的大铁笼子,因此我国监狱行刑效果不令人满意,对于罪犯刑满释放后是否会对社会造成潜在威胁,以及是否会造成更大的破坏,则无暇思考。我们必须改变错误的改造思想,树立改造第一的思想,把第一位的工作放在使罪犯再社会化成功上。

3. 监狱亚文化盛行。监狱的封闭特性和社会的开放性之间

---

① 唐学兵,监狱在押服刑人员人身权保障限度[J],犯罪研究,2009(6):44—50。
② 袁登明,行刑社会化研究[M],北京:中国人民公安大学出版社,2005:119。

是一对矛盾体,本质上来说,监狱也是一个小社会,只不过这个小社会的构成主体比较特殊,是以罪犯为主体构成的,有着对罪犯的再社会化起着阻碍作用的监狱亚文化。

4. 生活模式"被监狱化"。很多刑满释放人员在迈出监狱大门的那一刻认定:"我又是一个好人了,我可以重新生活了。"但现实却经常与这样的想法存在距离。很多罪犯出狱后都有监狱化现象,罪犯监狱化是军事化管理的产物,而军事化是每个监狱的管理模式,罪犯被关押入狱,服从命令成为他们的首要职责。在行为自由的情况下自我判断的能力对刑满释放人员相当重要,一旦判断错误就会走上重新犯罪的道路。军事化管理模式要保持,但是适当地调整军事化管理的适用程度和范围有助于保持犯罪的自我判断能力,降低再犯罪的可能性。

二　监禁刑对刑满释放人员社会关系网络的影响

我国犯罪学家和社会学家们针对刑罚的效果进行了大量定量研究和定性研究,他们认为刑罚在无意间起到了引发犯罪的作用。以关押和监禁为主的刑罚将给罪犯刑满释放后的职业和工作稳定性带来巨大的负面影响。这种负面影响给刑满释放人员造成失业、不完全就业、低收入的客观事实,会增加刑满释放人员家庭破裂的风险。家庭中的男性成员在刑满释放后失业,有可能会造成家庭破裂,在无助和无望状况下间接促使刑满释放人员将来违法犯罪的几率增高。无论是青少年还是成年人,任何时间长度的监禁都将对工作稳定性带来负面影响,甚至造成将来的违法犯罪。因此,为了避免刑罚给罪犯们带来的不利影响,在对罪犯经过一段时间的监禁后,监狱就必须给罪犯提供机会,使他们重新和家庭、学校和工作单位等各种社会团体建立联系。可见,从社会关系网络角度考察,改造罪犯,防止重新犯罪,最终实现减少犯罪目标的途径"不在于监狱的制造,而在于人的塑造"。在刑事司法领域,最终起作用的是社会,而非刑罚政策。因此,我们必须对现行以监禁刑为主体的刑罚体系深入地反思和改革,尽量避免因适用监禁刑的弊端所造成的社会关系网络弱化,进而削弱社会关系网络的社会控制能力。

1. 罪犯监狱化人格的形成不利于建立社会关系网络,阻碍其再社会化进程

心理问题已经引起公众的重视,但是,对于罪犯这一特殊群体的心理问题的研究尚未全面展开。可是,相对于一般的社会公民,服刑罪犯的心理问题数量多,具有特殊性。罪犯心理是是以犯罪人的个性心理为基础的一种独特的心理结构,是在特定的封闭服刑环境的刺激下出现的矛盾的复合心理。从罪犯行为的认定开始,罪犯身份就被强制性地界定了,继而产生了相应的罪犯心理。罪犯心理是罪犯被判决执行刑罚以后,在服刑过程中所产生的各种各样的心理反应。它是刑罚承受者在服刑过程中的特殊心理现象。人格障碍也是导致重新犯罪的重要原因,国外犯罪学和行刑学研究资料表明各种人格障碍及心理问题在罪犯中普遍存在。我国近年来各地监狱管理局对在押罪犯进行心理测试,得到的数据证明,存在各种人格障碍的罪犯约占 20%,心理健康水平低于正常的罪犯占 70%。山东省监狱管理局对罪犯的调查显示:大约在押犯的 35%—40%有人格异常和有心理变态倾向;北京市监狱局调查表明:有人格障碍罪犯约占服刑人员的 30%;湖南省监狱局

内部调查统计表明：目前 90％以上的服刑罪犯存在心理问题，其中有较严重的心理问题的占到 35％以上。[①] 可见，罪犯的心理问题和人格障碍已经成为全世界和全中国监狱面临的带有普遍性的严重问题，到了不容忽视的地步，对于异常心理和变态人格的罪犯进行矫治成为当务之急。

罪犯监狱化人格的形成受到监狱自身文化因素、罪犯个体遗传因素、罪犯个体家庭与社会环境因素、罪犯个体的文化教育因素、心理因素、个体本身社会化的不足因素、罪犯群体因素、监禁环境因素、监狱制度因素、改造手段因素等多重因素的作用，从根本上说是一个多因素综合作用的过程。在刑罚执行的过程中，因环境变化、人身自由的限制、情感和行为的压抑，罪犯的人格障碍就逐渐表现出来，罪犯的人格虽然并不完全是在监狱中形成的，但监狱改造环境和各项改造手段对罪犯的性格、气质和能力产生很重要的影响，导致罪犯的人格发生一定程度的变异。监狱化人格对于罪犯社会关系网络的建立具有极大的负面影响，增加了罪犯适应社会的难度，进而也影响到其再社会化进程。

罪犯在监狱化过程中形成监狱化人格对社会关系网络构建有以下危害：第一，长期接受监狱"军事化"行为规范和生活方式影响，罪犯的自主思维意识淡化，行为缺乏行动主动性；第二，带有监狱化人格的刑满释放人员将监狱亚文化带到自由社会，但是，他们尊崇的监狱亚文化与社会主流文化格格不入，存在巨大差别，在为人、做事方面会出现冲突；第三，具有监狱化人格的罪犯带有阳奉阴违的人格双重性，心思隐蔽、复杂多变、难以捉摸，会使正常人感觉到不舒服、难以同他们真心交往，他们自身的双重人格也使得难

---

① 王亚军，罪犯监狱化人格的成因与矫治对策研究[D]，长沙：湘潭大学，2008：12。

以相信别人,总是充满怀疑和警惕,这样的感觉无法建立正常的社会关系网络;第四,很多带有监狱化人格的罪犯都具有反社会性。

2. 闭塞的监狱割裂了罪犯原有的社会关系网络,阻碍罪犯再社会化进程

当前我国的监狱行刑模式仍属于传统的监狱管理模式,几乎所有的监狱都不加区别地采用高度警戒、高度隔离的模式。"高墙电网、持枪武警"是监狱的外在表征,监狱内部行刑手段同样是封闭、粗放、简单。粗大的铁门、巨大的铁锁,割裂开不同的禁区。会见时隔离的铁栅栏、防护网等造成我国监狱行刑的封闭性有余、开放性不足。20 世纪 80 年代中期,我国监狱虽普遍开展了利用社会力量帮教,具有行刑社会化意义的教育改造罪犯活动,但受各种主客观因素的限制,这些活动并没有制度化、经常化,有的甚至流于形式。在当前监狱工作实践中,由于我国监狱行刑体制的缺陷和市场经济条件下监狱经济面临的经济压力,劳动与改造的地位发生错位,教育改造的地位和作用往往被忽视与旁落,教育手段单一、落后,基本上还是黑板粉笔的简陋方式,多媒体教学、网络教育等现代化的教育形式也没有得到推广。在我国没有普遍开展在国外取得良好社会效果的罪犯心理矫治,我国监狱的教育内容缺乏现实社会意义。

美国著名犯罪学家格雷沙姆·塞克斯(Gresham Sykes)在《囚犯社会》一书中,论述了"监禁痛苦"。他认为,监禁给被监禁的罪犯造成五大痛苦:自由的剥夺、异性关系的剥夺(隔离)、自主性的剥夺、物质及受服务的剥夺、安全感的丧失。监狱使罪犯处于一种反社会的环境中,迫使罪犯与正常社会生活、自己的家庭、曾经的工作、原来的朋友完全隔离,对自由的剥夺连累到罪犯亲属,经常

导致罪犯家庭破裂,使罪犯处于一种有着强烈剥夺感的状态和境地。

首先,监禁刑的适用,基本割裂了罪犯原有的社会关系网络。监禁刑不仅将罪犯与现实社会隔离开,使其无法在监狱外的社会中自由活动。而且,罪犯在监禁机构内的活动也要受到严格限制,甚至同外部社会的间接联系诸如亲友探视、通信、电话等也受到种种限制。很多监狱制度规定:罪犯一个月只有一次35分钟至60分钟不等的接见,有监狱干警监督;可以打1次至4次不等的时间为5分钟的亲情电话,有监狱干警监听;可以写1封至3封信件给家人,要接受监狱干警的检查。在严密的监控下很多罪犯无法将自己的感想真实、及时地和亲属、朋友交流,使其社会关系网络逐渐断裂。严密的监控制度逐渐把罪犯变成“一切行动听指挥”、“所有活动听命令”的“机器人”,他们的思维变得迟钝、僵化,感情变得麻木、冷漠,生活变得单调乏味而沉闷,对变化着的社会生活的敏感性和适应能力越来越弱。很多刑满释放人员出狱后都不和亲人住在一起,和亲人之间本就是交往互动很少,重新入狱之后基本就彻底丧失了社会关系网络。有些父母去世的犯罪人在监禁期间没有亲人来探视了,仅有的社会关系网络都失去了。

其次,监禁刑使夫妻离异、家庭解体,强使社会关系网络断裂。监狱对罪犯异性关系的剥夺不但导致性心理的畸形发展和性格扭曲,使得罪犯遭受极大的生理和心理痛苦。而且,使得很多夫妻离异、家庭解体,强使社会关系网络断裂,严重阻碍罪犯再社会化。罪犯在封闭的监狱服刑,家庭亲人在自由社会生活,两者长期生活在两个环境中,由于人身自由的限制和种种监狱制度的存在,使罪犯和家属缺少必要的沟通和了解,致使罪犯及其家属在思想感情上产生隔阂,有时彼此间的隔阂会成为家庭矛盾冲突的导火索,他们之间的情感危机时时存在。监禁刑还造成罪犯家庭经济困难,进而产生经济矛盾,导致亲人间的感情破裂。

第三,巨大的心理落差,切断了原有社会关系网络的感情基础。监禁刑使得罪犯几乎与世隔绝,给服刑罪犯带来极大的身心痛苦。生活条件方面差距的存在,又使得罪犯体验到强烈的不平等性和社会歧视,会不断产生自卑心理,甚至是绝望情绪。罪犯是一个触犯刑律、接受惩罚、被剥夺人身自由的特殊人群,而监狱是一个与外界封闭隔绝的特殊场所,严密的监控警戒措施使监狱内外产生巨大的鸿沟。罪犯入狱后处于与社会相对隔离的环境中,压抑的环境使其产生各种不健康的监狱化人格,心理的损伤是无法估量的。罪犯心理的巨大变化使得在感情纽带基础上建立的社会关系网络断裂,不利于罪犯的再社会化。

第四,监禁刑造成罪犯社会知识社会经验丧失,难以接续原有社会关系网络。罪犯的社会知识和社会经验在多年的监狱劳改生活中丧失,使他们与社会脱节,对社会现实世界缺乏整体的、深入的体验和了解。原有的社会关系网络因与世隔绝而断裂,但是想接续时会发现社会时代变化了,很多情况发生巨大改变,如果不能顺应变化,原有的社会关系网络将无法接续。可是绝大多数刑满释放人员都对社会生活产生错误认识,误以为刑满释放后只要肯干、肯出力能吃苦就能改变贫穷,进而发财致富。刑满释放人员的人生目标变得简单,大都期望赚大钱、发大财,甚至幻想一夜暴富。然而,社会现实生活的残酷同他们回归社会期望值之间存在巨大差距。刑满释放人员的心理承受能力较差,在遭到打击、遭受挫折后,有些人就会产生绝望心理,进而对生活失去信心,不惜铤而走险,最终重新犯罪,堕入犯罪深渊。

3. 监狱内形成的非正常社会关系网络,严重阻碍 其再社会化进程

20世纪人们试图将监狱变成一个能够帮助实现罪犯重新回归社会的场所和阶段,但事与愿违的是:监狱并没有成为同犯罪作斗争的主要工具,却成为很多罪犯学习犯罪技能以便重新犯罪的学校。具有再犯罪的倾向性主体十分明确,即在押人员。但对于他们来说,再犯罪的第一道"诱惑"恰恰来自于监狱。一些初犯、偶犯、轻犯在进入了监狱这个"犯罪大染缸"以后在犯罪歧途上越走越远、越陷越深。监狱专家称为"交叉感染",在监狱看守所中普遍存在,也令监所管理方头痛不已。由于客观条件限制,很多罪犯被统一关押在封闭的空间内,虽然罪犯们的恶性具有很大的差异,但是,初犯者被剥夺自由后往往处于无助的地位,渴望与人沟通,并且很有可能无意识地学习别人的思维模式和行为,甚至是犯罪方法,例如如何实施犯罪、规避法律和逃避制裁都在交流的范围内。监狱里的诸多人身自由和行为限制、缺失的私人空间和混杂的人群,使监狱成为内含暴力的肉体惩罚场所。通过这种肉体惩罚也折磨着罪犯的精神和思想,最终使罪犯们的本质变坏,导致他们人格异化,使罪犯们陷入不服从的反抗状态和被动的服从状态。

监狱也是一个小社会,罪犯在监狱中居住于群居的环境中,必然会形成新的社会关系网络。但是,这种社会关系网络是在"交叉感染"的状况下形成的,这种交叉感染也同时使得一旦有人出现再犯罪,就会体现出"团伙性"特征。因此,这种狱友之间建立起的社会关系网络不利于罪犯的再社会化。再社会化失败人员在重新犯罪的时候,多数都是团伙作案,而且团伙成员还以狱友居多。监狱干警的话形象地说出了罪犯之间的"交叉感染"和"彼此鼓励",在

不良群体亚文化的影响下，往往会从事犯罪手段更加恶劣和隐蔽的犯罪。

监禁刑是我国最主要的刑罚种类，在司法实践中大量采用，但是它违背行刑社会化的刑罚执行理念，已经不适应罪犯再社会化的需要。通过个案实证分析，可以看到监禁刑的特点和弊端给犯罪人造成的监狱化人格、反社会人格、双重人格的心理障碍，以及因监狱封闭性造成的"交叉感染"和"监狱亚文化"的泛滥，并为建立狱友之间的社会关系网络创造了条件。上述情形都给罪犯的社会关系网络造成巨大损害，甚至割裂了原有的社会关系网络，不利于罪犯的再社会化进程。

监狱安全隐患扫描：基于死角理论的应用

陈鹏忠*

摘　要：本文从死角理论的视角对监狱安全隐患进行了系统梳理，以期为下一步做好排查、防控、应急处置等监狱安全防范工作提供针对性的对象条件。

关键词：死角理论；监狱；安全防范

一　死角理论概述

死角理论是日本学者和研究人员在研究城市与犯罪及其预防的关系中提出的一种解释犯罪原因、设计预防策略的理论。该理论主要是从城市空间变化与犯罪的关系角度，总结城市空间的结构、管理和利用，然后从中概括出相关的时间、空间、心理及社会死角与犯罪的关系及基本的预防思想。

*　作者简介：陈鹏忠(1965—　)，男，汉族，浙江嵊州人，浙江警官职业学院刑事司法系教授，研究方向：犯罪学、刑法学。

伊藤滋编的《城市与犯罪》一书具体论述了这一理论①。

死角理论认为,城市中存在的各类死角是诱发犯罪的危险因素。因为市区与犯罪的关系取决于监视作用和区域性控制作用的强弱。城市犯罪的根源在于区域环境中,而各类死角就是这种区域性环境中的犯罪危险因素。城市环境中的死角,由时间死角、空间死角、心理死角、社会死角构成,它们相互联系、互相重合,共同影响犯罪。

1. 时间死角

指各种情况下出现的无人目睹犯罪行为的空白时间。

这种时间易于犯罪人选择和实施作案。时间死角的形成因素包括:夜间行人稀少;街道路灯的稀少和不亮等。

2. 空间死角

指因视线被墙或建筑物遮挡所形成的物理性死角。

空间死角的形成因素包括:小巷、幽径过多,高层密集住宅多处建立,过于密集的楼群和设施等。

3. 心理死角

指人们头脑中对犯罪危险的忽视,丧失必要的警惕性。

心理死角的形成因素包括:居民松懈、毫无戒备心理,随意乱放自行车和停放汽车,夜间单身女子行走等。

4. 社会死角

指由于居民互不关心、互不联系,缺乏应有的责任感,削弱了

---

① 〔日〕伊藤滋:城市与犯罪[M],群众出版社,1988年,第97—110页。

社会关系中的区域性控制和监视作用而形成的犯罪环境条件。

社会死角的形成因素包括：居民无久居意识，无定居观念，彼此关系疏远；邻里关系冷淡；居民之间互不照应等。

任何一类死角都是一种诱发犯罪的危险因素，但发生犯罪危险性最大的是四种死角重合的地方，以此类推，三种死角重合的场所比第二种、第一种死角场所更危险。如图所示：

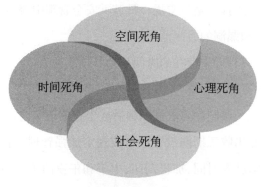

死角重合示意图

二　监狱安全隐患扫描

监狱在本质上是不安全的，现实中的监狱安全只不过是监狱与社会采取联合力量，用各种手段暂时遏制住了不安全因素，但其内部仍然时刻隐藏、酝酿和积聚着各种危险因素，随时随地都可能会爆发①。在监狱推进四项机制和四防一体化②建设的背景下，有必要运用新的视角重新审视监狱的安全隐患，为进一步提高监狱安全防范

---

① 宋洪兴、张庆斌：监狱安全总论[M]，法律出版社，2013年，第31页。
② "四项机制"指的是防控、排查、应急处置和领导责任机制；"四防一体化"指的是人防、物防、技防、联防四管齐下。

的科学水平奠定理论基础。死角理论的迁移运用是一种尝试。

(一) 时间死角

监狱安全防范工作中的时间死角,指的是重点时段和重点环节等运行层面的管理漏洞。

所谓重点时段,是指常规一日监狱安全管理中警力相对薄弱,易出现隐患和漏洞的时间范围。

重点时段管理中存在的时间死角具体表现为:

现场巡查力度不够,少数民警对值班期间的职责不明了或执行不到位,把一些制度要求搁在脑后或坐在值班室内,没有切实做好巡查;罪犯出收工期间没有严格按规定加强管理,清点人数,严格查验身体;就餐时间、加班期间、中午和午夜两个 12 点前后、民警补空值班期间没有加强防范、严格管理。

所谓重点环节,是指监狱管理环节中易产生事故隐患的管理环节。

重点环节管理中存在的时间死角具体表现为:

外出就诊、调遣、押解期间没有按规定穿着罪犯标志服,没有严格进行查验身体,没有加强警力、严密防范;节假日(特别是重大节假日)、政治敏感期、重要活动期间、外来人员参观、警示教育、上级领导检查、指导工作期间没有采取切实有效措施,加强管理;风、雨、雷、电、雪等恶劣天气期间、自然灾害以及大面积、长时间停水停电期间,没有采取相应的应对措施和预案。

(二) 空间死角

监狱安全防范工作中的空间死角,指的是警戒设施、场所设置、物品摆放等器物层面存在的缺陷和故障。

警戒设施方面：

监狱围墙、电网、警戒线、金属隔离网墙、蛇腹形刀刺网、窗户栅栏、铁门和防攀爬、防冲撞装置等警戒隔离设施未达完好状态；围墙外 10 米、内 5 米范围视线不佳，堆放杂物、攀缘物等；电网运行不正常，电压不符合标准；监狱岗楼、瞭望台、监听器、探测仪、安检门、视频监控、应急报警、门禁控制、电子巡更、监听呼叫对讲广播、人员定位系统等监控设施运行不正常；探照灯、墙灯、路灯、隐蔽灯和各种应急照明工具等照明系统设施未达完好状态，运行不正常；各种电源、开关（箱）不可靠、不安全；电话、电铃、报警器、对讲机等有线、无线通讯系统设施运行不正常。

场所设置方面：

A、B 门区域内上下探头不清晰（顶、地），车辆检查光线不佳；检查车底车顶较为困难，部分车辆为封闭式，上下均无法爬进检查，车辆装货后有时无法检查车厢内情况；监控不够清晰，值班室视线不好；劳动现场存有民警观察的死角，部分罪犯甚至躲在民警不注意的角落睡觉、吃东西；厂区民警值班室、犯人统计室、施工房未进行通透式改造，从而未能达到全透明的要求；仓库库存物品堆放杂乱无章，部分违禁品一时无法发现；洗漱间毛巾架不够牢固，用力可以扳断，容易被罪犯利用；储藏室铁门上的气窗容易爬进去；下水道盖板破损严重；医院病房及监舍门门上安装有玻璃窗，易被罪犯敲碎后作为凶器或自杀使用；会见日会见室围墙处铁门为常开状态，罪犯进出相对自由，安全强度不高；非会见日遇零星会见时，民警开门前无法有效甄别门外情形；锁闭、封堵或占用疏散通道、疏散楼梯或安全出口，影响安全疏散；疏散通道、疏散楼梯、安全出口处设置的铁栅栏，在公共区域的外窗及住宿房间的外窗安装金属护栏，这些防范措施未与消防管理相适应,存在严重的消防安全隐患;疏散指示标志不清晰,火灾应急照明灯被遮挡、覆盖;分监区擅自改变防火分区,容易导致火势蔓延、扩大;高火险生产现场和库房火灾自动报警系统和自动灭火系统未达到完好有效状态。

物品摆放方面:

分菜勺子较锋利,存放未能上锁;维修工具未按规定放在工具箱内;生产车间藏有易燃、易爆等物品;车间门口没有摆放火源集中管理箱,集中管理罪犯的火源;灭火器不能正常使用;违反规定在生产区、监舍内储存甲、乙类火灾危险性物品。

(三) 心理死角

监狱安全防范工作中的心理死角,指的是主体层面监狱工作人员对监狱安全隐患的忽视。具体包括:

监管安全意识方面:

未树立监狱的安全意识,自身防范意识薄弱,存在麻痹思想和侥幸心理。现场值班时背对罪犯;找罪犯个别教育时在相对隐蔽的小房间;监管安全警戒设施的管理不规范,维修维护不及时,不能定期检测和维修维护;监管安全警戒设施管理、维修、维护人员存在失职渎职行为;人在值班室而值班室的防盗门大开;在人员密集场所违反消防安全规定,使用、储存易燃易爆化学物品;建筑物内进行电、气焊等明火作业时,没有将施工区和使用区进行防火分隔、没有清除防火区域的易燃可燃物、没有配置消防器材、没有安排专人监护。

监管制度执行方面:

没有严格执行入监体检制度、新犯入监谈话制度、对表现异常的新犯防范制度；没有根据罪犯卷宗确定重点犯及防范措施；部分民警责任心不强，长时间待在执勤点，不能及时观察片区罪犯的一举一动；民警岗位责任制没有落实到位，没有按时到岗到位、严格履行职责，存在脱岗、串岗、睡岗现象；未坚持"犯不离警"，未对罪犯实施全领域、全方位、全天候管控，留下死角或盲区；使用"拐棍"，即使用罪犯代行民警管理职权；个别民警未执行半小时点名制，交由罪犯代为清点人数的情况可能存在；民警半小时巡查及对罪犯上下课的清点人数执行不到位；罪犯留监期间民警巡查和清点人数不到位和时间间隔过长；监狱大门、监区大门、分监区门卫管理制度没有落实到位，没有严格对罪犯的出入门管理，严格查验身体制度，有效防止各种违禁品流入监内；监舍收封、启封没有由分监区民警或值班民警亲自点名并有登记；夜间巡逻、查岗不严格细致；监控值班民警没有认真履行职责，按时、按次、按规定汇报当班情况；罪犯出收工不由值班民警亲自接送，对单工种罪犯没有建立和落实有效的监控和巡查制度，存在长时间脱管、失控现象；罪犯"三大现场"（生活、学习、劳动现场）未由民警直接管理，存在脱管、失控现象；固定工具每日清点执行不到位；报废工具未及时清理出监；个别线剪尖头未及时磨平；报废工具未及时登记；废弃的机针管理不到位；没有坚持监区每半月一次、分监区每周一次的狱情分析，未能发现苗头性、倾向性问题，并制定针对性防范措施；没有坚持监区每半月一次、分监区每周一次的安全检查和隐患排查工作；预防罪犯脱逃、非正常死亡、重特大案件、重大疫情等突发事件，没有具体的应对措施和预案；监狱生活卫生条件不符合监狱执法规范的要求；未保证食品安全；未落实狱内公共卫生、防疫职责，对公共卫生污染源未进行清理和控制，疫情不能及时发现，并有效应对；对病犯自杀、自残、伤人、毁坏物品行为的防范制度执行不到位;没有制定事务犯(罪犯监督员)协助管理重点发病罪犯制度;对于严重精神病发病期罪犯不能做到 24 小时专人监督和看管;病犯生活环境未实现"去金属化";罪犯就诊的医院(病区)警力配备不符合监管安全要求;罪犯外出就医没有严格审批手续,没有按规定着罪犯标志服、戴手铐(脚镣),警力配备不符合要求;小哨、门卫、监督员、班组长等勤务犯,没有按要求严格选用,并严格各种审批、备案手续,对勤务犯没有做到严格管理,未能按期实行轮换;罪犯会见、拨打帮教电话时,监听、监控、监视制度没有落实,记录不翔实;使用罪犯整理、抄写、保管执法文书、工作计划、工作总结等材料;在监内晾晒警服或使用罪犯理发、保管警服或其他衣物;民警夜间单独找罪犯谈话;未制定防范罪犯在生产区和库房故意放火的措施;没有对罪犯进行消防安全教育的制度、火灾演练制度;没有火灾预案管理制度,特别是发生火灾时维持现场秩序保障监管安全的措施。

重点罪犯的防控方面:

对涉藏、涉疆、涉黑类罪犯、少数民族类、邪教组织类罪犯;对二次以上判刑、团伙首犯、惯窃、异地流窜作案、恶性杀人、报复伤害、爆炸、绑架、放火等暴力型罪犯及作案手段恶劣等罪犯;对预谋组织越狱脱逃、哄监闹事、袭警、绑架、行凶报复或进行其他重大的犯罪活动罪犯;对坚持犯罪立场,拒不服从管理教育,经常打架斗殴、寻衅滋事、欺压他犯、扰乱正常改造秩序,或不思悔改、屡犯监规或采取伪病、装疯卖傻、自伤自残等手段逃避惩罚和改造等公然对抗改造罪犯;对危险犯、顽固犯等,没有实行严格的包夹控制措施,"包管、包教、包转化"三包责任制没有落实到位。

重点部位的防控方面:

民警谈话室、值班室、各类库房、储藏室、礼堂、餐厅、教室、活动室、展览室等监管区的钥匙，存在罪犯掌管或由罪犯和民警双重掌管现象；餐厅、洗漱间、厕所、澡堂、茶炉房、医院候诊室堆放杂物、管理无序，进入这些场所没有进行严格的查验身体；监狱大门、监区、分监区大门或其他通道门及其门禁系统没有严格执行闭锁操作，发生故障不能及时维修维护；武器库的安全防范措施不完善，枪弹保管、储运及出入库手续不齐全；警囚车、摩托车、警戒具、防暴器材不能依法使用，未经常维修维护，保持完好状态。

重要物品的控制方面：

易燃易爆品、油脂类物品、酸碱类物品、化学物品不由民警直接管理，物品出入库手续不齐全；菜刀、剪刀、木工用刨刀、斧头、木锯未编号登记造册，未由民警直接管理，使用时没有与操作台固定连接，并在民警的监督下使用；锹、镐、锤等劳动工具，手钳、改锥、扳手等维修类工具，氧焊（割）枪、锯条等切割类工具未由民警直接管理，出入库、报废手续不齐全，使用记载情况不翔实；电工使用绝缘类物品和维修工具，未由专职人员管理；梯、架等攀高类工具和物品未集中管理，使用没有严格履行审批手续，使用后没有及时归还；药品、医疗器械不由民警直接管理；罪犯生活用具、用品没有做到规范化定置管理。

外协人员的管理方面：

对外协人员进监没有进行严格的审查，没有办理相关出入证件、手续；对外来人员全程陪同执行不到位；"一车一警"执行不到位，对驾驶员管理、车窗检查不重视；没有进行相关制度、规定的教育培训；没有严格专人接送制度，进监车辆未由民警专人跟车接送。

（四）社会死角

监狱安全防范工作中的社会死角，指的是主体层面警囚之间、囚囚之间表现出的不正常关系。具体表现为：

警囚关系方面：

执法未能做到文明公正，操作未能做到严格规范，突破现行法律框架；打骂、体罚、虐待罪犯，或指使他人打骂、体罚、虐待罪犯；以关代管、以管代教、超期禁闭、滥用警戒具；罪犯奖罚不能严格按《罪犯日常考核奖惩办法》的规定执行，不能做到公平、公正、公开；不能严格坚持"宽严相济"的刑事政策；对重控犯的思想动态掌握不足，不能真正了解罪犯所思所想，教育效果不明显；无法解决病犯的非合理诉求，造成教育僵局；对重控罪犯的个别谈心教育不够深入；对重控罪犯的犯情排摸不够深入具体；分监区民警不能深入包教罪犯当中去深入了解犯情，依赖于罪犯事务犯、信息员的汇报，造成对犯情掌握不深、不细、不实；在工种调整上，不能集体研究，徇私枉法、徇情枉法；在办理罪犯减刑、假释、保外就医、特许离监探亲等活动中徇私枉法、徇情枉法；违反规定擅自批准或带领罪犯会见、购物、拨打帮教电话，民警因私照顾所谓"特殊罪犯"，罪犯狱内高消费或不吃"囚粮"；民警、职工违反规定将手机等通信工具带进监管区或交予罪犯使用；民警为罪犯"捎、买、带"；强迫罪犯超时、超体力劳动；罪犯劳动保护用品未能及时供给；罪犯不遵守劳动纪律和操作规程，不坚守操作岗位，擅自串岗或窜区域；生产中需要流动时没有报告现场值班民警审批。

囚囚关系方面：

罪犯中存在私藏现金、毒品、手机、酒类、便衣、刀具、淫秽书刊、影像等违禁物品现象；个别罪犯对自己的连号不清楚；罪犯连号责任心不强，监督意识薄弱，连号去向不明未及时汇报；个别罪犯流动随意性较大，不按规定挂流动牌；护监罪犯存在多一事不如少一事的心态，发现罪犯违反连号、流动制度未及时汇报或事后才汇报，造成分监区处理的困难。

通过运用死角理论对监狱的安全隐患进行梳理，能使我们更加清醒地认识到监狱的安全风险，从而增强了我们有针对性地采取排查、防控、应急处置措施的自觉性和主动性，最终也就有效地保障了监狱的安全稳定，实现了为经济社会发展保驾护航的功能。

参考文献：

［1］［日］伊藤滋：城市与犯罪［M］，北京：群众出版社，1988 年。

［2］王金仙：监狱安全防范［M］，北京：中国政法大学出版社，2011 年。

［3］宋洪兴、张庆斌：监狱安全总论［M］，北京：法律出版社，2013 年。

监狱之外:关于英格兰和威尔士刑释人员重新安置的几点思考

罗杰·摩尔 著 高 畅 译

摘　要: 这几年,越来越多的人关注到英格兰与威尔士针对刑释人员重新安置的政策。两种不同的趋势都得到了证实。释放后的监管越来越重要,这种对犯人的监管是由法定许可的形式进行的监督和管理,然而对刑期较短的成年刑释人员监管的支持,以及相关规定是非常有限的,并且仍然是非强制性的。本文将就以下两个方面来说明重新安置工作的问题:区分的意义;政策的规划和应用。有人认为,重新安置能够引来很多关键的猜想,并且所达到的社会期望可能因为理想化和概念化而有瑕疵。我们讨论的焦点不仅在于理论联系和不确定性,还在于各自的政策影响。我们将一个关于已经出狱的犯人重返社会的指示性模式概括为更进一步的分析性探索和评论。相比于英格兰和威尔士喜欢用"重新安置"这个词,美国更优先考虑"重返",它在美国是个流行词汇。

关键词: 停止犯罪;人力资源和社会资本;重返;重新安置

简　介

英格兰和威尔士的当代刑罚政策中,重新安置成为了人们关注的焦点[女王陛下的入狱和缓刑的检查团(HMIPP),2004;麦奎尔和雷纳,2006;司法行政部,2010a;社会排斥部(SFU);2002]。作为重新安置全方位策略的一部分,英国皇家监狱管理服务部认证了七种方法或因素来安置再犯[据科斯顿报道(科斯顿,2007)现在已经增加到九种了]。此外,重新安置项目的研究者实施和评估了"透过监狱大门"这一举措来为罪犯[1]服务少于 12 个月(HMIPP,2001;刘易斯等,2007)。"重新安置"取代了通过关注和安置,而是同重返和重返社会的概念联系在一起(马露娜和勒贝尔,2002;马露娜等,2004);同时"重新安置"也成为刑释人员的社会转化的论坛的主题。然而,"重新安置"意味着什么仍不明确(赫德曼,2007;雷纳,2007)。对监狱服务部(司法行政部,2011b:1)来说,重新安置带来了"援助和支持",释前释后,从法定到非法定机构都让有前科的人和他的家庭成员来"为出狱后的生活作准备……回归正常的生活……应付……不再成为再犯",从而解决住处、生活福利费、教育培养、得到工作以及解决个人问题[2]。据麦克尼尔(2004),在重新融入社会和被社会接受方面出现了更广的问题。但是,当很多罪犯从未被"取消隔离"或"安置"时,重新融入社会和重新安置意味着什么呢(拉姆斯波顿,2003)? 监禁在这种

---

① 尽管本文中使用了"罪犯"这个术语,但这并非没有考究(沃德和马鲁娜,2007)。

② 联合国人权事务高级专员(1990,海德曼提到过,2007)采用了更广泛的观点,对罪犯主体的社区指导等也包括在内。

情况下可以扩展和确认它长期经验积累下的边缘化的地位（社会排斥部,2002）。

据马鲁娜等人（2004）,关于重新安置还没有一条有条理的理论。相反的是,我们通过政策制定者、从业人员和学者们对于重新安置的宽范围的讨论后,得到了一个相关想法和概念的集合。根据中止理论,重新安置作为政策的一项显著特征是它仍保留着相对不变性（麦奎尔和雷纳,2006）。不同于长期以来建立的病因理论,试图明白为什么罪犯会停止犯罪（法拉尔和卡尔弗力,2006）,在纯理论犯罪学中越来越重要,这与政府的重新安置政策、提供服务,以及释后监督管理的刑事司法和立法的完善产生了共鸣。

本文的中心点就是检验重新安置即让罪犯从监狱走向社会的转变这个疑难问题的理论上和实证上的构建。如事实证明,是英格兰和威尔士选择了刑事领域,然而,"重新安置"超越了国界并且关于此的很多讨论都有了更宽泛的关联性（例如,帕德菲尔德等人,2011,在当代欧洲关于释放系统的比较研究）。从一般水平上来看,重新安置意味着向一个更宽的社会空间的回归,但是由于个人所处的环境既不是显而易见的也不是充足的,因此这也可能意味着由不同因素和变量造成的释后经历是相当复杂且相互作用的。为了更多地了解重新安置,需要将这个概念分解为突出的理论部分和已被被证实且有待进一步探索的经验背景。在接下来的讨论中有四个核心链。第一,有人认为"重新安置"要投入到一定的来自社会普遍认同的规范和规定特征中,这种区分是不足以得到承认的,而且很多社会、文化、经济环境存在的前提可以让罪犯在释放后找回自己。第二,已经有人提出了关于重新安置以及重返社会的三项理论介绍。第三,重新安置,重返社会,停止犯罪之间的关系已经得到验证。最后,由于重新安置的不确定性,不论是从理论上还是实证上看，有人认为对刑释人员的重返社会大量期望仍是有缺陷的、不实际的，他们所依赖的相当一部分假设从认识论和本体论上来看都是受质疑的。

背　景

长期以来人们公认的是监禁后的重返社会遇到了很多障碍（科斯顿，2007；女王陛下的入狱和缓刑的检查团，2005；HMIPP，2001；社会排斥部，2002），其中一些障碍是可以克服的，也有一小部分障碍，因为一些罪犯的不同或各种原因，是完全无法驾驭的。就业前景，已经因为曾经入狱这个污名而减少了，并且会因为刑释人员的缺乏教育、对数学和自然知识的缺乏以及缺乏社交能力而进一步减少（社会排斥部，2002）。罪犯之所以处于劣势，不仅因为不利的社会形势和社会条件，而且因为他们缺乏解决和克服人际关系和教育技能能力不足所带来的固有的危害的能力，这种被称为人力资本的能力在市场经济的竞争中是所必需的。此外，如果这些还不够，那么某些罪犯的一些特有情况，如长期身体状况欠佳，某些物质的使用（英国毒品政策委员会，2006），精神障碍的高频发率，在许多情况下都是非常严重的（斯图尔特，2008），并且会加重边缘化的进程。什么样程度的罪犯可以使用这些设施以及获得重新安置的机会因此也成为一个关键问题。如果入狱是来自社会的强制性流放，那么回归社会也往往伴随着非自愿的放逐。很多刑释人员并不是通过社会和"遭受道德污染的假设"来找回自己。

首先涉及囚犯的福利需要（贾维斯，1972），重新安置的风气已经发生了很深刻的变化(麦奎尔和雷纳,2006)。国家有关缓刑服务的目标和重点声明(内政部,1984)出台了一项关于刑释人员社会工作的次要优先政策,内政部在1989年也发布了国家标准的介绍,开始时社区服务,在1992年得到扩大,减少对解决不遵守的罪犯的专业判断,增加监督和控制要求(2000年更加严格,2005年和2007年再一次强调)。与早期福利主义的传统相反的是(加兰德,1985),它是一个公开的保护和风险管理部门,这个部门如今已经配置到首尾相连、释前释后、罪犯管理,即国家罪犯管理模式(NOMS,2005)。韩礼德报告强调了为短期徒刑罪犯的安置服务的不足,以及一系列关于"多重问题和重新犯罪的高风险"(内政部,2001:22,3.1)。社会排斥部(2002)重申了为服刑人员释放之后的需求担忧,要引起注意的是很多机构未能作出适当的反应。2004年,为满足重新安置的需求,减少重新犯罪的国家应对计划定义了政府的战略政策(内政部,2004b)(同见全国犯罪人关怀与重新安置协会,2002)。透过监狱大门(HMIPP,2001)强调了在监狱和缓刑服务之间有效工作关系的重要性,这两者在2004年卡特报告(内政部,2003)之后合并成国家犯罪管理服务机构。然而,问题出现在两个机构之间的组织实务和欠缺的交流上,尤其是风险评估和释后监督上(布里奇斯,2006a、2006b)。

这几年,入狱人数在成倍地增加。1998年,英格兰和威尔士,男性罪犯人数和女性犯罪人数总共达到了65298人,到2004年3月5日,增长到74960人。2011年7月22日,人数达到84934,女性罪犯仅占总数的不到百分之五(近几年,这个百分比一直保持着相对稳定)(计算数据来源于监狱服务网:司法行政部,2011a)。尽管现今英国联合政府发表声明,意图减少入狱人数,最近他们再回到未来量刑改革的问题上(英国广播公司新闻,2011),媒体的反应和选举人名望的考虑对其影响并不是很重要,政府对这个目标的承诺遭到了较大的质疑。前联盟对2009年到2015年的入狱人口预测表明仍有一个持续上升的趋势(司法行政部,2009a),由于立法上很多措施的变化:举个例子,如对公共保护的不确定型(刑事审判法,2003)。绝大多数的犯人,包括无期徒刑犯,将在某个时候离开监狱(阿普尔顿,2010;帕德菲尔德,2002,2011),除了要服完整刑期的无期徒刑犯(24名男性和少于5名的女性,英国国会议事录,2009),他们想要被释放是很不可能的。对于刑释人员的高重新犯罪率,尤其是那些先前被监禁条款约束的人(司法行政部,2010a,2010b),这可能表明重新安置是:(a)一个有"缺陷"的进程——也就是说释前释后条款体系存在着一定的错误;(b)一个"失败"的产物——随着监禁,小规模的非违规行为出现了。

何为重新安置?

缓刑首席警官协会给重新安置下了定义,被透过监狱大门所采用(HMIPP,2001),在没有任何描述或规范结构的验证下,构造出的有限的有用的条款,其价值、原则、态度、信仰,这也是方法得到运用的基础。重新安置被认为是一种系统的、循证的过程,使社区得到更好的保护免受伤害,并且重新犯罪率也大大下降。它包含了服刑人员、他们的家属以及其他相关人员在法定的或自发的组织中的伙伴关系的整体工作(引用自HMIPP,2001:12,1.7)。

同样,据拉姆斯波顿(2003)研究,主要的焦点在干涉主义者/矫正主义者的方法论上,没有任何规范的说明。尽管他提出了一个关于"重新安置"的基础性假设,其重点在于提高"安置"的个人能力,同时关于结构状况和人生机会的更广泛的讨论下得到的一个欠发达的探索。

因为即使在监禁前,多数服刑人员也从未被"安置"过,所以"重新安置"这个词在任何一个案子中都没有一个完全精确的描述。如果"重新安置"有任何成功的希望,那么生活方式将都是守法的,并且这种生活应当灌输给服刑人员。这就要求监狱服务部不仅要决定如何感化每一个服刑人员,并让他们具备过这样生活的能力,而且要在重新安置或安置这整个过程都设计一些活动(2003:146)。

相当一定数量的问题出现了。犯人将被送到什么样的社区去? 他们如何被他们的家庭、朋友、地区或一些他们不知道的社区所接收? 他们生存的机会有哪些? 简单地说,什么是重新前置,不是概括而论,而是放到个别情况的特殊情况下? 在政策制定上的一个共同的假设是重新安置,不言而喻的,是一个亲社会的进程(见马鲁娜,2001:7;同见阿普尔顿,2010,在停止犯罪和"亲社会认同")。尽管在社科类文学中的长期传统在理论上和实证中有不确定性,以至于什么才是社区的意义所在,仍作出了关于社区的假设。"社区"很少是一个均匀的、综合的整体。相反的是,它所象征的异质性(地理学的,文学上的,人口统计学的,利益取向的)通过社区之中以及社区之间的不同的价值和规范的框架表现出来。对于很多刑释人员来说,他们所处的社会环境并不能反映出价值、背景、生活经历或遏制经济手段来促进一种意义上的"向前走",尽管释放前想要这么做(博内特和马鲁娜,2004)。重新安置可能意味着将刑释人员放到最初使他产生犯意的社会关系网中,或者因社会和经济上的劣势而隔断的社区,这种劣势与高犯罪有关联性(阿伦,2009)。抛开概念上和理论上的说明,"重新安置"是一种不完整的构建，缺乏指定的规范性对象和实证说明，以及启发式的不足。这就好像配备了大量细节以弥补实质意义的缺失的路线图。重新安置往往投入了一个隐含"主流社会"的规范基础，涂尔干理论的集体意识的回忆者（涂尔干，1895—1964）和后期结构功能主义者的意识理论（莫顿，1957）。后现代媒体价值和文化差异仍有他的对立面，一个隐含（或"不强烈的"）单元文化主义，是可辨别的。除了多元性的确认，重新安置作为一个犯罪学上的概念，仍然存在着理论上的和社会学上的不发达性。重新安置并不是同一的进程，或者说是一个普遍的同意的结束状态，而是围绕着社会结构的分化以及不平等的生活机会的复杂的个人转变。

重新安置和重返社会

在美国修订改革之后"重返社会"成为一种新流行词汇（马鲁娜和勒贝尔，2002：158），而在英国"重新安置"才是行话（沃德和马鲁娜，2007：4）。重返社会在概念上比重新安置更开放，也少了些政策导向性的含义，并且是下列纲要的首选项："重返社会"在一些词根中缺少支持或养成含蓄的部分，这些词如"看护"、"援助"、"安置"。事实上，"重返社会"是可以表明对不同的听众的不同事物的有意的、模糊的、大程度上的表述性术语。

与民间社会的接轨是一个有差别的过程以及重返社会或转变的细微的层次。本文中，确认和探索了三种主要阶段或重返社会的延续阶段，尽管这些还不够详尽，进一步批判性的分析是必要的。由于一些空间上的原因，重返社会在这些阶段，作为理论上的构建和应用是卓越的。第一，来自包括了对罪犯的（马鲁娜等人，

2004)释放前的工作和"重新安置"的"重返社会",这些在 HMIPP
里可以找到(2001)。第二,这更接近马鲁娜和勒贝尔的不干涉主
义的观点(早期的)。第三,它超越了有关国家和民间社会在做什
么以及他们更多地关注于罪犯和他们的社会世界之间的更大的相
互作用的工具主义。

对于这所有的三个阶段,机构/组织给出了力学上的定义:(a)
对释放的社会反应的本质,或者说不同的反应就好像时间、空间和
微/宏观文化语境的多元化;(b)对于犯罪的心理上/认知上的过
程,包括反应和对相关适应行为的反应或系列反应。这受到了吉
登斯"结构"理论的广泛影响,其中不止机构(个人的或集体的),还
有组织彼此间都是独立的,而不是带有"二元结构"的配置:社会系
统的结构性质不存在以外的行动,但是……暗含在生产和再生产
之中(1984:297)。转变是复杂的过程,同时并随着时间的推移,带
来了个性的社会和文化实践的重组或转型(有意或无意的)(参见
沃恩,2001,对犯罪学上的结构理论的批判)。

重返社会的这个阶段出现在更广的梗概方面,并且不包括上
下文的提醒,例如犯罪、犯罪学史、刑期的长度和类型(确定或不确
定的),不论罪犯是否会接受法定监督,又或可能是在监狱里就完
成还是释放后才完成的项目。根据特殊情况,这些需要理论上和
实证上的考虑和研究。根据个人和他们所处环境的不同,重返社
会的体验将会发生改变。一些刑释人员可能释放到事先批准的场
所,如配备监视和预先支持的旅舍。进一步的考虑可能是重返社
会如何被特定的盛行其主流文化的少数民族的观念和行为所影
响。性别是另一个要考虑的问题。许多女性在远离家乡的监狱服
刑("散居"的影响),在释放后持续的社区纽带和王铮的家庭以及
对接受当地的支持性服务造成了多重不利的后果(卡斯顿,2007;

韦德伯恩等人，2000）。

　　这三个阶段或者总结如下，反映在更广泛的理论方面：[1]

　　1.社会重返。这是重新安置到社区的主要阶段。是从监狱环境的控制和规范到日常生活的个性责任的心理上和社会上转变的开始。对很多刑释人员来说，这是首要的考验，是否会出现对制度的依赖或对监狱里其他案例的混合。在被释放之前，很多罪犯都深刻地表示不会再犯罪了（博内特和马鲁娜，2004），但是是否能实现，或在什么样的程度上实现，尽管有个人承诺，受社区反映的间接影响，或者更精确地说，根据社区而做出的行为和反应被认为是重要的。这些"重要人物"有可能是罪犯现存的和/或渴求的社会关系网的关键人物。在释放后的紧接着的几天里，犯人在面临寻找住宿、工作以及其他物质上的需求时，将会频繁地遇到严重的差异对待（社会排斥部，2002）。犯人们如何面对这些挑战不仅取决于他们社会关系网的强度，例如家庭、亲戚、朋友的关系，而且取决于他们自身的智慧、技巧、能力的范围和深度（人力资本）（参见科尔曼，1988）。

　　据社会排斥部（2002：10，6）调查，很多服刑人员的能力很低，缺乏工作经验，社会关系网不够积极，住宿面临问题，所有的这些往往导致他们吸毒、酗酒以及其他精神健康的问题。在这一阶段刑释人员会遇到的这些他们无法解决的问题并发现他们的社会和人力资源是如此的不充分，而无法满足转型的需求。很多犯人陷入了看似棘手的"旋转门"综合征，它在短期徒刑间穿插了简短的外部间隔（全国犯罪人关怀与重新安置协会，2000）。对少于 12 个

----

[1]　尽管刑法条款制定了这个阶段，在其他文章中也可能有相关点：例如，军人从国外义务参观军事拓展回国或服役结束时。

月的服刑期的犯人（就成人而言），取消缓刑服务部门的法定监督，他们的社会和组织的边缘化将变得更有经验并是长期性的。

2. 重返社会是一种新兴的社会整合。是一种较发达的过渡形式，一种超出身体的重新进入社会（马鲁娜和勒贝尔，2002：167）。这超越了前一个（社会上的）阶段并且标志着对社会增强了个人的和社会的转型。这中间的阶段，成为（马特扎，1969）一个将情感上、心理上的社会关系网和促进社会整合的社会支持不断同化的过程。在什么样的程度上完成这个阶段不仅取决于社区参与的存在或其他方式，而且取决于剩余的、适应性的和发达的认知、知识、技巧以及犯人的其他能力（人力资本）。将这种转型从前一种社会阶段区分出来的是在人力和社会资本方面的理论上和实证上的发展。

据科尔曼（1988：s98），"社会资本通过其功能定义"："它是有成效的，能够使某些目的顺利实现的，如果没有它将无法实现。"它是"一个人的生命既有正在启用的功能"又有"已经启用的功能"（法拉尔，2004：61，在原文中加以强调）。社会资本的三种变体被证实为：粘接，桥接，和链接。粘接描述的是在相同群体里的人与人之间的紧密联系，如家庭成员、朋友或同一种族。桥接的特征更多地在于较远的联系，例如同事与同事之间。帕特南（2000）认为粘接社会资本不仅有利于从生活中而不是桥接社会资本中获得，而且对取得成功也十分关键。链接社会资本关注的是融入了分等级，不公平的权利体系的个人和群组之间的联系。伍尔科克（2001：72）考虑到把社会资本，即利用资源、想法和信息的能力，与社区外的正式机构联系起来。

人力资本和社会资本之间的关系是相互作用且不可预知的。人力资本可能会被改变，而这种转变是通过与社会资本的相互作用关系，就好像社会资本伴随着人力资本。结合社会资本是基本的，但是在这一阶段中桥接（例如启动和扩大就业机会）和链接（例如，一个机构，它既可以通过主张也可以通过协商来改善福利津贴）资本可能会增加其重要性。对很多犯人来说，尤其是那些刑期较长的犯人，一些社会资本的"陈规"可能不再存在（萨普斯福德等人，2005）。例如，不是根据先前的经验，隔离可能会给他们的伙伴带来独立，而且犯人们先前在家庭中的角色会改变为重新协商的主体。

3. 重返社会是一种社会整合或再整合。这表明了一种在社会内安置成功的状态，并且表示一种比在紧急关头重返社会阶段更宽泛的包容形式。这三个阶段的发展将描绘出一般什么样的生活才算是"安置"或"重返社会"。在心理上、情感上以及社会上的依附关系中，有一层更深意义上的归属感和持久性。人力资本和社会资本的范围和形式内都可以得到发展，后者也可能包括其中，除了结合社会资本，同样也可以桥接或链接社会资本。犯人将回到哪个社区，带着（a）内心的个人的故事和不会再犯罪的目的，（b）对社会有利的、支持的反应，部分有利于减少或消灭刑释人员的"主体地位"（贝克，1963）或"被宠坏的身份"（戈夫曼，1963），以及（a）和（b），从而推测出实现不再重新犯罪和守法的重新安置的先决条件。在英格兰和威尔士这符合刑释人员许可监督的既定目标：为了"保护公众"，"防止再犯罪"，以及"成功实现到社区的重新整合"（帕德菲尔德，2011：122）。这些似乎反映了一些想法，在马鲁娜和勒贝尔（2002：167）关于"道德上的"和"更广泛的"社区的断言之后：

如果重返社会可以被认为是一个有意义的概念，这可能意味着超越了身体上的重返社会，而且也包括了一些回到道德社区的

"相关性整合"。也就是,重返社会的人应当作为一个完整的社会成员被更广泛的社区重新接受。

不管是整合还是重新整合都将取决于特殊的、先行的情况。对这些曾经犯下过受到更重谴责的违法行为的罪犯,这些障碍可能是无法克服的,并会出现相反的包容性,也就是罪犯认为的威胁等"其他"。某些形式的社会资本可能会被排除,限制个人自由和加强不平等性(波尔特,1998)。在一些性犯罪的情况下,有各界的支持(埃德加和德鲁厄里,2006;肯绍尔和麦奎尔,2003),但是这有可能是被少部分志愿者所吸引,而不是吸引更广泛社区的认同或涉及。

重返社会的所有的三个阶段,主要社区不一定是亲社会的、主要的守法(雷纳,2007;雷纳和罗宾逊,2009)。麦奎尔和诺兰(2007)在他们的研究中发现一些刑释人员如果回到他们的家乡,他们担心重新犯罪。关于亲社会的假设(参见早期的关于重新安置的评论以及支配单一文化的假设)可以被解释为在概念上是有缺陷的并且理论上是受限制的(这里由于某些限制,不允许扩展讨论)。所有的社会关系网,也即社会资本,具有社交能力和集体凝聚力的属性,不考虑他们明显是守法的,还是违法的价值和行为。一个明确的反社会形式的社会资本不一定是混乱的或不间断的,以及总是源自主流社会的两极分化。然而,在关键方面,它有可能是充足的对比,就好像在处理的态度方面和涉及犯罪的行为方面,与亲社会的表现相比是有显著差别的。进一步说,社会资本就像某些形式的犯罪基因,而不是普遍反对的犯罪行为,同样这也适合人力资本。人力资本,就其本质而言,包括不同的各种各样的个人所拥有、培养和使用的技巧、能力和知识。

重新安置、重返社会和停止犯罪

最近几年,犯罪学对犯罪中止越来越感兴趣(博内特和马鲁娜,2004;法拉尔,2004;法拉尔和卡尔弗力,2006)。然而,停止犯罪精确的描述既不是不证自明的,也不是坦率易懂的(马鲁娜等人,2004)。据法拉尔和卡尔弗力(2006:1),它是当代犯罪学中的谜。停止意味着"终止或暂停",乍一看停止这个概念时一种"非犯罪的持续状态"(马鲁娜等人,2004:18)。劳步和桑普森(2001)将犯罪的结束行为(最终的)和过程的结束状态(停止)进行区分。停止犯罪不能简单地认为是单一的或一次性的事情,也不能认为是一个普遍的线性递增的轨迹(法拉尔和卡尔弗力,2006)。相反更有可能是不均匀的或类似于"锯齿状"的发展过程。这种概念化更好地抓住了停止犯罪的真实本质,即犯罪的"暂停",犯罪的暂时性恢复等是常见的,提供了一种模式,这种模式在犯罪的严重性和频繁性中有所减少,罪行被承认可以解释为停止的迹象的出现(法拉尔和卡尔弗力,2006:1,原文中有所强调)。

一定数量的关键因素被与停止犯罪的过程联系起来:成熟(越来越多的犯罪),社会关系(家庭关系、雇佣关系、社区参与等),以及重组认知的过程,身份和形象等个人事迹的形成(马鲁娜,2001)。法拉尔(2002)把犯人生活的客观变化与这些变化所带来的"主观"上的意义进行区分开来。这些认知(主观上的)结构可能为"二次停止"作出了事例:也就是说,个人越来越多地认识到自己从犯罪走向不犯罪使得个人自我认同得到重组。二次停止可能源自于"初次停止"(不间断的非犯罪的一段时间)(马鲁娜等人,

2004），但是初次停止不一定是先决条件。运用利玛特（1951）的概念来区分初次和再次的误差，我们会发现自我认同转型的某些部分可能在初次停止这个阶段之前就有了（参见麦基弗等人，2004，在成熟）。此外，作为启发，停止犯罪不一定伴随着自我认知的优先重组的发生，而是有实质性的吸引或其他导致犯罪减少或彻底不存在的原因。这似乎是由博内特（2000：14）证实的，他发现"改变"停止思想是最坚决的，并且是在停止思想之中的。他们发现了之前占用他们所有的时间并且最终推翻他们的价值体系的新的焦点：伙伴、孩子、好的工作、新的职业。这些是他们不打算推翻或为了犯罪而覆盖任何权益的成就。

重返社会作为社会整合的转型，据贝兹莫尔和斯汀启康姆的"重返社会的公民参与模式"的典型，一个"守法"（彼得斯拉，2004）、"亲社会"的轨道（艾普顿，2010）从停止过程中发出来；反对社会/公众监督和关键判断的背景（参见早期代理意向和社会反映的讨论）。相关性在这里是马鲁娜和勒贝尔（2002）对强势基础的叙述和基于需求和风险的叙述的区分。强势基础的方法不关注于个人的亏损（需求或冒险），而是能否取得积极的成果。人们认为罪犯作为一个潜在的"助手"而不需要"帮助"。这种转型的状态重新平衡了一个"机会缺失模式"的单面性。人们认为罪犯少于特定环境下的受害者，由于缺少获得资源的渠道，而多余具有决策权，动机和日益增长的自我责任的个人主义（参见雷纳的"罪犯的责任"或"罪犯的选择"模式，2007）。这种"能力的塑造"是"恢复良好生活模式"的强势基础的逻辑的重要组成部分（沃德和马鲁娜，2007：172）。尽管沃德和马鲁娜（2007：174）没有使用人力和社会资本这个"术语"，但是他们关于"内部和外部条件必须获得价值成果……在重新整合项目中"的讨论强调了他们的本质意义："适用于内部条件，适用于心理环境，例如技能、信仰和态度，而外部条件适用于社会资源、机会和支持。"

　　罪犯"优势"可以被翻译为对社区的价值输入来引出"获得救赎"(贝兹莫尔，1999)和"道德包容"(马鲁娜，2004)。在英格兰和威尔士，关于囚犯的很长一段历史都涉到社区关注工作，要么是监狱内部的工作，要么是日常释放的外部工作。由内而外，信托公司等组织也涉及几年的治理，有利于社区为囚犯服务的劳动力(国际监狱研究中心，2002)。很少有普遍大众知道这个，并且，何时意识到，经常会带来巨大的惊喜。在恢复性监狱项目的研究中，摩尔等(2003)发现在社区调查中超过四分之三的受访者不知道囚犯会涉及当地一个公园的重整方案。所有的采访者认为这项工作"被推回到原处"，还有一些人相信这可以帮助囚犯培养一种个人责任和公民权意识(参见贝兹莫尔和斯汀启康姆，2004)。可以预见到，觉察力的主要决定性因素是严重的罪行和犯罪记录。一小部分受访者认为，"救赎"工作对他们对罪犯的强烈的谴责态度机会没有影响。

扩展辩论：理论、政策、实践

　　相当一部分核心概念已经得到认证，并在有限的程度上得到探索开发。人们评论了重新安置这个疑难问题的本质，并且提出了重返社会的典型或模式。此外，还有重新安置和停止犯罪的初步审查。根据理论联系，政策制定和实践干预，这两者的关系如今需要进一步的说明。

　　第一，重新安置是一个通用的术语。"重新安置"的规范选区不是不证自明的,而是多层的,微妙的,多种语境的。尽管如此,规定的假设往往归因于重新安置的建议,它象征着毫无疑问的:很简单的,"直接的"。这项工作对过于简单化的实证减少了刑罚学上的难题。它可能带来许多问题,以及将许多所谓的广义的终极状态与大量的调整和适应的过程合并起来。恰如拉姆斯波顿(2003)质疑重新安置或安置,于是很多犯罪学上的其他有关"再"的词语也受到了说明性的质疑:重整或整合? 复原或康复? (参见HMIPP,2001:3)。如果复原是指"恢复一个罪犯他或她先前的能力"(斯科特,2008:15),那么"康复"(到最初的装备)可能在很多情况下就更贴切。

第二,如果重新安置原则性的目标是实现不再犯罪,亲社会行为(艾普顿,2010;下议院,2004;刑事司法部,2010a),那么停止理论就引入了一个主要的合格者。停止犯罪可能以在进步和复发之间动摇为特征,每种情况的范围和强度都有可能偶然取决于当时的个人和社会结构的情况。犯罪不一定会结束而可能是在频率和严重性上有所减少。应当认为后者是重新安置的"过程"还是悲惨的失败呢? 有点讽刺的是,发牌条件的严格执行,作为国家标准所授权的,会为社会重整构成一个关键性的障碍,"重新安置社会思潮"的目的如此深深地被珍视(海德曼和霍夫,2004;麦奎尔和雷纳,2006;监狱召回的越来越多的运用,参见帕德菲尔德,2011;帕德菲尔德和马鲁娜,2006)。

第三,HMIPP(2001)和拉姆斯波顿(2003)给重新安置的定义,回应了统计重新安置逻辑(司法行政部,2011a),但是我们认为"重新安置",是一个复杂的过程,它涉及超出了"国家能做到的"(或者国家经常无法做到的,释前和释后:参见克鲁克,2008,处于戒备森严的状态;以及HMIPP,2001,少于12个月的量刑)。感兴趣的是,拉姆斯波顿认为,"安置"过程需要监狱接待率先承担,一项关于对旧的通过关注原则(20 世纪 80 年代很大程度上被抛弃)的反应的关注又重新出现了,尽管在当代刑罚政策中,不同的监狱对犯罪的管理和"无漏洞的量刑"有所不同(内政部,2001;NOMS,2005)。

这种国家"干涉主义"的特色带来了进一步更广泛的问题。据罗特曼(1990:183),一个罪犯拥有"回归社会的机会的权利,更有机会成为一个对社会有用的公民并不再进入监狱"。他的恢复资格的"权利"模式被卡伦和吉尔伯特(1982)的"国家义务恢复"打断:国家有义务(或者"道德义务",刘易斯,2005:123)去发展恢复资格项目。然而,至于在英格兰和威尔士服短期型的罪犯(主要是在当地人满为患的监狱),可以接近为重新安置恢复资格的项目,以此作为服刑计划的一部分,如果这个计划确实已经完成,那么这将是一个远程前景。2007 年 6 月,英国一所高等法院规定,一个为公共保护服刑的因犯(IPP)应当被释放,继续拘留是非法的,因为无法提供任何证据(已认可的项目)来决定对公众的危险是否仍然存在(特拉维斯,2007)。[①]

第四,监狱服务部每天发放临时牌照(ROTL),为了让罪犯回归社会后的生活做好准备,然而仍有服刑中保管的部分,目的是为了促进释放后的重返社会。利用在监狱的开放条件和以下的风险评估,鼓励罪犯并帮助他们确保在外面的有偿就业(有时释放后仍持续),完成第一份在当地社区的志愿工作(萨普斯福德等,2005)。家庭拘留宵禁和假释再建立系统(现在已被 CJA 的量刑结构修订

---

① 相反的是,在意大利,因犯如果参加"再社会化"(恢复资格)项目,可能会获得减刑;在法国,提前释放可能被授予,如果尝试改革而不是创作,如前,"再社会化的有力证据"(帕德菲尔德等人,2011:421)。

了,2003)也可以帮助再参与的过程(HDC,参见 HMIPP,2001: 95,7.3;但是 105,7.34 支批评的观点),尽管早期的释放行为可能受很多因素的影响。例如,"监禁终止许可"(ECL),于 2007 年被提出,但是 2010 年 3 月就撤回了(议会议事录,2010),为了减少监狱地域的人口压力。

第五,重新安置的动力机构,尤其是法定机构,越来越多地关注心理基础上的干预。例如,对性罪犯的处理(SOTP),增强思维能力(ETS)和制怒课程(CALM)(司法行政部,2011c,同见霍林, 2008)。借鉴认知理论,目的是重塑罪犯对更多亲社会的态度和行为的心理过程。这种方法,尽管受批判(肯德尔,2002;梅尔, 2004),但是补足解决了福利需求(见"为了做出改变"项目:刘易斯等人,2007;麦奎尔和雷纳,2006)。然而,在思维能力和动机中,对亏损的过分关注是在冒风险的(几乎是老生常谈的),这种风险是过多地关注作为一个个体的罪犯以及缺乏更广泛的社会和经济问题。一个愤世嫉俗的人可能认为意识形态上的吸引力,和行为管理,对政府(司法行政部)来说,采取个性化的干预策略远远超过了操纵碰撞结构的变量的广度,其中很多几乎没有,如果有的话,也能控制和影响。认知行为主义是"何种工作"的理想化的基石。20世纪 50 年代和 60 年代的确定性恢复理论被责任主义[①](罪犯作为理性的、道德的代表)所替代:"恢复的态度。"当代恢复思考(当然是在英国政府的层面)强调决策,并通过加强认知培养,自我意识和自我责任(见典型的"罪犯的责任",雷纳,2004、2007),承认一个人行为的后果,这不仅是为自己而且是为别人。这种恢复资格的建设是理论上的和本体论的,不同于开脱罪责的"旧恢复主义"

---

① 这不同于经济个人主义的新自由主义思想,以及减少监狱福利的国家治理。

的倾向,并且,从历史上看,通过反思,沉思的努力(哈德森,2003),这更接近于 19 世纪的人事改革规则。"新刑罚"(加兰,2001)中恢复(以及重新安置)的再形成,与外部监督如果必要提供符合的要求,成为强制责任的缩影。然而,这种根本性转变为"后现代刑罚世界"(普拉特,2000:127)是不可能的,正如菲力和西蒙(1992)的高位一样深刻。罪犯(徒劳)管理的"新刑罚学"在何种程度上,取代"旧刑罚学"恢复资格的福利主义思想,是一个有趣的问题。[①]例如,艾普顿(2010),在他关于英格兰和威尔士的终身监禁的囚犯的缓刑服务监督研究中,发现在总体上和组织上的规范风险管理文化中,罪犯(作为罪犯管理者)仍然迎合传统主义/社会的工作/个案的恢复实践的要素。

　　第六,如果"重新安置"其中一个主要的目标是减少犯罪(女王陛下的监狱服务,2011;帕德菲尔德,2011),如果不是最重要的,那么"亲社会"的人力和社会资本的生成对重新安置干预和治理似乎是必要条件。鉴于现今管理学家"物有所值"的风气(刘易斯,2005)以及中央预算控制,一个关键的问题就是刑罚体系,包括以营利为目的和第三方机构,是否有充足的资源和组织来"履行"这个理论基础—同样承认执法机构在犯罪调控的广泛社会政策框架内的有限的功效。最近的结论没有解释监禁附加刑(CJA),这会对少于 12 个月刑期囚犯的扩大监督和缓刑服务部的重新安置的作用,不仅会错失良机,而且象征着未来在更广泛的政策条款中缺

---

① "旧恢复主义"定义了刑罚实践,具体到了什么样的程度是值得商榷的(卡伦和吉尔伯特,1982;琳,2000)。理论上的说辞不一定能转化为现实和不确定量刑的批评主义,从担忧自然正义出发,后来公认在政治执行方面比修复改造原则本身方面的指导性更强(琳,2000)。"强制治疗"需要与"促进变革"区分开来(莫里斯,1974;同见沃德和马鲁娜,2007)。

少目标。到 2012 年对缓刑服务部将有显著的预算削减（NAPO 新闻，2008/2009，2009），监狱服务部和那些已经运用和指示国家支出的其他领域是不吉利的。最近，司法行政部宣称一项新的"恢复革命"，这再次强调了可竞争性（内政部，2003）以及通过按结果收费的私营部门越来越重要的作用（司法行政部，2010a），如今很难评估，还必须明白一个经济不稳定、金融受约束的国家背景和国际背景。

结　论

本文的核心部分是探索重新安置的发散性意义和经验背景以及概述重返社会的三个阶段。此外，还对停止犯罪做了一个简单的验证。由于某些方面的原因，没有机会去研究种族和性别，也没有探索年龄（例如，关于青少年罪犯重返社会的问题，或者日益增长的老年囚犯的人数）、刑期长短、犯罪历史或之前的监禁经历这些偶然的因素。

主要论点在于回答什么是重新安置，以及对一些假设的质疑，有规范方面的、文化方面的、社会方面的、行为方面的，对其支撑或与其有相关性。政治术语的中心更倾向于或缺乏条款，通过没有任何介入理论基础的完备验证的、法定的、盈利的或第三方机构，对罪犯（社区背景、支持的关系网、代理的能力）的明确目标以及客体或不同情况，来解决释放后的转型。重新安置并不仅仅是对守法的引导过程，重新安置标志着多层次的、细致入微的社会和心理过程，这个过程导致高度分化的结果，其中一些能够结合"犯因性"的特点。

　　从理论上和实证上看,重新安置与资格恢复并不是同义词,但在很多学术和政策研讨中,都将其混合。尽管有大量的关于这个主题的文献,仍然未能给"重新安置"精确的概念,以及什么是启发式评估,如何实现或能否实现。在个人情况和他们所处的特定环境下,既定的目标实现,所有的这些可能被"合适地"定义(由罪犯和有关机构),但是试想、假设一下,这些具体的微观分析的焦点和内容可以根据平等的关系推断出来,并且适用于复杂多样的宏观世界,相反这从逻辑上、理论上和实证上看上去都是站不住脚的。重新安置越来越多地传达了一个社会整合的通用的概念,但是它"表面上"的复杂性——现象上的、社会的、社交的、结构上的——使他束缚于任何"单一"的形式。正如刑事司法体系在调控和减少犯罪方面的力量被放大化了,所以"重新安置"作为结果也可能被赋予了过多的社会期望。

　　最后,对从监狱到社区的转型的关注,尽管相当重要,但可能有助于从当代刑罚更广的批判中转移注意和监督,当务之急,根据政府、媒体报道、政治辩论、公众意见,监禁仍是一种刑事裁决。无数的问题,要件和担忧如何确保重新安置工作的实施,仅仅通过政治干预和社会包容性才措施,无法达到成效,除非司法在处置时除了监禁能更多地考虑和使用其他的方法①。

参考文献:

[1] 艾伦·R(2009),行动中的法律,英国广播电台4,2月10日。

[2] 阿普尔顿 C(2010),监禁生活之后的生活,牛津:牛津大学出版社。

---

① 最近法务大臣使用了监狱量刑的批评主义,肯尼斯克拉克(特拉维斯和斯帕罗,2010)其中部分让人想起20世纪80年代后期的保守党政府的政策,马克尔·霍华德的后期"监狱工作"的对立面。

［3］贝兹莫尔 G(1999),囚犯重返社会:当今的趋势、实践和首要问题。犯罪与少年犯罪 47(3):314—334。

［4］贝兹莫尔 G 和斯廷奇康姆 J(2004),重返社会的公民参与模式:社区社区服务和正义的社会。联邦缓刑 68(2):14—24。

［5］英国广播新闻(2011),肯尼克拉克被搁置的刑期折减计划。6 月 8 日。

［6］贝克 H(1963),外部的:社会越轨研究。纽约:自由出版社。

［7］布里奇斯 A(2006a),一个严重的犯罪案件的独立视角:达米安·汉森和埃利奥特·怀特。伦敦:HM 缓刑监督。

［8］布里奇斯 A(2006b),一个严重的犯罪案件的独立视角:安东尼·瑞斯。伦敦:HM 缓刑监督。

［9］博内特 R(2000),经过一系列深度访谈理解到的犯罪职业。犯罪项目报告 4(1):1—16。

［10］博内特 R 和马鲁娜 S(2004),这些事监狱工作吗?哈佛期刊——刑事司法 43(4):390—404。

［11］科尔曼 J(1988),社会资本早就人力资本。美国期刊——社会学 94(Supp.):s95—s120。

［12］科斯顿 J(2007),科斯顿报告。伦敦:内政部。

［13］克鲁克 F(2008),高度安全状态的重新启动需求。新闻发布。哈佛联盟,3 月 20 日。

［14］卡伦 FT 和吉尔伯特 KE(1982),重申资格恢复。辛辛那提,旧金山:安德森。

［15］涂尔干 E(1895/1964),社会工党的划分。纽约:自由出版社。埃德加 K 和德鲁厄里 H(2006)各界的支持。监狱报告 70:22—23。

［16］法拉尔 S(2002),对罪犯应该做些什么的重新思考。卡伦顿:沃恩。

［17］法拉尔 S(2004),社会资本和罪犯重返社会:使缓刑中止关注。载于马鲁娜 S 和伊马里容 R(编)犯罪和惩罚之后:罪犯重返社会的途径。卡伦顿:威纶:57—82。

［18］法拉尔 S 和卡尔弗力 A(2006),从犯罪中理解停止犯罪:重新安置和资格恢复的理论导向。伯克郡:牛津大学出版社。

［19］菲力 MM 和西蒙 J(1992),新刑罚学:对修正的新战略的注释和

运用。犯罪学 30(4):449—474。

[20] 加兰 D(1985),惩罚与福利。奥尔德肖特:高尔。

[21] 加兰 D(2001),犯罪管控的文化:在当代社会的犯罪和社会指导。牛津:牛津大学出版社。

[22] 吉登斯 A(1984),社会的构造。剑桥:政治出版社。

[23] 高夫曼 E(1963),斯提格玛:对宠坏的个人管理的注释。哈蒙兹沃思:企鹅。

[24] 哈尔彭 D(1999),社会资本:下金蛋的鹅。未公开的观点。剑桥:社会和政治科学学院,剑桥大学。

[25] 英国议会议事录(2009),监禁的生活。下议院:国会的问题,5月12日。

[26] 英国议会议事录(2010),书面答复。11月8日。

[27] 海德曼 C(2007),重新安置的再探索:政治理论和现实实践的差距在缩小。载于:赫克尔斯比 A 和哈利-狄金森 L(编)囚犯的重新安置:政策和实践。卡伦顿:沃恩,9—25。

[28] 海德曼 C 和霍夫 M(2004),强硬或有效的:什么事? 载于:梅尔 G(编)缓刑有哪些事项? 卡伦顿:沃恩,146—169。

[29] 女王陛下的入狱检查团(2005),召回囚犯。伦敦:HMIP。

[30] 女王陛下的入狱和缓刑的检查团(HMIPP)透过监狱大门:一个联合主题的回顾。伦敦:内政部。

[31] 女王陛下的监狱服务部(2001),重新安置:监狱服务指导。伦敦:内政部。

[32] 奥兰 C(2008),评价犯罪行为:只是随机的行为吗? 犯罪学和刑事司法 8(1):89—106。

[33] 内政部(1984),英格兰和威尔士的缓刑服务:国家有关缓刑服务的目标和重点声明。伦敦:内政部。

[34] 内政部(1998),加入军队来保护公共安全:监狱—缓刑。伦敦:内政部。

[35] 内政部(2001),采取惩罚措施:英格兰和威尔士量刑框架的回顾报告。哈立德回顾。伦敦:内政部。

[36] 内政部(2003),管理罪犯,减少犯罪——新的成就:帕里克卡特回顾矫正服务。伦敦:首相的战略联盟。

[37] 内政部(2004a),减少犯罪,改变生命。伦敦:内政部。

[38] 内政部(2004b),减少重新犯罪的国家行动计划。伦敦:内政部。

[39] 下议院(2004),囚犯的资格恢复。民政事务会议委员会的首要报告 2004—2005,下议院 193。伦敦:文书局。

[40] 哈德逊 B(2003),理解正义:现代刑法理论的观点、思考和争议的简介。白金汉:牛津出版社。

[41] 国际监狱研究中心(2002),恢复性司法的一大进步:阿尔伯特公园,米德尔斯堡。伦敦:恢复性监狱工程。

[42] 贾维斯 F(1972),建议,协助和帮助:缓刑服务的历史。伦敦:国家犯罪监狱协会。

[43] 约翰逊 R(2002),艰难的时刻。贝尔蒙特,CA:沃恩沃茨。

[44] 肯绍尔 H 和麦奎尔 M(2003),性犯罪者,风险责任和对社区的披露问题:性犯罪者和暴力犯罪者的多重机构管理。载于:马特拉沃斯 A(编)社区里的性犯罪者:风险的管理和降低。卡伦顿:沃恩:102—124。

[45] 肯德尔 K(2002),是时候再次思考认知行为计划。载于:卡伦 P(编)妇女和惩罚:为正义而斗争。卡伦顿:沃恩:182—198。

[46] 劳步 J 和辛普森 R(2001),从犯罪中理解停止犯罪。载于:东瑞 M,莫里斯 N(编)犯罪与司法:研究的年度视角 26:1—78,芝加哥:芝加哥大学出版社。

[47] 利玛特 E(1951),社会病理学:研究社会行为的系统性方法。纽约:麦格劳-黑尔。

[48] 刘易斯 S(2005),资格恢复:新刑事政策的标题或脚注? 缓刑期刊 52(2):119—135。

[49] 刘易斯 S,麦奎尔 M,雷纳 P,范斯顿 M 和沃娜德 J(2007),重新安置有哪些工作? 来自对英格兰和威尔士的短刑期囚犯的发现。犯罪学和刑事司法 7(1):33—53。

[50] 琳 AC(2000),改革正在进行:监狱里社会政策的实现。普林斯顿大学,NJ:普林斯顿大学出版社。

[51] 麦奎尔 M 和诺兰 J(2007),刑释人员的住宿和相关服务。载于:赫克尔斯比 A,哈利·狄金森 L(编)对释囚的重新安置:政策和实践。卡伦顿:威纶:144—173。

[52] 麦奎尔 M 和雷纳 P(2006),如何促使经重新安置的囚犯停止犯

罪:或者是否能够? 犯罪学和刑事司法 6(1):19—38。

　　[53] 梅尔 G(编)(2004),说明:缓刑中哪些是重要的。卡伦顿:威纶,1—11。

　　[54] 马鲁娜 S(2001),做得更好:有前科的人如何改革和重塑他们的生命。华盛顿特区:美国心理学协会。

　　[55] 马鲁娜 S(2004),跟爱有什么关系? 更安全的社会:减少犯罪和社区安全杂志 22。伦敦:全国犯罪人关怀与重新安置协会 12—14。马鲁娜 S 和勒贝尔 T(2002),对刑释人员的重返社会的回顾:故事研究中的流行词汇。载于:雷克斯 S 和东瑞 M(编)改革和惩罚:量刑的未来。卡伦顿:威纶:158—180。

　　[56] 马鲁娜 S,伊马里容 R 和勒贝尔 T(2004),有前科的罪犯的重返社会:理论和实践。载于:马鲁娜 S,伊马里容 R(编)在犯罪和惩罚之后:罪犯重返社会的途径。卡伦顿:威纶:3—26。

　　[57] 玛查 D(1969),逐渐越轨。新泽西:普伦蒂斯·霍尔。

　　[58] 麦基弗 G,穆雷 C 和贾米森 J(2004),停止犯罪:对妇女和女生有不同吗? 载于:马鲁娜 S,伊马里容 R(编)犯罪之后:罪犯重返社会的途径。卡伦顿:威纶:181—197。

　　[59] 麦克尼尔 F(2004),停止犯罪,资格恢复和矫正主义:苏格兰的发展与展望。哈佛日报 43(4):420—436。

　　[60] 莫顿 R(1857),社会理论和社会结构。纽约:自由出版社。

　　[61] 司法行政部(2009a),监狱人口项目 2009—2015,英格兰和威尔士。统计报告。伦敦:司法行政部。

　　[62] 司法行政部(2010a),打破循环:对罪犯的有效的惩罚,恢复和量刑。伦敦:司法行政部。

　　[63] 司法行政部(2010b),重新犯罪的统计和分析刚要。伦敦:司法行政部。

　　[64] 司法行政部(2011a),人口公告。监狱服务网站:2011 年七月访问。

　　[65] 司法行政部(2011b),重新安置。监狱服务网站,更新到八月:2011 年 10 月访问。

　　[66] 司法行政部(2011c),犯罪行为。监狱服务网站,更新到八月:2011 年 10 月访问。

［67］摩尔 R，萨普斯福德 R，哈珀 P，哈里森 J 和辛普森 M(2003)，恢复性监狱项目。总结报告。米德尔斯堡:赛德大学。

［68］莫里斯 N(1974)，监禁的未来。芝加哥，伊利诺斯:芝加哥大学出版社。

［69］全国犯罪人关怀与重新安置协会(2002)，被遗忘的种族:短期型的囚犯的重新安置。伦敦:全国犯罪人关怀与重新安置协会。

［70］国家犯罪监狱协会新闻(2008/2009)，期刊号 205，12 月/1 月。伦敦:NAPO。

［71］国家犯罪监狱协会新闻(2009)，期刊号 213，11 月。伦敦:NA-PO。

［72］国家罪犯管理模式(2005)，国家罪犯管理模式。伦敦:国家犯罪管理服务机构。

［73］帕德菲尔德 N(2002)，关税之外:人权和终身监禁的囚犯的释放。卡伦顿:威纶。

［74］帕德菲尔德 N(2011)，英格兰和威尔士。载于帕德菲尔德 N，范齐尔施密特 D 和东科尔 F(编)从监狱释放:欧洲政策和实践。阿宾顿:劳特利奇:104—134。

［75］帕德菲尔德 N 和马鲁娜 S(2006)，监狱大门的旋转门:探索对监狱召回的戏剧性增长。犯罪学和刑事司法 6(3):329—352。

［76］帕德菲尔德 N，范齐尔施密特 D 和东科尔 F(编)(2011)最后的想法。载于:从监狱释放:欧洲政策和实践。阿宾顿:劳特利奇，395—444。

［77］彼得斯拉 J(2004)，对服刑人员的重返社会要做哪些工作? 对证据进行回顾和质疑。联邦缓刑 68(2):4—8。

［78］波特斯 A(1998)，社会资本:现代社会学的起源和应用。社会学评论年刊 24:1—24。

［79］普拉特 J(2000)，小推车主人的回归:后现代刑罚的到来? 英国杂志——犯罪学 40(1):127—145。

［80］帕特南 R(2000)，独自打保龄球:美国社会资本的衰落与复兴。纽约:西蒙和舒斯特。

［81］拉姆斯波顿 D(2003)，监狱大门。伦敦:自由出版社。

［82］雷纳 P(2004)，机会，动力和改变:对重新安置研究的一些发现。载于:博内特 R，罗伯特斯 C(编)什么是缓刑与少年司法? 卡伦顿:威纶

217—233。

[83] 雷纳 P(2007),重新安置的理论视角:它是什么以及如何运作?赫科尔斯比 A,哈格里-狄金森 L(编)服刑人员重新安置:政策和实践。卡伦顿:威纶 26—42。

[84] 雷纳 P 和罗宾逊 G(2009),资格恢复,犯罪和司法。贝辛斯托克:帕尔格雷夫·麦克米兰出版社。

[85] 罗斯 N(2000),政府和控制。英国杂志——犯罪学 40(2):321—329。

[86] 桑普斯福特 R,摩尔 R 和沃森 D(2005),Experience of Regime at HMP Kirklevingon Grange. 总结报告。米德尔斯堡:赛德大学。

[87] 斯科特 D(2008),刑罚学。伦敦:圣人。

[88] 社会排斥部(2002),减少刑释人员的重新犯罪:社会排斥部报告。伦敦:副总理办公室。

[89] 斯图尔特 D(2008),刚被判刑的囚犯的问题和需要:一项全国性调查的结果。伦敦:司法行政部。

[90] 特拉维斯 A(2007),司法在责令对暴力罪犯的释放后提出关于危害公共安全的警告,http://Guardian. co. uk,8 月 21 日。

[91] 特拉维斯 A 和斯帕罗 A(2010),肯尼斯·克拉克暗示量刑改革与攻击"爆炸性"的文化。http://Guardian. co. uk,6 月 30 日。

[92] 英国毒品政策委员会(2008),减少毒品的使用,减少重新犯罪。伦敦:英国毒品政策委员会。

[93] 沃恩 B(2001)郑重其事:在犯罪学使用结构化理论。英国杂志——犯罪学 41(1):185—200。

[94] 沃德 T 和马鲁娜 S(2007),资格恢复:超越风险模式。阿宾顿:劳特利奇。

[95] 韦德伯恩 D 等人(2000),为妇女伸张正义:改革的需求。伦敦:监狱改革责任。

[96] 伍尔科克 M(2001),在理解社会和经济成果下的社会资本。加拿大杂志——政策研究 2(1):65—88。

恐怖主义犯罪的刑法规制研究综述

李 雅*

9.11 事件以来无论国际恐怖主义犯罪还是国内恐怖主义犯罪都呈现增长趋势。但是我国关于恐怖主义犯罪的刑法规制还不尽完善。面对越来越频繁与越来越复杂的恐怖主义犯罪,我国目前的刑法规定还很薄弱,存在诸多缺憾。因此,面对现实的恐怖主义威胁,我国需要通过修正案的方式对现行刑法予以完善,以便积极打击与预防恐怖主义犯罪。

一 恐怖主义犯罪刑法立法存在的问题与缺陷

(一) 恐怖主义犯罪定义缺失

无论是国际上还是国内立法上对于恐怖主义犯罪的界定都缺

---

* 李雅,上海政法学院 2014 级刑法学专业研究生,研究方向:犯罪学。

乏统一的认定标准。目前在我国反恐怖主义立法中,一个突出的问题就是缺乏基础性概念的界定,从而导致相关规定的可操作性不强。① 有学者认为科学界定"恐怖主义犯罪"是反恐怖主义犯罪行动实施的一个先决条件。②

我国学者对恐怖主义犯罪有着不同的理解。张明楷认为"恐怖活动,通常是指为了达到一定目的,而对他人的生命、身体、自由、财产等使用暴力、胁迫等强迫手段以造成社会恐惧的犯罪行为的总称。"③陈兴良认为恐怖犯罪是:"根据国际公约,是直接反对一个国家而其目的和性质是在个别人士、个别国家或公众中制造恐怖的犯罪行为。"④赵秉志,阴建峰认为所谓恐怖活动犯罪,是指基于社会恐慌之目的所支配,恐怖分子所实施的客观行为尽管可能没有暴力的内容,但必须具有恐怖的色彩。⑤ 高铭暄,张杰从目的、手段出发对恐怖活动犯罪的定义如下:恐怖活动犯罪是指个人或单位基于意识形态方面的政治目的,针对不特定对象或某些具有政治、民族、宗教等象征意义的特定对象,以足以引起极大的社会恐慌的手段实施的危害行为。⑥ 各学者关于恐怖主义(活动)犯罪的定义各有侧重点,但都与恐怖主义犯罪的目的、手段、对象、主体分不开,或者说都与恐怖主义犯罪的构成要件分不开。明确恐怖主义犯罪的概念对

① 赵秉志,杜邈:《我国反恐怖主义立法完善研讨》,载《法律科学》(西北政法学院学报)2006 年第 3 期。

② 黎亚薇:《试论我国反恐刑事立法的完善》,载《河南科技大学学报》(社会科学版)2004 年第 2 期。

③ 张明楷:《刑法》,北京:法律出版社,1997 年版,第 571 页。

④ 陈兴良:《新旧刑法比较研究》,北京:中国人民公安大学出版社,1998 年版,第 209 页。

⑤ 赵秉志,阴建峰:《论惩治恐怖活动犯罪的国际国内立法》,载《法制与社会发展》载 2003 年第 6 期。

⑥ 高铭暄,张杰:《关于我国刑法中"恐怖活动犯罪"定义的思考》,载《法学杂志》2006 年第 5 期。

于分析恐怖主义犯罪的构成要件有着重大意义。

（二）恐怖主义犯罪类型属性不明、罪名规定不合理

有学者指出我国关于恐怖主义犯罪的罪名设置过于笼统，关于恐怖主义犯罪相关罪名的规定散见于刑法分则危害公共安全罪、侵犯公民人身权利、民主权利罪以及妨害社会管理秩序罪等章节中，导致恐怖主义犯罪客体界定模糊，使得其在刑法分则体系中的地位不明。也导致对具体犯罪行为的定性带来不便，对于刑法没有规定的某些恐怖活动犯罪进行定罪量刑时都以普通刑事犯罪论处，使刑法在打击恐怖主义斗争中显得单薄乏力，不能对恐怖犯罪分子发挥刑法的威慑作用。有学者指出目前我国刑法关于恐怖主义犯罪的罪名规定不合理，罪名较少，很多相关罪名缺失。[①] 如师维就指出我国现行刑法在恐怖主义犯罪规定的缺陷有：1. 客体界定较模糊。2. 罪名设置不系统、不全面。[②] 到底应如何归类和完善恐怖主义犯罪，还需要我国通过立法予以确认。

（三）恐怖主义犯罪的刑事责任规定不全面

目前恐怖主义犯罪越来越猖狂，手段越来越残忍，而我国对于一些恐怖主义犯罪的刑罚配置不够合理，一般处罚较轻，且缺乏减

---

① 参见江涌《论我国反恐怖刑事立法的完善》，载《中国人民公安大学学报》（社会科学版）2006 年第一期。付晓雅：《惩治、防范恐怖主义犯罪的反思与应对》，载《法学杂志》2010 年第 2 期。于志刚：《恐怖主义犯罪与我国立法应对》，载《人民检察》2011 第 21 期。

② 师维：《反恐刑法的基本理念及立法完善研究》，载《河北法学》2012 年第 7 期。

免、从轻、加重等事由的规定。恐怖主义犯罪得以发展壮大离不开财力的支持,但是我国关于恐怖主义犯罪分子没有规定财产刑,这不利于对恐怖主义犯罪的打击。如学者王利宾指出我国有关恐怖活动刑事责任的规定不全面。首先,刑罚种类不全面。其主要缺陷是对资格刑和财产刑缺乏全面规定。就资格刑而言,我国刑法仅仅规定了剥夺政治权利,但问题是此项权利剥夺对恐怖活动犯罪基本上没有太大作用。我国刑法对恐怖活动犯罪基本上没有规定财产刑。由于制度缺失,以致出现了如下怪现象:除非恐怖活动犯罪涉及洗钱罪等经济犯罪,否则很难找到依据来切断其经济来源。其次,量刑立法不科学。第一,刑法对恐怖活动犯罪没有贯彻区别对待的思想,这主要体现在对恐怖活动犯罪从重、从轻、减轻、免除刑事责任的制度规定不够,特别是对酌定量刑情节如何适用未予明确。[①] 师维也指出我国刑法对恐怖主义犯罪的立法没有贯彻区别对待的思想,这主要体现在对恐怖主义犯罪加重、从重、从轻、减轻、免除刑事责任的制度规定不够,特别是对其中酌定量刑情节的范围和如何适用问题,亟待明确。

二　反恐立法模式的选择

王彦璋认为我国法律、政策中的反恐怖条款较为分散,反恐怖立法模式存在明显不足,不能为反恐怖工作提供针对性的立法保障。[②]

---

① 王利宾:《反恐怖犯罪刑事完善研究——兼论反恐怖系统化立法》,载《政治与法律》2014年第10期。
② 王彦璋:《关于完善我国反恐怖主义立法的思考》,载《中共乌鲁木齐市委党校学报》2014年第4期。

对于是否制定专门的反恐法,当前理论界有不同的观点:第一种观点认为我国没有必要建立专门的反恐法,在刑法或刑事诉讼法等法律中对恐怖主义犯罪进行完善即可。第二种观点认为我国应制定专门的反恐法,该法应是一部综合性法律,内容可以涉及多个方面和多个部门法。^① 夏勇赞同第一种观点,认为我国没有必要专门制定一部反恐法。如果反恐法只是规定恐怖犯罪及其处理,完全可以通过对刑法与刑事诉讼法的修改补充来实现。如果反恐法还包含了行政法律措施和预防等问题,也可以将其分解为不同方面的问题放在有关法律中规定,只是在分别规定时应由一个统一的部门来负责沟通和协调。如果需要单行法律文件做一种立场上的表示或政策性规定,完全可以用宣言的方式而不是法律文本的方式来进行,在这样的宣言中,也可以这样表明:"有关恐怖犯罪及其处罚的标准和程序,有关制止和预防恐怖犯罪的措施和方法,由有关法律明文规定。"夏勇认为可以将恐怖犯罪具体规定于"危害公共安全罪"一章中。^② 肖潇在《小议我国刑事反恐立法模式》一文中也强调我国应选择反恐刑事立法模式。赵秉志和杜邈持第二种观点,但认为还需要进一步分析。他们认为:首先,从我国立法实践来看,反恐怖主义法不应是一部刑事法。其次,反恐怖主义法中应当对基础性概念予以明确。再次,反恐怖法中应具备预防、处置、制裁、补救等内容。^③ 赵秉志和杜邈认为,应当充分考虑中国的立法传统、立法现状、反恐局势和反恐法可能造成的国际影响等因素,理性选择适合本国国情的立法模式。一、立法形式:独立式

---

① 王立民:《完善反恐立法,有效打击恐怖主义犯罪》,载《法学》2003 年第 6 期。
② 夏勇:《对我国反恐刑事立法的几点思考》,载《山东警察学院学报》2006 年第二期。
③ 赵秉志,杜邈:《我国反恐怖主义立法完善研讨》,载《法律科学》(西北政法学院学报) 2006 年第 3 期。

的立法模式。二、立法内容：立体防御型的立法模式。三、法律效力：一般法的立法模式。[①] 刘仁文也赞同制定一部统一的、专门的反恐法，认为制定专门法律尤其必要性。[②] 阮传胜则指出关于恐怖主义犯罪立法的完善："在一般法律条款中设立关于恐怖主义犯罪行为规定的同时，刑法专门设置恐怖主义行为，并制定专门的法律、法规对恐怖主义犯罪进行专门规定。"[③]

三　恐怖主义犯罪构成要件分析

我国没有关于恐怖主义犯罪的直接规定，所以也没有关于恐怖主义犯罪构成要件的相关规定。随着我国学者对于恐怖主义犯罪研究的深入，对于恐怖主义犯罪的构成要件也提出了各自的看法。

（一）恐怖主义犯罪的主体

关于恐怖主义犯罪的主体，个人可以构成是毫无争议的。但对于组织、单位或团体、国家是否能够构成该罪的主体，学界有着不同的观点。一种观点认为，只有个人可以构成该罪的主体。如王琳琳认为在犯罪主体上是自然人主体，不包括单位。且她还认为作为自然人犯罪主体，只处罚组织、领导、积极参加者较为合适，

---

① 赵秉志、杜邈：《反恐立法模式的理性选择》，载《法学》2008 年第 3 期。

② 刘仁文：《中国反恐刑事立法的描述与评析》，载《法学家》2013 年第 4 期。

③ 阮传胜，恐怖主义犯罪研究[M].北京：北京大学出版社，2007 年，第 214 页。

体现了我国教育为主、惩罚为辅的刑事政策。[①] 第二种观点则认为个人和组织、单位或团体可以成为本罪的主体，国家不能成为恐怖活动犯罪的主体。[②] 赵秉志、陈一榕指出："恐怖主义是指个人或组织在国际间有意识地使用暴力，并以杀害或威胁杀害个人或人群生命、破坏公私财产为手段，以实现某种政治目的或其他目的的行为。"[③]"个人或组织出于政治目的、社会目的或其他目的，使用暴力或以暴力相威胁，制造恐怖气氛，危害不特定多数人的生命、健康、财产安全的行为。"[④]师维指出面对恐怖主义活动的发展状况，有必要拓展其主体范围，将其主体扩展为除国家和国际组织以外的所有单位和组织。之所以将国家和国际组织排除在外，是因为：第一，实践表明，鲜有国际社会将国家或国际组织列为恐怖主义犯罪的先例。第二，国际法认为，国家间主权平等，一国无权力将其他成员的行为视为犯罪，一个国际组织也没有权力将其他与其地位平等的成员的行为视为犯罪。[⑤] 第三个观点认为，个人、单位和国家都可以构成本罪的主体。有学者认为国家可以成为国际恐怖主义犯罪的主体列举了几点理由：第一，联合国国际法委员会 1976 年通过的《关于国家责任的条款草案》对"受害国"概念的解释扩大了，可以追究国际犯罪行为国责任的主体范围；第二，有适合国家的国际刑事责任承担方式；第三，可以将行为的可归责性

---

① 王琳琳：《恐怖主义犯罪与危害国家安全犯罪的比较分析——以 3.01 昆明暴力恐怖袭击案为视角》，载《北化大学学报》(社会科学版)2014 年第 3 期。

② 高铭暄，张杰：《关于我国刑法中"恐怖活动犯罪"定义的思考》，载《法学杂志》2006 年第 5 期。

③ 转引自赵秉志、陈一榕《试论政治犯不引渡原则》，载高铭暄、赵秉志主编《当代国际刑法的理论与实践》，吉林人民出版社 2001 年版，第 140 页。

④ 参见叶高峰、刘德法主编《集团犯罪对策研究》，中国检察出版社 2001 年版，第 379 页。高一飞：《有组织犯罪问题专论》，中国政法大学出版社 2000 年版，第 38 页。

⑤ 师维：《反恐刑法的基本理念及立法完善研究》，载《河北法学》2012 年第 7 期。

作为国家犯罪的主观要件,而不是故意或过失。① 第三种观点认为,个人、组织或单位、国家都构成本罪的主体。如王立民指出如果犯罪主体缺少国家,就为国家进行恐怖犯罪打开了方便之门,这不利于谴责、制裁、打击那些从事恐怖主义活动的国家,有害于形成一种和平的国际环境和气氛。②

(二) 恐怖主义犯罪的客体

有人认为恐怖主义犯罪属于危害国家安全罪一章,也有人主张属于危害公共安全罪一章,还有人主张介于恐怖主义犯罪的特殊性可以专章对其予以规定。如喻义东认为恐怖主义犯罪侵害的客体虽然包括复杂客体,但恐怖主义犯罪侵害的主要客体是一个国家的国家安全。因此,恐怖主义犯罪应属于刑法分则中危害国家安全罪的犯罪。③ 付晓雅则不赞同将恐怖主义犯罪列入国家安全罪一章,她认为我们可以借鉴俄罗斯联邦刑法典的模式,在刑法典中设置恐怖主义犯罪条款,将现有刑法中恐怖主义犯罪之罪名都包括其下。具体来说,可考虑将该条设置为《刑法》第二章"危害公共安全罪"的第 1 条。④ 廖劲敏指出根据恐怖主义犯罪的特殊性,我们可以分专章予以规定。他指出目前对恐怖主义犯罪过于分散的规定不利于对恐怖主义犯罪的打击与防范。考虑到国际刑法规范与国内刑法的衔接以及国际犯罪所具有的鲜明特点,在国内立法化的过程中,可以考虑将国际犯罪在刑法分则中专章予以

① 庞仕平、崔彬:《国际恐怖主义犯罪研究》,《法学杂志》2002 年第 3 期。
② 王立民:《反恐立法述评》,《犯罪研究》2003 年第 1 期。
③ 喻义东:《论恐怖主义犯罪在刑法分则中的地位》,载《法学》2005 年第 2 期。
④ 付晓雅:《惩治、防范恐怖主义犯罪的反思与应对》,载《法学杂志》2010 年第 2 期。

规定。[1]

(三) 恐怖主义犯罪的主观方面

恐怖主义犯罪的主观要件是指恐怖犯罪的实施者对其犯罪行为及其结果所持的心理态度。学者们一致认为恐怖主义犯罪在主观上必须是出于故意而且只能是直接故意。此外,学者们认为恐怖主义犯罪是目的犯,但对于恐怖主义犯罪的主观目的方面学界有不同意见。有学者主张,恐怖主义犯罪的目标可以分为犯罪的具体目标、制造社会恐怖的目标、实现其思想主张的终极目标三个层次。与此相对应,犯罪的主观目的也有三个层次,不过决定其为恐怖主义犯罪的目的只能是其最终目的,即犯罪行为的反国家性。[2] 即恐怖主义犯罪的政治目的性。有的学者则认为恐怖主义犯罪可以基于政治目的或其他社会、个人目的,不限于政治目的。有的学者认为"恐怖主义犯罪非严格意义的政治犯罪",因为如果将恐怖主义犯罪界定为政治犯,则让恐怖主义分子借着政治犯不引渡原则,而寻求政治庇护逃避应有的处罚。[3] 有学者指出如果将恐怖主义犯罪目的只限于政治目的,就会缩小恐怖主义犯罪的范围,不利于对恐怖主义犯罪的打击。也有人担心将恐怖主义犯罪限于政治目的还会牵涉到政治犯不引渡的问题,从打击恐怖主义犯罪的国际合作看,对此应当慎重考虑。[4] 此外还有学者指出

---

[1] 廖劲敏:《刑事立法视野下的恐怖主义犯罪探析》,载《辽宁行政学院学报》2008 年第 1 期。

[2] 杜邈:《反恐刑法立法研究》,北京:法律出版社 2009 年版,第 54 页。

[3] 王秀梅:《论恐怖主义犯罪的惩治及我国立法的发展完善》,《中国法学》2002 年第 3 期。

[4] 郭洁:《恐怖犯罪与我国刑事立法》,载陈明华等主编:《刑法热点问题与西部地区犯罪研究》,中国政法大学出版社 2003 年版,第 1516 页。

恐怖主义犯罪的目的就是制造社会恐怖或恐慌。持该种观点的学者认为,恐怖主义分子实施恐怖活动的首要目的就是为了使受害人以外的第三人产生恐惧,形成广泛社会恐慌,而不论他们的最终目的是什么。也有学者先指出了恐怖主义犯罪的政治目的性,再指出其制造社会恐慌的目的。"恐怖主义可以理解为是由个人、群体、组织甚至国家基于政治目的,为了在尽可能广泛的范围内制造恐怖气氛,针对政府、公众或个人使用暴力或以暴力相威胁的行为。"①

(四) 恐怖主义犯罪的客观方面

恐怖主义犯罪的客观方面主要表现为恐怖主义分子以暴力或暴力相当的手段相威胁,实施恐怖主义行为。随着科技的发展恐怖主义的实施手段不仅仅停留在最初的暴力手段,现在开始使用网络或高科技实施各种恐怖威胁,不过他们的直接目的都是要制造社会恐慌。犯罪的客观方面是指刑法所规定的构成犯罪所必需的危害行为和危害后果等客观要素的总和。喻义东指出根据恐怖主义犯罪的特点,可以从下列方面把握其客观要件:1.危害行为。恐怖主义犯罪的危害行为十分复杂,包括暴力行为、暴力威胁行为、非暴力行为。2.危害后果。作为恐怖主义犯罪的危害后果除直接侵害他人生命财产外,必须具有造成社会恐怖的后果。3.危害行为的时间、地点、对象、方式。危害时间、地点、对象、方式也是犯罪的客观方面的表现,但并非一切犯罪都必须具备这些要件。在恐怖主义犯罪中,犯罪时间、地点和方式显然不影响该罪的成

---

① 曹颖苹、梅建明:《对恐怖主义概念与成因的初步分析》,《公安大学学报》2001 年第 4 期。

立,但是犯罪对象必须是非战状态的和平目标。① 师维则从恐怖主义犯罪行为手段的特殊性来概括犯罪客观方面。他认为其行为手段的特殊性主要表现为:第一,行为手段的层次性。恐怖主义犯罪是同类犯罪的总称。在此类犯罪中,既有组织、领导、参加、资助恐怖组织的行为,又有具体实施恐怖活动的犯罪。第二,行为手段的恐怖性。恐怖主义犯罪与普通犯罪的最大区别,一方面在于其行为手段的血腥、残酷,另一方面则在于其通过对直接犯罪对象的具体侵害来实现对社会公众的恐吓和对国家安全利益的侵蚀、破坏。②

四　恐怖主义犯罪刑法立法的完善

为了进一步准确、有效地预防和打击恐怖主义犯罪,我国有必要在《反恐怖法》正式出台前,通过修正案的方式完善我国恐怖主义犯罪的刑法立法。对于恐怖主义犯罪的刑法完善,学者们的建议殊途同归,主要有:1. 学者们认为我国急需对恐怖主义犯罪概念予以明确。大部分学者主张我国可以设置恐怖主义犯罪类罪放于危害公共安全罪一章中予以分类规定。2. 我国关于恐怖主义犯罪的罪名规定不全面,为应对多变的恐怖主义犯罪行为及与国际反恐怖主义犯罪接轨,我国需在刑法中增设一些缺失的相关罪名。如增设劫持人质罪,侵害受国际保护人员罪,非法邮寄危险物质罪,入境发展恐怖组织罪,危害大陆架固定平台安全罪,危害海上

---

① 喻义东:《关于我国恐怖主义犯罪刑事化的思考》,载《湘潭师范学院》(社会科学版)2005年第4期。

② 师维:《反恐刑法的基本理念及立法完善研究》,载《河北法学》2012年第7期。

航行安全罪,海盗罪,核材料犯罪,拒绝提供恐怖活动犯罪证据罪,煽动恐怖活动罪,包庇、纵容恐怖组织及计算机网络恐怖主义犯罪等。3.“金钱是恐怖主义的驱动力,没有它,恐怖主义就无法运转。”[1]因此我们应对恐怖主义犯罪所涉及的罪名都应当附加财产刑,切断恐怖活动的经费来源,阻止进一步犯罪。4.在刑法中,我们也应明确恐怖主义犯罪的加重、减轻、免责事由和特殊自首制度等。对恐怖主义分子予以威慑的同时,鼓励恐怖主义分子积极放弃犯罪。[2] 5.延长恐怖主义犯罪的追诉时效。对于行为人实施恐怖活动犯罪的,可以规定不受追诉时效的限制等。

五　结　论

2013 年以来,“东突”恐怖主义先后在新疆、北京、昆明等地发动了多起恐怖袭击,如新疆“4·23”,“4·26”恐怖事件、天安门“10·28”自杀式恐怖袭击事件、云南昆明“3·1”火车站暴力恐怖案件。以“东突”势力近年实施的暴力恐怖主义袭击来看,我国目前面临着严重的恐怖主义袭击威胁。但是目前我国关于恐怖主义犯罪的刑法规制还很薄弱,相关法律措施也不健全,缺乏系统的关于反恐的立法。恐怖主义犯罪严重威胁了我国的国家主权、领土安全和社会稳定,损害人民的人身和财产权利,使得整个国家笼罩

---

[1]　Christopher Dobson and Ronald Payne, The Terrorists, Facts on File, Inc. ,1982, p. 102.

[2]　参见刘凌梅《国际反恐怖犯罪与我国刑事立法》,载《法学评论》2001 年第 2 期。张惠芳:《论我国惩治恐怖主义刑法机制的建立与完善》,载《求索》2007 年第 7 期。于志刚:《恐怖主义犯罪与我国立法应对》,载《人民检察》2011 年第 21 期。刘海娟:《浅论恐怖主义犯罪的刑法完善》,载《法制博览》2013 年第 3 期。

着一层恐怖氛围,社会恐惧心理严重。因此,为了打击和预防恐怖主义犯罪,我国有必要完善我国的刑法规制,通过完善刑法来威慑恐怖主义分子。

参考文献:

[1] 赵秉志,阴建峰,惩治恐怖主义犯罪理论与立法[M],北京:中国人民公安大学出版社,2005。

[2] 钱学文,中东恐怖主义研究[M],时事出版社,2013。

[3] 赵秉志,中国反恐立法专论[M],北京:中国人民公安大学出版社,2007。

[4] 阮传胜,恐怖主义犯罪研究[M],北京:北京大学出版社,2007。

[5] 陈乾,从"东突"问题看我国反恐立法的完善路径[J],四川警察学院学报,2014(2)。

[6] 刘海娟,浅论恐怖主义犯罪的刑法完善[J],法制博览,2013(03)。

[7] 刘仁文,刑事法治视野下的社会稳定与反恐[M],北京:社会科学文献出版社,2013。

[8] 刘仁文,中国反恐刑事立法与评析[J],法学家,2013(4)。

[9] 刘仁文,中国反恐刑事立法的描述与评析[J],法学家,2013(4)。

[10] 陈忠林,我国刑法中的"恐怖主义犯罪"的认定[J],现代法学,2002(5)。

[11] 王秀梅,论恐怖主义犯罪的惩治及我国立法的发展完善[J],中国法学,2002(3)。

[12] 高铭暄,关于我国刑法中"恐怖活动犯罪"定义之思考[J],法学杂志,2006(5)。

[13] 高铭暄,陈冉,全球化视野下我国惩治恐怖活动犯罪立法研究[J],法治研究,2013(6)。

[14] 王立民,完善反恐立法有效打击恐怖主义犯罪[J],法学,2003(6)。

[15] 潘志平,中国对恐怖主义的研究述评[J],国际政治研究,2011(3)。

[16] 臧建国,恐怖主义犯罪应对模式研究[J],犯罪研究,2014(2)。

[17] 刘凌梅,国际反恐怖犯罪与我国刑事立法[J],法学评论,2001(2)。

[18] 余涛,恐怖犯罪活动刑事立法探讨[J],湖北警官学院学报,2002(2)。

[19] 莫洪宪,王明星,我国对恐怖主义犯罪的刑法控制及立法完善[J],法商研究,2003(6)。

[20] 王利宾,反恐怖犯罪刑事法完善研究——兼论反恐怖系统化立法[J],政治与法律,2014(10)。

[21] 任永前,我国反恐立法走向初探[J],法学杂志,2014(11)。

[22] 古丽燕,析恐怖主义犯罪与危害国家安全罪——以新疆恐怖主义犯罪为例[J],新疆警官高等专科学校学报,2009(4)。

[23] 吴念胜,论犯罪构成之属性[J],西南民族大学学报(人文社科版),2007(5)。

[24] 赵秉志,杜邈,我国反恐怖主义立法完善研讨[J],法律科学,西北政法学院学报,2006(03)。

[25] 喻义东,论恐怖主义犯罪在刑法分则中的地位[J],法学,2005(02)。

[26] 樊守政,从国际环境看中国的全方位反恐与平安建设[J],中共浙江省委党校学报,2012(04)。

[27] 陈小七,完善反恐刑事立法——有效打击遏制恐怖主义[J],法制与社会,2014(9)。

[28] 刘尚奇,从国际反恐怖主义犯罪的法律对策看我国相关立法的完善[D],中国政法大学,2005。

刑满释放人员重新犯罪问题研究综述

邓仁玫*

摘　要： 中国的刑满释放人员重新犯罪率之低曾经让国外乃至国外发达国家羡慕，但是，近些年来，重新犯罪率却不断增高且居高不下。通过对关于刑满释放人员重新犯罪问题的研究进行系统的文献梳理，希望能够呈现真实的刑满释放人员重新犯罪情况现状，并重点分析犯罪原因以期寻找预防重新犯罪的对策。

关键词： 刑满释放人员；重新犯罪；犯罪原因；对策预防

目前，学术界有众多学者研究刑满释放人员重新犯罪问题，并且获得很多研究成果，笔者从搜索的文献中发现：大多数学者研究的重点在于刑满释放人员重新犯罪的现状、特点、犯罪原因与预防几个方面。鉴于近年来我国刑满释放人员重新犯罪的案件居高不下且隐有增长态势，本文拟对研究文献进行梳理及概述，希望能为学术界进一步深入研究刑满释放人员重新犯罪问题提供一些参考。

---

* 邓仁玫，上海政法学院 2014 级刑法学专业研究生，研究方向：犯罪学。

一　刑满释放人员重新犯罪的概念界定

　　什么是重新犯罪，刑满释放人员重新犯罪的标准又是什么，目前，从学术界和立法界还没有统一的规定，从不同的研究角度会有不同的定义法，这也就必然带来统计口径的不统一并降低统计数据的可比较性。

　　从刑法学的意义上，所谓重新犯罪是指行为人触犯刑律并受到刑罚处罚后一定期限内再实施的犯罪；从犯罪学的学理角度来看，有代表性的基本上有两种观点："广义说是指经人民法院判刑并投入监狱服刑的犯罪人员或刑满释放人员的再次犯罪和经过公安机关处理，正在劳动教养或已解除劳动教养的人员的犯罪以及未受到刑事制裁的犯罪人员再次犯罪的。狭义说是指被处以刑罚处罚或劳动教养的人员，在刑罚执行完毕和解除劳动教养后又实施被处以刑罚处罚的犯罪行为"[1]；从监狱行刑学上来看，我国监狱系统关于重新犯罪的概念和统计标准来源于中央政法委员会1985年1月8日批准的司法部《关于调查刑满释放、解教劳教人员重新犯罪、违法问题的几点意见》，该文件以刑法有关累犯的规定为法律依据，即原犯普通刑事罪的，刑满释放或赦免后，在三年以内再犯应判处刑罚的为重新犯罪，原判反革命罪的，刑罚执行完毕或赦免后，在任何时候再犯反革命罪的，或者三年以内再犯其他普通刑事罪而被判处刑罚的都是重新犯罪。1997年，刑法关于累犯的规定由三年改为五年，关于重新犯罪的统计标准也随之改变。

―――――――

[1]　周路主编：《当代实证犯罪学》，天津社会科学院出版社1995年版，第359—360页。

对于刑满释放人员重新犯罪率的概念,由于学术界和司法实务界不存在统一的权威标准,也使得其概念具有不同的内涵。目前,刑满释放人员重新犯罪率的统计标准主要以两种统计资料为背景或参照系;一是以刑释解教人员在刑满释放后五年内重新犯罪人数与同期刑释人员总数的比值,计算重新犯罪率;二是以监狱在押罪犯中判刑两次以上的重新犯罪人数与同期在押罪犯总数的比值,计算重新犯罪率,这一方法不受重新犯罪年限的规定。这两种计算方法虽然不一,后者的比值一般高于前者,但大量数据显示,两种比值的增减升降基本一致。

二　刑满释放人员重新犯罪的现状研究

要研究刑满释放人员重新犯罪问题,必须先掌握其犯罪的真实情况,也就是刑满释放人员重新犯罪的现状。这是最困难的一件事。中国之大、研究对象之复杂,都使我们真正掌握刑满释放人员重新犯罪的现状变得异常困难,但是,在全国及各地的学术界和司法实践部门,都有一些专家学者对此作出了不懈的努力,使我们可以大体上拼凑出刑满释放人员重新犯罪的现状。

据司法部调查资料显示:"我国刑满释放人员的重新犯罪率,在 1982 年到 1986 年五年间均为 5.19%。"[1]到了九十年代,司法部发现:"押犯中判刑两次以上的罪犯,在 1990 年有 106951 人,比重达 8.55%,在押犯总数为 125.1 万人,而到了 1996 年,短短六年,押犯中判刑两次以上的有 157373 人,比重达到了 11.1%,此

---

[1]　李均仁:《中国重新犯罪研究》[M],北京法律出版社,1992.2,第 2 页。

时押犯总数为 141.7 万人,两次以上犯罪绝对数增加 50422 人,增长率为 47.1％,增长比例远远超过押犯人数的增长比例。"[1]

据浙江省犯罪管理局统计,1983 年全省在押犯中有两次以上服刑的罪犯共 2655 人,占总数的 8.72％;1989 年两次以上服刑的罪犯共 3618 人,占总数的 10.06％;1999 年两次以上服刑的罪犯共 9450 人,占总数的 13.64％;2003 年两次以上服刑的罪犯 12665 人,占总数的 15.09％。[2]

据福建省有关部门调查,自 1995 年至 2005 年 10 年间,福建省重新犯罪的人员无论是其绝对数还是所占的比重,基本呈逐年递增趋势。1995 年,福建省的全部在押犯的总人数为 33158 人,重犯人数为 3284,所占比重 9,9％,而截至 2005 年,全部在押犯人数为 56796 人,重犯人数为 7754 人,所占比重更是跃升为 13.1％。[3]

据浙江省杭州市有关部门调查,2007 年至 2011 年,杭州市属监狱累计刑满释放 3611 人,重新犯罪为 274 人,平均重新犯罪率为 7.59％;最高峰值出现在 2007 年,分别为 10.91％,2008—2011 年重新犯罪率虽然总体保持平稳,但仍在高位徘徊。

据上海监狱局调查,上海市 15893 名刑满释放人员,其三年内重新犯罪率 1982 年高达 18.1％,1986 年降至 4,1％(历年最低),2007 年上海籍刑释人员五年内重新犯罪率为 7.67％。上海市 2003 年在押服刑人员中曾被判刑者占 18.5％,截至 2011 年底,在

---

① 王增铎、兰洁、徐浚刚、杨诚主编:《中加矫正制度比较研究》,北京法律出版社,2001 年,第 74 页。

② 黄兴瑞,"平安浙江"建设与高危人群控制[J],公安学刊,浙江公安高等专科学校学报,2004(4):19。

③ 欧渊华、陈晓斌、陈名俊:《福建省刑满释放人员重新犯罪问题研究》[J],福建公安高等专科学校学报,2007 年版。

押服刑人员中曾被判刑者占 22％，当然，对于上述在押犯的统计，由于不受重新犯罪年限的限制，因而明显高于第一种计算方法。

2004 年山东省在押犯的重新犯罪率为 13.71％。[①]

三　刑满释放人员重新犯罪的原因分析

要想解决问题须知症结所在，而要想更好地预防和解决刑满释放人员重新犯罪问题，则需要弄清楚刑释人员重新犯罪的原因，因此，对于刑释人员重新犯罪的原因研究，是刑满释放人员重新犯罪研究的一个重大课题。目前学术界众多学者们力图从不同的立场和视角对原因进行深入探讨。

力康泰、韩玉胜、袁登明主要从监狱行刑的角度讨论刑满释放人员重新犯罪的原因，认为原因主要表现在以下几个方面：（1）沉重的经济压力影响着监管改造工作的顺利进行，导致执行"改造第一，生产第二"等方针政策的偏颇。（2）监狱行刑中的思想教育改造方面的欠缺，尤其是在服刑期间没有有效地转化罪犯追求金钱与享乐的思想意识。（3）监狱干警队伍尚不适应形势发展和工作要求。（4）改造方法不能适应犯罪构成的变化。如对于青少年就缺少针对性的改造方法。（5）未充分发挥行刑调控机制、尤其是假释制度的功能。（6）行刑改造中，罪犯再社会化能力不足，社会帮教难以落实。[②]

---

① 山东省监狱管理局重新犯罪调查课题组《2004 年山东省在押重新犯罪服刑人员调查分析报告》。

② 力康泰、韩玉胜、袁登明：《刑满释放人员重新犯罪的原因及预防对策思考——兼论监狱的行刑改革》，载自《法学家》2000 年第 3 期。

殷尧主要从心理的角度对刑满释放人员再犯罪原因进行了探讨。他认为,在刑满释放人员再犯罪的各种因子里,心理因素起着至关重要的作用。这种心理原因主要由社会心理原因和个体心理原因所构成。重新犯罪的社会心理主要包括:(1)社会角色的期待与角色失调的矛盾,诱发了刑满释放人员重新犯罪的心理动机。社会角色的期待,是他人对自己提出符合其身份的希望,同时本人也必须领会他人对自己怀有的希望。但是,角色失调的矛盾心理又是困扰刑释人员的普遍心理现象。由于他们曾经违法犯罪,受过惩处,在社会生活中往往会受到歧视,罪犯刑释后自谋职业谈何容易。外部环境的困难或社会的不公正对待,内部角色心理准备不够或犯罪心理未得到矫正,导致角色失败,是一些刑释人员产生重新犯罪的心理动机。(2)城市化进程中,大规模的人口流动弱化了社会控制系统,促使重新犯罪率上升。在会转型期,由于社会控制力的减弱,社会接茬帮教工作不够扎实,使刑释人员回归社会后处于"失控"的状态,这种状态是构成诱发重新犯罪的重要环境和条件。(3)"道德失落"和"价值虚空",成为引发重新犯罪的不可忽视的因素。(4)犯罪亚文化的暗示和感召,为重新犯罪了提供心理支持。重新犯罪的个体心理主要包括:(1)"缺德"是刑释人员重新犯罪的主要原因。道德品质是指个人依据一定的道德行为准则时所表现出来的某些稳固的心理特征,它是个性中具有道德评价意义的核心部分。从重新犯罪的个体原因看,"缺德"是致使他们重新走上犯罪道路的主要原因。(2)重新社会化失败,反社会人格形成,是重新犯罪的心理基础。一些罪犯经过服刑,犯罪心理非但没被消除,反而更加牢固,或者由于交叉感染,从"一面手"变成"多面手",反社会意识更加强烈,犯罪手段更加成熟,危害更加严重。(3)刑释人员健康心理水平不高,为重新犯罪留下了可能性。如果罪犯在服刑期间,只是在"监狱场"的强制和威慑作用下认罪伏法,缺乏同情、宽容、利他等道德体验,没有形成对挫折的正向心理承受力,重返社会后,面对纷繁复杂的各种社会矛盾,又会产生挫折感,因不能调节挫折所产生的否定情绪,一些人必然会向社会发泄,导致重新犯罪。(4)恶习成癖的不良动力定型,是导致刑释人员重新犯罪的重要诱因。[1]

缪伟军认为,刑满释放人员再犯罪问题的产生,主要源于以下几个方面的因素:(1)经济因素。在重新犯罪的诸多原因中,生存问题是刑释人员重新犯罪的最直接原因。同时我们还看到,在社会不断迈向现代化、城市化的过程中,社会上的贫富差距被拉大,造成刑释人员的心理失衡,增加并激化了各类社会矛盾,引发重新犯罪。(2)文化因素。法国社会学家凯尔迪姆指出:"犯罪其实首先是反社会文化的和违反社会文化规范的,而对犯罪的评判则首先是一种文化评判和文化理解。"[2]重新犯罪者自身文化水平低下、教育缺失,加之社会亚文化[3]的不良影响,使得亚文化的存在渗透罪犯的生活方式、社会化过程及人际关系当中,成为重新犯罪一个不可忽视的诱因。(3)心理因素。根据犯罪心理学的基本原理,犯罪行为是在犯罪心理的支配和作用之下发生的,是犯罪心理的外化。犯罪心理结构由多种不良心理因素组成。刑满释放后再犯罪者普遍存在侥幸心理,以自我为中心、忽视他人需求,自控能力低下并把自己的再犯罪归罪他人,认为自己才是受害者。(4)社会因素。犯罪行为与人类一切行为一样,具有社会性的本质,往往

---

① 殷尧,重新犯罪的心理归因分析及其心理预防[J],中州大学学报,2007(7)。

② 阮雪梅,社会转型期亚文化因素对青少年犯罪的影响[J],世纪桥,2008(8):75。

③ 即社会中某个区域或某些团体所持有的一套与主流文化有所差异的文化价值体系,往往带有颠覆、批判性或者边缘性。

是犯罪人与社会环境互动的结果。影响刑释人员重新犯罪的主要社会因素包括监狱改造质量有待提高;在社会的歧视目光下,刑释人员在社会正常群体面前往往感到自卑、敏感和多疑,甚至产生对抗和报复的心理,成为刑释人员重新犯罪的诱导因素之一;社会安置帮教不到位。(5)家庭因素。家庭是以婚姻关系和血缘关系为基础建立的社会细胞,是个体完成社会化的主要场所。家庭的教育方式会影响个体的自我控制能力。该因素对于重新犯罪具有与初次犯罪一样的影响力,重新犯罪者多为存在家庭教育方式不当的家庭或家庭婚变的家庭。(6)思想因素。绝大多数刑释再犯人员源于自身好逸恶劳、游手好闲,不能忍受清贫的打工生活,不愿靠劳动谋生而走上犯罪道路。[①]

王莉认为,研究刑满释放人员再次走上犯罪道路的原因,既要考虑其个人因素,也要重视社会因素。刑满释放人员再犯罪的个人原因,归纳起来主要有以下几个方面:(1)文化底子薄,缺乏必要的劳动技能,加之长时间与社会脱节不能适应社会的发展。干最脏最累的活,收入却少之又少,生活得不到保障,缺乏对生活的希望和信心,不惜铤而走险再次走上犯罪的道路。(2)个人惰性大,好逸恶劳,想一夜暴富。再犯罪人员在初次犯罪之前本身就存在着好逸恶劳的人生观,从而走上犯罪的道路。在服刑期间如对于他们的人生观、劳动观以及内心世界改造得不够彻底,极易滋生贪图享乐的思想再次犯罪。(3)刑释人员刑满释放后大多数自觉无脸面对家人,害怕家人嫌弃不愿回归家庭,不能感受到家庭的温暖。他们出狱后生活贫困艰辛,又得不到关爱,久而久之对生活失去信心,破罐子破摔重新走上犯罪的道路。社会原因,就目前影响

---

① 缪伟君,重新犯罪成因实证调查研究[J],宁夏大学学报,2012,(5)。

较大的几个方面有：（1）社会对刑满释放人员的歧视和偏见。刑满释放人员在找工作时由于他们以前的犯罪事实，而受到歧视和排挤，使他们对周围的社会和人产生抵触情绪，因此消极生活，仇视社会进而再次危害社会。（2）贫富差距加大，社会分工不均。随着社会经济的迅速发展，富人越来越多，他们优越的生活刺激着刑满释放人员脆弱敏感的神经，为了自己也能过那样富足、悠闲的生活却由于种种原因苦于无门，他们只能再次铤而走险。（3）服刑制度有缺陷，服刑改造不彻底。目前对于服刑罪犯所进行的技能培训往往比较简单，所含有的技术含量不高，致使服刑人员在刑满释放之后想要获得一份适合自己的工作就变得十分困难，在就业压力的打击之下对于社会的信心和信任不再坚定，加上居心不良之人的诱导，再次走上犯罪道路不足为奇。①

四 刑满释放人员重新犯罪的预防和对策思考

预防犯罪的社会意义在于它是国家长治久安的基础，它将保证社会治安的良性循环。在我国刑满释放人员重新犯罪情况日益严重的情况下，我们只有防患于未然，才能遏止重新犯罪的滋生。那么如何建构相应的政策和对策，有效地防止问题的恶化，学术界进行了广泛的探讨，提出了种种不同的看法和建议。

刑满释放人员如无意外，无一不是经历过监狱生活，重新犯罪率居高不下及重新犯罪的绝对人数多年来有增无减的局面，也与监狱教育、改造工作的不够有着密切的关系，因此，学界研究者在

---

① 王莉：《刑满释放人员再犯罪的原因分析》，载自《改革与开放》2011 年 14 期。

研究此问题预防时大多涉及狱内行刑改革,归纳起来,主要包含如下方面:(1)深化监企分离改革。彻底改变现存的监企关系模糊、产值作为监区、监狱的评优的重要指标等管理体制和思想观念,恢复监狱作为国家的刑罚执行机关的本来面目。(2)改善监狱布局,实现分管分押。(3)提高监狱狱警素质。改革调整人事制度,建立优胜劣汰、能进能出、能上能下的用人机制,提高狱警素质,从而提高对罪犯教育改造的质量。(4)对高重犯率群体进行有针对性的分类教育及改造。如对盗窃犯等侵犯财产型罪犯应加强劳动生产管理,注意培养他们的劳动热情,养成劳动习惯,使其掌握必要的职业技能及知识。五、试行劳动工资制,促进罪犯人格的社会化;预签劳动用工合同,使罪犯成为"准社会人"。

有的学者认为,预防刑满释放人员重新犯罪,需要切实落实刑满释放人员的安置帮教工作,完善刑满释放人员的保护制度。虽然在国民政府时期,我国就出现了相关刑满释放人员安置的规定,但那只是徒有其表,并没有真正地实施过。其实在我国真正的刑满释放人员安置工作出现在 90 年代。由于时间过短,无论是在理论还是实践方面都不是很纯熟。其实,我国的刑满释放人员安置政策主要包括就业帮助,而国外所实行的精神帮助、就学帮助等方面政策,在我国基本上是没有的。学者认为,我们需要向国外借鉴,学习消化吸收他们的安置工作和保护制度。各国对刑满释放人员的保护制度主要有:经济物质援助保护模式、安置就业援助保护模式、公民权保护模式、监督保护模式、特别预防控制模式、暂不释放的保护模式、限制其他公民权模式,回访保护模式。

此外,学者们还提出了许多具体的对策。要想预防刑满释放人员重新犯罪现象,不仅需要政策层面上的完善,同时需要具体的可操作的措施。

刑释人员的家庭关系与其是否重新违法犯罪的相关程度很高，社会学家认为，家庭对于个人的影响是家庭以外的环境无法比拟的，家庭可以满足其成员生理、心理或者说物质和精神等多方面的需要。[①] 要发挥家属优势，积极配合帮教；营造稳定健康的婚姻关系。亲情的关爱、稳定和谐的家庭婚姻关系对于巩固刑释人员在服刑期间的矫正成果，增强其人生信心，抑制其重新犯罪具有任何外部因素无法替代的积极作用。反之如果家庭、婚姻关系破裂，妻离子散，或父母年迈体弱、自身难保，或兄弟姐妹冷漠无助，或亲朋好不理不睬，他们便很容易产生孤独绝望、铤而走险甚至重新犯罪的邪念。

加强刑满释放人员的心理健康教育。对刑释人员，不管他们在狱内改造得如何好，社会上却仍然有人们的习惯偏见，这就需要加强对刑释人员的心理健康教育，主动地从各方面帮助刑释人员以平和的心态适应社会，尽快消除情感隔阂，缩小社会距离，点燃希望之火。在我国社会心理学界，有学者把健全人格概括为"三良"，即良好的性格、良好的处世能力、良好的人际关系。[②] 对刑释人员健康心理的巩固，可从以下几方面入手：一、灌输科学知识，提高社会知觉能力。二、培养交往和适应能力。三、及时评价，促进自我意识。四、进行受挫康复力的锻炼。

五　简要的评述

通过对刑满释放人员重新犯罪问题有关文献研究的梳理，我

---

① 周芦萍、余长秀：《城市家庭问题与青少年违法犯罪》，《青少年导刊》，2002。

② 章思友：《论犯罪人的社会化缺陷与重新社会化》中国监狱学刊，2002，第23页。

们可以欣喜地看到参与刑释人员重新犯罪问题的学科开始多样化,不仅有刑法学、犯罪学,还出现了社会学、人口学等学科,研究该问题的学者不仅有来自学术界的专家,还有不少公检法和监狱等实务部门人员。这些已有的研究成果将给我们进一步研究刑满释放人员重新犯罪带来很好的借鉴作用。

　　然而,毋庸讳言的是,刑释人员重新犯罪问题的研究还存在着很多不足之处。第一,有关刑释人员重新犯罪问题的研究没有形成科学性和系统性。这导致许多研究在分析刑释人员重新犯罪问题时出现结构混乱的现象,有的研究报告想到哪儿写到哪儿,天马行空般描述一通。第二,对刑释人员重新犯罪问题的研究还没有形成科学的研究范式。从基本的概念界定,到基本的分析框架和理论解释模型都还未定型。由于研究范式的不成熟,导致许多研究各行其是,从而导致结论的矛盾和混乱。第三,研究方法过于单一。除了问卷调查和简要的统计分析外,其他的研究方法诸如实地观察、深度访谈、追踪研究等等十分鲜见。第四,刑释人员重新犯罪问题的理论解释的层次仍然较低,很少有能够上升到模型层次的理论解释,大多数研究还是工作层次的解释,甚至是常识层次的解释。把理论解释建立在比较规范的科学假设和实证分析基础之上的研究凤毛麟角,甚至可以说还没有真正出现。

　　当然,上述种种现象虽然在任何一个学科的发展过程中都难以避免,也有着可以理解的主观与客观理由,但是我们还是需要尽最大的努力去克服这些研究过程中的缺陷和困难。现实呼唤着更多学科的参与和更高层次的研究,需要相关研究人员再接再厉,共同努力解决与我国刑满释放人员重新犯罪问题有关的诸多问题。

近年来我国黑社会性质组织犯罪研究综述

陆　敏*

摘　要：当前黑社会性质组织犯罪在我国呈高发态势，有关黑社会性质组织犯罪的研究也越来越多。本文就帮会文化、政治腐败以及网络社会与黑社会性质组织犯罪的关系进行综述，进而从不同层面、不同视角去探寻黑社会性质组织犯罪的本质。

关键词：帮会文化；政治腐败；相关关系；网络社会

我国黑社会性质组织犯罪现象在20世纪80年代的改革开放初期就已经滋生发展，但我国犯罪学界对此类犯罪展开深入研究主要还是在1997年刑法颁布之后，至今不到20年的时间。随着社会主义市场经济的繁荣发展，黑社会性质组织的力量也越发强大，其相应的犯罪较前几十年也有了很大的不同。这种变化的原因不仅仅是经济的诱惑，还有其他各种社会原因的影响。基于此，笔者对近几年学术界对黑社会性质组织犯罪的研究成果进行了梳

---

*　陆敏，上海政法学院2015级刑法学专业研究生，研究方向：犯罪学。

理与分析,分别从帮会文化与黑社会性质组织犯罪、政治腐败与黑社会性质组织犯罪以及网络与黑社会性质组织犯罪三个方面对有关黑社会性质组织犯罪进行研究综述。

一 近几年黑社会性质组织犯罪概况

黑社会性质组织犯罪是一种危害极其严重的犯罪形式,它与贩毒、恐怖主义活动被联合国认定为当今世界三大灾难性犯罪。黑社会性质组织犯罪的发展和蔓延,不仅严重破坏了社会治安稳定,侵害了人民群众生命财产安全,扰乱了社会经济秩序,腐蚀了党政司法干部,干扰了基层政权组织,而且阻碍了改革开放和经济建设的顺利进行。[①] 从近年来黑社会性质组织犯罪的现实案件以及相关研究发现,当前我国黑社会性质组织犯罪的主要特点有:1.境外黑社会的渗透。港澳台、日本、缅甸、泰国、越南等国外的犯罪组织向境内渗透,境外黑社会势力和境内黑社会性质组织都得到了迅速的发展;2.黑社会性质犯罪组织正在由低级形式向高级形式演变,黑社会性质组织的组织化程度不断提高,并向有组织暴力转化,伴随着其经济实力的不断增长,不同黑社会性质组织也在不断地扩大和争夺势力范围;3.对官方、特别是警方的腐蚀、渗透以及与其相互勾结。黑社会性质组织贿赂收买官员,或者让官员参加黑社会组织,更有甚者由黑帮分子直接充任官员;4.黑社会性质组织的犯罪活动越来越具

---

① 李栋:《黑社会性质组织犯罪发展趋势及侦查方法研究》,《西部法学评论》2014 年第 2 期,第 125 页。

有多样化的特点。黑社会性质组织犯罪往往集多种犯罪于一身，但也有主要从事某一、二种犯罪的；5. 黑社会性质组织犯罪根源于华人社会的文化传统；6. 外出务工人员最容易涉入黑社会性质组织。

以新时代经济、政治以及社会条件为背景，黑社会性质组织随着时代，也有了一些新的发展趋势：在加强司法立法及国际司法合作下，创造和谐平安社会是当前社会经济发展的必然要求和方向，黑社会性质组织将在全球打黑的趋势下生存，面对这一"困境"，黑社会性质组织正以各种形式的犯罪来应对；在行政权力公开化的形势之下，黑社会性质组织犯罪面临权力寻租难的问题，"保护伞"这一便利条件恐怕将难以保护其犯罪活动；经济渗透合法化。黑社会性质组织为了实现其经济目的，在实施违法犯罪扩张经济实力和基础的同时，往往还倾向于合法经营，开办公司、企业等经济实体，为犯罪所得的巨额利润找到转移消融的途径，而且还可以通过组织"企业化"活动实现"合法化"，全面向经济领域渗透；犯罪手段和方式趋向于多样化、隐蔽化。黑社会性质组织不再是仅仅崇尚赤裸裸的街头暴力，而是更加向安全、广阔、隐藏的新的犯罪领域转化，如巨额金融欺诈、洗钱、环境犯罪、网络电脑犯罪等具有更加隐藏性、智能性、风险小而利润高的犯罪方式和手法；犯罪活动国际化。随着国外、境外的黑社会组织的渗透活动加剧，有远见的黑社会性质组织不再拘泥于传统的地盘，开始向外另拓新的空间和合作伙伴，勾结国外、境外黑社会组织，因此不可避免地会产生一些跨国、跨境的黑社会组织，从而呈现区域化、国际化的发展趋势。

二　帮会文化与黑社会性质组织犯罪

帮会文化在我国流传很广。旧中国很早就存在黑社会组织，由于过去的黑社会势力以帮会为代表，因此一般都称为帮会。虽然黑社会性质组织犯罪的定义多种多样，但是其与帮会文化的关联性是毋庸置疑的。帮会组织与主体社会存在着不同的情感、价值观念、生活方式、行为模式等，从而形成了社会中的一个亚文化群体。帮会文化具有形式的虚伪性、实质的逐利性、根源的传统性，只有对帮会文化做本质上的定性分析，才能有针对性地消解黑社会性质组织犯罪的文化基础。

中国历史上最具有代表性的三大帮会（洪门、青帮和哥老会）都是清朝出现的。封建时期的帮会具有三大特点：首先，在人员组成上，帮会由游民组成。帮会是由破产农民、手工业者、游民等江湖流浪者组成的集团，[1]在结构稳定的封建社会，上述的江湖流浪者都是脱离秩序之人，属于广义上的游民。其次，在组织结构上，帮会具有特殊的组织形式。"帮是以师徒宗法关系为纽带，是封建行会的变异形态。会是以兄弟结义关系为纽带，是血缘家族的变异形态，19世纪末期以来，帮与会相互渗透、混合生长，人们遂以帮会统称之。"[2]其中，师徒关系是对父子关系的模拟，兄弟结义实际上是对兄弟关系的模拟，因此帮会实际上是通过模拟宗法血缘关系形成的组织结构。再次，在行为规则上，帮会有自身的行为规

①　秦宝琦：《江湖三百年——从帮会到黑社会》，中国社会科学出版社2011版，第68页。
②　周育民、邵雍：《中国帮会史》，上海人民出版社1993年版，第1页。

则,多为帮规、帮训等,而这些行为规则通常是凌驾于道德、法律等社会规则之上的。

中国虽然已经进入现代化的进程之中,然而,文化观念的转变要严重滞后于社会发展,保守、落后、反动的文化传统仍将长期影响人们的思想和行为。帮会文化与黑社会性质组织犯罪联系十分密切,在一个相当长的历史时期内,帮会文化不仅不会退出历史舞台,而且还将会长期广泛地影响中国的有组织犯罪。这一点也是国内犯罪学界对黑社会性质组织犯罪研究的共识。汪力、蔡颖认为,帮会文化与黑社会性质组织具有现象上的共生、发展空间的共享、目标行为的一致三大相关关系,还对黑社会性质组织以及成员产生重要影响。① 尹亚琼认为,以江湖义气为核心的封建帮会思想对黑社会性质组织犯罪的产生仍然有很深的影响。中国民间结社活动的帮会文化被现代黑社会性质组织犯罪的组织者全盘袭用,我国绝大部分黑社会性质犯罪组织几乎都是利用这种办法建立起来的。②

胡珊珊认为,单纯的帮会发展到一定阶段,被一些别有用心的人加以利用成为实现个人目的的工具之后,就逐渐演变为黑社会组织,不但不再行侠仗义,甚至反过来欺压百姓,偏离了帮会组建的初衷。由于帮会曾经拥有非常良好的群众基础,因此帮会文化自然而然地传承下来。现代黑社会性质组织仍然鼓吹"忠孝、信义"等思想,订立相当严格的帮会门规,用特有的帮会文化对成员加以约束。③

---

① 汪力、蔡颖:《帮会文化与黑社会(性质)组织关系探析——基于文化犯罪学的考量》,上海师范大学学报(哲学社会科学版)第44卷第5期,2015年9月,第75页。
② 尹亚琼:《黑社会性质组织犯罪原因探析》,《法治在线》,2012年7月,第49页。
③ 胡珊珊:《论黑社会性质组织犯罪的成因及防治》,中国政法大学硕士学位论文,2011年,第10页。

韦鹏、宋浩认为，帮会文化以牟利价值观为实质，以帮会之义为形式，本质上属于一种狭隘的个人主义。黑社会犯罪继承了帮会文化牟利价值观的衣钵，实现了其从"经济性"到"牟利性"的危险跳跃，使得其从"白社会"中分异出来。同时，随着黑社会组织形态的变迁，牟利价值观也与之互动而呈现出不同的阶段性特征。①

张爽认为，帮会文化与有组织犯罪密切相关。帮会文化在形式上具有虚伪性，"侠义"的本质是私义而不是公义，在法治社会只能起负面作用；在价值理念上具有逐利性，"义气"的伪装不能掩饰其职业犯罪的根本性质；在思想根源上具有传统性，根植于传统文化的家族主义理念。因此，必须维护经济竞争机制的平等有序，对传统文化去芜存菁，揭露"义气""侠义"的真相，切断黑恶势力坐大成势的文化营养，就是削弱有组织犯罪的社会资源。②

李航认为，帮会文化不仅在我国漫长的封建社会中占有重要的社会地位，而且被现代有组织犯罪的组织者全盘袭用。我国的有组织犯罪同帮会文化在精神气质上是天然相通的，有组织犯罪完全是帮会组织形式、功利价值和行为方式在新形势下的翻版！就其实质而言，完全可以说是一种现代化了的帮会。③

汪力、韦鹏认为，"帮会文化是黑社会犯罪的内在动力，其对我国黑社会的产生与发展产生了深远影响"。主要表现在以下四个方面：（1）在对黑社会产生的影响上，以"忠、义、信、勇、智"

---

① 韦鹏、宋浩：《帮会文化的价值观与黑社会犯罪研究——以狭隘个人主义为视角》，周口师范学院学报，第 32 卷第 3 期，2015 年 5 月，第 78 页。
② 张爽：《帮会文化性质分析》，江苏警官学院学报，第 24 卷第 5 期，2009 年 9 月，第 112 页。
③ 李航：《当代中国黑社会性质犯罪赖以生存发展的域外和文化因素》，吉林公安高等专科学校学报，2009 年第 5 期，第 113 页、114 页。

为核心的黑社会帮规,很容易在内涵极其丰富的帮会文化中找到其"影子"。(2)当今黑社会在组织构架、帮规帮纪、黑话暗号、入会仪式等方面都在模仿旧时帮会的组织形式,这也看出帮会文化对黑社会的组织构成有很大的影响。(3)对黑社会内部运行和活动的影响,集中表现在犯罪手段和成员的交流方式上。(4)封建黑帮迫于生存发展的压力,需要披上合法的职业外衣从事非法活动。[①]

古代社会的"江湖义气"、"侠义精神"作为现代黑社会性质组织犯罪的精神支柱被秉承;"哥们义气"、"江湖义气"仍然是现代黑社会性质犯罪组织的内部伦理;帮会规矩继续充当着现代黑社会性质犯罪组织的文化规范。一些社会底层群体对这些亚文化具有极强的趋同性。黑社会性质组织犯罪与历史上的帮会一脉相承,有很多相似之处。这是它与帮会文化有不可分割的内在联系的一种表征。在我国,黑社会性质组织犯罪无一不是从认同帮会文化开始,并从中吸取自己的精神营养的。可以说,黑社会性质组织犯罪完全是帮会文化哺育出来的一个毒瘤。帮会文化与一些特殊的亚文化结合,扩张黑社会性质组织的触及范围、更新黑社会性质组织的犯罪方法。如市场竞争文化促使一些黑社会性质组织进入市场,将犯罪黑手伸向市场领域,通过恶意竞争破坏市场秩序。又如一些企业亚文化与帮会文化结合,使得一些黑社会性质组织的结构形式转变,黑社会性质组织因此披上合法外衣。[②]

[①] 汪力、韦鹏:《黑社会犯罪与传统文化的互动及其防控对策》,陕西行政学院学报,2015年8月第29卷第3期,第30页。

[②] 汪力、蔡颖:《帮会文化与黑社会(性质)组织关系探析——基于文化犯罪学的考量》,上海师范大学学报(哲学社会科学版)第44卷第5期,2015年9月,第80页。

三　政治腐败与黑社会性质组织犯罪

政治腐败与黑社会性质组织犯罪是社会领域同时存在的两种现象。腐败是利用手中掌握的公权牟取私利的行为,能够实施腐败行为的人通常处于社会中上层,他们的身份是被社会所认可的行使国家权力的国家公职人员。他们利用职权牟取利益的行为多集中于贪污受贿、挪用公款、私分国有资产等非暴力化的、隐蔽化的方式。随着经济和社会发展,黑社会性质组织犯罪头目变得越来越精明,他们发现通过腐蚀、贿赂政府官员,不仅可以更好地达到获取巨额经济利益的目的,而且不容易暴露自己,比公开使用暴力更安全有效。美国犯罪学家艾兹恩认为,有组织犯罪生存的手段之一就是对政府官员和司法官员进行贿赂,进而获取他们的保护。[①] 黑社会性质组织是与主流社会相对抗的非法组织,其成员多来自社会底层,主要由失业或"两劳"释放人员构成,其实施犯罪主要以公然的暴力手段为主。但是,为了在现代社会中更好地维护有组织犯罪的生存和发展,不少犯罪组织除了大力开展非法的经济活动外,越来越重视利用贿赂腐蚀手段,寻求权力保护伞。

腐败是黑社会性质组织生存和发展的重要社会条件,没有腐败,黑社会性质组织很难发展壮大。实践中,黑社会性质组织在经济、司法、政治领域中全面受益于腐败。

韩晓燕认为:黑社会性质组织犯罪受益于腐败,腐败受益于黑社会性质组织犯罪。在经济领域,腐败为黑社会性质组织提供支

---

① 李锡海:《帮会文化与有组织犯罪》,公安研究,2006年第2期,第88页。

持;在司法领域,腐败帮助黑社会性质组织保存实力;在政治领域,腐败协助黑社会性质组织的政治渗透。反过来,黑社会性质组织的持续利益输送满足了腐败分子的物欲。黑社会性质组织的暴力屏障巩固了腐败分子的权势。腐败与黑社会性质组织犯罪在相互需要、相互协助之下彼此促进、共同发展,它们之间在利益的勾连下形成了"一方为另一方提供有利于生存的帮助,同时也获得对方的帮助"的互利共生关系。①

林黄鹂认为,贪官群体所筹组的帮派体系:首先,他们手中有权,可以明火执仗地强取豪夺,对反抗者可以理直气壮地以各种理由让其享受牢狱之灾;其次,他们周围环伺着各种利益者群体,这和黑社会团体中的打手并无二致;再次,他们手中有丰厚资源,政治的、经济的、司法的、社会的资源均可以成为他们的囊中之物;最后,他们手中有尚方宝剑,评判权、话语权、裁量权等皆可能会一边倒地为他们服务。所以,说贪官是白道上的黑社会大佬实不为过。②

邱格屏认为:中国黑社会性质组织中政府官员的角色由"保护伞"转变为"黑老大"并不是个别官员思想素质差导致的结果,也不是黑社会性质组织升级的表现,而是腐败转型的又一标志。它预示着反腐道路将更艰难。利用公共权力从事黑社会活动以牟取暴利是腐败现象的表现之一。③

张应立、殷东伟认为:从犯罪学角度看,"保护伞"与黑社会之

---

① 韩晓燕:《腐败与黑社会性质组织犯罪关系研究》,铁道警官高等专科学校学报 2012 年第 2 期第 22 卷总第 98 期,第 38 页。

② 皮艺军、邱格屏、林黄鹂:《有关黑社会的若干思考》,青少年犯罪问题,2015 年第 1 期,第 119 页。

③ 皮艺军、邱格屏、林黄鹂:《有关黑社会的若干思考》,青少年犯罪问题,2015 年第 1 期,第 114 页。

间的相互依赖关系日趋明显,或者说不单纯是黑社会需要腐败官员的保护,腐败官员不少情况下也需要黑社会,如官员依靠权力影响无法或不能有效解决的个人问题,需要黑社会出面帮助解决。正是从这一角度,笔者认为黑社会与腐败之间的关系是辩证的。腐败是黑社会犯罪的条件和基础,黑社会犯罪反过来推动腐败的发展使腐败更加变本加厉。这种辩证关系具体表现在:(一)腐败与黑社会相互依存:"你中有我,我中有你","你需要我,我需要你"。(二)腐败是黑社会犯罪的条件和基础,是黑社会犯罪赖以生存的土壤,在黑社会犯罪中起着助产剂、润滑油和加速器作用。(三)黑社会犯罪为腐败提供资金支持,减少腐败的麻烦和阻力,使腐败更加变本加厉。惩腐抑黑的几点对策:(一)提高认识,强化责任,坚持反腐与打黑两手抓两手硬。(二)标本兼治,推进反腐向纵深发展,为更有效地打黑提供良好的环境保障。(三)建立反腐与打黑的联动机制。(四)进一步完善工作机制,公安机关在打黑除恶过程中应主动配合反腐工作。①

　　杜玉认为:涉黑职务犯罪之所以在这几年愈演愈烈,原因有以下几点:首先,根据人性本恶论,涉黑职务犯罪人贪婪利禄的本性是导致涉黑职务犯罪滋生蔓延的内在动因。其次,监督机制没有得到有效的整合与利用,也是涉黑职务犯罪泛滥的原因之一。当然,我国当前的干部任免与考核制度也是造成涉黑职务犯罪滋生蔓延的重要因素。②

　　屈耀伦、刘慧明认为:政治腐败是黑社会性质组织产生和发展

① 张应立、殷东伟:《论腐败与黑社会犯罪》,山东警察学院学报,2015 年,第 1 期,第 111—113 页。

② 杜玉:《涉黑职务犯罪及防治对策研究》,西南政法大学法律硕士学位论文,2011 年 3 月,第 12、13 页。

的一个重要、深层的原因。在我国,黑社会性质组织犯罪往往有着一定的政治背景,渗透进了一定的政治势力。我国政治腐败的表现之一,就是它与黑社会性质组织犯罪的互动关系。政治腐败是黑社会性质组织滋生和发展壮大的温床,反过来说,黑社会性质组织犯罪的介入又进一步推进政治腐败的程度。[①]

尹亚琼认为,政治腐败与黑社会性质组织犯罪密切相关,它是黑社会性质组织滋生和壮大的重要条件,它对黑社会性质组织犯罪的滋生和蔓延起到了推波助澜的作用。一方面是腐败的维护和纵容,使得黑社会性质组织得以在中国大陆生存和发展;另一方面黑社会性质组织的发展,又进一步推进了腐败现象的蔓延,两者相互促进、相互影响,给社会造成极大威胁。黑社会性质组织为了达到谋取非法经济利益的目的,通常会寻求政治保护。黑社会性质组织之所以能与腐败联姻,是因为从黑社会性质组织这方面来看,要想安全地生存下去,就需要使所从事的非法活动披上合法的外衣或为此提供足够的掩护,这就需要借助腐败分子手中的权利。从腐败分子的心态出发,他们权欲膨胀,自己的利益至上,他们通过手中的权利攫取了大量利益,为了保住官位、权利或是继续升迁,对于他们美好前程上的"障碍物"需要"剔除",于是他们会求助于黑社会组织,秘密进行一些不良行为。因此,腐败既刺激、诱发犯罪,又容纳和保护犯罪,更严重的是挫伤了广大人民群众与违法犯罪作斗争的信心和勇气,丧失了对法律和政府的信任,从而容易形成恶性循环。[②]

政府腐败是黑社会性质组织犯罪得以生存的重要条件,两者甚至已形成一种特殊的共生关系。少数政府官员、司法干警为了

---

① 屈耀伦、刘慧明:《现阶段我国黑社会性质组织犯罪的成因分析》,太原城市职业技术学院学报,2012 年第 10 期,第 171 页。

② 尹亚琼:《黑社会性质组织犯罪原因探析》,法治在线,2012.07,第 48—49 页。

获取非法利益,与犯罪组织相勾结,为黑社会性质组织犯罪提供保护伞,助长了他们的嚣张气焰。一些农村基层政权组织,由于受有组织犯罪分子的威胁、利诱,并为达到个人的目的,也出现了"傍黑"现象。基层政府组织本身的腐化、变质,不仅使自身成为黑社会性质组织犯罪的"保护伞",甚至蜕变为新的犯罪组织。除拉拢、腐蚀政府官员外,有些黑社会性质组织犯罪分子还直接插手政治,有目的地通过各种手段为自己捞取政治荣誉和资本,并努力在更大范围和更高层次上向政治领域渗透,以寻求更强有力的政治"保护伞"。黑社会性质组织为通过各种非法的手段来达到敛财目的,往往需要一定的社会关系,特别是一些腐败的政府官员或社会知名人士所处的地位、权力和影响力,并由此形成小圈子实施各类的非法行为。在腐败的支持和庇佑下,黑社会性质组织逐渐壮大,以其为实施主体的黑社会性质组织犯罪进一步扩张,越来越猖獗的黑社会性质组织犯罪同时又需要更高级别腐败的保护;反过来,在黑社会性质组织金钱美色利益的刺激下,腐败行为变本加厉,为了满足无限膨胀的贪婪和物欲,腐败又会进一步加深对黑社会性质组织犯罪的包庇、纵容程度。如此循环往复间,腐败与黑社会性质组织犯罪都得到了发展。

四　网络社会与黑社会性质组织犯罪

网络社会中已经出现了类似黑社会性质组织犯罪的活动,"网络黑社会"就是伴随着计算机网络技术的发展而产生的,带着信息时代的特征。在信息时代,网络成为了犯罪分子新的认知空间和实践领域,当前几乎所有的传统犯罪都可以在网络中找到痕迹。

网络虚拟空间与现实生活空间的犯罪遵循着同样的发展轨迹,但也有着显著的区别。利用网络技术敲诈勒索、强迫交易、欺行霸市甚至控制某个行业的行为也已成为"网络黑社会"现象,其对社会秩序的冲击和实际危害与传统的黑社会组织犯罪相比有过之而无不及,加大对其的惩防力度已经十分必要。

(一) 网络黑社会的性质

台湾最早将"网络"和"黑社会"联系在一起,特指部分黑客团队,以攻击他人网站为手段进行威胁、恐吓,从而变相收取保护费的团体。李西认为"网络黑社会"是指以牟取经济利益为目的,利用计算机互联网技术手段,给他人及社会造成重大损失的网络团体"网络黑社会"包括网络和黑社会两个词,并非是黑社会性质组织创办的网络。[1] 陈辛认为,网络黑社会是一种新兴的网络现象,俗称"网络推手"、"网络打手"、"网络营销公司",指的是应客户要求,在网络空间密集发布信息,诋毁诽谤他人或者是删除公司负面信息的网络公关公司。[2] 皮勇认为,"网络黑社会"是传统黑社会性质组织犯罪在犯罪手段、侵害对象、社会危害性等方面的网络异化,其与传统的黑社会性质组织犯罪有着本质的区别。一定规模的有组织的网民,在其具有的网络技术的支撑下,利用网络虚拟平台向特定的对象发起群体性的、大规模的网络攻击并敲诈勒索、强迫交易甚至控制一个行业。[3] 张磊和刘洋认为,"网络黑社会"是

---

[1] 李西:《黑社会性质组织犯罪的司法认定》,西南政法大学法律硕士专业学位论文,2012年,第20页。

[2] 陈辛:《论网络黑社会》,烟台大学硕士学位论文,2011年3月,第9页。

[3] 皮勇:《我国新网络犯罪立法若干问题》,中国刑事法杂志,2012年12月2日,第23页。

指以谋取利润,在网络上发布大量攻击某品牌信息的网络营销公司,这样的发帖公司或者营销公司称之为"网络黑社会"。① 李润华认为,"网络黑社会"的含义较最初发生了较大变化,如今其又被称为"网络推手"、"网络打手"、"网络水军"和"删帖公司"等,通常是指应客户要求,在网络空间密集发帖、删帖、评论,为企业或个人非法提供恶意诋毁竞争对手或他人、删除公司负面信息等服务,大肆进行非法网络公关的网络团体。可见,"网络黑社会"不再专门被用来指代为收取管理费而攻击他人网站的黑客团体,而是用以指称网络公关公司为主导的网络团体。②

(二) 网络黑社会的特征

网络黑社会犯罪是黑社会性质组织犯罪与网络社会相结合的产物,既具有与一般黑社会性质组织犯罪的不同特点。李润华认为,其一,从人员组成上看,"网络黑社会"主要由网络公关公司和水军组成。其二,从存在的条件看,"网络黑社会"的生存发展离不开网络。其三,从组织结构看,"网络黑社会"组织不严密、等级次序不明确。其四,从行为方式看,"网络黑社会"主要是通过舆论打击他人。③ 陈辛认为,组织结构不严密,没有实体性的聚集地,没有明确的层次等级关系,没有统一的行动准则、帮派标准;犯罪主体的相对确定性与不确定性;犯罪手段比较单一。④ 杨阳认为,网络黑社会的性质属于黑社会(性质)组织,因为它符合黑社会(性

① 张磊、刘洋:《"网络黑社会"现象的危害、成因及控制研究》,新闻知识 2010.06,第 51 页。
② 李润华:《"网络黑社会"的刑法规制》,法治论坛第 29 辑,第 347 页。
③ 李润华:《"网络黑社会"的刑法规制》,法治论坛第 29 辑,第 348 页。
④ 陈辛:《论网络黑社会》,烟台大学硕士学位论文,2011 年 3 月,第 10 页。

质)组织的性质特征。符合黑社会(性质)组织的本质特征:一是网络黑社会是一个公司组织,公司的唯一目的就是最大化盈利;二是网络黑社会凭借接受任务、组织方案、雇佣发帖水军、密集发帖的周密产业链,非法控制了一定的发帖人员和网络区域。符合黑社会(性质)组织的一般特征:一是网络黑社会已形成产业,人数众多;二是内部结构紧密,人员分工详细;三是拥有一定的经济实力,不然无法雇佣大量"水军"作为下线帮它发帖;四是具有自己独特的网络经营策略和组织文化;五是介入网络与现实双重空间,一半隐藏于虚幻的网络中,一半出现在与实体公司的现实经济交易中,符合半隐蔽、半公开的组织形式。[①]

(三) 网络黑社会的预防与治理

关于如何预防与治理网络黑社会性质组织犯罪问题,学术界也进行了热烈的讨论。李西认为,第一,建立健全相关政策法规,强化政府对网络的监管。第二,整顿网络公关市场,构建和谐的网络社区环境。第三,增强公司企业参与网络的积极性,建立和规范正确信息的发布渠道。张磊和刘洋认为,第一,完善和加强立法工作,让"网络黑社会"有法可依。第二,推行实名制试点,由点到面。率先推行实名制试点,由点到面进行推广。陈辛认为,第一,规范网络公关行业,引领网络公关行业健康发展。第二,规范企业不正当竞争行为,加大处罚力度。第三,构建网络伦理道德体系,引导网络用户规范行为。第四,建立相关制度,加强对网络用户的监督

---

① 杨阳:《网络黑社会治理研究——基于自主治理理论视角》,东北财经大学硕士学位论文,2011年,第6页。

与管理。第五，规定相应的惩罚措施，加大对违反者的惩罚。第六，建立网络信息的监督与管理体系。第七，立法机关制定相关网络法律法规，完善网络法律体系。第八，加强司法队伍建设，完善司法程序。第九，进行法制宣传和教育，增强网络用户的法律意识。宋鹏认为，刑事司法视角下"网络黑社会"的惩防对策：第一，在刑法上，应当将有组织、有预谋的团体网络犯罪纳入到"从重处罚"情节之中。第二，刑事政策上，继续贯彻"打早打小、有效打击"的刑事政策。第三，刑事诉讼程序上，结合新刑事诉讼法加大对"网络黑社会"犯罪的打击力度。

　　"网络黑社会"作为网络公关行为异化的产物，有着自身特殊的运作过程和利益链条、相对明确的特征，并且逐渐成为"网络公害"。与普通黑社会性质组织相比，打击"网络黑社会"更加困难，如"网络黑社会"组织者、领导者难以确定，传统的"打黑除恶"行动无法打击到"网络黑社会"等。要想根治"网络黑社会"，就需要从多个层面来预防和打击"网络黑社会"。宋鹏认为，刑事司法视角下"网络黑社会"的惩防对策：在刑法上，应当将有组织、有预谋的团体网络犯罪纳入到"从重处罚"情节之中；刑事政策上，继续贯彻"打早打小、有效打击"的刑事政策；刑事诉讼程序上，结合新刑事诉讼法加大对"网络黑社会"犯罪的打击力度。①

　　陈辛认为，一整顿网络公关市场，切断利益链条，规范网络公关行业，引领网络公关行业健康发展。规范企业不正当竞争行为，加大处罚力度；二构建网络伦理道德体系，引导网络用户规范行为。加强传统伦理道德教育，规范网络用户的行为，建立系统的网

① 宋鹏：《"网络黑社会"：概念、根源及惩防——以刑事司法为视角》，贵州警官职业学院学报，2013.03，第33页。

络伦理道德体系,使网络用户有"德"可依,建立相关制度,加强对网络用户的监督与管理,规定相应的惩罚措施,加大对违反者的惩罚;三建立网络信息的监督与管理体系。建立权责明确的网络信息监督管理体系,建立责任追究机制,保证网络信息监管工作的有序开展,加强对网络用户的教育管理,发挥网络用户的自我约束与监督作用;四完善我国网络法律体系。立法机关制定相关网络法律法规,完善网络法律体系,加强司法队伍建设,完善司法程序,进行法制宣传和教育,增强网络用户的法律意识。[1]

张磊、刘洋认为,要遏制网络黑势力的发展,除了要加强对网民的法制教育,积极引导网民文明上网;还要加强行业自律,做好把关人,更为重要的是要从源头上遏制网络黑势力的蔓延。一、完善和加强立法工作,让"网络黑社会"有法可依。二、推行实名制试点,由点到面。[2]

杨彦红认为,加强媒介素养教育,提高网民素质;把握网络舆论规律,重构网络媒体传播秩序。由喉舌论向引导论转变,规范网络媒体信息发布流程,建立网络信息核实机制,加强网络舆情监测,建立网络信息把关人队伍;传统媒体增强社会责任意识,避免跟风报道。快速反应,掌握网络舆论话语权,避免跟风,传播主流话语,站位精准,引导网络舆论。[3]

杨阳认为,多中心秩序下网络黑社会治理的制度安排:政府建立健全相关政策法规,加强与网络相关成员的合作关系;构建良性网络社区环境,实现网络资源系统的协调监管;实行网络实名制,

---

[1] 陈辛:《论网络黑社会》,烟台大学硕士学位论文,2011年3月,第13页。

[2] 张磊、刘洋:《"网络黑社会"现象的危害、成因及控制研究》,新闻知识2010.06,第52页。

[3] 杨彦红:《网络黑社会操控网络舆论的危害及治理研究》,河北大学文学硕士学位论文,2011年5月,第27—37页。

加快网络监管技术的开发；加强企业参与网络的积极性，确保良性网络资源运用到企业中去。①

李西认为，与普通黑社会性质组织相比，打击"网络黑社会"更加困难，如"网络黑社会"组织者、领导者难以确定、传统的"打黑除恶"行动无法打击到"网络黑社会"等。

要想根治"网络黑社会"，我们需要从多个层面来预防和打击"网络黑社会"。第一，建立健全政策法规，强化政府对网络的监管。第二，整顿网络公关市场，构建和谐的网络社区环境。第三，增强公司企业参与网络的积极性，建立和规范正确信息的发布渠道。②

网络黑社会是一种特殊的社会现象，是与社会现行的网络信息规范相冲突的行为。网络是一个公平、开放、自由的空间，网络空间不仅是人们发表言论、表达思想的平台，更重要的是网络是我们获取信息的重要来源。目前我国网民数量已达 4.57 亿人，这些数量庞大的网民从网络之上获取自己所需要的资料、信息，同时可以相互传递信息，从而加快了信息的传播速度。网络信息秩序对于广大网民、对于全社会来说具有重要的意义。网络信息秩序应该包括信息来源的真实性、信息存储的安全、信息交流使用的正常秩序以及信息的可控性这四个方面的内容。从社会学的角度看，网络黑社会犯罪就是违反网络信息规范，具有一定社会危害性的行为。从法律定义的角度看，确定某种行为是否是犯罪应该以刑法的具体规定为出发点，违反刑法的行为就是犯罪。目前来看，我

① 杨阳：《网络黑社会治理研究——基于自主治理理论视角》，东北财经大学硕士学位论文，2011 年 12 月 1 日，第 7 页。
② 李西：《黑社会性质组织犯罪的司法认定》，西南政法大学法律硕士专业学位论文，2012 年 9 月，第 22 页。

国刑事实体法并没有对网络黑社会进行规定,所以不能直接对网络黑社会进行定罪处罚,只能寻找与其犯罪行为相近的罪名来定罪处罚。但是,我们应该意识到犯罪学又不局限于只研究刑法规定的犯罪,"它还必须研究与犯罪有密切关系的其他一些不符合社会规范的行为。因为这些行为起着诱发犯罪、直接转化为犯罪的作用"①。因此,虽然我国现行刑事实体法没有对网络黑社会进行规定,但从目前及长远的角度来看,网络黑社会具有严重的社会危害性,应该列为犯罪的研究范围。

---

① 张旭:《犯罪学要论》,北京:法律出版社 2003 年版,第 98 页。

浅议如何进一步完善我国预防职务犯罪机制

石愿琳*

摘　要：近年来,对职务犯罪系统的预防问题日益凸显,逐渐成为全社会普遍关注的重大理论与现实问题。本文通过对其他国家和地区职务犯罪预防对策、立法状况及主要措施加以识别,对我国的职务犯罪预防体系的基本现状与不足进行探索与思考,借鉴其他国家与地区的有益的成果,最终提出如何进一步完善我国预防职务犯罪机制,以确保我国职务犯罪预防机制更为有效的发挥。

关键词：职务犯罪预防；现状；域外比较；完善

所谓职务犯罪,是指国家机关工作人员贪污贿赂、挪用公款犯罪,国家机关工作人员侵权渎职犯罪,以及国家机关工作人员利用职权实施的其他重大犯罪。[①] 近年来,国家机关工作人员腐败现象屡禁不止更有愈演愈烈之势。习近平在中共中央政治局第一次

＊　石愿琳,上海政法学院 2015 级刑法学专业研究生,研究方向:犯罪学。

① 崔婉:《浅谈职务犯罪预防现状与分析》,载《第七届国家高级检察官论坛会议文章》,2011 年。

学习会议上讲道:反对腐败、建设廉洁政治、保持党的机体健康,始终是我们党一贯坚持的鲜明政治立场。"物必先腐,而后虫生。"[①]十八大以来,中纪委查处的腐败案件数量之多、层级之高,充分说明了中央反对腐败的坚强决心以及取得了一定成就,与此同时也从侧面反映出国家工作人员利用职务上的便利或者在从事职务活动的过程中实施职务犯罪的犯罪情况还是相当严重、不容乐观的。因此,对职务犯罪预防的研究是一个摆在我们面前的大课题,其必要性也日益凸显,兼具十分重要的理论意义与现实意义。

一 我国大陆预防职务犯罪机制的现状

(一) 我国预防职务犯罪的法治状况

目前,我国涉及预防职务犯罪的法律性规范主要有两种:一类是国家法律和行政法规;另一类是党和政府及其部门颁布的各类规章、文件、规定和通知。从立法方面来看,有关职务犯罪预防的成文法集聚于 1997 年《刑法》中,其中刑法分则第八章、第九章分别对贪污贿赂犯罪和渎职犯罪做了翔实的规定。随着经济社会的发展,全国人大常委会先后九次以刑法修正案的形式对《刑法》进行修正,适时调整了刑法关于腐败犯罪的打击范围和力度。"两高"的司法解释又进一步规范了腐败犯罪的罪名及其适用。此外,2000 年最高人民检察院颁布《关于进一步加强预防职务犯罪工作

---

① 《习近平:紧紧围绕坚持和发展中国特色社会主义学习宣传贯彻党的十八大精神》,《人民日报》,2012 年 11 月 19 日第 3 版。

的决定》。我国已制定的诸多预防腐败犯罪的法律法规,立法的不断完善与补充,对腐败犯罪的规定与惩治,对控制腐败犯罪发挥了积极作用。

(二) 我国预防职务犯罪的机构设置

中共十五大正式确立了要坚持"党委统一领导,党政齐抓共管,纪委协调组织,部门各司其职,依靠群众力的支持与参与"的领导体制,并得以不断完善。党的十六大以来,党中央坚持标本兼治、综合治理、惩防并举、注重预防的战略方针,着力建立健全惩治和预防腐败体系,反腐倡廉取得了一定成绩。当前职务犯罪预防体制横向上表现为纪检监察、预防腐败、检察机关三驾马车协同一致来预防职务犯罪;纵向上表现为各纪检监察机关和检察机关既归属于同级党委和政府的直接领导,又隶属于本系统内的上级部门的垂直领导,纪检、监察、检察等多轨并进的双层次的职务犯罪大预防体制。[1]

(三) 我国职务犯罪的现状

职务犯罪主要属于腐败犯罪、渎职犯罪,根据打击贪污腐败的无政府国际组织"透明国际"发布的 2014 年的清廉指数排行榜(CPI),0 分为最腐败,100 分为最清廉,我国在 2014 年得分 36,在参评的 175 个国家中排第 100 名,[2]属于严重腐败的

---

[1]　郴州市人民检察院课题组著《职务犯罪预防理论与实践》,北京:中国人民公安大学出版社 2012 年第 1 版,第 193 页。

[2]　参见《2014 年全球清廉指数排行榜》"透明国际",http://blog. sina. com. cn/s/blog_4efe65c30102vai2. html,2015 年 10 月 19 日 17:10:35。

国家(图1)。

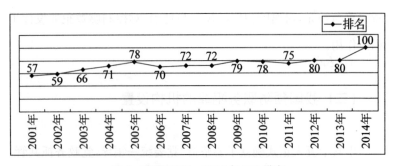

图1　我国2001—2014年CPI排名

　　从数据可见,我国的贪污腐败类犯罪还是相当严重的。据有关调查,近几年,检察机关查处的这类犯罪案件中党政机关干部人数是呈上升趋势的,权力和金钱经常接触,极其容易带来权力的腐败。以过去的2014年为例,最高人民检察院共立案侦查各类职务犯罪案件41487件,共55101人,人数同比上升了7.4%;查办贪污、贿赂、挪用公款100万元以上的案件3664件,同比上升42%。查办受贿犯罪14062人,同比上升13.2%。查办涉嫌犯罪的原县处级以上的国家工作人员404人,同比上升40.7%,其中原厅局级以上干部589人,以对人民、对法律高度负责的精神,依法办理周永康、徐才厚、蒋洁敏、李东生、李崇禧、金道铭、姚木根等28名原省部级以上涉嫌犯罪案件。①

　　贪污腐败的犯罪人通常有个共同点就是学历高、阅历广,而且擅长用职权作掩护,该类犯罪人的反侦察能力较强、共同犯罪多且作案手段隐秘,因此,贪污腐败类犯罪被普遍认为是用现有预防体制难以根除的典型的制度性犯罪。

① 参见最高人民检察院检察长曹建明2015年3月12日在第十二届全国人民代表大会第三次会议上所作的《最高人民检察院2015年工作报告》。

二 我国现有预防职务犯罪机制存在的不足

尽管我国惩治与预防贪污腐败类犯罪的力度在逐步增大,但是要有效地遏制住我国职务犯罪的严峻态势依然任重道远。通过借鉴域外预防职务犯罪的经验,从改善预防职务犯罪的相关法律制度和机构设置入手,发现我国现有的预防机制存在的缺陷与不足。

(一) 现有机构设置不科学

首先,各级党委是我国反腐倡廉建设的主导者,担负着全面领导惩治和预防腐败体系建设的政治责任。党委对纪检监察和检察机关预防工作的领导本是有利的体制安排,但是由于党委缺乏一套完备的领导机制,导致现有体制的优势无从发挥。我国目前还没有一个专门发挥预防职务犯罪职能的国家机关,虽然有部分省、市通过地方人大立法的形式成立了预防职务犯罪的工作机构,但是都将该工作机构设于检察机关内部,与检察机关查处、惩治职务犯罪的职能相重合,难以发挥独立的预防功能。① 其次,在实际预防工作中,纪委牵头预防有其客观优势,但这种优势并未上升到法治的高度,未跳脱以往权利型反腐的樊篱。②

---

① 高铭暄、陈璐著:《当代我国职务犯罪的惩治与预防》,载《法学杂志》2011 年第 2 期,第 6 页。

② 郴州市人民检察院课题组著《职务犯罪预防理论与实践》,北京:中国人民公安大学出版社 2012 年第 1 版,第 199 页。

职务犯罪是一项复杂的系统工程,并非仅仅通过协调各职能部门的工作就能解决问题,我们可以借鉴香港廉政公署的模式,成立一个统筹上下、兼顾左右的专门机关。从贪腐之城到廉洁之都,中国香港地区只花了三十余年的时间,而这一切源自于极其完善的职务犯罪预防机制。纵观香港由腐入廉的历程,仰赖于建立了清除、防范、教化公职人员犯罪倾向或行为的新型网络,借鉴发达国家的财产公开、法制绵密和司法严明等共同经验,其中围绕廉政公署开展的一系列预防措施,是香港模式的实证。

香港廉政公署的成立,标志着香港独立反贪机构的诞生,也标志着香港职务犯罪预防迈入了新阶段。廉政公署的使命在于"致力维护香港公平正义,安定繁荣,务必与全体市民齐心协力,坚定不移,以执法、教育、预防三管齐下,肃贪倡廉"。① 根据"调查、预防和教育"的职能要求,廉政公署相应地设置执行处、防止贪污处及社区关系处三大部门,分别执行调查、预防、教育任务。总体而言,执行处在接到投诉后即着手调查腐败行为;防止贪污处的任务是负责审查政府机关、公共机构和私营机构的规章制度和运行过程,寻找可能导致贪污的隐患,及时提出防止贪污的意见;社区关系处则与这些部门联络,商讨如何在机构内制订防贪计划,该处亦替不同类别的机构安排其各职级员工参加防贪教育课程。② 廉政公署这三大部门相辅相成、惩防并举,对腐败进行标本兼治,效果显著。

这种三位一体的科学设置,使廉政公署始终保持高效率运行,并将廉洁社会的理念植入民心,为了落实独立性的要求,经费由贪

---

① 黄晓阳著:《廉政公署全传》,江苏:江苏人民出版社 2009 年版。
② 参见王志民《香港廉政法制建设的启示与借鉴》,载《政法学刊》2008 年第 4 期,第 14 页。

污问题咨询委员会及政务司审核,廉政专员由总督委派,只属于香港总督,并对总督负责,其他任何机构、任何人都无权干涉廉政专员的工作。廉政公署因具备行政独立、人事独立、财政独立和调查权独立这四大独立性,很快在香港打开反贪局面,树立了廉政公署"无惧无私"的形象,重建公众之于反贪的信息。

(二)现有法制存在不足

在我国法律体系中,缺乏关于职务犯罪预防方面的系统规定,缺乏专门的廉政立法与监督立法,职务犯罪预防工作的立法相对滞后,职务犯罪预防网络也未完全建立起来。[①] 因此,预防工作无法可依,缺乏法律的保障力和强制力,缺乏权威性。我国涉及职务犯罪预防的法律规范,虽然规定翔实;但这种主要依靠行政组织发布行政命令的方式,致使预防工作"师出无名",缺乏可持续性,这是影响职务犯罪预防效果的重要原因之一。

相较于我国的预防职务犯罪立法存在的不足,我们可以借鉴新加坡的严密刑事规则。新加坡也曾是腐败肆虐的国家,但经过不懈努力之后,新加坡已成为世界公认首屈一指的廉政国家,和香港一道是华人治政治廉的表率,创造了预防职务犯罪的"新加坡神话"。新加坡的预防逻辑是消除腐败动因,无论是强制性规范还是任意性规范,均围绕消除腐败动因而展开,形塑了以《防止贪污犯》为中心的廉政法律体系。在《没收贪污所得利益法》、《公务员法》、《公务员行为准则》、《没收非法财产条例》、《中央公积金制度》及《公务员惩戒规

---

① 参见黄海军、袁正平《职务犯罪预防存在的问题及对策》,载《山西省政法管理干部学院学报》2013 年第 2 期,第 59 页。

则》等立法的强化推动下，新加坡构建了严密的预防刑事规则。

新加坡都没有规定腐败犯罪的死刑，但新加坡的经验印证了贝卡利亚适时求刑的真理性，即对犯罪最强有力的约束，不是刑罚的残酷性，而是刑罚的必定性，即我们通常所说的"违法必究"，惟其如此，才能有效地预防犯罪，否则极其容易引发侥幸的犯罪幻想而激发腐败行为。新加坡 1960 年颁行了预防职务犯罪的基本法——《防止贪污法》，该法的一切宗旨是采取一切可能的措施，减少职务犯罪的机会，使腐败发现起来更加容易，然后用严厉、及时的惩罚来阻止犯罪。该法自 1960 年颁布实施以来，先后经过了七次修改以适应新形势、新情况，做到全面、严密、具体可行，尽力将职务犯罪预防机制都纳入法律调整的范围，从而使其更加完善、更加可行。该法融实体法、程序法和组织法于一体，对惩治腐败起到了关键作用。现行《防止贪污法》虽仅有寥寥 35 个条文，却规定了极为严厉和详细的罪行规则。例如，在新加坡，一个人仅有贪污意念，没有实际实施作为，或在国外贪污，也都成立贪污罪。对犯罪行为实行逐项量刑，官员只要有受贿行为，哪怕是 1 新元也照样予以处罚，而且实行合并计算的刑罚制度。新加坡的预防立法不仅在定罪量刑方面严罪严刑，同时还规定了包庇连坐、有罪推定等严明严密的法律制度。另外，新加坡采取了一项极其严苛的鞭刑来惩治腐败分子，虽不一定具有参考价值，但足以表明从严治贪的决心。同时新加坡法律规定，被处以贪污罪的成年男犯鞭刑加倍，主审法官不能根据情节裁量减免。足以见证新加坡不仅刑法严明，而且执法如山。

（三）现有社会参与度不足

据统计至 2003 年底，我国已有 24.4 万个民间组织。但令人遗憾的是,其中竟没有一个是专门以职务犯罪预防为宗旨的组织。同时,目前我国大众传媒的组织者依然是政府,作为独立于政府的个人和社会团体主体缺失,社会组织参与预防基本还是一片空白,已有的组织缺乏应有的独立性与自主性,过分依赖政府,无法对权力运行进行及时有效的监督,难以起到预防效果。

相较于我国现阶段社会参与度的不足,德国是社会广泛参与监督的表率。德国职务犯罪预防的最大特点是官方力量与民间力量相结合,且民间力量发挥着重要作用。这种民间力量,就表现为德国的透明国际组织。透明国际,又称反腐败国际,是一个专门在世界各国开展反对腐败活动的非政府组织。该组织于1993年5月在德国首都柏林由彼得·艾根注册成立。[①] 目前,透明国际柏林总部约有40人,并在83个国家设立了分会,在伦敦等地还设立了办事处。透明国际把自己的目标定位于增强政府预防职务犯罪的责任,阻止国际和国家层面上的职务犯罪,提高公众的职务犯罪预防意识,推动国家廉政体系建设。该组织据此确立了自己的主要工作:一是开展舆论宣传。每天通过互联网发布防治职务犯罪的信息,还编印《透明国际通讯》(季刊)和《透明国际全球反腐败年度报告》;二是发布清廉指数和行贿指数;三是开展学术研究;四是推动各国及组织遵守其通过的廉洁公约。[②]

如前所述,德国职务犯罪预防的最大亮点就是透明国际组织。该组织现已得到诸多国际组织及大多数国家的承认。北欧五国都有透明国际组织的分支机构,它由社会各阶层热心于职务犯罪预

---

① 参见王凯伟《国外权力监督经验对我国反腐败启示》,载《求索》2008年第8期,第87页。
② 参见西法人《欧美国家职务犯罪预防经验总结与借鉴》,载《公务人员犯罪及治理对策研究》,《资料通讯》2007年第7、8期,第63页。

防事业的优秀人士组成,他们以非政府的形式积极参与职务犯罪预防工作。他们致力于研究有效预防职务犯罪的措施,为政府职务犯罪预防工作提供咨询,向政府和一些大型企业提供职务犯罪预防的建议,根据社会调查,评估政府的廉政程度,动员全社会公众以及媒体共同起来开展职务犯罪预防斗争。[①]

(四) 现有技术措施尚有缺失

无论是职务犯罪预防建议还是警示教育,传统检察机关的职务犯罪预防工作之所以存在洞察力不足。无法满足个体需要的问题,主要原因在于在构建犯罪的因果关系,由果寻因,根据原因提出建议或思索对策的整个过程中,“因”的寻找定位异常困难。[②]如果我们能将大数据技术应用于职务犯罪预防工作中,或许能为这个困局提供更为科学、先进、便捷的解决手段。

韩国政府深谙预防之道,开创性地对腐败风险进行了分解和量化,致力于未雨绸缪。为了适应信息时代的要求,提高行政效率和促进社会信息化,韩国政府于 20 世纪 90 年代末正式引入了席卷全球的政府改革新浪潮——电子政府(e-government)。韩国电子政府与美国、英国、日本等发达国家不同,由中央政府主导推进,由情报通信部全盘负责电子政府的建设。[③] 2001 年 2 月,韩国国会通过了《关于实现电子政府和促进行政业务电子化的法律》。韩

---

① 参见西法人《欧美国家职务犯罪预防经验总结与借鉴》,载《公务人员犯罪及治理对策研究》资料通讯 2007 年第 7、8 期,第 64 页。

② 参见范思力《大数据时代背景下职务犯罪预防工作发展探讨》,载《贵阳市委党校学报》2014 年第 12 期,第 51 页。

③ 参见[韩]河贤凤《电子政府在韩国:发展历史及其经验》,载《中国行政管理》2002 年第 3 期,第 48 页。

国电子政府不仅增加了政府工作的公开性与透明度,提高了行政效率的同时也有利于公民对政府的监督,而且增加了对公务员的约束,为社会参与、媒体揭弊、群众监督职务犯罪提供了信息保障。以电子政府为基础,韩国建立了便于预防职务犯罪的电子系统。

1. OPEN(Open Procedures Enhancement for Civil Application)系统,即在线民事申请审批程序系统。电子政务应用系统主要以业务流为主线,将与各项业务职能有关的信息及工作程序,如企业注册、立项审批、税务申报、报关等业务通过信息化手段进行规范和整合,并在关键环节上设置不同的权限管理,使业务流程中的权责分明,在程序上不可逆,有效减少公务工作的随意性,促进政府工作程序的规范化。[①] 政府管理的信息化不是对现有程序简单的电子化,而是对现有政府管理的创新,能起到从源头上预防和治理腐败的作用。OPEN 系统基于互联网,为市民提供在线民众申请服务,把民政申请的透明性和公信度放在核心地位。此外,OPEN 系统通过互联网公开政府服务流程,具有较高的透明度,公众可以在线监督,得以维护全体公职人员的廉洁性。

2. GEPS 体系,即采购信息公开系统。为遏制政府采购领域的易腐败趋向,韩国政府建立了 GEPS 体系。韩国政府将公共采购信息全部集中于一个网站,所有招标信息都在网站上公布,所有企业都可在网站和报纸上获得信息和相关文件。[②] 这一完全透明的管理,使政府官员无法干预采购,公共采购领域的商业贿赂无处藏身,从而压缩商业贿赂的滋生空间。

相较于韩国的电子政务系统,我国目前首先是实施条件的限

---

① 郴州市人民检察院课题组著《职务犯罪预防理论与实践》,北京:中国人民公安大学出版社 2012 年第 1 版,第 118 页。

② 《职务犯罪预防理论与实践》,北京:中国人民公安大学出版社 2012 年第 1 版,第 119 页。

制,电子政府的推行是依靠强有力的技术设备和大量的技术人才作为基础的,我们目前还很缺失相应的技术设备与技术人才,所以眼下电子政务系统的大力推行还只能是无源之水、无本之木。其次,电子政务系统的使用,前提条件是必需的技术设备投入,需要充分的财力资源。此外,大数据时代信息化建设不够也是我国目前需要改进的地方。将大数据技术应用于司法领域的做法在其他国家已有实例,比如在美国孟菲斯市,当地警察就通过一个名为"蓝色粉碎"大数据项目,为他们提供一种预测,帮助他们了解哪些地方更容易发生犯罪,什么时候更容易逮到罪犯,该项目运行以来,当地犯罪率下降了 26%,[①]因此,通过应用大数据技术提高职务犯罪预防工作的洞察力,由于简化了推导过程,相比依靠人力而言,不仅减少了资源投入,还提高了工作准确率,值得借鉴运用。

三 进一步完善我国预防职务犯罪机制

(一) 设立专门的预防机制

要改变顶层设计不合理这一现状,就需要从体制改革入手,切实落实好领导责任,真正改变预防部门"兵团混战"或"孤军奋战"的局面,为社会化大预防切实发挥作用奠定坚实的政治和组织基础。为此,首先应该设立独立且科学运行的专门预防职务犯罪的机构。因此,设置一个内部分工合理、制度健全、与其他国家机构

---

① 维克托·迈尔-舍恩伯格,肯尼思·库克耶著《大数据时代》,浙江:浙江人民出版社 2013年,第 203 页。

职能相协调的专门预防机构将是完善我国职务犯罪预防工作机制的关键之举。这一点可以借鉴香港设立大陆廉政公署，这不仅将填补我国政府机构的设置空白，加快实现政府职能的转变，而且也是国际社会的通行做法。其次，建立科学的权力制约机制是防腐的另一个重要途径，通过制度设计，将权力加以制约，让权力在阳光下运行，坚持用制度管权、管事、管人，这将有利于抵制贪污腐败的发生。我国要建立和健全决策权、执行权和监督权即相互制约又相互协调的权力结构和运行机制。要合理分权，实行职能交叉，对要害部门和重要岗位的权力进行适度的分解，对一些实权部门和重要岗位的公职人员实行定期轮岗，建立和完善结构合理、配置科学、程序严密、相互制约的权力运行机制。①

因此，我们应该在立足国情的基础上，设立专门的反腐败机构，在实体和程序上使其便于查处职务犯罪，保证反腐工作的独立与高效。

（二）完善相关立法

新加坡及欧美国家的职务犯罪预防立法的专门化、成文化很值得我们借鉴。设置专门预防腐败法律深入持久地开展反腐败斗争，必须提供坚强有力的法制保证。要大力推进廉政立法工作，有计划、有步骤地建立和完善廉政法律法规体系，以及各行业业务管理制度，从而把反腐倡廉工作纳入法制化轨道。在立法过程中要制定规范程度高、可操作性强的法律制度，为反腐奠定坚实的基

---

① 郑晓丹、洪美玲：《从职务犯罪视角谈推进地方惩治和预防腐败制度建设》，载《法制与社会》2009 年第 7 期，第 73 页。

础,要将法治思维引入制度建设工作中,实现法治化的制度设计。一些事关全局的重要制度如家庭财产申报、干部选任、公共财政收支等均应通过立法及时建立起来,做到公开透明,借助法律的理性来遏止腐败。其实,职务犯罪预防不仅是一个政治行为,更是一个法律行为,是一个依法而行的行为。[①]

鉴于此,我们应该把职务犯罪预防这项工作纳入到法治的轨道上来,纳入到法律的规范中来。借鉴廉政国家的先进经验,建立和健全我国职务犯罪预防法律体系,做到依法防腐、依法而治。

(三) 加强社会监督制度建设

我国目前社会预防的公务环境还处于起步阶段,一些公务行为的透明度不高,公众对国家机关及其工作人员的活动知之甚少,社会监督的渠道监管很多,但渠道不够通畅,这无疑组织了公众监督职能的发挥,而在很多欧美国家的行政公开制度行之已久,全社会早已形成了共同预防职务犯罪的良好气氛,然而此类社会监督制度在我国还是一块明显的短板。加强政务公开,鼓励社会监督。阳光是最好的防腐剂,实施全方位的政务公开是反腐倡廉工作的必然要求,也是不可或缺的制度设计。实行公开透明制度应当明确公开范围,并使公开形式多样化。比如通过发布会或采取听证会的方式。另外,也应该确立举报人保护制度,增加透明度。职务犯罪越来越具有隐蔽性,有一定的侦查难度,社会公众要参与监督,及时发现举报,有助于查处职务犯罪。

---

① 参见西法人《欧美国家职务犯罪预防经验总结与借鉴》,载《公务人员犯罪及治理对策研究》资料通讯 2007 年第 7、8 期,第 63 页。

我们认为,社会监督通过民间组织来组织、协调、集中、理顺人民群众的力量,表达人民群众预防职务犯罪的呼声,是职务犯罪预防斗争充分发挥人民群众的力量,充分依靠和获得人民群众理解和支持的有效途径。故此,充分发挥社会监督在职务犯罪预防斗争中的作用,意义不可小觑。

(四) 创新思路

政府机构在决定实施电子政务发展计划时会遇到资金和技术这两大瓶颈。一方面是由于电子政务的实施需要较多的软、硬件设施的投入,并需要高层次专业技术人才的参与;另一方面近年来由于政府机构改革和职能转变,政府投入的经费和引进的人才数量都受到限制。

为了突破资金与技术的瓶颈,需要我们超越常规,创新思路。在资金方面,可以大胆吸收民营资本以及非政府组织的资金投入,在确保电子政务安全的前提下,考虑通过适当方式授权企业参与筹资、建设、运营和管理。这样既可有效减轻政府部门的预算资金压力,又可以在一定程度上促进地方经济的发展。在技术方面,光靠政府的信息中心以及政府的技术人员也是不够的,要积极主动地联合有实力的企业共同开发相应的软、硬件产品,缩短产品开发时间,提高电子政务装备的水平。[①]

无论是职务犯罪预防建议还是警示教育,传统检察机关的职务犯罪预防工作之所以存在洞察力不足,无法满足个体需要的问

---

① 李阅贞:《中国电子政务发展现状、问题与对策研究》,载《美中经济评论》2005 年第 3 期,第 49 页。

题,主要原因在于在构建犯罪的因果关系,由果寻因,根据原因提出建议或思索对策的整个过程中,"因"的寻找定位异常困难。通常寻找因果关系一般需要大量的假设、实验,并逐步用证伪的方式证实,整个过程耗时长、繁琐、资源消耗量大,这对于日程紧凑,人手资源匮乏、缺乏实验机会的职务犯罪预防工作而言实在难以做到。如果我们能将大数据技术应用于职务犯罪预防工作中,便能为这个困局提供更为科学、先进、便捷的解决手段。大数据技术能通过对海量不同时期数据的整合运算,绕开因果关系链求证,低成本、快捷地得出两个不同事物的相关关系,即一个事物的数量变化与另一个事物数量变化之间的相互决定关系。在利用大数据技术找到这个变量后,对于职务犯罪预防建议而言实际上就相当于找到了更为可靠或准确的"因",根据这样的"因"提出的对策,建议和教育的针对性会更强,更准确。① 因此,通过应用大数据技术提高职务犯罪预防工作的洞察力,由于简化了推导过程,相比依靠人力而言,不仅减少了资源投入,还提高了工作准确率,值得借鉴运用。

诚如边沁所说,"惩罚的首要目的是防止类似的犯罪发生,过去发生的毕竟只是一个行为,而未来则无可限量。已经实施的犯罪仅仅涉及某一个人,类似的犯罪将可能影响整个社会"。惩罚已然之罪固然重要,但预防犯罪同样不可忽视,修正案中新增的禁止职业的规定可以实现预防再次犯罪的目的。② 政府应加快推进反腐倡廉制度建设,完善反腐倡廉制度,以矫正权力运行规则,严厉打击腐败行为,促进地方经济、社会的和谐发展。

---

① 参见范思力《大数据时代背景下职务犯罪预防工作发展探讨》,载《贵阳市委党校学报》2014 年第 12 期,第 51—52 页。

② 罗珊:《〈刑法修正案九(草案)〉新增禁业条款与我国的保安处分》,载《法制博览》,2015 年第 6 期,第 124 页。

社会工作视野下服刑人员
未成年子女救助研究

李夏茵*

摘　要：中国社会的变革和转型衍生了服刑人员未成年子女这一特殊群体，而在我国的社会保障体系中，对此类群体既没有明确的法律保障，也没有明确的责任主体，造成大部分服刑人员未成年子女面临生活、学习、就业和社会融入等各方面的困难，长此以往，此类人群在没有受到正确引导的情况下容易走上与父辈相同的道路，也会给社会带来一系列不稳定因素。本文以 GZ 市服刑人员未成年子女为研究对象，采用问卷调查、实地走访等研究方法，尝试从社会工作的角度出发，从政府、社会、社区、学校、家庭等方面入手，提出切实可行的对策。

关键字：社会工作；服刑人员；未成年儿童；社会救助

服刑人员的未成年子女，即其父母一方或者双方是服刑在教人员或者是被判处死刑、已被执行死刑的人员等的未成年子女。

---

* 李夏茵，广州大学 2014 级劳动和社会保障专业研究生。

因此他们有着特殊的遭遇,有可能导致他们的生活、教育以及身心健康受到极大影响,比如家庭结构残缺、生活困难、心理不健全、人格缺陷等状况。服刑人员未成年子女的生活状况、学习和成长情况、心理状态都存在不同的问题,迫切需要我们从社会工作介入的角度去研究并提出科学合理的建议和对策。

本文以 GZ 市服刑人员未成年子女为研究对象,共发放了 158 份问卷,回收 146 份问卷,其中有效问卷为 134 份,有效率达到 91.78%。此次调查对象的年龄分布在 8—16 岁之间。其中,男性人数占 41.64%,女性占 58.36%。

一 服刑人员未成年子女的生活与成长状况

由于父母一方或双方服刑难以履行监护责任与抚养义务,未成年子女的家庭变得残缺甚至走向瓦解,他们的生存状态发生巨大变化,许多现实的矛盾问题凸显出来,主要集中表现在以下几个方面:监护不利,生活状态堪忧;经济条件较差,营养跟不上;心理问题严重,自我认同偏低。

1. 监护不力,生活状态堪忧

由于 85% 以上的服刑人员未成年子女是由祖父母隔代监护和亲友临时监护,而年迈体弱、文化素质较低的祖辈难以满足孩子的学习辅导和生活监护的需要。

按照监护人身份来划分,可以分为单亲教养、隔代教养、亲友教养、同辈教养这几种。调查显示,被调查对象 64.84% 是由爷爷奶奶或外公外婆照顾的,属于隔代教养;14.06% 的被调查对象是由单亲照顾的,属于单亲教养(见图 1)。

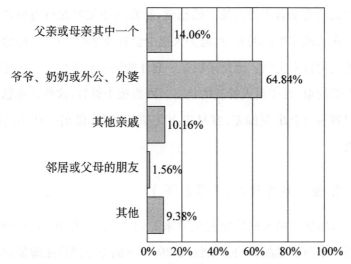

图 1　父母不在家,你跟谁生活在一起?

调查发现,单亲教养的儿童的学习主动性比隔代教养的儿童高一些。许多隔代教养的儿童大多数在课后很少会主动完成作业,他们往往只是仅仅完成作业或者甚至要大人催促才会学习。由于代沟所致、老人的溺爱,常常是孩子要什么就给什么,该满足的满足不了,不该满足的又过度满足。当孩子出现了问题往往是包庇、怂恿,把孩子养成了娇气、任性的性格。单亲教养的儿童中有一部分人的主动性会相对高一些。这从侧面反映出有爸爸或妈妈其中一个人在家照顾孩子,对孩子的学习和成长还是相对比较好一点。许多儿童的爷爷奶奶、外公外婆们反映,他们自己的文化水平很低,大部分的祖父母都没有上过学,所以不知道怎么才能更好地教育孩子,也不知道怎么去辅导他们的学习,他们也不知道怎样跟孙辈沟通。他们只是在生活上照顾好他们,尽自己所能创造一个好的生活环境。但是,初中阶段的儿童,他们处于叛逆期,对于祖父母们的话,很多时候都是采取漠视的态度。所以,祖父母们都说自己无力管教孩子，显得力不从心，唯有放任自流。以亲友教养方式的儿童有些寄人篱下的感觉，非常渴望父母在身边照顾自己。在亲戚家生活的儿童，监护人很少会管教他们，只是单纯地照顾他们的日常生活。跟兄弟姐妹一起住的同辈教养的儿童更是完全不受约束，处于没人管教的状态。因为疏于管教，这些儿童思想上很容易就会出现偏差，容易走上父辈的老路，做出一些不法的行为。

2. 经济条件较差，营养跟不上

对服刑人员入狱后家庭生活来源调查发现，有 46.62% 的家庭经济来源依靠配偶的劳动收入，26.35% 的家庭经济来源依靠祖辈打工、务农或退休金等，22.97% 的家庭经济来源需要依靠亲朋救济，3.38% 的家庭经济来源依靠政府救济，1.35% 的家庭只能依靠原来的积蓄或借钱维持生活。

由于收入来源有限，在孩子的营养饮食方面，被调查对象的早餐大多数都吃得比较差，一碗白粥就是他们的早餐。包子、鸡蛋、面条等早餐只是少数同学的奢侈品（见图 2）。或许其他孩子每天面对各式各样营养而又丰富的早餐还在抱怨的时候，而服刑人员未成年子女，吃上一碗简单的白粥就开始一天的学习生活。

在饮食健康和卫生方面更是令人担忧。一方面，由于父母不在身边，他们不知道如何平衡自己的饮食，均衡营养，只知道能填饱肚子就行了。有爷爷奶奶照顾的儿童会比较好一点，但是没有长辈照顾的儿童就谈不上饮食健康。调查发现，学校或者家庭附近的小卖部充斥着大量的垃圾食品，那些食品基本上没有生产日期，或者不知道是用什么材料制成的，很多都是没有经过国家食品安全检查的，存在严重的质量问题。这些商品因价格便宜而且口味独特备受孩子们青睐,长期食用严重危害他们的身体健康。

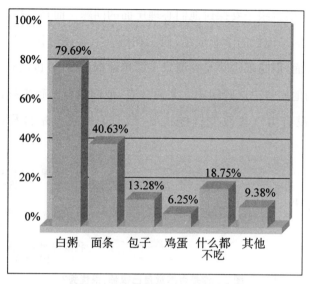

图2　一般你早上吃点什么早餐?

3. 心理问题严重,自我认同偏低

心理问题是服刑人员未成年子女救助最需要关注的问题。由于长期的祖辈隔代监护或单亲缺失监护,甚至是自我监护,使服刑人员子女无法像其他孩子那样得到父母的关爱,家长也不能随时了解、把握孩子的心理、思想变化。这种亲情的缺失使孩子变得孤僻、抑郁,甚至有一种被遗弃的感觉,严重地影响到了孩子心理的健康发展。有数据显示,40%以上服刑人员子女感到孤单,30%以上服刑人员子女出现心理健康问题。

心理健康对儿童的健康成长非常重要,而服刑人员未成年子女大多对"自我认同感低"。调查发现,73.44%的服刑人员子女认为自己很一般,甚至认为自己比别人差,只有13.28%的人感觉良好(见图3)。由于父母不在身边,也不知道应该跟父母怎么去诉说自己的心理感受,日常跟父母联系时,父母也只是简单提供其起居饮食,很少跟子女探讨他们心理层面的问题。而且学校老师,比较关心的是他们的学业成绩,偶尔在班会上会讨论到自我认同的心理层面,但是那也只是在课堂上简单地探讨而已,也没有从实际上协助他们解决这些问题。久而久之,他们对自己越来越没有信心,也没有勇气去改变这种状况,最后的结果就是自我认同感偏低。

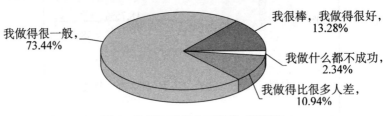

图 3　你是否感觉自己很棒,很优秀?

二　服刑人员未成年子女救助现状

自 2002 年朱镕基总理在国务院政府工作报告中首次提出"弱势群体"以来,中国对弱势群体的关注和救助已逾十年。这十年中,老人、残疾人、孤儿、流浪乞讨人员等弱势群体救助工作开展迅速,成果显著。令人遗憾的是,服刑人员未成年子女的救助工作始终未引起国家和政府的高度重视,虽有社会力量的参与,但成效不大。

1. 法律法规救助情况

在现有法律中有关服刑人员未成年子女的规定仅有《监狱法》第十九条:"罪犯服刑期间不得携带未成年子女在监狱内服刑",而且此条规定并未提及对服刑人员未成年子女的保障问题。除了法律之外我国还有大量的行政规章制度,除了 2006 年中央综治委预防青少年违法犯罪工作领导小组、中央综治办、全国妇联和共青团、民政部、中央司法部 6 部委共同发布的《关于开展为了明天——全国服刑人员未成年子女关爱行动的通知》之外,并没有其他更详细的规则制度出台。就目前来看,我国政府对于服刑人员未成年子女这一弱势群体的法律法规政策没有足够的重视,而且缺乏明确的分工和负责机构,导致众多部门轮流推卸责任,服刑人员未成年子女仍然没有获得相应的法律保护。

2. 民间机构救助情况

在我国官方机构还未将服刑人员未成年子女纳入社会救助对象时,民间救助力量已经兴起,如北京、新乡、青海、辽宁等地的太阳村机构,还有大连阳光溢鸿儿童村、福建闽侯的善恩园等,这些民间机构通过爱心捐款、自办产业、政府捐助等方式筹集资金、接收父母正在服刑的未成年儿童,为他们提供生活、学习、心理和职业培训方面的教育和支持。有调查资料显示,各地市的 9 个民间救助组织目前收留儿童六百多名,历史救助儿童上千名,民间慈善救助作为正式救助的补充救助,在帮助服刑人员未成年子女健康成长方面发挥了远超政府机构的作用。但是民间机构是自发组织的,尚未得到国家的正式认可和法律的保护,资金也主要来源于捐赠,没有长期稳定的来源,且工资水平较低,难以留住员工,目前面临着资金、人才的困境。

3. 其他救助情况

其他救助包括社会救助、社区救助、家庭救助。社会救助主要是指社会募捐、爱心志愿者服务等,在 2006 年《关于开展为了明天——全国服刑人员未成年子女关爱行动的通知》活动开展之际,服刑人员未成年子女曾获得过社会的短期关注,当时部分儿童接受了募捐等短期脱离生活的困境,但是在活动过后,仍有大量服刑人员未成年子女没有得到最基本的救助。社区救助是由政府出资、社区主管的救助模式,但是由于服刑人员未成年子女居住较为分散,在社区内没有形成规模,所以社区救助模式只是小范围开展。家庭救助也称为家庭寄养,即鼓励有条件的家庭收养服刑人员未成年子女,但是由于国内大环境的限制,大部分家庭仍然有许多顾虑和戒备,通过家庭寄养得到救助的服刑人员未成年子女也是少数。

三　社会工作介入服刑人员未成年子女救助的思考

我国当下对服刑人员未成年子女的救助制度存在法律空白、相关部门责任义务不明确、救助制度缺失、救助体系不完善等问题,而社会工作因其专业化与职业化的特点,更有益于满足帮扶对象的个性化诉求,有益于促进帮扶对象的身心健康,而受到政府部门的青睐。GZ 市在 2010 年就开始全市推广政府购买社会服务,更好地为广大居民和弱势群体提供专业化的服务。因此,我们应当充分发挥社会工作专业人才在组建团队、规范服务、拓展项目、培训策划、心理干预等方面的专业优势,采用社会工作介入服刑人员未成年子女救助的方式,为他们提供更全面、更专业的救助服务,以帮助他们早日走出心中阴影,与普通孩子一样健康成长。

1. 介入服刑人员未成年子女的个案咨询和辅导

调查发现,有不知道怎么照顾自己而引发担忧的;有思念父母的;有不知道怎么跟监护人沟通的;有孤独感或者冷落感的;有不知道怎么处理跟同学关系的;有因为自己的学业成绩低而烦恼的。这些问题困扰着他们,他们也不知道应该如何去解决。久而久之,会影响他们的生理和心理健康。所以社会工作者要及时针对服刑人员未成年子女不同的情况用采取不同的介入方法,并提供专业的心理辅导,缓解他们的情绪,协助他们摆脱烦恼,让他们健康成长。

在本次调研中,有认知偏差和需要行为矫正的个案表现比较突出的问题是逃学、网瘾、打架这三种类型。所以,社会工作者在介入过程中,可以先从班主任或者监护人方面着手,与儿童建立关系。第一,使用叙事疗法去倾听他们的故事,说出他们的心理感受,并与儿童一起探讨他们的心理感受,说出他们对逃学、网瘾、人们的看法以及逃学、泡网吧、打架的原因等等。第二,用理性情绪分析法去理清他们的感受,摒弃不合理的感受和认知,重新建构新的认知。在重新建构新的认知后,让儿童重新审视自己的打架、逃学、泡网吧的行为,并下决心改变自己的不良行为。第三,用优势视角去看待他们,在个案辅导的过程中,善于挖掘他们的潜能、激发他们的正能量,并对儿童的自理能力的提升进行培训。

2. 介入服刑人员未成年子女互助支持小组活动

由于服刑人员未成年子女的社会网络非常薄弱,朋友圈相对来说是比较狭小的。因此,开展服刑人员未成年子女互助小组,让这些孩子结交更多相同类型的朋友,帮助他们在互动中树立学习和生活的信心。社会工作者将这些有相同背景、相同需要或者相同问题的孩子聚集在一起,组成小组,让他们相互交流、分享各自的心路历程和资源、信息,可以很好地促进孩子适应生活,并相互支持与鼓励,让孩子明白他们并不孤单,还有很多与自己同样情况的朋友,让他们一起学习、一起成长。

第一,开展社会交往与支持小组。

调查发现,服刑人员未成年子女的社会交往和社会支持网络相对是比较薄弱的,而且由于家庭情况特殊,在学校容易被排斥,难以找到朋友。所以必须拓展他们的社会交往领域,扩大他们的社会支持网络。通过小组的形式把服刑人员未成年子女集合起来,不同类的小组有不同的内容,让儿童在小组中分享和交流彼此社会交往的经验,共同探讨怎样才能更好地进行社会交往,提升他们的社会交往技巧和能力,让儿童们认识到,即使父母不在身边,还有很多朋友的支持和帮助,从而消除他们的孤独和寂寞感。

第二,开展认识自我与重塑信心小组。

调查数据显示,服刑人员未成年子女的自我认同度比较低,他们对自己信心不足,只有 13.26％的调查对象对自己是比较满意的或者很棒、很优秀的。这从侧面反映出这些服刑人员未成年子女信心不足,自我认同度比较低。一方面,这些服刑人员未成年子女觉得自己的家境特殊,因而产生自卑心理;另一方面,由于种种原因,服刑人员未成年子女学习成绩不是很好,在学习上竞争不过别人而产生的自卑感。所以,社会工作者很有必要针对上述两个方面的原因介入到服刑人员未成年子女服务中去,让他们从不同的角度重新认识自己,提升他们的信心和自我认同度。

第三,开展学业辅导与互助小组。

调查发现,57.03％的服刑人员未成年子女学业需要辅导,而监护人没有能力对其进行辅导。服刑人员未成年子女大多数是采取隔代教养的方式,而他们的爷爷奶奶、外公外婆等,根本就没有能力去辅导他们的功课。可见,服刑人员未成年子女对学业辅导与互助小组的需求是比较大的,也很有必要在他们中开设学业辅导小组。学业辅导小组是利用周末的时间,社会工作者运用专业知识或者邀请学业成绩比较优秀的同学或者老师来做义工,对有需要学业辅导的儿童进行辅导,缓解他们在学业上的烦恼,在学习上和生活上相互帮助和提高。

第四,开展职业发展规划小组。

根据马斯洛的需求层次理论,人类有生理、安全、归属和爱、尊重、自我实现五种需要。同样地,服刑人员未成年子女也有自我实现的需要。被调查的服刑人员未成年子女普遍都不知道自己以后的职业生涯是怎么样的,也没有老师或者相应的课程去协助他们进行职业生涯规划。因此,服刑人员未成年子女中的大多数没有明确的个人发展计划,他们每天都无所事事,有些初中毕业后就不读书,有的进厂打工,有的流浪街头,根本就不知道自己要干什么或者可以干什么。所以,很有必要协助他们进行个人职业规划,知道自己未来的人生道路应该怎样走。

职业发展规划小组是针对不清楚自己的职业生涯以及如何发展的孩子开展的一个小组。邀请职业规划方面的专家或老师给他们讲解或做相关的职业辅导,也可以邀请一些比较出色的师兄师姐进行现身说法,传授经验,鼓励孩子进行个人的职业规划,实现自己的个人价值,满足其自我实现的需要。

3. 介入服刑人员未成年子女家庭的亲子沟通

父母双方或其中一方服刑,原有的家庭结构发生变化,家庭结构变化对孩子的健康成长具有重大的影响。这就需要社会工作者充当父母与服刑人员未成年子女之间沟通的桥梁。社会工作者主动向学校收集有关服刑人员未成年子女的资料和联系孩子的父母,帮助他们多点了解和关心子女的内心世界。同时,向服刑人员未成年子女的父母传授一些亲子沟通的技巧和方法,提高他们的亲子沟通能力,走进孩子的世界。社会工作者还可以制作一些特辑,用视频或照片等形式呈现服刑人员未成年子女父母的生活情景,让孩子更了解父母的情况,做到有效沟通,从而改善他们的亲子关系,加深他们的亲子感情。

图书在版编目（CIP）数据

犯罪防控与刑释人员研究/吴鹏森主编.
—上海：上海三联书店，2017.
ISBN 978-7-5426-5938-5

Ⅰ.①犯…　Ⅱ.①吴…　Ⅲ.①犯罪学—中国—文集

Ⅳ.①D924.114-53

中国版本图书馆 CIP 数据核字（2017）第 122052 号

犯罪防控与刑释人员研究

主　　编　吴鹏森

责任编辑　钱震华
装帧设计　陈益平

出版发行　上海三联书店
　　　　　（201199）中国上海市都市路 4855 号
　　　　　http://www.sjpc1932.com
　　　　　E-mail:shsanlian@yahoo.com.cn

印　　刷　上海昌鑫龙印务有限公司

版　　次　2017 年 7 月第 1 版
印　　次　2017 年 7 月第 1 次印刷
开　　本　640×960　1/16
字　　数　370 千字
印　　张　31.5
书　　号　ISBN 978-7-5426-5938-5/D·357
定　　价　88.00 元